国家社会科学基金项目

河北省社会科学重要学术著作资助出版

数字资源贸易权益分享

理论与实证

宛 玲　李晓娟　著

人 民 出 版 社

责任编辑:孙兴民
封面设计:盛世华光
责任校对:张　彦

图书在版编目(CIP)数据

数字资源贸易权益分享理论与实证/宛玲,李晓娟 著.
　-北京:人民出版社,2013.7
ISBN 978-7-01-012317-2

Ⅰ.①数…　Ⅱ.①宛…②李…　Ⅲ.①数字技术-信息资源-
技术贸易-合法权益-研究　Ⅳ.①D912.104

中国版本图书馆 CIP 数据核字(2013)第 155065 号

数字资源贸易权益分享理论与实证

SHUZI ZIYUAN MAOYI QUANYI FENXIANG LILUN YU SHIZHENG

宛　玲　李晓娟 著

人民出版社 出版发行
(100706　北京市东城区隆福寺街 99 号)

保定市北方胶印有限公司印刷　新华书店经销

2013 年 7 月第 1 版　2013 年 7 月北京第 1 次印刷
开本:880 毫米×1230 毫米 1/32　印张:14.5
字数:328 千字　印数:0,001-3,000 册

ISBN 978-7-01-012317-2　定价:38.00 元

邮购地址 100706　北京市东城区隆福寺街 99 号
人民东方图书销售中心　电话 (010)65250042　65289539

目　录

1 引言

自 20 世纪 90 年代末以来，数字资源在图书馆信息资源建设中的意义已不言而喻。但现实中，图书馆建设数字资源馆藏却遭遇了相当多的困难，如，数字资源产品价格过高，用户使用权利受到许可合同的制约，数字资源售后服务质量不尽如人意等。这些困难的起因及引发的结果，与用户、图书馆及数据库商之间的权益分享不无关联。本书的"权益分享"，是指在数字资源贸易中的权益干系人，通过合作管理，各自分享自己期望及应得的权利和利益。由于不同权益干系人之间的权益保障相互牵连且有矛盾和冲突，因此各自都需要承担一定的义务和责任。

本课题的研究问题主要界定在对数字资源贸易中权益分享方面存在的问题进行揭示、梳理和分析，以理论和实践为指导，从策略和政策角度提出解决这些权益问题以及保障各方权益的建议。

1.1 研究背景

互联网及数字出版的大力发展，强化了人们对数字资源的依赖，而这种依赖又促使图书馆对数字资源的大力采购。如，截至 2011 年 7 月 1 日，国际图书馆联盟联合会（International Coalition of Library Consortia，以下简称 ICOLC）网站上登记了 234 家分布在世界各地的图书馆联盟，其中各成员联盟自我介绍信息显示，几乎各成员联盟都在开展数字资源的采购活动。美国非营利组织伊萨卡战略与研究部 ITHAKA 分别在 2006 年、2009 年和 2010 年对美国大学教师和图书馆馆长进行问卷调查，结果显示，无论是教师还是馆长，在有限经费条件下都优先选择"电子期刊在预算中最优先"，表示未来"相应减少在印刷资料上的花费"并"期望 5 年内基本完成期刊采购向电子版形式过渡，届时将花费约半数图书预算在电子图书上"[1-2]。美国一杂志 2010 年对美国公共图书馆、学校图书馆和学术型图书馆进行了电子图书采购及使用现状调查，结果显示，94% 的学术型图书馆、72% 的公共图书馆和 36% 的中小学图书馆都采购了电子图书，且 2002—2009 年期间总体上采购的电子图书的数量年涨 71% 等[3]。正是在这样的大背景下，我国图书馆积极汲取国外图书馆采购数字资源活动的经验，广泛开展数字资源馆藏建设。

（1）我国图书馆数字资源采购活动的发展

图书馆采购数字资源活动，在我国起源于对联机检索服务的引进①，而集团采购则起源于对光盘数据库的引进，但在网络数

---

① 注：在图书馆届，也常常用"引进"表示对国外文献资源的采购，本书将"引进"和"采购"做同义词对待，一般采用"采购"一词，在涉及 CALIS/DRAA 采购活动时，根据需要采用"引进"一词。

字资源采购阶段得到了空前的发展。

1997 年，在科学技术部、教育部（当时是教委）和中国科学院支持下，国家自然科学基金委与美国《科学》周刊达成协议，联合购买了《科学》杂志网络版 *Science Online* 在全国开通三年的使用权，北京大学图书馆受基金委委托负责该项目的具体实施。*Science Online* 是我国最早引进的国外网络版数字资源，对其的引进是真正意义上的"国家采购"。2001—2004 年，国家科技图书文献中心（NSTL）接管了 *Science Online* 在我国的授权并负责支付使用费。遗憾的是 2005 年《科学》周刊改变了销售策略，在双方无法达成一致意见的情况下，我国对 *Science Online* 的"国家采购"宣告结束而逐渐改为集团采购。不过，这段经历对 NSTL 以后开展数字资源"国家采购"活动奠定了基础。NSTL 是根据国务院领导的批示，于 2000 年 6 月 12 日在科学技术部管理下组建的一个虚拟的科技文献信息服务机构，负责我国国家层面的科技文献信息资源共建共享工作的组织、协调与管理。自 2000 年接手 *Science Online* 国家采购的管理工作后，逐步开展了更多的国家采购工作，成为了我国开展"国家采购"的主力。在购买形式上，NSTL 通过直接购买可对我国大陆地区非营利学术型机构用户开通的数据库、直接购买可对部分单位开通的数据库，以及对购买数据库的图书馆给予补贴等多种方式开展采购活动。其中最后一种主要属于集团采购、国家补贴的方式。2011 年 4 月，NSTL 网站公布的面向我国大陆地区的非营利学术型用户开通的全文现刊数据库有 50 个，全国开通的全文回溯数据库有 5 个，面向部分学术机构开通的数据库有 6 个。同时，还有其他一些机构开展类似的活动。如，CALIS（中国高等教育文献保障系统）和北京大学生命科学学院国家蛋白质重点实验室联合采购了"人类生物基因组数据库"（Genome Database，GDB），在北京大学图书馆建立了镜像站点，由北大馆维护，面对所有国内的网络用户免费开放。2010 年 3 月国家图书馆以国家授权方式采购了爱墨瑞得出版社的回溯期刊数据库，我国大陆地区的非营利学术型用户都可以免费访问。从开通的方式来看，通常需要期望开通的单位提出申请，经审核后给予开通。如 NSTL 订购的全国开通的数据库，通常需要机构提供开通申请表，经 NSTL 和有关出版社审核后可免费开通。国家图书馆采购的"Emerald 出版社的回溯期刊数据库"，开通方式是由有意开通使用的机构填写开通申请，交由爱墨瑞得出版社审核后开通。上述 NSTL 订购的数据库中包含的现刊，美国出版的有 222 种，占了 NSTL 订购的全部 533 种网络版现刊的 41.6%，这无疑与美国科学技术比较发达有关。从质量上看，在 533 种期刊中，有 211 种是 SCI 收录的来源期刊，反映了 NSTL 采购的这些期刊具有较高的质量。

我国高校系统采购的国外数字资源多是通过集团购买方式采购的。1997 年国家教委组织 CALIS 项目团队部分成员赴美国考察，见识了美国数字资源集团采购的先进经验[4]。同年，CALIS 在"'211'工程高等教育文献保障体系建设研讨会"上明确将采购学术数字资源作为 CALIS 的一项重要合作内容，并在会后制定了集团采购基本原则，设立了相应组织机构，包括 CALIS 管理中心、四个全国文献信息服务中心、七个地区文献信息服务中心和一个东北地区国防文献信息服务中心，从组织上为后来的集团采购奠定了基础。恰逢此时，清华大学图书馆正与美国 EI 公司商谈 *EI* 数据库的购买事宜，根据 CALIS 的战略规划，以及借鉴美国集团采购的经验，作为 CALIS 全国工程文献中心的清华大学图书馆，即刻将组团采购 *EI* 数据库作为了该中心工作的开端，建

立 *EI* 镜像站点，组织 15 所"211"大学试用，并于 1998 年 10 月下旬代表 10 家大学图书馆与 EI 公司签署了订购协议[5]，拉开了我国高校集团采购数字资源的序幕。在组团的开始阶段，CALIS 主要安排各全国中心尤其是文理中心和工程中心牵头采购国外数据库。2002 年 10 月"CALIS 引进资源工作组成立及第一次工作会议"上成立了引进资源工作的协调小组，鼓励有能力的地区中心在开展地区性数据库采购工作的同时，做一些全国性的组团工作和全国性的服务支持。2003 年 4 月 CALIS 管理中心召开了"CALIS 资源建设研讨会"，决定鼓励有能力的地区中心牵头组织全国性的集团。这两个会议促进了地区牵头组团活动。如，在 2003 年当年，华东南地区中心组织了 *EBSCOhost*（上海地区）、*Emerald*（全国）的集团采购；西北地区中心组织西北地区成员馆联合购买了 *ASP*、*BSP*、*SpringerLink* 等数据库；华南地区中心组织华南地区高校联合购买了 *EBSCOhost* 数据库和 *WSN* 数据库；华中地区中心组织华中地区高校图书馆联合购买了中国资讯行数据库，并组织湖北省地区高校图书馆联合购买了 *WSN* 数据库和 *EBSCO* 公司数据库等。后来 CALIS 统一规划，将各种数据库的全国组团采购工作分派给各个全国中心和地区中心承担。2004 年 10 月 CALIS 启动了省中心建设。目前，很多省中心都开展了本省的组团采购工作，也有的参与了 CALIS 的谈判工作，不过还没有像地区那样独立开展全国高校集团采购的组织工作。2010 年年初，CALIS 作为"211"工程项目，结束了高校图书馆数字资源集团采购的组织工作。在此背景下，我国部分高校图书馆共同发起成立了高校图书馆数字资源采购联盟，英文名称为 *Digital Resource Acquisition Alliance of Chinese Academic Libraries*，简称为 DRAA，延续 CALIS 原来的集团采购组织工作。根据 DRAA 网站上的介绍，我国高校图书馆和其他图书情报机构都可自愿参加该联盟。由于 DRAA 实质上是延续 CALIS 原有的集团采购组织工作，故本书用 CALIS/DRAA 来表示过去的 CALIS 和现在的 DRAA 的集团采购活动。自 1997 年开始到 2011 年年底，CALIS/DRAA 各年组织的采购集团分别为 1 个、3 个、7 个、11 个、18 个、25 个、39 个、57 个、65 个、69 个、76 个、87 个、95 个、96 个和 117 个[①]。这些数字既反映了目前高校采购数字资源的规模，也反映了高校采购数字资源的迅猛发展趋势。CALIS/DRAA 主要组织采购国外数据库，对国内数据库的采购更多是依靠各地区和各省组织，也有的是 CALIS 联合若干省份进行集团采购。如 CALIS 全国文理中心组织华北地区图书馆联合采购了维普公司的《中文科技期刊数据库》和万方公司的《万方数据库》。在高校系统内，组织采购数字资源活动的还有中国高校人文社会科学文献中心（简称 CASHL），该中心是教育部建设的人文社会科学文献收藏和服务中心，由 2 个全国中心、5 个区域中心以及 10 个学科中心组成，共涉及 17 个大学图书馆，管理中心挂靠在北京大学图书馆。截至 2011 年，CASHL 采购的 4 个全文数据库在全部 17 个成员馆所属大学内开通，有 1 个特藏库在北京大学内开通，有 1 个电子图书库是通过集团采购方式获得。所有我国高校图书馆用户都可以通过文献传递方式获取上述数据库的资源。此外，我国各省市自治区高校图工委也开展了本区域内的集团采购，包括配合 CALIS/DRAA 开展本地区高校集团采购，也包括自己独立开展的本地区高校集团采购活动。如，2001 年 9 月 JALIS 启动了

---

① 肖珑. 2011 年高校图书馆引进数字资源集团采购状况报告. http://lib. csu. edu. cn/pubnew/zndxtsgnew/calis/hyzl/20120516/5 – DRAAjtcgbg. pdf，2011 – 05 – 20/2012 – 06 – 10.

"数字化工程"，开始组织江苏省高校图书馆集团采购数字资源。2002年成立的北京部分高校参与的图书馆联合体从2003年开始组织数字资源的集团采购。有条件的高校也独立采购了大量数字资源。以清华大学为例，该校图书馆采取独立或与学校其他院系合作的方式采购了不少专业性很强的数字资源。如，截至2011年1月底，清华大学图书馆采取分摊采购费用或由院系独立出资全校使用的方式，分别与数学系、中国经济社会数据中心、经管学院、法学院、工程物理系、核能与新能源研究院、汽车工程系、人文社会科学学院、学生清华网站、中国金融研究中心、美术学院等十几个院系合作采购了美国数学学会 AMS 电子期刊、BvD 集团部分电子资源等二十多个数据库；图书馆独立采购了德国数学文摘 Zentralblatt MATH 数据库、中国知网、维普中文科技期刊库、万方数据资源系统等十几个数据库，因购买印刷本而开通网络版的有二十多个电子期刊。

　　我国科研机构也开展了大规模采购数字资源活动。①我国科研系统主要包括中国科学院系统（以下简称"中科院"）、中国社会科学院系统（以下简称"社科院"）、中国农业科学院系统（以下简称"农科院"）、中国医学科学院系统（以下简称"医科院"）以及各省的相关科学院机构。中科院图书馆系统包括5个文献情报中心（其中4个现已组合为中科院国家科学图书馆，简称"中科图"）和100多个研究所图书馆，遍布全国各地。1999—2002年间，中科院主要是由中科院文献情报中心牵头，联合其他4个文献情报中心和一些研究所分别与CALIS、农科院和医科院组成各种采购集团，合作采购国外的数字资源。如与CALIS合作购买了 CSA、EI、PQDDB、SDOS 等数据库，与医科院合作购买了 SpringerLink 电子期刊等。2001年中科院启动的国家科学数字图书馆（CSDL）项目建设，利用该项目的专项资金，中科院开始在全院开展集团采购工作，采取 CSDL 全额购买全院共享综合性、价格适中的文摘数据库，补贴院内单位组团购买全文或专业性较强的数据库的策略。截至 2005 年年底 CSDL 项目结束时，全院组团购买了 30 多个数据库。2006 年 CSDL 的组团采购工作移交给中科院文献情报中心（现在的中科院国家科学图书馆总馆）负责。CSDL 项目结束后，中科图以"新增能力资源建设经费"形式，独立购买全院需求较大、较强的数字资源，在全院范围内开通使用。根据中科院国家科学图书馆网站"培训服务"栏目中发布的"国家科学图书馆资源与服务指南"（2011 年版），截至 2011 年 6 月底，通过集团采购开通数据库 104 个，借助国家平台开通数据库 55 个，集成开放获取数据库 15 个等。②据中国农业科学院农业信息研究所为本课题组提供的信息，早在 20 世纪 90 年代，该所的前身之一农业科学院图书馆就曾在农业科学院系统组团采购过光盘数据库，后来曾参加过 CALIS 农学中心部分数据库如 *ProQuest* 博士全文数据库的组团采购活动，参加过中科院对 *SpringerLink* 的集团采购。毕竟 CALIS 和中科院有自己的政策和运作模式，同时还有许多非高校系统如省农科院也需要组团采购，因此农业信息研究所借鉴早期组团采购光盘数据库的经验，逐渐开展了农林业口自己的集团采购工作。2005 年，应中国农学会农业图书馆分会的委托，农业信息研究所牵头主要面向农科院各研究所、省农科学院系统和林业科学院图书馆等开展了农林领域组团采购工作。总体上讲，农业系统组团灵活，根据需要决定自己单独组团还是参与到高校或中科院组团中。此外，中国社科院主要是单独采购，个别参与 CALIS 集团采购。

我国国家图书馆和公共图书馆主要是以单馆独立采购为主，

除了国家图书馆采购一些国外数据库外，各地方公共图书馆基本上都是采购我国自己生产的中文数据库。随着集团采购方式的日益成熟，公共图书馆的集团采购近来有很大发展。2006 年国家图书馆启动国家数字图书馆基层图书馆服务项目，以全国各基层公共图书馆为服务对象，向其赠送国家图书馆购买的可授权第三方使用的数字文献资源，包括中文期刊数据库和西文文献数据库。许多省如河北省公共图书馆系统集团采购超星等中文数据库，一般采取的是省馆统一向数据库商支付数据库费用，省内各公共图书馆向省馆支付一定的使用费用。许多地市都在本地开展了集团采购，如，2002 年上海图书馆牵头组成上海图书馆联盟（SLC），集团采购 *Netlibrary* 电子图书 1000 多册；2004 年，上海浦东新区图书馆与上海图书馆共同进行过联合采购数据库的项目；浙江奉化市图书馆和宁波市图书馆实现了一定程度的共建共享，较为有效地解决购买数据库的价格问题[6]。概括来讲，基于服务对象为社会大众以及其经费有限等因素，公共图书馆采购的数字资源以中文为主，集团的形成多是从地市级层面展开，在购买模式上较为灵活。

比较而言，高校系统是我国开展数字资源采购的先锋，且主要以集团采购为主要模式。科研系统、公共图书馆系统多数都不同程度地参与过 CALIS 的集团采购。但毕竟分属于不同系统领域，在数字资源内容需求和服务要求方面以及政府补贴方面都存在差异，各自独立组团采购似乎是更为恰当的选择。

（2）数字资源贸易权益分享问题的提出

图书馆采购数字资源无疑给人们带来了惊喜和实惠，但同时人们也发现有太多太复杂的问题正在制约着这些活动的开展，其中权益问题的影响非常明显。

第一，网络环境正日益强化用户对网络版数字资源的依赖程度，这种依赖的表现形式之一就是用户对图书馆采购数字资源的迫切需求。这一点往往容易被数据库商所利用，加强其谈判主动地位和抬高价格的底气。数据库商的高价策略，迫使图书馆无法为用户采购更多更好的所需资源。

第二，网络环境的发展给用户提供了更多、更便利的信息交流方式和机会，但数据库商为了维护自身的经济利益，往往利用自己的强势地位，通过数字资源使用许可合同，对用户的使用提出了许多苛刻的限制条件。如，每次仅能打印电子图书的一页或几页，连续下载几十篇文献即被封锁 IP 地址等；甚至禁止了许多用户或图书馆的合理使用权利。这无疑在很大程度上降低了数字资源的使用价值，影响了用户及图书馆的使用权益。

第三，用户及图书馆对数字资源的使用效果，直接受数字资源内容、检索平台质量、数据库商提供的访问模式以及数据库商的售后服务质量等因素的影响。在当前实践中，一方面，数据库商在许可合同中过多规定了图书馆和授权用户的责任，而对自己的责任与义务规定较少；另一方面，数据库商的售后服务不尽如人意，经常出现下载速度慢、检索功能有欠缺、数据库商对用户问题反馈不及时等现象。这些问题导致用户及图书馆使用的数字资源的质量降低。

第四，目前，数据库商销售数字资源的模式比较特殊，如销售的多是"当年访问权"而非"数据"、销售期刊全文数据库需要捆绑采购印本期刊等。这些销售模式给图书馆造成许多困扰。如，"当年访问权"模式影响到用户对已购买数字资源的长期使用，当图书馆停止购买特定数字资源后，以前购买的资源也无法读取；印本捆绑模式抬高了图书馆的采购费用支出，迫使图书馆减少数字资源的采购品种等。

上述问题都是相互关联的。在数字资源贸易活动初期，人们更多关注的是合作的技术实现问题，而目前权益问题日显突出，其中一个重要原因是没能找出具有很好合理性和可行性的措施来保障贸易中各方的权益。由于数字资源存在和利用的特殊性，采购数字资源活动贯穿采购、服务、保存等整个过程之中，数据库商、用户、图书馆以及采购集团中成员馆之间需要密切的合作，从而涉及各方维护权益的问题。

在数字资源贸易活动中，权益分享保障机制主要是通过制订利益分配方案、定义和监督各相关利益者的权利与责任等方式来维护各方的合法权益。本课题的提出，主要是基于两点，第一，数字资源贸易活动已经成为图书馆数字资源采集的最重要手段，且其形式多样化；第二，数字资源贸易活动中不同权益干系人利益的冲突对权益分享保障机制提出了需求。来自不同领域和机构的利益相关方开展合作，是基于权益的提升，而在合作中，常常又会发生利益不平衡或某方权益受损等现象，这些情况必然导致合作的扭曲，甚至破坏了合作本身。因此，任何合作只要还希望存在和发展，就必须在维护合作整体利益的同时，维护合作各方自身的权益，而这就需要解决合作中存在的利益冲突问题，解决利益平衡问题，最终解决各方权益保障问题。

1.2 研究内容

国内外学者对图书馆如何向数据库商争取更多的权利进行了不少研究，包括要求数据库商采取灵活价格模式、取消印本捆绑、提供存档数据等。对数字环境下知识产权方面的研究也比较多。法律界人士主要侧重网络环境下知识产权理论的重构和知识产权法的修改，如权利弱化与权益分享理论的提出和利益平衡论的强调；图书馆学情报学界人士侧重讨论在开发利用数字资源中遇到的知识产权问题，特别是对合理使用、许可使用问题讨论比较多。这些研究，对我们了解数字资源贸易中的权益问题有非常大的帮助。但毕竟数字资源贸易权益分享问题非常复杂，目前仍有相当多未能解决的难点，如何平衡数字资源贸易中各方的权益、应当采取什么样的权益分享保障机制等目前仍是难题。

本课题研究内容主要分为三大部分：

第一部分包括本书的第一章和第二章内容。第一章是引言部分，介绍本书主要研究问题的界定和主要概念的界定，介绍本课题的研究背景，以及扼要概述本课题研究的主要内容。第二章主要介绍和分析数字资源贸易活动中权益问题分析的基础，包括：提出权益分享内容模型和权益问题分析模型，分析数字资源贸易的关键要素，探讨知识产权保护制度及其他社会因素的影响，收集和介绍了分别表达图书馆观点和数据库商观点的各方许可政策，归纳总结通过文献调查和本课题调查的用户需求特点等。

第二部分包括第三章至第五章内容，这一部分是本课题研究重点内容，分别从经济权益、合同管理权益和使用权益等角度，对数字资源贸易中存在的权益本体和现实问题进行剖析。在经济权益问题分析方面，重点探讨各种定价模式和价格涨幅模式及其应用中存在的权益问题。在合同管理权益问题分析方面，重点探讨双方利益平衡方面的问题，如点击合同、保密条款、联盟优惠、适用法律、协议提前终止、数据抽取、赔偿等。在使用权益问题分析方面，主要是针对目前数据库商与图书馆分歧比较大的几种使用权利的许可或限制的问题进行研究，如课程包使用、永久访问、长期保存、原文传递、学术共享和数据挖掘等。这些权利既包括用户的使用权利，也包括图书馆的使用权利即服务权利。本课题主要以我国高校系统集团采购的个案进行实证研究。

第三部分包括第六章和第七章内容。第六章主要是在前面两大部分研究内容基础上，分别从图书馆采购集团组织管理、图书馆采购业务活动管理、许可政策体系、价格方案以及社会环境等方面，提出改进数字资源贸易中权益分享保障机制的建议。第七章内容为本书的结语，归纳总结本书的工作、研究的成果、存在的问题和今后研究的方向。

2 权益问题分析及权益分享保障机制改进的基础

　　无论是分析数字资源贸易中存在的权益问题，还是提出有利于解决这些问题的权益分享保障机制，都应当以数字资源贸易本身的特点、社会环境以及各权益干系人的需求为依据。

2.1　权益分享内容及权益问题分析模型

　　从经济活动发展历史来看，数字资源贸易属于新生事物。目前图书馆和数据库商都在不断探索从事和管理这项活动的方法和策略，以期尽可能减少双方的谈判和交易成本，经济实惠地达成许可交易。

2.1.1　权益分享内容模型

数字资源贸易的关键主体包括用户、图书馆和数据库商三大类。各类主体所需保障的权益不尽相同，如图2-1所示：

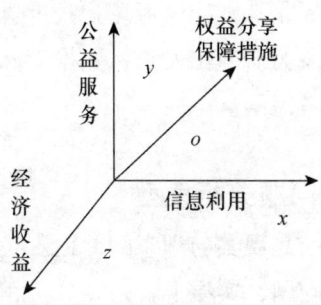

图2-1 数字资源贸易中的权益分享内容结构

图2-1中，x 轴表示的是用户有效利用信息的权益的保障程度，y 轴表示的是图书馆向用户提供信息服务的公益服务权益的保障程度，z 轴表示的是数据库商获得经济收益的权益的保障程度。

作为公益服务机构，图书馆不需也不能从数字资源贸易活动中获得商业利益，所需要获得的是社会存在价值，即更好地服务于社会、服务于用户的生存价值。具体来讲就是要获得更多的服务权利和保障其服务质量的权利。图书馆的服务是为了用户能更好地利用信息资源，因此图书馆和用户双方利益是一致的。数据库商多是营利性企业，在市场活动中以获得商业利润为其主要目标；也有的是非营利性机构，但也都需要在数字资源贸易活动中获得经济收益以补偿数字资源生产和销售中所付出的成本。

三方权益保障程度的大小是相互影响和制约的，图2-1中的 o 轴是权益分享保障机制，主要内容为各方的权利与责任的划分，以及数字资源采购组织管理措施和外部环境保障机制。现实中，由于图书馆采购经费的短缺以及数据库商对商业利润的过分追求，导致图书馆购买数字资源的数量、质量以及争取到的用户使用权利都不尽如人意。

本书的研究主要是从数字资源用户角度进行的，因此以保障用户和图书馆的权益为研究出发点，数据库商权益的保障是从数据库商行业整体来考虑的。

2.1.2　权益问题分析模型

问题，是矛盾，是现实与理想的差距。我们分析和判断数字资源贸易中的权益问题，实质上就是要分析相关权益干系人——主要是用户、图书馆和数据库商，在数字资源贸易中相互之间存在什么矛盾，所获得的利益和权利与他们的理想有多大差距等。

用户、图书馆和数据库商在数字资源贸易活动中，主要的矛盾和冲突表现在数字资源产品价格、用户和图书馆使用数字资源产品的权利以及许可合同的管理方式等方面。这些矛盾和冲突，与数字资源贸易本身特性有关，也与各类权益干系人的需求以及社会环境有关。因此本书给出了数字资源贸易中权益问题的分析模型，如图 2 - 2 所示：

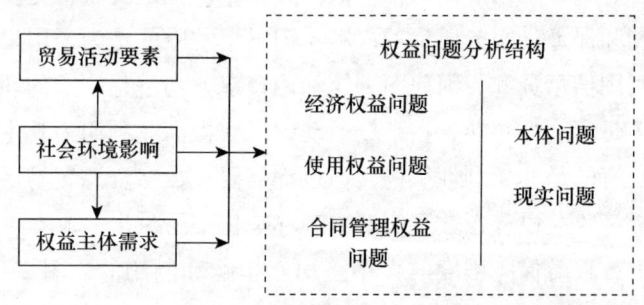

图 2 - 2　数字资源贸易权益问题分析模型

贸易活动要素包括数字资源产品；权益干系人，也称权益主体，主要是用户、图书馆（包括图书馆采购集团）、数据库商等；采购活动及其合作管理活动。

社会环境影响主要包括计算机网络发展环境的影响、知识产权保护制度的影响以及其他一些社会因素的影响。

权益干系人，其需求包括用户的需求、图书馆（集团）的需求、数据库商的需求、著作权所有者的需求等。因受影响比较直接的是前三位，因此，本书主要分析前三类需求。

权益问题，具体可分为经济权益问题、合同管理权益问题和使用权益问题等。其中，经济权益问题主要体现在数字资源产品的费用方面，即价格问题；使用权利不仅包括用户对数字资源的使用权利，也包括图书馆利用数字资源开展信息服务的使用权利。合同管理权益问题包括了许可合同中除价格和授权项目之外的各方面的问题，主要是关于合同实行方面，如适用法律选择问题、合同语种问题、免责项目、赔偿等。

本书主要从两个方面具体分析上述问题：分析数字资源贸易本身存在的权益问题；根据我国图书馆采购数字资源活动现状和实例，分析现实中还没有得到很好解决的权益问题。

2.2　数字资源贸易活动中权益分享要素分析

2.2.1　数字资源的类型与特点

图书馆采购的数字资源，在本书也被称为许可资源或许可产品不仅仅指数字资源数据，还包括配套的检索平台，现实中还出现了由此产生的派生资源。在采购活动中，人们也常称"数字资源"为"数据库"。

（1）数字资源数据

图书馆采购的数字资源，可以被划分为多种类型。如，1998

年美国康奈尔大学曼恩图书馆将采购的数字资源划分为全文数据库、数值型数据库和书目型数据库三大类；2001 年美国马里兰大学图书馆馆员将电子资源划分为数据库和电子出版物两大类；2000—2002 年美国研究图书馆协会 ARL 资助的 *E-Metrics* 研究项目从计量角度将电子资源分为电子期刊、电子参考资源和电子图书；2008 年各国图书馆及数据库商普遍使用的 COUNTER 统计标准，将电子资源划分为电子期刊、数据库、电子图书和电子参考资源等四大类[11]。2007 年我国教育部高等学校图书情报工作委员会发布的《普通高等学校图书馆电子文献发展政策编制指南》，按照电子文献类型结构将电子资源划分为文摘索引数据库、电子期刊、电子图书、全文数据库和其他类型等。考察我国几大系统图书馆具体实践中的划分方法，中科院国家科学图书馆网站上将数字资源分为全文、文摘/目次、引文、数值/事实/指标；CALIS/DRAA 每年在采购数字资源培训周上做的高校图书馆集团采购统计与分析报告中，将数字资源划分为电子报刊、文摘索引库、电子图书、事实和数值型数据库、书目数据库、学位论文、其他等。借鉴上述几种划分方法，同时从分析数字资源对各方利益与责任影响的角度考虑，本书将图书馆采购的数字资源划分为电子期刊、电子图书、学位论文、文摘索引书目数据库、参考资料、其他等，其中文摘索引书目数据库包括了文摘数据库、题录数据库、引文数据库等二次文献数据库。

电子期刊，即期刊全文数据库，是目前教学科研人员最为青睐的数字资源类型。电子期刊又可分为单一期刊网站（包括其系列期刊），如 *Science Online*；单一出版商电子期刊全文数据库，如德国施普林格公司发行的 *SpringerLink-J*；众多出版商期刊全文集成数据库，如 EBSCO 公司发行的汇集了世界各地 7000 多种期

刊全文的 *EBSCOhost Research Database* 数据库。前两种一般都是由内容出版商出版发行，相对来讲，出版商掌控了更多可向用户和图书馆许可使用的权利，如授权图书馆长期保存其数字资源产品；同时其电子期刊的发行通常早于或同步于对应的印本期刊，如 *ScienceDirect* 期刊全文数据库设置有 *In Press*，发布将要在印本期刊上正式发表的论文。集成期刊全文数据库的出版商向用户和图书馆许可的使用权利很多都需要事先获得内容出版商的授权，而这往往成为图书馆向数据库商诉求某些权利如长期保存权利等的障碍。另外，或是出于保护原始出版商的经济利益，或是由于数字出版过程的技术问题，集成数据库中有些期刊的发行滞后于对应印本期刊的发行。有些电子期刊是纯电子期刊，有些则是双轨制期刊，即同时有网络版和印本。对于前者，图书馆诉求永久使用权利和长期保存权利尤为重要；对于后者，数据库商在销售上往往将印本与电子版进行捆绑销售，给图书馆带来极大的困扰，图书馆必须要权衡印本馆藏和电子版馆藏之间的关系。有的数据库商还将期刊全文数据库分为现刊数据库和回溯数据库，采取不同的价格和销售模式，许可使用权利也不尽相同。

　　电子图书和学位论文，本书都特指全文型的。电子图书包括丛书、多卷书、工具书和单本书。对前三种，数据库商多借助其印本品牌效应进行销售。单本书是主要的图书形式，数据库商多以电子图书数据库形式销售，按年度或学科，或出版商等进行打包，或是允许图书馆进行单本选择等。学位论文分为学士、硕士和博士学位论文，后两种的学术价值是公认的，是数据库商主要推销的产品。印本学位论文未进入市场，传播范围非常有限，因此学位论文数据库的市场价值和社会价值非常大。在销售模式上，因学位论文都是单行本形式，因此数据库商通常采取类似电子图书的销售模式。在著作权方面，数据库商通常与图书出版商、学位授予单位签订数字化和信息网络传播权许可合同，与作者签约的可操作性比较差，尤其是对早期的图书和学位论文，因此电子图书和学位论文的销售和使用比较容易引发版权纠纷，这对数字资源的贸易影响比较大。另外，为了保护作者的著作权和出版商的经济利益，数据库商通常对电子图书和学位论文的全文使用提出很多限制，如限定下载或打印页数，限制可粘贴的字数等。

全文型数字资源还有会议论文全文数据库、科技报告全文数据库、专利全文数据库、标准全文数据库、报纸全文数据库等。目前，数据库商多以打包形式销售。有些学术会议是由学会或协会主办，他们常将学术会议论文与电子期刊合并销售，如美国化学学会发行的 *ACS* 数据库，包括了该学会出版的几十种电子期刊和历届年会的会议论文。

文摘索引书目型检索工具是印本时代最主要的检索工具。在网络环境下，其重要性下降。但是，文摘索引书目数据库的三大特点让其生命力依然强壮。第一，延续了印本检索工具的评价功能。许多检索工具如《工程索引》（*EI*）、《科技会议录》（*ISTP*）和《科学引文索引》（*SCI*）等的评价功能价值远高于其检索功能的价值。这种评价功能被文摘索引书目数据库所继承和发扬，如 *SCI* 的网络版 *Web of Science*，利用网络数据库的特性，提供了追踪特定论文被引用情况的功能；我国清华同方的《中国引文索引》，提供了各种类型引文被引用的统计等。第二，数据库数据条目量大，有利于检索系统增添数据挖掘和数据分析等功能。如 *Web of Science* 对各种检索结果都可以进行多项统计分析。第三，相对全文型数字资源，除了个别数据库如 *Web of Science*，多数文摘索引书目数据库价格较为便宜，有一定的市场竞争力。

除上述类型外，数字资源还包括数据事实型数据库、多媒体数字资源、软件系统、资料库大全等。数据事实型数据库主要源于印刷型的三次文献如手册、统计资料等，也包括在计算机环境下产生的科学数据库等。目前，许多国家在科学数据方面采取政府投资的开放使用方式，如我国科学院建设的科学数据库。但也有一部分是商业型数据库。多媒体数字资源占用网络带宽比较多，对网速要求比较高，对用户客户端软件兼容性有一定要求。软件系统对用户客户端软件兼容性有一定要求，且需要不断升级。资料库大全是上述各种数字资源的集合，同时还包括各种报告。

根据 DRAA 发布的 2011 年高校引进数字资源集团采购报告，2011 年合同有效期内的 DRAA 集团采购数据库有 117 个，部分数据库包含多种类型资源，电子期刊占 64.10%、电子图书占 30.77%为、会议论文占 18.80%、百科/参考工具占 11.97% 等①。根据中科院国家科学图书馆网站"培训服务"栏目中发布的《国家科学图书馆资源与服务指南》（2011 年版），截至 2011年6月，中科院国家科学图书馆购买了 60 个外文全文文献数据库、32 个外文文摘索引和事实工具数据库、6 个中文全文数据库、4 个中文事实数据库和 2 个多媒体数据库等。CALIS/DRAA 和中科院是我国数字资源主要采购机构。上述数据虽不全面，但足以说明图书馆及其用户对各类数字资源青睐程度的差异。这些数据表明，图书馆需要争取更多的全文数据库尤其是期刊全文数

---

① 肖珑.2011 年高校图书馆引进资源集团采购状况. http://lib.csu.edu.cn/pubnew/zndxtsgnew/calis/hyzl/20120516/5 – DRAAjtcgbg.pdf，2012 – 05 – 16/2012 – 06 – 10.

据库的使用权益。

（2）检索系统

检索系统是数字资源产品不可或缺的部分。目前在数字资源贸易活动中，数据库商对检索系统的销售主要采取以下几种方式：

● 将检索系统与数据合为一个产品销售，如 *ScienceDirect*、*ACS*、*ACM* 等数据库的销售。

● 单独销售数据，同时销售配套的镜像站点用检索系统，如 *Science on Site* 数据库的采购。

● 单独销售数据，同时配套提供多种检索系统供图书馆客户选择购买，如 *INSPEC* 数据库的采购中，图书馆可在 *EV2*、*WOK*、*OVIDSP* 等不同检索平台之间进行选择采购。

● 单独销售数据，配套的检索系统和硬件设备由图书馆自己开发。

● 同时销售数据和检索软件，镜像站点硬件由图书馆自己准备。

检索系统的不同交易模式，给图书馆带来的后续工作差异很大，图书馆需要支付的采购费用和需要争取的使用权益也不尽相同。

（3）元数据和用户使用统计数据

在文献管理领域，元数据即文献的编目数据，已有各种国际或国内标准，最基本的是 MARC 形式。数字资源产品中自身含带元数据，其一，便于编制、便于用户在阅读全文前迅速掌握文章大意并据此选择是否下载和阅读全文，节省用户的时间，也减轻服务器和网络流通的负担。其二，图书馆利用这些元数据可以编制电子资源联合目录，可以开展数字资源长期保存工作。

用户使用统计数据是用户使用检索系统时留下的使用痕迹。图书馆对使用统计数据的需求，延续了对印本文献借阅统计的需求。根据使用统计数据，图书馆可以总结和判断以后是否需要继续订购某种数字资源、用户服务工作还需要完善哪些方面等。正因如此，图书馆对使用统计数据越来越重视。经过几年的实践，用户使用统计数据的报送格式已形成比较规范的形式，如 ICOLC 推荐的 COUNTER 标准，规定了使用报告的 excel 格式、每个单元格的内容及使用报告传递方式，规定了数据处理的要求等。

2.2.2 权益干系人的类型与特点

权益干系人主要分为作为卖方的数据库商和作为买方的图书馆及其用户，具体如图 2 - 3 所示：

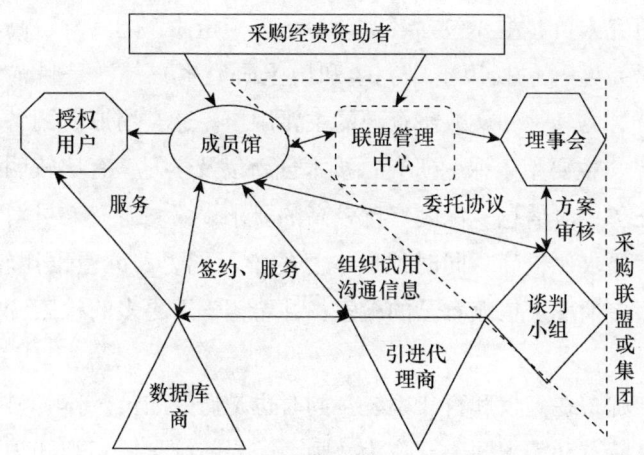

图 2 - 3 图书馆集团采购及服务关系示意图

（注：本图是以 2010 年 CALIS 引进数字资源培训周会议上朱强先生的报告：《高校图书馆数字资源采购联盟的建立与展望》中的联盟集团采购流程示意图为基础绘制）

图2-3比较全面描述了各类权益干系人。采购代理商这个角色，有的数字资源贸易中有，有的没有。单馆采购即单一图书馆采购数字资源时，没有图书馆联盟或集团这个角色。

（1）授权用户的类型与特点

授权用户是指被数据库商授权使用具体数字资源的个人或团体。目前，数字资源许可合同都明确规定了授权用户的范围。授权用户并不直接参与具体的数字资源贸易活动，其身份是由图书馆的用户范围决定，数据库商有时附加一些限定条件。用户的需求是决定图书馆是否采购特定数字资源的一个重要因素，因此是数据库商力求征服的权益干系人。目前，图书馆采购的数字资源以学术性和教学性为主，因此，本研究主要归纳总结使用这些数字资源的授权用户的特点。

研究人员，主要包括各类研究人员（包括博士后）、高校教师和研究生（包括硕士研究生和博士研究生）等，是目前我国数字资源尤其是外文数字资源的主要用户。这类用户使用各种数字资源"主要用于课题研究、技术创新以及学习，有比较明确的搜索任务；对信息专深度有比较高的要求[12]"。研究人员对信息专深度要求比较高，同时他们本身的学习能力和欲望也比较强，因此很多情况下依赖自己的检索，并希望学习更多的检索知识和技能。

教师，在高校和科研系统，同时也是研究人员。作为科研人员，其特点和需求同上。作为教师，需要系统掌握某类知识和全面了解某类事物的发展起源和过程，因此对回溯文献有较强需求。另外，教师的基本职责是教授学生，通常会将收集来的资源与学生分享，因此，有利用数字资源建立"课程包"的需求等。

大学本科生，在我国一般高校是人数最多的群体。大学是学习专业知识的初始阶段，查阅的文献主要集中在书籍，包括教材、辅导资料以及各种课外读物，较少使用学术期刊。目前，许多高校对本科生有撰写学年论文和毕业论文的要求，这在一定程度上促使本科生也查阅少量学术期刊、学位论文、会议论文等学术性较强的文献。鉴于阅读外语文献有一定难度，同时对学年论文和本科毕业论文要求相对比较低，因此我国本科生查阅的数字资源目前还是以中文的为主，如我国清华同方的《中国学术期刊网》、重庆维普公司的《中国科技期刊数据库》、万方知识服务平台的《学术期刊》等。但重点大学本科生以及一般大学的大四学生，因撰写论文的需要也会查阅少量外文学术论文。本科生年龄小，对现代化信息技术尤其是网络好学也学的快，再加上许多高校开设了文献检索课，因此掌握一般的检索方法对他们来讲非常容易，但也无强烈需求，无耐心关注数字资源检索系统中更多的检索性能，这一点与研究人员差别较大。另外，作为学生，对各种学习型数字资源如《英语在线》也有需求。

临时用户。临时用户仅有在规定的 IP 控制范围内检索和获取图书馆数字资源数据的权利，因此数据库商对这类用户的使用权利限定的比较多。

（2）图书馆的类型与特点

采购数字资源的主体是图书馆所在的法人机构，如所在的高校、所在的研究所等。但这些法人通常都延续印本文献采购和管理的模式，委托其图书馆承担资源的具体采购业务，因此许可合同中的被许可的组织机构通常用"图书馆"代称。"图书馆"可划分为图书馆联盟、图书馆采购集团和图书馆。

图书馆联盟（consortium）是图书馆之间合作的重要形式，在各国发展非常迅速。从合作范围角度，图书馆联盟可分为复合功能联盟和单一功能联盟。从采购数字资源角度，单一功能联盟是指仅在数字资源采购活动方面联盟内成员进行合作，如我国高校图书馆数字资源采购联盟 DRAA、美国东北研究图书馆联盟 NERL 等；复合功能联盟是指图书馆合作采购数字资源仅是图书馆联盟众多功能之一，同时还开展联合目录、馆际互借等合作性项目，如美国 OhioLink 图书馆联盟等。概括来讲，图书馆联盟组织具有相对稳定性。

图书馆采购集团（group）是为了联合采购特定数字资源而组建的临时虚拟组织。鉴于数字资源采购程序和内容的复杂以及成本高等特点，1990 年代中期网络数据库大范围进入市场后，美国图书馆立即采取集团方式进行联合采购。通过国内外图书馆间的相互学习以及数据库商的传播，这种模式迅速遍及全球。图书馆采购集团是基于某项采购任务而形成的，有的是在图书馆联盟基础上形成的，如我国高校图书馆在 CALIS 及后来的 DRAA 组织下形成了各种数据库采购集团；有的则仅以某种数据库为标的形成的，如我国台湾地区中央研究院计算机中心主导的大陆超星电子书联盟是以超星电子书为标的形成的[13]。

图书馆是代表所属机构采购数字资源的直接订购者。按照我国对图书馆的一般划分方法，图书馆分为国家图书馆、公共图书馆、学校图书馆、专业图书馆、企业单位内图书馆等。针对不同类型图书馆，数据库商许可的使用权利和给出的销售价格往往有很大差别。如，数据库商一般授权学校图书馆用户可在学校 IP 地址范围内访问数据库，授权公共图书馆用户可在图书馆建筑内访问数据库等。在数字资源贸易中，图书馆是许可合同的签署者，可能是单独采购，也可能是作为成员馆参与集团采购。如果是由某个部门支付全部费用，图书馆则主要承担服务和服务管理角色。

（3）数据库商的类型与特点

数据库商，在现实和文献中也常被称为数字出版商、平台商等。本书引用 DRAA 采用的称呼，统称为"数据库商"。目前，加入到数字产品生产和发行的组织机构越来越多，因此出现了多种类型的数据库商。

根据数据内容出版发行过程中所承担的任务和角色不同，本书将数据库商划分为内容出版商、内容集成商、内容传播商和销售商。内容出版商是数字资源内容的原始出版者，即包括出版图书、期刊、工具书的原始出版商，也包括文摘出版物的出版商。内容集成商是指汇集大量内容出版商的出版物并制作成数据库产品的出版者。内容传播商是指提供数据检索平台，让数字内容通过该平台向用户传播，目前，有的文献也将这类角色称为平台商或技术提供商。销售代理商是指代理数字资源所有者与购买方如图书馆进行谈判推销的商家。现实中，一个具体的实体单位可能同时担当上述若干角色，而且针对不同的数字资源可能承担不同的角色。为了讨论方便，通常不做区分，如需要则做如下划分：

● 将同时担当内容出版商、内容传播商和内容销售商角色的数据库商称为出版商。

● 将同时担当内容集成商、内容传播商和内容销售商角色的数据库商称为集成商。

● 将同时担当内容传播商和内容销售商角色的数据库商称为平台商。

● 将仅担当销售商角色的数据库商称为销售代理商。

另外，为了行文方便，在讨论集成商时，将向集成商提供原始出版物内容的内容出版商称为原始内容出版商。具体如

表 2 - 1 所示：

表 2 - 1　数据库商的类型

数据库商类型	数据库商实例	数字资源实例	承担的角色
出版商	ELSEVIER	ScienceDirect	内容出版商、内容传播商、销售商
集成商	EBSCO	EBSCOhost Research Database	内容集成商、内容传播商、销售商
平台商	THOMSON ISI	INSPEC	内容传播商、销售商
销售代理商	泰国 IGROUP	ACS	销售商

　　内容出版商是接受作者授权并根据各国著作权法享有独家出版特权的出版者，在作者信息网络传播权转让方面掌握很大主动权，特别是在网络环境下，许多出版商都发布有作者许可合同模板，要求录用稿件作者将其稿件的数字传播权转让或许可给出版商。如美国物理学会 APS 在其网站发布有作者版权转让协议书模板，内容包括了作者转让在任何媒体上出版发行的版权。内容出版商获得作者的版权转让或许可权利后，就拥有了出版传播或者授权其他方传播的权利。如果直接面对的数据库商是出版商，图书馆则可以争取较多的权利。

　　集成商需要从原始内容出版商那里获得相应的授权。如果原始内容出版商没有从作者那里获得数字出版及信息网络传播权，则集成商还需要从各个作者那里获得相应的授权。由于成本高、可操作性差，有些集成商并没有完成所有的授权手续，容易出现版权纠纷。图书馆向集成商诉求某些授权时也可能会遇到较大阻碍，如，美国 LEXISNEXIS 公司就以其不拥有数据库数据版权为由，不许可我国图书馆长期保存其销售的数据库的权利。学位论文属非正式出版物，集成商只能通过学位论文授予单位或者作者个人获得相应授权，如果没有获得充分授权，很容易出现版权纠纷。如 2008 年我国出现过的博硕士诉万方数据侵权事件以及博硕士诉同方知网侵权事件的实例。目前，许多学位授予单位规定学位申请人须签订一份版权转让或授权的协议书。在这种情况下，集成商可以通过学位授予单位获得数字化和信息网络传播权的授权，可操作性比较强。

有些出版商或集成商自己并不研制检索平台，而是将资源提交给其他平台商。如 INSPEC 公司将其数字化产品分别提交给 OVID 公司和汤森路透（Thomson Reuters）公司，供购买者在 OVIDSP 平台或 WOK 平台之间进行选择。目前，在采购数字资源活动中，我国接触到的主要平台商有 OVID、SWETSWISE 和汤森路透等。

有的数字资源是由专门的销售代理商向图书馆销售。一般来讲，销售代理商与图书馆签订数字资源产品的采购合同，而数字资源所有者（指出版商、集成商或平台商）与图书馆签订数字资源使用许可合同。销售代理商一般具有丰富的销售经验，往往能给数字资源产品所有者带来较大利润。因此，相当多的数据库商特别是各种学会、研究机构等非营利性机构愿意聘请销售代理商。销售代理商的任务不仅包括推销、谈判和签订采购合同，同时还承担着售后的技术与支持服务。目前，在我国比较活跃的销售代理商有泰国 IGROUP 公司、美国 OVID 公司、荷兰 SWETS 公司、台湾地区飞资得公司、英国查尔斯沃思集团、北京中科进出口公司、北京龙戴特信息技术有限公司、迪特国际股份有限公司、广州奥凯信息咨询有限公司、上海万得信息技术股份有限公司和讯泰管理顾问（上海）有限公司等。如，IGROUP 中国公司网站 2011 年 6 月的信息显示，该公司已在我国代理了 45 个数据库，其中包括许多重要学会的数据库如 *ACS*、*APS*、*AIP* 等。目前，OVID 公司主要代理农业医学方面的数字资源产品的销售；北京查尔斯沃思公司主要代理美国、英国学会和部分出版社的数字资源产品，且主要销售给 NSTL。

我们对我国 CALIS/DRAA、中科院、农科院和 NSTL 等数字资源主要采购机构的采购情况进行了调研统计，结果显示，截至 2010 年 12 月底，这些机构大约采购了 225 个国外数据库。从销售角度来看，有 6 个销售代理商代理了大约 117 个数据库，如 IGROUP 销售代理商代理了 *ACM*、*ACS* 等数据库；有 28 个出版商直接销售了其出版的 69 个数据库，如爱思唯尔公司直接销售了其产品 *ScienceDirect*、*Cell Press*、*Embase* 等数据库；有 8 个集成商销售了其出版的 20 来个数据库，如集成商 EBSCO 公司销售了其 *EBSCOhost Research Database*、*EBSCOhost Electronic Journals Service* 等数据库；有 3 个平台商代理了 18 个数据库，如 OVID 公司代理了 *LWW-J*、*CABI* 等数据库。上述数据显示，在我国销售代理商代理的数据库占了一半多。销售代理商谈判经验丰富，售后服务更为专业化，但也给图书馆增加了谈判难度，无法与内容数据库商直接交流。从生产和发行角度来看，134 个内容出版商发行了 198 个数据库；18 个内容集成商发行了 27 个数据库，表明目前我国购买的数据库中，88% 的都是内容出版商发行的。这种状况有利于图书馆诉求更多的使用权利。

数据库商还可以区分为营利机构与非营利机构。如出版社、公司等为营利机构，学会、协会、研究所等为非营利机构。非营利机构主要集中在内容出版商和内容集成商类型中。目前，我国图书馆采购的大约 225 个国外数据库，主要来自营利性数据库商，如表 2-2 所示。我国自产数据库也主要是来自营利性数据库商,如中国知网、重庆维普、龙源、万方、高等教育出版社等目前发行了我国主要的学术期刊全文数据库;超星、书生、方正等公司目前发行了我国主要的图书全文数据库。根据实践经验以及对图书馆的调研,营利性机构在谈判活动以及后续的使用管理中比较灵活,但价格偏高,这与他们更注重获取经济利润的性质有关。非营利性机构尤其是学会组织,其产品质量高,但在谈判和后续的使用管理中比较坚持他们自己的原则,沟通比较困难。

表 2-2   各类机构性质的数据库商及 CALIS/DRAA 采购的
对应数据库产品数量

机构性质	机构数量	实例	数据库数
营利性机构	70	SPRINGER,ELSEVIER	134
学会、科研机构等	41	美国化学学会 ACS,美国科学院	60
协会、图书馆等其他非营利性机构	24	ALPSPA 非营利出版商同业协会,JSTOR	31
合计	137		225

(注:此表中机构数量的统计是按照总公司计算的。数据库数量的统计主要是数据库方案数量计算,当因文献类型不同而采取不同数据库方案时分开计算。如 ASME 数据库采购方案中包括了 ASME 期刊库采购方案、ASME 图书库采购方案、ASME 会议录采购方案、ASME 期刊回溯库采购方案等,按 4 个数据库计算)

2.2.3   采购活动的类型与特点

采购活动是指图书馆的数字资源采购活动,尤其是采购国外数字资源的活动,是数字资源贸易的对象,也常被称为"引进活动"。

(1)采购活动的类型

根据国内外目前的实践,图书馆开展采购活动的方式可分为单馆采购、国家采购、区域采购和集团采购等。

单馆采购和集团采购都是需要图书馆直接参与数字资源采购的采购活动。单馆采购是指图书馆个体独立地采购所需文献资源，它是图书馆采购印刷型文献的基本方式。集团采购，也称组团采购，集团引进，联合采购等，是指多个图书馆联合采购某种资源。根据我们对 ICOLC 图书馆联盟成员的统计，到 2011 年 6 月，80%多的图书馆联盟开展了图书馆集团采购。据 2009 年 CALIS 引进数字资源用户满意度调查报告，高校系统的数字资源有44%是通过集团采购获得，31%是通过免费、赠送或共享获得，21%是通过自行购买，还有其他方式的占 4%[14]。这些数字显示集团采购已是许多图书馆尤其是高校图书馆采购数字资源的主要模式。但是，单馆采购也很多，其特性不容忽视。单馆采购和集团采购各有利弊。单馆采购可让图书馆无须过多顾及其他图书馆的需要，能更好地依据图书馆所服务用户的需求以及所属机构的条件开展工作。这种方式也便于图书馆与数据库商采取比较灵活的个性化合作方式。但单馆采购无法享受更多的价格优惠，在采购谈判中力量单薄。集团采购可以帮助图书馆通过"规模经济"，以较低采购价格获取优质的资源和服务；可以帮助图书馆借集体智慧和力量在采购谈判中掌握更多话语权；可以让图书馆共享集团内的经验和知识等。因需兼顾图书馆之间的利益关系，集团采购不可避免地存在分歧、摩擦，甚至矛盾，管理成本较大。

国家采购和区域采购均是指某一个组织机构支付采购费用，在全国或区域范围内的图书馆更多的是开展相应的用户服务管理活动。国家采购，也称为国家引进，是数字资源网络化应用的产物，国外文献称之为 *national site license*。我国较早就有文献对

"国家采购"的含义进行了分析，认为"国家采购"是指国家政府参与电子资源建设，资助部分或全部的经费，所购买的电子资源的访问面积覆盖了这个国家的大多数科研与高等教育机构[15]。许多国家如加拿大、英国、南非、韩国等都开展了国家采购活动，我国如引言中所指，已经通过"国家采购"采购了 50 多种数据库。"区域采购"是与"国家采购"相对而言的一种采购模式，包括按照地理区域划分的地区区域采购以及按行业划分的行业区域采购等，采购经费由相应区域的政府机构全部或部分支付，使用范围限定在这些区域的用户范围内。截至 2011 年 6 月底，中科院国家科学图书馆总馆已经用中科院拨付的经费采购了 20 多个数据库，在全院 100 多所独立法人机构范围内开通使用。采用国家采购方式，采购的主体基本上都是国家政府机构指定的代表，如 NSTL，CALIS、国家图书馆等。"国家采购"可让全国图书馆用户或全国部分类型图书馆的用户受益，是各图书馆及其用户所期待和期望的，但数据库商对这种方式比较谨慎。区域采购，是地方政府或行业政府面向本领域机构提供的资源保障机制，可以减轻该领域图书馆的经费压力。相对"国家采购"，这种方式覆盖的用户范围要少得多。

（2）数字资源贸易活动的特性

"采购"是一种商业贸易行为，受到网络经济特征和信息经济特征的影响。本书从权益问题分析角度，将采购贸易活动的特性归纳为经济特性、产权特性和合同特性三大方面。

经济特性方面。根据网络经济学，网络产品贸易活动具有边际效益递增特性、网络效应特性、产品消费锁定效应、网络经济的报酬递增特性等。具体到数字资源贸易活动，其经济特性主要表现为：

第一，数字资源属于网络产品，其边际收益是递增的。经济学中的边际收益是指新增加一个单位产品的产品销售量所引起的总收益的增加量（见《现代经济词典》解释，凤凰出版社 2005 年版）。其值可为负也可为正。消耗性的物质和能源产品，其边际收益会随着投入的增加而呈递减趋势。但信息产品尤其是数字化信息产品，只需一次投入就能获得持续增加的收益。这种特性有利于市场成功者获取更大的市场份额，目前出现的出版商兼并重组现象与数字资源这种特性不无关系，而这也是图书馆争取降低价格或降低价格涨幅的理论依据。

第二，网络效应特性。网络效应特性也称网络外部性，由克兹和夏皮罗（Katz & Shaprio）提出，其含义为当消费同样产品的其他使用者的人数增加时某一使用者消费该产品所获得的效用增量[16]。网络效应揭示了用户规模的经济作用，表明了用户基数对网络产品的导向性。这种特性，在数字资源采购过程中，就会演变为图书馆需要关注网络产品的市场标准，需要为用户争取更为通用的软件系统和数据格式，如要求数据库商以 HTML 或 PDF 格式提供数据等。

第三，产品消费的锁定效应。数字资源产品的锁定效应表明，一旦用户使用并熟悉某种数字资源产品，且该产品基本上可以满足其需要时，用户就会锁定在该产品上。根据经济学家的分析，网络产品这种锁定效应产生的原因与更换品牌可能会产生高转移成本有关。如，用户熟悉了一种检索系统后再更换使用全新的检索系统，用户需要增加学习成本。这种特性容易促使数据库商采取低价进入高价格涨幅的销售策略，即先以低价格占领市场和培养用户，在用户对其产品产生一定依赖性后再大幅度提高产品价格。对图书馆来讲，这种效应迫使图书馆在选择数字资源以及检索平台时不能不顾及用户已经养成的习惯。

第四，网络经济报酬递增特性。目前，经济学界已经提出网络经济具有报酬递增特性，其原因包括：高固定成本和极低的边际成本、网络外部性、互补产品效应、干中学效应（即一种产品生产的越多，生产者累积的经验就越丰富，也就越有利于成本的降低和新产品的推出，这是知识密集型产品普遍具有的特性）、较高的用户使用成本（用户需要花费一定的成本、费用和时间，去学习如何使用）、用中学效应（用户对网络产品由生疏到熟悉，且越熟悉，产品对用户的效用就越大，用户越就为该产品或其后续产品支付更高的价格）、信息扩散效应（消费者根据产品已有用户的评论和数量来判断产品的价值，因为数字产品往往是经验产品，未使用前很难判断其价值）、转移成本的存在和锁定（指用户的学习成本，以及进行的大量可持续互补资产的投资）等[17]。数字资源属于网络经济下的产物，且作为高科技产品，其早期投入成本很大，但边际成本趋向零，因此数据库商更愿意通过不断增加产量增强数字资源经济报酬递增特性的效用。

第五，专业化经济和分工经济的报酬递增特性。经济学家亚当·斯密在《国富论》中提出生产中的劳动分工是财富增长的主要原因，而新的劳动分工取决于市场的扩大，并同时认为，技术进步是报酬递增的源泉。这种理论在经济学中被指为"专业化分工及分工经济导致供给方报酬递增"。目前在市场上出现专门的数字资源销售代理商、数字资源长期保存商等，可以说就是财富增长需求导致社会分工的一种实例。

第六，产品定价的特殊性。作为信息产品的一种，它的定价已经很难用传统物质产品的定价策略，即成本＋利润。作为高新技术行业，由于研发的需要，信息产品的前期投入非常大，但一旦研制出来第 1 份产品后，其后的边际成本接近零。因此信息产品的定价一般采用边际购买趋向定价的策略，具体表现形式为针对 IT 产品的差异性以及对象的差异性制定差别性价格。产品定价的特殊性还表现在数字产品的可分割性。如，数字资源产品可以打包销售，也可以按刊按书、按章节或论文销售等。这种特性既给数据库商提供了多种定价策略可能性，也给图书馆根据自身需要选择不同资源的机会。

第七，其他特性。在引言中已经说明，本书研究的数字资源特指网络版数字资源。网络版数字资源可被人们上网重复使用，具有较高的可测性，试用也就成为了市场上常用的策略[18]。利用这个特性，数据库商将试用作为一种营销手段，而图书馆则将其作为解用户需求和资源情况的一种方式。另外，还包括交货模式多样化、售后服务常规化、使用管理规范化等特性。

产权特性方面。数字资源贸易活动的产权特性主要包括知识产权特性和隐私权保护需求特性。数字资源的核心是数字化的作品，其表现形式主要是数据库，受到知识产权保护法律法规的规范和制约。作用到数字资源贸易活动，则要求数据库商获得授权的权利，图书馆及其用户需要通过数据库商获得各种使用权利的授权，各方都要遵守知识产权保护中的合理使用规则等。信息系统具有自动收集和处理用户信息和用户查询行为信息的能力。然而，信息系统的这种能力也容易侵犯用户个人的隐私，容易泄露机构不愿公开的秘密。如，泄露用户注册身份信息和查询信息，泄露某机构用户整体数据库查询特点等。因此在数字资源贸易中，要求数据库商保护用户个人隐私权，不泄露机构用户信息查询行为等。

合同特性。相比购买印本文献，图书馆购买数字资源最显著的特点是需要与数据库商签署使用许可合同。这种使用许可合同规定了图书馆和授权用户使用特定数字资源的权利、方式和约束条件，规定了数据库商、图书馆（集团）、用户等的责任和义务等。由于图书馆采购的数字资源相当多来自国外，甚至许多需要用户和图书馆通过互联网跨国访问国外服务器，因此使用许可合同还须规定各方应遵守哪些国际或国家的知识产权保护规定，明确解决合同纠纷的适用法律和仲裁地点等。除了使用许可合同，图书馆与数据库商之间还需签署采购合同。有的数据库商将两者合二为一成一个合同，有的则分开，尤其是中间存在销售代理商时，往往是销售代理商与图书馆签署采购合同。如果采用的是集团采购方式，有的数据库商还与集团组织者签署集团采购协议，规定采购集团组织者和数据库商的权利、责任和义务。使用许可合同具有周期性和持续效力性等特点。周期性是指使用许可合同一般是一年或多年的，图书馆若续订，则在使用许可合同到期时需与数据库商续签使用许可合同。也有的使用许可合同许可了用户和图书馆对特定数字资源的永久使用权，对已购买数据无须再签署续订合同，但对更新数据通常还需另签新的使用许可合同。持续效力性是许多使用许可合同都强调的内容。依据所获得的永久使用权，图书馆和用户在使用许可合同结束后继续使用所采购数字资源时，一般依然要遵循原有使用许可合同的使用约束条件。

上述特性，直接影响了数字资源贸易中各方诉求权益保障的内容，需要通过使用许可合同和采购合同将各方的权利和责任进行明确和规范。

2.2.4 面向权益分享的各方合作管理内容及存在的权益关系

（1）各方合作管理的内容

从各方权益保障角度来讲，数字资源贸易中的合作管理可分为定价管理、授权管理、合同管理和组织管理等。这些管理是保障权益分享的关键。

定价管理指图书馆（包括图书馆、图书馆集团或联盟）与数据库商合作，商定定价模式以及对定价模式中各种参数进行选择和计算。

授权管理是指图书馆方与数据库商合作商定授权图书馆及其用户各种使用权利的具体内容以及各方相应的管理权利和责任。

合同管理是指许可合同包括采购合同签订双方共同合作对合同语种、合同适用法律、合同签订等许可合同签订事务进行约定。严格来讲，授权管理也属于合同管理范畴，本书为了突出授权管理问题，将此部分单独拿出来讨论。

组织管理具体可分为采购集团的团体组织管理和采购活动的业务组织管理。采购集团的团体组织管理内容包括：确定采购集团的组织性质、建立集团组织管理体制、选择集团运作模式等。采购活动业务组织管理的具体内容包括规划和组织采购活动的各项任务、确定各项任务之间的逻辑关系与组织关系、规划包括各项任务及其关系的采购流程、明确各项任务中包含的合作主体及合作的内容和方式等。

（2）合作管理中的权益关系

图书馆采购数字资源的本质是为所服务用户争取使用特定数字资源的许可。在数字资源贸易中，图书馆购买的不仅仅是数字资源使用权，还包括数据库商的服务。同时，如果图书馆采取的是集团采购，聘用了采购代理商，则集团组织、采购代理商和图书馆之间也存在服务关系。因此，在整个数字资源贸易活动以及相应合作管理中存在使用权许可关系和服务关系。如图2-4和图2-5所示：

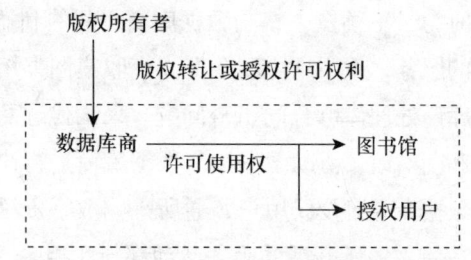

图2-4 数字资源贸易活动中的使用权许可关系

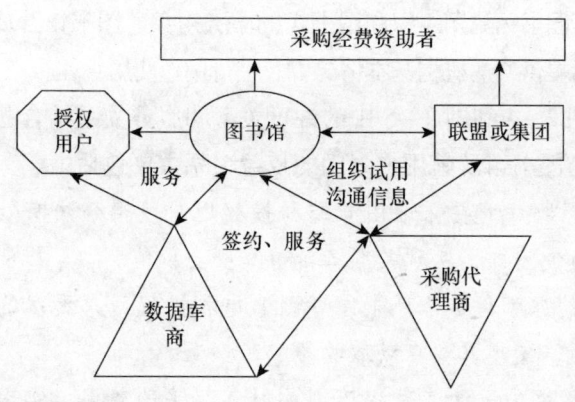

图2-5 数字资源贸易活动中的服务关系

图2-4中，数据库商首先要从数字资源作品原有版权所有者那里获得版权转让或许可他人使用的授权，这是所有数字资源贸易活动的基础，不过现实中往往存在不同程度版权纠纷问题。数据库商许可图书馆的使用权利实际上是图书馆服务的权利，即图书馆利用采购的数字资源为用户开展各种信息服务的权利，如

原文传递、电子资源整合等。

图2-5是由图2-3转化而来，图中的箭头表示服务方向，箭尾处是服务提供者，箭头指向的是服务的对象即被服务者。图书馆联盟或集团服务的对象主要是图书馆，帮助图书馆经济有效地采购数字资源，同时为了平衡图书馆与数据库商之间的利益，还对数据库商开展一定的服务，主要是协助数据库商收集图书馆的采购信息以及协助数据库商处理许可合同执行问题。采购代理商服务对象主要为采购集团和图书馆，协助图书馆与数据库商进行谈判以及许可合同的执行。数据库商对授权用户开通所采购数字资源是所有服务中最基本的，其他主体所开展的服务活动都与此相关，如数据库商向图书馆提供技术支持、培训等。在互利和权益分享基础上，数据库商也是图书馆集团组织和图书馆的服务对象。图书馆开展的服务主要包括提供所属机构基本情况以及进行用户使用管理。

将图2-4和图2-5中的许可关系和服务关系结合起来，数据库商与图书馆及其用户之间的权益关系主要包括：

- 数据库商要保证图书馆和授权用户获得合法有效的数字资源许可使用权，实现其服务价值和社会价值。
- 数据库商要尽可能许可图书馆和授权用户更多的数字资源使用权，实现其信息获取收益。
- 图书馆要保证数据库商按时获得采购费用，实现其经济利益。
- 图书馆和授权用户要保证合法使用数字资源，无损数据库商经济利益和版权所有者版权利益。

图书馆与授权用户之间的权益关系是由服务关系引出的。图书馆与授权用户之间的服务关系包括信息采集委托关系和信息使用帮助关系。前者是指图书馆受用户委托采集信息资源。如果数

字资源镜像站点建立在图书馆内，图书馆同时还承担了数字资源
提供任务。由这三种服务关系产生的图书馆与其用户之间的权益
关系主要包括：

- 图书馆要保证在有限经费范围内尽可能多地采集到授权
用户满意的高质量数字资源，要尽可能地为授权用户争取更多的
使用权利，减少使用约束；

- 图书馆要帮助授权用户更快速、更便利、更合法地使用
数字资源，解决使用数字资源过程中的疑难问题；

- 授权用户要遵从图书馆的合理安排，以保证图书馆服务
功能的有效实现。

2.3 知识产权保护制度的影响

数字资源是作品的数字表现形式，相当多是以数据库方式存
在，因此以数字资源为标的的交易活动和使用活动受到版权法、
数据库保护制度等知识产权法律法规的规范和制约。我国图书馆
采购国外数字资源时，其交易行为以及日后用户的使用行为同时
受国内外知识产权保护制度的影响。

2.3.1 作用于我国数字资源贸易活动的国内外版权保护制度

版权，也称为著作权，是知识产权的重要组成部分。版权保
护制度是由版权法以及相关的条例、解释、规定等组成。

（1）我国参加的国际版权保护条约以及我国有关法律法规
的类型

我国参加的主要相关国际条约如表 2 - 3 所示。表中所列条

约中，伯尔尼公约是我国制定著作权法及其相关条例的主要依据，WCT 和 WPPT 是 WIPO 组织针对网络环境补充增加的，常被称为互联网条约。我国著作权法 2001 年修改版和 2006 年颁布的《信息网络传播权保护条例》吸收了后两个条约中公众传播权、技术措施和权利管理信息等具体规定。

表 2 - 3　我国参加的主要知识产权保护条约

管理组织	条约	时间
UNESCO	世界版权公约	1952 年日内瓦缔结，1955 年生效，我国 1992 年加入
WIPO	保护文学和艺术作品伯尔尼公约，简称伯尔尼公约	1886 年建立，1887 年生效，我国 1992 年加入
WIPO	世界知识产权组织版权条约 WCT，简称 WIPO 版权条约	1996 年建立，2002 年生效，我国 2007 年加入
WIPO	世界知识产权组织表演和录音制品条约 WPPT，简称 WIPO 表演和录音制品条约	1996 年建立，2002 年生效，我国 2007 年加入
WTO	与知识产权贸易相关的条约，简称 TRIPS	1994 年缔结，我国 2001 年 12 月入世

目前，有关知识产权保护的国际组织目前主要有：世界知识产权组织（World Intellectual Property Organization，简称 WIPO），1967 年成立，1980 年 6 月我国加入；世界贸易组织（World Trade Organization，简称 WTO），1994 年成立，2001 年 12 月我国加入；联合国教科文组织（United Nations Educational, Scientific and Cultural Organization，简称 UNESCO），1946 年成立，我国是联合国教科文组织创始国之一，1971 年恢复合法地位。上述组织中，WIPO 是专门管理知识产权问题的组织；后两个是综合性管理组织，所管理的事务中包括知识产权方面。这些组织召

集成员国或地区签订了很多版权保护方面的条约。

（2）我国主要著作权保护法律法规

我国 1990 年年底通过了建国后首部《著作权法》，1991 年开始实施。2001 年 10 月通过了《著作权修改案》，2002 年开始实施，新增了信息网络传播权以及技术措施和权利管理电子信息保护的内容。2010 年 2 月稍作修订，2010 年 4 月 1 日正式实施。2011 年 7 月启动第三次修改。除了《著作权法》外，有关的版权保护的法规还包括：《中华人民共和国著作权法实施条例》（2002）、《信息网络传播权保护条例》（2006）、《计算机软件保护条例》（2002）、国务院关于修改《中华人民共和国计算机信息网络国际联网管理暂行规定》的决定（1997）、《实施国际著作权条约的规定》（1992）、《著作权集体管理条例》（2005）等行政法规。我国还与一些国家签订了双边贸易条约，直接作用于我国的数字资源贸易活动。如，我国 1992 年与美国签订了《中美知识产权谅解备忘录》、1996 年与俄罗斯签订了《中华人民共和国政府和俄罗斯联邦政府关于在知识产权保护领域合作的协定》、1998 年与法国签订了《中华人民共和国政府和法兰西共和国政府关于知识产权的合作协定》等。条约有有效期限，如上述与俄罗斯签订的条约有效期为 10 年，这一因素在利用时需要加以注意。

（3）对我国采购数字资源影响较大的国外版权保护法律法规

我国采购国外数字资源的机构集中在高校图书馆、各类科学院系统图书馆以及科技部的 NSTL 等。从 1997 年采购网络版《工程索引》（EI）开始，截至 2010 年 12 月底这些系统通过集团采购或国家采购的国外数据库大约有 225 个（不包括 2010 年及之前停订的）。这些数字资源的数据库商（主要是指内容出版商）涉及的国家如表2－4所示：

表2－4　我国目前主要采购的国外学术数据库数量统计

数据库商总部国别	数据库商数量	数据库数量	数据库商总部国别	数据库商数量	数据库数量
美国	79	147	加拿大	3	3
英国	31	40	澳大利亚	2	2
德国	4	12	瑞士	1	3
荷兰	4	7	其他	4	4
国际	4	7			

表2－4数据显示，目前，我国采购的国外数字资源主要出版于美国、英国、德国、荷兰等国家和地区，这与世界上几大跨国出版集团坐落在这些国家有关，如美国的约翰威立公司、英国的泰勒弗朗西斯出版集团、德国的施普林格出版集团和荷兰的爱思唯尔出版集团等。另外有不少数据库商属于国际组织，如经济合作与发展组织OECD等。因此，我国在采购数字资源时要特别关注美国、英国、德国、荷兰以及其他国家和组织的相关法律法规。

在知识产权研究领域，存在两大法系。以法国、德国等欧洲大陆国家为主要代表的大陆法系，以英美国家为代表的英美法系。不同法系的版权法，在保护内容和方法上有很大区别，下面在分析具体知识产权保护内容时再加以指出。

（4）国内外版权法中的主要规定

版权法赋予版权人的权利包括两大类：精神权利和经济权利。为了适应网络环境，目前的版权法中通常都增加了技术措施保护和权利管理电子信息保护的内容。同时，为了平衡公众与版权人利益的需要，各国都提供了合理使用或一些例外等。具体内容如表 2 - 5 所示：

表 2 - 5 国内外版权法中的主要规定

权利类型	具体权利内容
人身权—精神权利	署名权，修改权，保护作品完整权，发表权
经济权—经济权利	复制权，发行权，出租权，展览权，表演权，放映权，广播权，信息网络传播权，摄制权，改编权，翻译权，汇编权，应当由版权人享有的其他权利
技术措施保护	未经版权人或者与版权有关的权利人许可，不可故意避开或者破坏权利人为其作品、录音录像制品等采取的保护版权或者与版权有关的权利的技术措施。法律、行政法规另有规定的除外
权利管理电子信息	不可故意删除或者改变通过信息网络向公众提供的作品、表演、录音录像制品的权利管理电子信息，但是，由于技术上的原因无法避免删除或者改变的除外
合理使用	我国著作权法第二十二条规定了"为科研、教学目的使用、引用和少量复制"等 12 条合理使用规定
合同要求	签订使用许可合同
保护期限	25，50，70，75，90，95 年限不等

2.3.2 被版权制度保护的主体类型和影响

数字资源内容的所有者主要包括数据内容的版权所有者和数据库商。这就需要了解各国版权制度对这两类主体的保护内容和保护力度。

版权制度保护的对象是逐渐从出版商向作者转变的。据我国知识产权学家郑成思先生的考察，我国在宋代至清代都出现过统治者保护版权的事例，如北宋神宗继位之前，朝廷曾下令禁止一般人随便刻印《九经》；南宋时期刻印的《东都事略》一书有一段牌记云：眉山程舍人宅刊行，已申上司，不许复板；清朝光绪皇帝为保护《九通分类总纂》的翻印专有权下过赦令。这一时期，受保护的主体既有作者，更主要是出版印刷商。15世纪末威尼斯共和国颁布了保护翻印之权的特许令。之后法国、英国等都颁布过类似的特许令[19]。版权的英文单词 copyright，也标示了版权保护制度最初的保护对象是翻印专有权，被保护的主体以印刷出版商为主。随着资本主义社会替代封建社会的步伐加快，保护个人利益的意识逐渐增强。在欧洲国家，呼吁保护作者的声音越来越强，英国议会终于在1709年颁布了世界上第一部版权法——《为鼓励知识创作授予作者及购买者就其已印刷成册的图书在一定时期内之权利的法》简称《安娜法》（1710年生效）。无论是从名称上还是从内容上，该法都开始倾向于保护作者的权益。被保护主体的这种历史变化，反映到数字资源贸易活动中则表明：作者的版权是版权制度保护的主要对象，出版商的出版利益保护是作者版权利益保护的附加内容。

各国版权制度规定的被保护主体的类型有一定差异。版权制度所保护的主体分为三大类，作者、受让人、出版商。对作者的认定，有些国家如俄罗斯、瑞士、法国、德国等仅承认自然人可以成为作者，同时伯尔尼公约也只承认自然人为作者；有的国家如日本同时承认自然人和法人为作者；有的国家如我国同时承认自然人、法人和非法人团体为作者。虽然版权人可以拥有精神权利和经济权利，但各国版权法都只认可作者才拥有精神权利。作者认定上的差异导致精神权利认可的不同，在使用国外数字资源时就会存在区别。

在对版权归属认定方面，各国版权法通常都是将版权归属为作品的真正创作者，包括自然人和法人。但对委托作品，以及转让发生的版权归属，各国有不同的对待。如，对于委托作品的版权归属，美国规定归委托方（在一定条件下），法国规定归受托人，我国规定依据合同，若无合同，归受托人即作者。对于转让事项，"如果 A———一位创作了享有版权作品的美国公民，与 B———一位德国公民签订了一份合同，将'以现有方式或将来出现的方式'在德国使用本作品的权利转让给了 B。如果合同成立依据的是美国法律的话，B 享有该权利，但是如果依据的是德国法律，尤其是将德国版权法第 31 条'就以未知的形式对作品进行使用的权利做出的许可都是无效的'的规定适用于本合同，A 将享有上述权利"[20]。另外，数字资源的版权归属非常复杂，许多数字内容产品产生了"组合版权"，如，美国培生集团在生产数字化教科书时，进行"内容升级"，加入很多插图，或在支付作者一定费用前提下修改原稿插图，插图版权归属培生集团[21]。概括来讲，不同的对待，实际上就是精神权利和经济权利的归属不同，在使用数字资源时需要清楚自己面对的版权利益主体是谁，谁有权利许可自己对数字资源的使用。

数字资源产品版权问题解决的是否得当，直接影响图书馆及其用户对数字资源的使用权益。如，山东一位自由撰稿人李昌奎在 2006—2008 年间起诉超星数字图书馆用户（主要是大学图书馆）30 来起。另外，对于数字资源产品国际交易，当数字资源产品流通到其他国家，作者就有可能依据后者的版权法进行权利诉求和侵权起诉。如，对于委托作品，如果数据库商位于美国，按照美国版权法，委托方为版权所有者（在一定条件下），因此，数据库商获得委托方的授权即可；但当数字资源流通到法国，按照法国的版权法，受托方为版权所有者，数据库商需要获得受托方的授权；如果数字资源在中国流通，需要看受托方与委托方是否有版权归属协议，否则按照我国的著作权法，委托作品的著作权归属于受托方，数据库商需要获得受托方的授权。

2.3.3 精神权利保护现状及其影响

对作者人身权的保护是在逐渐发展的。从立法角度看，比较明显的是18世纪末叶大革命时期法国先后颁布了《表演权法》和《作者权法》，首先强调了作者的精神权利，然后才是作者的经济权利。

（1）精神权利保护规定现状分析

自法国大革命以来，大陆法系国家以自然哲学为理论基础，认为作品是作者精神与人格的体现和产物，且作者有权对自己的精神、人格与作品之间的联系进行维护，经济权利是精神权利的附属。而英美法系则以边沁功利主义为理论基础，认为版权本质是一种财产权，是国家为了社会公益而与版权人建立起一种特殊的社会契约形成的，强调保护经济权利，将精神权利的保护列入从属地位。这种思想反映在立法中，主要表现在其版权法中长期缺乏精神权利保护条款，而采用普通法进行有限保护[22]。世界知识产权领域影响非常大的"保护文学和艺术作品伯尔尼公约"（简称"伯尔尼公约"），在1886年缔结时也主要是保护经济权利，但在1949年布鲁塞尔文本中则将精神权利的保护规定为成员国必须遵守的最低要求。从精神权利的发展和两大法系的不同对待，可以看出各国对精神权利的保护项目和保护力度差异很大。

在保护项目方面，伯尔尼公约规定各国保护精神权利的最低要求包括署名权和保护作品完整权。法国等部分大陆法系的国家保护的精神权利包括发表权、署名权、修改权、保护作品完整权以及作者的召回权，后者表示作者有权召回处于流通领域的作品。英美法系国家的版权法长期缺乏精神权利的保护，直到近些年才有所改善。如，为了符合伯尔尼公约的最低要求，1988 年英国在版权法中增加了反假冒署名权、表明作者身份权、保护作品完整权以及摄影和电影作品的委托人对作品进行商业性公开的权利；1989 年美国参加伯尔尼公约时，增加了"可视艺术品法"的有限精神权利的保护。我国的著作权法偏向于大陆法系，规定保护的精神权利包括署名权、修改权、保护作品完整权和发表权，要严于伯尔尼公约要求。

在保护期限上，各国的差异也非常明显。大陆法系存在二元论与一元论之分。坚持二元论的国家，如法国、中国、日本等，将精神权利的保护和经济权利的保护区分开，对经济权利的保护有时间限制，而对精神权利的保护（除发表权外）是无限期的。而实行一元论的国家如德国，将经济权利和精神权利的保护进行捆绑，给予精神权利与经济权利相同的有限保护期限。英美法系对精神权利的保护总体上低于大陆法系的国家，不过在保护期限上，类似大陆法系主张二元论的国家。

在保护方式方面，目前的实践主要涉及保护的转让和放弃的规定。对于精神权利转让方面，无论大陆法系还是英美法系的国家，绝大多数都不许可转让，我国规定不可放弃和转让。美国版权法中规定，署名权和保护作品完整权的各项权利不得转让，作者及其法定继承人享有在版权转让后的一定时间内终止所做出的转让的权利[23]。绝大多数国家都规定精神权利不可放弃，但也有少数国家规定了一定条件下的放弃。如美国版权法第 106 条（e）（1）规定，作者可通过署名的书面文件明示放弃第 106 条（a）款所赋予的精神权利。

（2）精神权利保护的影响

数字资源的采购和使用属于版权贸易，有的时候属于跨国版权贸易，因此各国对版权精神权利保护力度和方式上的差异对数字资源贸易有一定影响。

在署名问题上，我国著作权法给予了永久和不可转让及不可放弃的权利，但从上面的分析可以看出，有些国家允许作者转让和放弃署名权，有的国家给予的保护期是有限的。如果我国采购了这些国家的数字资源，其中的作者即使在这些国家转让或放弃署名权，或者署名权保护期已过，在我国依然可以继续享有署名权。我国在使用或保存这些数字资源时不得不注意这个问题。

在保护作品完整权问题上，伯尔尼公约实际上将精神权利范围缩小到作者仅有权反对那些对其人格利益（名誉或声望）造成真正损害的行为。各国基本上也都是从歪曲、篡改角度来判断作品完整权是否受到侵害。因此各国之间存在着主观说与客观说的差异。主观说认为应当由作者根据自己的主观感觉来判断其作品是否受到歪曲和篡改，客观说认为当对作品的改动在客观上造成了对作者声望和荣誉的损害，才是侵犯作者保护作品完整权的行为。主张主观说的代表国家包括法国、日本等，主张客观说的代表国家包括德国、意大利[24]。我国的著作权法及相关解释并没有说明这个问题，不过学者们以及司法实践中趋向于客观说。显然，采纳客观说的国家，有利于数字资源产品的研发和传播，限制了作者对此权利的滥用。我国图书馆对数字资源开展长期保存活动时一般会涉及这方面问题。如在利用保存技术如迁移、UVC等时，很有可能由于技术上的原因而丢失部分信息元素，尤其对多媒体作品。如果数字资源采购合同中约定采用数据库商所在国家的法律，并且该国采纳的是主观说的话，我国图书馆在开展数字资源长期保存活动时就存在被诉侵犯保护作品完整权的风险。

2.3.4 经济权利保护现状及其影响

经济权利是版权制度保护的核心内容，这在版权制度的起源和发展过程中表现的很突出和明显，只不过最开始主要是保护印刷出版商的经济权利，而后才转向以保护作者的经济权利为主，但对出版商仍给了很高的保护力度。

伯尔尼公约规定的经济权利包括翻译权、复制权、表演权、无线广播与有线传播权、公开朗诵权、改编权、录制权和制片权等。作为伯尔尼公约的管理机构，世界知识产权组织为了适应网络环境和弥补伯尔尼公约的不足，特地出台了《世界知识产权组织版权条约》，增加了"向公众的传播权"。我国参考了上述两个公约，2001 年修订的著作权法规定的著作权人可享有的经济权利包括复制权、发行权、出租权、展览权、表演权、放映权、广播权、信息网络传播权、摄制权、改编权、翻译权、汇编权以及应当由著作权人享有的其他权利。对数字资源采购、使用和保存有直接关系的主要有复制权和信息网络传播权。另外，各国对各种版权项目保护期限的计算方法不同，有的从作者死亡起计算，有的是从作品发表起算起。在具体时间方面，25、50、70、75、90、95 年限不等。

复制权和传播权是各国版权法保护的核心经济权利。目前，相当多的图书馆都开展了原文传递工作，有的还开展了数字资源长期保存工作，这两项活动对复制权和传播权有着特殊的要求，因此，迫使图书馆必须向数据库商诉求更多的复制权利和传递权利。

保护期限的规定影响也非常大。我国在永久使用以及长期保存数字资源时，需要面对保护期限问题。如果合约中对超过保护期限的作品没有特别的制约，同时没有约定必须按照数字资源出版商所在国家的版权法，那么我国图书馆可以根据我国著作权法的规定开放性传播这些数字资源；反之，则需要遵守许可合同规定的国家的版权的有关规定。

2.3.5 技术措施和权益管理信息保护现状及其影响

计算机技术和互联网的发展和普及，在手段上极大方便了盗用数字资源的行为。出于自我防护，数据库商开发了各种技术防护措施以杜绝这类行为。但在计算机网络领域，"破解"是极为可能发生的行为，因此，从立法角度来保护版权人利益的问题引起了世界范围的关注。目前，主要是通过在版权法中增加对应的保护措施或者单独立法进行专门保护。技术措施和权益管理信息保护正是针对上述问题而在版权法中推出的新的保护项目。

面对互联网环境下产生的新问题，1996年世界知识产权组织主持由120个国家参加的外交会议上缔结了《世界知识产权组织版权条约》，简称WIPO版权条约，针对计算机程序、数据或数据库编程进行保护，不仅增加了"向公众传播权"，而且还增加了保护版权人技术措施和权利管理信息的规定，要求缔约各方应在其国家版权保护法律中增加相应规定。WIPO版权条约规定的"权利管理信息"包括识别作品、作品的作者、权利所有人信息、作品使用条件以及相应数字或代码等。我国于2007年6月加入了WIPO版权条约。我国2002年实施的《著作权法》（修改）中不仅增加了版权人的信息网络传播权，而且也加入了保护版权人技术措施和权利管理电子信息的规定。我国的著作权法和2006年实施的《信息网络传播权保护条例》中对技术措施的解释为"技术措施，是指用于防止、限制未经权利人许可浏览、欣赏作品、表演、录音录像制品的或者通过信息网络向公众提供作品、表演、录音录像制品的有效技术、装置或者部件"。《信息网络传播权保护条例》第 10 条第 4 项规定："采取技术措施，防止本条例第七条、第八条、第九条规定的服务对象以外的其他人获得著作权人的作品，并防止本条例第七条规定的服务对象的复制行为对著作权人利益造成实质性损害"。这些内容实际上是表明了技术措施包括防止接触和防止利用的功能。《信息网络传播权保护条例》对权利管理电子信息的内容进行了约定，规定为"权利管理电子信息，是指说明作品及其作者、表演及其表演者、录音录像制品及其制作者的信息，作品、表演、录音录像制品权利人的信息和使用条件的信息，以及表示上述信息的数字或者代码"。相比 WIPO 版权条约，本质内容一样，我国在文字表述上更为具体，同时强调了"电子"这一载体类型。

图书馆及其用户使用数字资源的方式很多，不同的方式受技术措施和权利管理信息保护的影响不同。图书馆开展本地跨库检索服务和元数据整合服务时，当数据库检索系统为数据库商所有并掌控时，检索平台的技术保护措施是阻碍。目前，有些数据库商在采购合同中许可图书馆套录数据库的元数据，并提供技术帮助。这种相互合作的方式，即可满足图书馆建立电子资源馆藏目录、研制跨库检索系统、整合采购的各个数据库以及自建数据库元数据等增值服务需求，又可以不降低数据库商现有利益。图书馆开展长期保存活动时，会出现规避技术措施和权益管理电子信息保护不得力的现象。长期保存数字资源采用的技术途径如图 2-6 所示：

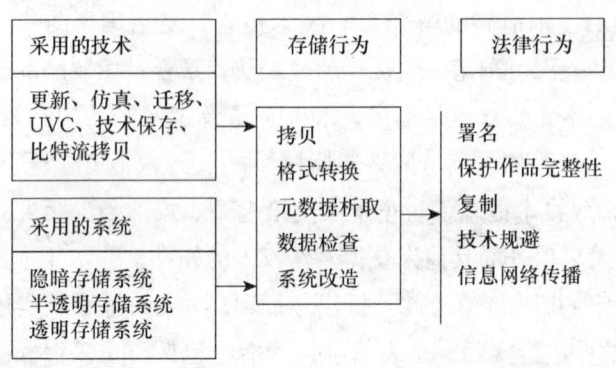

图2-6　数字资源存储技术方法及其行为类型

图2-6显示，存储活动需要依赖多种技术和方法，需要对数字资源系统中的数据和结构进行复制、迁移等。如果数据库商对其数字资源采取了阻碍这些保存行为的技术防护措施，依据版权法对技术措施和权利管理信息保护的规定，图书馆则难以开展长期保存工作。

目前，我国《著作权法》及配套的各种条例制定了一些例外。如，我国《信息网络传播权保护条例》规定，"在信息网络上对计算机及其系统或者网络的安全性能进行测试而规避技术措施、由于技术上的原因无法避免删除或者改变权利管理电子信息等行为等不属于侵权行为"；我国《计算机软件保护条例》规定"软件的合法复制品所有者享有为了把该软件用于实际的计算机应用环境或者改进其功能、性能而进行必要的修改的权利，除合同另有约定外"。图书馆可以利用上述第1条来进行保存技术改进中的技术规避，如果在进行保存技术处理时不可避免删除或改变了某些权利管理电子信息，也可免责。第2条从法律角度上允许对计算机软件的修改，可以说是一种合理使用，不过，"合同约定除外"有可能给图书馆开展长期保存活动带来了侵权风险。

相比较而言，美国版权法在 1998 年依据《千年数字版权法》修改后提出的一些例外，对我们很有借鉴意义：

　　第 1201 节（d）条规定：非营利图书馆、档案馆和教育机构在下列情况下规避了版权人采取的控制接触的技术措施行为，不视为侵权；除此之外，不能以任何其他方式合理获得，对于规避了控制接触作品的技术措施后的作品，只能复制一份，而且其保存时间不得超过作为该善意决定的必要时间，也不能用于其他任何目的。（f）条规定：合法获得软件复制品者，为了使其独立创作的计算机程序与他人的计算机程序具有互用性或替代使用性，可以规避他人采取的控制访问和使用作品的技术措施。（g）条规定：合法获得软件复制品者，为了进行加解密研究所需而规避控制接触作品的技术措施不受禁止（附带条件：通知软件版权人，不助长侵权行为，合法研究或学习等）。

上述规定对于图书馆机构开展数字资源长期保存活动提供了法律上的支持，在采取改进系统、仿真等存储技术处理时，可以按照版权法给予的例外特权避免侵权风险。

2.3.6　数据库保护立法现状及其影响

市场上的数字资源多以数据库产品形式出现和存在的，因此国内外保护数据库的方式直接影响到各方的权益内容和权益维护方式。

数据库的开发制作成本比较高，包括技术研发成本、数据库检索平台制作成本、数据收集成本、数据处理成本、数据录入成本、数据版权交易成本、宣传广告成本、制作管理成本、销售成本，等等。但对其复制却极为容易、成本很低。因此国际上对数据库的保护有一些专门的规定，有的是通过版权法来保护，有的是通过专门的法规来保护。

对具有原创性数据编排和数据结构的数据库的保护，一般不包括政府数据库，不管数据库数据是否属于作品或作品片段。采取这种保护方式的国家主要有美国、德国、世界贸易组织、世界知识产权组织、伯尔尼公约及我国台湾地区等大多数利用版权法保护数据库的国家、地区和国际组织，都把数据库作为编辑作品加以保护，并且汇编的内容既可以是享有版权的作品，也可以是不享有版权的其他数据、材料。日本是将数据库作为一种独立的作品。我国没有针对数据库设立专门条款，但根据著作权法第14条规定，数据库作为汇编作品。此种保护不排斥对他人利用同样的材料进行编辑给予保护。

欧盟1996年颁布的《关于数据库的法律保护指令》（Directive 96/9/EC of the European Parliament and of the Council of 11 March 1996 on the legal protection of databases），对数据库制作者提供了三种特别权利：禁止他人未经许可，"永久或暂时复制"、"以发行、出租、在线传输等方式向公众提供"、"重复地系统地复制及或向公众提供"数据库全部内容或数量上以及或者质量上实质性内容的行为。美国这些年一直都在努力独立立法对数据库给予更多的保护。我国主要采用合同法和反不正当竞争法来保护数据库产品，这种保护方式只能对签订合同的主体以及开展经营活动的实体进行约束。

在数据库法律保护方面，争议很大，各国大多都还处在探索和各方利益团体不断博弈的过程中，这也意味着图书馆界需要关注各国数据库立法保护的进展。

概括来讲，各国对各种版权权利的保护力度差异很大，我国数字资源贸易活动显然受国内外版权保护制度以及国际条约的影响。同时，根据上述的分析，图书馆在采购数字资源时，要为用户争取更多的数字资源使用权利就需要向数据库商争取更多的使用权许可。

2.4 其他社会环境因素的影响

2.4.1 互联网络发展的影响

图书馆采购数字资源的规模、方式，以及诉求权利的内容和承担的责任，受其所处的互联网发展环境和应用程度的影响和制约。1997 年，中国互联网络信息中心（以下简称 CNNIC）联合我国其他互联网单位，共同进行我国互联网发展的统计工作，且从 1998 年起，CNNIC 每年 1 月和 7 月都其网站上全文发布"中国互联网络发展状况统计报告"。2012 年 1 月，CNNIC 正式发布了第 29 次中国互联网络发展状况统计报告。另外，CNNIC 还发行自编的《互联网发展信息与动态》，将其对全球互联网相关信息定期进行收集和整理的内容进行公开发布。从这些报告中的数据，我们可以窥视我国互联网基础设施及其应用的发展，了解全球相应的发展现状。

第一，网民规模发展迅速，这是数字资源产品迅速发展的基础，也是图书馆采购数字资源的动力和压力。根据 CNNIC 历次发布的中国互联网络发展状况统计报告，1997 年我国图书馆最初开展较大范围采购数字资源活动时，网民数量仅有 62 万人，而截至 2011 年 12 月底已经达到 5.13 亿，互联网普及率为

38.3%，并且在 2011 年，我国网民平均每周上网时长为 18.7 个小时。这些数据充分反映了利用互联网获取信息、使用信息的人员在迅速扩大，同时也渐渐形成了人们对网络的依赖性，对网络信息资源的依赖性。作为数字资源（学术性的）的主要使用者或潜在使用者的学生为互联网应用的主力军。

第二，IP 地址、域名、网站、网页、网络国际出口带宽等互联网基础资源一直保持着快速增长的势头。这一现象直接关系到数字资源访问方式的选择以及数据库商的服务质量。互联网基础资源的建设和发展是图书馆采购数字资源活动得以开展的基础和前提。根据 CNNIC 第 29 次中国互联网网络发展状况统计报告，各项基础资源每年都有了大幅度的增长，如，截至 2011 年年底，2011 年比 2010 年 IPv4 增长了 19.0%；我国拥有 IPv6 地址 9398 块/32，相比 2010 年同期出现大幅增长；国际出口带宽较 2010 年同期增长了 26.4% 等。

第三，互联网使用及应用发展迅猛。这一现象关系到数据库商提供服务的方式和程度。如，上网时间方面，大学生平均每周上网 18.6 个小时，办公室职员每周上网 19.9 个小时。同时，在网络应用方法，各种网络应用服务如网络媒体、信息检索、网络通讯、网络社区、网络娱乐、电子商务以及网上教育等已经成为许多网民不可或缺的服务项目，对网络应用的认知、熟悉和痴迷，无疑都为人们依赖于网上获取信息打下了基础。

第四，上网的方式呈现多样化，移动上网发展迅猛且潜力很大，如表 2 - 6 所示。这一现象直接影响用户对使用数字资源的方式以及对数据库商提供多样化服务方式的需求。表 2 - 6 中数据已经显示出手机上网网民发展速度很快，从理论上讲，目前以及未来的手机用户都具有发展成为手机网民的潜力。另外，近来其他形式的移动上网，特别是平板电脑，发展也比较迅速。这种发展趋势，给图书馆和数据库商带来的启示就是要大力发展移动数字图书馆，发展移动上网功能。正如 CNNIC 统计报告所指，互联网及其应用的迅速发展，得益于经济的快速发展、政策导向、通信和网络技术的发展，以及互联网本身的巨大诱惑性和网民扩张带动网络价值提高等因素。图书馆采购数字资源活动，必须建立在互联网基础设施建设、网民开发、互联网应用发展的基础上，它们的发展也带动了数字资源产业的发展。

表2－6 我国各年各种方式上网网民数量　　　（万人）

年代	网民合计	专线	拨号	同时专线和拨号	ISDN	宽带	移动终端/信息家电	手机
1997	62	15.5	46.5					
1998	210	40	149	21				
1999	890	109	666	115			20	
2000	2250	364	1543	343				
2001	3370	672	2133	565				
2002	5910	2023	4080		432	660	153	
2003	7950	2660	4916		552	1740	214	
2004	9400	3050	5240		640	4280	350	
2005	11100	2910	5100			6430	610	
2006	13700	2710	3900			9070		1700
2007	21000					16338		5040
2008	29800					27000		11760
2009	38400					34598		23344
2010	45730					44953		30273
2011	51310							35558

2.4.2 数字出版发展的影响

数字出版的发展是数字资源发展的基础，数字出版对数字资源贸易中权益分享的影响主要包括以下几个方面：

（1）数字出版的发展改变了图书馆采购数字资源的类型

数字出版的发展改变了图书馆采购数字资源的类型，促进了数字资源贸易活动。20世纪70年代，市场上出现了以美国洛克希德公司的 DIALOG 系统和 SDC 公司的 ORBIT 系统为代表的商业型联机文献数据库，但使用费用非常昂贵，我国仅有中国科学技术信息研究所等极少数大型信息服务机构购置了这些数据库的联机使用权利。20世纪80年代，市场上出现了光盘数据库，以弥补传统联机数据库费用昂贵以及使用不方便的缺憾。正是从购买光盘数据库开始，我国图书馆出现了集团采购数字资源的历史，如据农科院图书馆工作人员介绍，他们曾在农业科学院系统组团采购过国外光盘数据库。不过，当时印本文献仍是图书馆采访的重点，光盘采购活动并未受到关注。

自20世纪90年代中期，大量网络版数字资源问世市场，如，1994年《不列颠百科全书》的网络版 *Encyclopedia Britannica Online* 正式推出；1995年《工程索引 EI》开始推出网络版的 *EI Compendex Web*，现改名为 *EI Village* 2；1996年总部在德国的施普林格出版集团将其出版的印本期刊全文进行数字化建立了 *SpringerLink*-J，并在市场上率先发行了期刊全文数据库；1997年汤姆森集团（现在的汤森路透集团）下的 ISI 公司开始推出集"科学引文索引 SCI"、"社会科学引文索引 SSCI"和"艺术与人文引文索引 A&HCI"于一体的网络版 *Web of Science*；等等。这些网络版数字资源一经面世，立即成为了各国图书馆采购的重点，各种集团采购、国家采购和单馆采购活动应运而生。

（2）数字出版的发展让数字资源成为图书馆采购的主流文献

数字出版的发展强化了用户对数字资源的依赖程度，进而逐渐让数字资源成为图书馆采购的主流文献。

在出版业对数字出版还很迷茫的时候，面向图书馆发行的网络版数字资源却发展迅猛。2007 年 10 月中宣部组织部分出版界人才就数字出版赴美国进行考察，分别与尼尔森国际传媒集团公司、约翰·威立出版集团等 9 家公司进行了交流，这些公司无一例外均高度重视数字出版，都在倾全力建设数字化的基础设施，建立了各种类型的大型数据库和在线编辑平台、在线教育平台等。涉足领域包括电子图书、期刊、报纸、数据库、视频、教学软件各个方面，即有大众生活方面的，也有教学方面和学术方面等。根据此次考察，当时还只有学术方面的数字资源已经形成了较好的运营模式，而这种模式就是销售给图书馆等机构用户。如，在以学术期刊和图书为主要业务的约翰·威立的营收中，大约有 70% 的期刊收入来自在线期刊，10% 的图书收入来自在线图书，其客户主要是图书馆等机构[25]。2009 年我国科技图书文献中心 NSTL 组织进行了"国外学术出版发展趋势调查研究"，调研报告指出，世界上几个大型出版商都已经将电子出版物作为其主打产品，如表 2-7 所示：

表 2-7　STM 出版社期刊载体情况[26]

出版社名称	期刊数量	印本＋电子期刊	纯印本期刊	纯电子期刊
Elsevier	1944	1750	97	97
Springer	1926	1766	93	67

出版社名称	期刊数量	印本＋电子期刊	纯印本期刊	纯电子期刊
Wiley	1506	1415	38	51
LWW	280	277	1	2
OXFORD	222	222	0	0
CUP	237	235	0	2
Nature	88	85	0	3
合计	6203	4097	1882	222
比例	100%	92.70%	3.69%	3.58%

据我国教育部高等学校图书情报工作指导委员会网站上发布的 2007—2010 年每年我国普通高校图书馆主要统计数据资料，平均每个馆采购数字资源的经费已在 100 万以上，具体如表 2-8 所示：

表 2-8　我国普通高等学校图书馆资源采购经费情况

年度	平均每个馆数字资源购置费（万元）	平均每个馆纸质文献购置费（万元）	平均每个馆文献购置费及相关费用（万元）
2007	81.84	256.70	326.86
2008	94.39	133.47	233.34
2009	106.55	230.18	343.54
2010	124	259	396

2007—2010 年，平均每个馆数字资源采购经费占其全部文献采购经费的比例分别为 25.04%、40.45%、31.01% 和 48%。数据显示，目前电子资源的采购经费还不及纸质文献的采购经费，但数量已经很可观了。从用户使用情况来看：CALIS/DRAA 在 2010 年组团采购的 44 个电子报刊，全文总下载量为

132, 057, 417 次，单个全文下载成本为 3. 64 元；采购的 7 个电子图书，全文总下载量为 5, 475, 229 次，单个全文下载成本为 3. 84 元[27]。据"CALIS 引进资源信息平台"上的统计信息，2009 年针对 *ScienceDirect*、*ACS*、*IEL*、*SpringerLink-J* 和 *SpringerLink-B* 等数据库，平均每个馆的下载量都超过 10 万次。另据清华同方、重庆维普和万方我国 3 大学术文献数据库商网站上信息显示，截至 2011 年 8 月中旬，清华同方的中国知网平台已经有 4000 万用户，覆盖全国 99. 2% 高层次人才，遍及全球 32 个国家和地区，年下载 20 多亿次；重庆维普的维普网，服务范围已经覆盖我国 80% 以上的高校、科研机构、事业单位和高端企业；万方的万方数据知识服务平台，其用户群体遍布全球 100 多个国家和地区，每年新增注册用户多达 100 多万。上述数据虽然不全面，但已反映出目前用户对数字资源的依赖，以及图书馆对数字资源采购的重视。

2.5　主要权益干系人的相关需求分析来源

对数字资源贸易中存在的各种权益问题进行分析并提出解决措施，既要考虑前面所探讨的影响因素，也要考虑各方权益干系人的实际需求。

目前，图书馆和数据库商都研制了各自的许可原则或许可模型，有些数据库商还设立有站点协议。为了叙述便利，本研究将各方的许可原则、许可模型以及站点协议，统称为许可政策。各方许可政策表达了各方现实的和客观的需求与要求，也反映目前数字资源贸易中客观存在的权益分享状况，是本书分析各权益干系人的需求和存在的问题的基础。这里，我们将对本书所统计和将要引用的各种许可政策进行简要介绍，其具体内容则分别在以后各权益问题分析中给出。

2.5.1 现有图书馆许可政策概述和特点

图书馆的需求，是指图书馆因开展面向用户的服务而需向数据库商诉求相应权利的需求。根据服务管理理论，提供给客户的一整套服务为"服务包"，一个完整的服务包中可以区分出"核心服务"与"外围服务"（或称辅助性服务），两者有时候的区别并不总是很清晰，特别是当彼此竞争的公司提供的核心服务几乎没有什么区别时，辅助性服务的因素很可能在很大程度上决定了客户的决策[28]。数字资源贸易活动中图书馆的核心服务是"购"，但为了更好地让用户方便可靠地使用数字资源，图书馆同时还需要利用数字资源开展更多的辅助服务活动，如长期保存、原文传递、电子内容上载、目录服务、培训等。很多情况下这些服务开展的前提是：数据库商向图书馆授权了必要的权利，数据库商没有利用许可合同限制图书馆相关的合理使用权利等。

本书所指的图书馆许可政策特指图书馆界研制和发布的用于数字资源采购的图书馆许可原则或许可模型。这些政策是图书馆开展具体的谈判和采购工作的指南，同时也是图书馆界向数据库商表达图书馆及其用户需求和要求的声明。

（1）图书馆许可政策概述

图书馆界研制数字资源许可政策已有 10 多年历史。因图书馆联盟包括的图书馆范围广，因此我们以图书馆联盟以及国际图书馆组织机构颁布的许可政策作为研究对象和统计数据来源。我们最早是在 2008 年年底对国际图书馆联盟联合会

（ICOLC）网站上链接的图书馆联盟网站进行查阅，2011 年 6 月底进行最后核查，排除没有链接网址、链接失效、重复和无法翻译的网站，从有效链接的图书馆联盟网站上找寻图书馆许可政策。2008 年年底 ICOLC 的成员为 206 家，有效链接为 187 家，查询到的图书馆许可政策有 22 份，表 2 - 9 中的第 3 个到第 24 个；2011 年 6 月重新核查时，ICOLC 的成员为 234 家，有效链接为 208 家，查询到的图书馆许可政策增加了 1 份 L_EKUAL，同时，这期间许多图书馆许可政策进行了修订，具体如表 2 - 9 所示。表中列出了 18 份许可原则和 13 份许可模型，其中有 6 个机构或项目同时制定了许可原则和许可模型，合起来共有 25 份。

表 2 - 9　国内外图书馆联盟研制的许可政策列表

本书许可政策简称	发布机构中文名称	许可政策类型：英文全称，制修订年代
L_IFLA	国际图联	许可原则：IFLA Licensing Principles, 2001
L_ICOLC	国际图书馆联盟联合会	许可原则：Statements and Documents of the ICOLC, 1996 - 2011
L_AALL	美国法律图书馆协会	许可原则：AALL Licensing Principles, 2004
L_ARL6	美国 6 家专业协会	许可原则：Principles for Licensing Electronic Resources, 1997
L_BCELN	英国哥伦比亚电子书馆网络	许可原则：BC ELN Licensing Framework, 2004/2006 许可模型：BCELN Model License 2008
L_CALIS/DRAA	中国高校图书馆联盟	许可原则：CALIS/DRAA 工作规范, 2006 - 2020

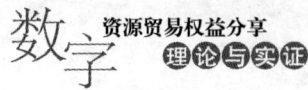

本书许可政策简称	发布机构中文名称	许可政策类型：英文全称，制修订年代
L_CAUL	澳大利亚大学图书馆委员会	许可原则：CEIRC Licences, Suggested alternate clauses for vendor licences, 1999－2011
L_CDL	美国加利福尼亚大学	许可原则：CDL Principles for Acquiring and Licensing Information in Digital Formats, 1996/2006 许可模型：CDL Standard License Agreement, 2002/2010
L_CIC	美国机构合作委员会	许可模型：CLC Center for Library Initiatives Standardized Agreement Language, 2009 许可政策：The CIC Vendor Guidelines, 2009
L_CRKN	加拿大研究知识网络项目	许可原则：CNSLP Principles for Licensing Electronic Resources, 2000 许可模型：CRKN Model License Agreement, 2006
L_COPPUL	加拿大草原和太平洋大学图书馆	许可模型：COPPUL Model license, 2007/2008
L_CSU	美国加利福尼亚州立大学	许可原则：Principles for CSU Acquisition of Electronic Information Resources, 1997/2005
L_EBLIDA	欧洲图书馆文献与信息管理局	许可原则：EBLIDA Towards Consensus on the Electronic Use of Publications in Libraries, 1998/2001
L_EIFL	国际图书馆数字信息计划	许可模型：EIFL Model licence, 2010

续表

本书许可政策简称	发布机构中文名称	许可政策类型：英文全称，制修订年代
L_JISC	英国联合信息系统委员会	许可模型：JISC Model Licence，2004 – 2009
L_JULAC	香港高校图书馆咨询委员会	许可原则：JULAC General Guidelines for Vendor Negotiation，2010 许可模型：JULAC Consortiall Template License for Reference（TLR），2006
L_LIBLICENSE	美国面向图书馆许可数字信息	许可模型：CLIR/DLF Model License 2001/2008
L_LIBER	欧洲研究图书馆联合会	许可原则：LIBER Licensing Principles，1998 Statement at the Public Hearing on Access to and Preservation of Scientific Information，2011
L_NELLCO	新英格兰法律图书馆联盟	许可模型：NELLCO Standard License Agreement 2000/2004
L_NERL	美国东北图书馆联盟	许可原则：NERL Licensing Guidelines & NERL Generic License，2004/2010
L_NSLA	澳大利亚国家和州图书馆联盟	许可原则：NSLA Statement of Principles Guiding Licence Negotiation，2007
L_OCUL	加拿大安大略大学图书馆理事会	许可模型：OCUL Model license，2007/2011
L_SASLi	南非国家图书馆和信息联盟	许可原则：SASLi Principles for Licensing Electronic Resources，2004
L_TRNSL	土耳其安纳托尼亚大学图书馆联盟	许可模型：Turkish National Site License，2002/2006

续表

本书许可政策简称	发布机构中文名称	许可政策类型：英文全称，制修订年代
L_EKUAL	土耳其国家研究理事会 EKUAL 项目	许可原则：TUBITAK EKUAL Principles for Licensing 许可模型：TüBİTAK EKUAL Model License

根据适用范围，可以将表 2 – 9 中的许可政策划分为以下几种：

面向全球性的许可政策。包括国际图联（International Federation of Library Associations and Institutions，简称 IFLA）和 ICOLC 各自制定的许可政策。①1996 年 10 月 IFLA 首先在其网站上发布了"电子环境下版权问题"报告，该报告由其版权顾问撰写并经第 62 届 IFLA 大会通过。该报告主要强调版权不应阻碍信息在电子环境下的传播，涉及原文传递、租赁、保存等主题。以此基础，2001 年 3 月 IFLA 执行局批准了其"版权及其他法律事务委员会"制定的"IFLA 许可原则"①。L_IFLA 许可原则总的特点是高度的概括性和全面性。②国际图书馆联盟联合会 ICOLC 自 1996 创建以来就致力于数字资源许可问题的研究，并陆续出台了由"电子资源选择和采购的远景和最佳实践的声明"、"基于 web 的信息资源使用统计方法指南"、"草案与合同谈判中所需的技术要求指南"、"用于电子资源供应商的隐私保护指南"、"支持长期保存学术电子期刊的紧急行动"以及"全球经济危机对联盟许可的影响的声明"等系列文件组成的许可原则②。

---

① IFLA. Licensing Principles. http：//www. ifla. org/en/publications/licensing-principles，2001 – 05 – 01/2011 – 06 – 10.

② ICOLC. Statements and Documents of the ICOLC. http：//www. library. yale. edu/consortia/statementsanddocuments. html，2011 – 06 – 22/2011 – 07 – 01.

ICOLC 的一个突出特点就是根据社会需求变化不断修改完善已有声明，或发布新的声明。

面向区域（地区）范围的图书馆许可政策。目前，主要有两个欧洲地区数字资源许可指南和原则以及一个主要面向东欧和发展中国家的 L_EIFL 许可模型。①图书馆、信息和文献协会欧洲局（European Bureau of Library，Information and Documentation Associations，简称 EBLIDA）自 1994 年开始，联合欧盟委员会及其他团体相继开展了欧洲版权用户平台 ECUP1 \ ECUP + 项目（1994.10 - 1999）、ECUP 框架实现试验项目 TECUP（1999 - 2001）、中东欧版权用户平台 CECUP（1999 - 2000）以及中东欧许可信息平台 CELIP（2000.11 - 2002.4）。这些项目产生了许多成果，其中影响最广的是其报告："许可数字资源：如何避免法律陷阱。"① ②欧洲研究图书馆联合会（Ligue des Bibliothèques Européennes de Recherche，简称 LIBER），1998 年制定了在欧洲有广泛影响的 "LIBER 许可原则"②，该原则是在 1997 年 7 月荷兰/德国高校图书馆共同制定的许可原则基础上修改而成，1999 年 7 月欧洲研究图书馆协会大会上通过该原则，并倡导各成员馆积极遵循该原则。③图书馆数字信息计划（Electronic Information For Libraries，简称 eIFL），是一个国际性非营利组织，成立于 1999 年，致力于探索多种方式使发展中国家的图书馆和使用者能更方便和经济地利用电子期刊。目前，eIFL 组织中欧和东欧以及其他发展中国家联合采购数据库，并为此制

---

① EBLIDA. Licensing Digital Resources-How to avoid the legal pitfalls. http://www.eblida.org/uploads/Pitfalls_web.pdf，2001 - 09/2011 - 07 - 01.

② LIBER. Licensing Principles. http://www.libereurope.eu/sites/default/files/d5/Licensing%20Principles.doc，1998/2011 - 07 - 01.

定了系列的许可模型，包括 eIFL 与数据库商的许可模型、成员馆与数据库商的许可模型、成员馆与 eIFL 之间的管理协议模型等。2011 年 6 月时 eIFL 网站上发布的是 2010 年版的系列许可模型①。

面向国家范围开展联盟采购的并不是很多，目前，相关的图书馆许可政策主要包括：①1997 年 7 月美国图书馆协会 ALA、美国法律图书馆协会 AALL、学术健康科学图书馆协会 AAHSL、研究图书馆协会 ARL、医学图书馆协会 MLA 和专业图书馆协会 SLA 6 家联合颁布了"电子资源许可使用的原则"②，这些协会代表美国各种类型的图书馆，具有指导美国全国范围图书馆工作的作用。上述机构陆续也出台了自己的一些相关政策，如 ARL 于 2009 年 6 月发布鼓励成员馆拒绝签署有保密条款要求的数据库许可合同的声明③。②2000 年 5 月受政府资助的加拿大国家站点许可项目（CNSLP）发布了"加拿大国家网站许可项目（The Canadian National Site Licensing Project，CNSLP/PCLSN）电子资源许可合同原则"④，用以指导加拿大图书馆电子资源许可活动。2003 年该项目结束，由 2004 年 4 月成立的非营利组织加拿大研究知识网络（The Canadian Research Knowledge Network，简称 CRKN）接续它的工作，于 2006 年 1 月出台了许可模型"CRKN

① EIFL. eIFL Model License. http://www. eifl. net/faq/eifl-licensing, 2010/2011 – 07 – 01.

② ARL etc. Principles for Licensing Electronic Resources. http://www. arl. org/sc/marketplace/license/licprinciples. shtml, 1997 – 07 – 15/2011 – 07 – 01.

③ ARL. Encourages Members to Refrain from Signing Nondisclosure or Confidentiality Clauses. http://www. arl. org/news/pr/nondisclosure-5june09. shtml, 2009 – 06 – 05/2011 – 07 – 01.

④ CNSLP. Principles for Licensing Electronic Resources. http://www. cnslp. ca/about/principles/, 2000 – 05 – 05/2011 – 07 – 01.

许可模型"①，使用至今。③1999 年 7 月南非建立了图书馆联盟联合会（COSALC），并开展了"南非站点协议创始计划（SAS-Li)"研究，2004 年发布了"SASLi 电子资源许可原则"②。2006 年该机构改名为南非国家图书馆和信息联盟（South African Library and Information Consortium，简称 SANLiC)。④根据土耳其国家研究理事会的决定，2006 年土耳其启动 EKUAL 项目，开展全国学术电子资源许可证工作，并分别发布了自己的许可原则③和许可模型④用于指导工作。⑤2000 年 5 月土耳其公立和私立大学的图书馆馆长们建立了安纳托利亚大学图书馆联合会并开展了土耳其国家站点许可（Turkish National Site License，简称 TRNSL)，其主要目标就是共享学术电子资源。2002 年发布了自己研制的第一版许可模型，2006 年 11 月发布了第二版许可模型⑤。该联合会开展的集团采购是其主要采购方式，各成员馆自愿参加并支付自己的订购费。该联和会最初仅有 12 个图书馆，目前已经发展到 125 个。

美国国内面向联盟范围的图书馆许可政策主要有：①美国法律图书馆协会董事会 AALL 在 1997 年与美国研究图书馆协会 ARL 等 5 家图书馆协会研制的"许可电子资源原则"基础上，

---

① CRKN. ModelLicense. http://www. crkn. ca/sites/default/files/CRKNModelLicense-AgreementJan06. pdf，2006 – 01/2011 – 07 – 01.

② SASLi. Principles for Licensing Electronic Resources. http://www. osall. org. za/docs/Conf2004/Licensing_principles1_S_Veldsman_July2004. doc，2004 – 07/2008 – 12 – 28.

③ Tü BİTAK. Tü BİTAK EKUAL Principles for Licensing. http://ekual. ulakbim. gov. tr/lisans/licensing. uhtml，2011/2011 – 07 – 01.

④ Tü BİTAK. Tü BİTAK EKUAL Model License. http://ekual. ulakbim. gov. tr/lisans/model_lisans_en. doc，2011/2011 – 07 – 01.

⑤ ANKOS. Urkish National Site License Text. http://www. library. yale. edu/ ~ llicense/TRNSL. doc，2006 – 11 – 03/2011 – 07 – 01.

根据环境的变化和认识的提高，于 2004 年 11 月发布了它修改的
"电子资源许可原则"①。②加利福尼亚大学（UC）和加利福尼
亚州立大学（CSU）都是拥有多个图书馆的综合性大学，为了指
导本校系统内数字资源集团采购活动，很早就出台了自己的数字
资源许可原则。加利福尼亚大学图书馆馆藏发展委员会早在
1996 年 5 月就发表了"数字信息的采购与许可原则"，2006 年 7
月出版了该原则的最新版本②，2008 年发布了电子图书采购原
则③。2002 年 2 月发布了许可模型第 1 版，2010 年发布了其修订
版④，因 UC 大学图书馆出台的上述政策都是以其数字图书馆
CDL 的名义发布的，故本书用"L_CDL"作为这些政策的统称。
美国加利福尼亚州立大学图书馆 1997 年 1 月提出了"CSU 电子
信息资源采购原则草案"，2005 年 1 月发布了新版本⑤。上述两
个学校早期制定的许可原则为后来许多国家和联盟所借鉴。③美
国机构合作委员会（Committee on Institutional Cooperation，简称
CIC），是由美国 12 所世界顶尖研究型大学组成。1998 年 CIC 建
立了采购联盟，采购数据库活动成为了 CIC 一项非常重要的合作

---

① AALL. Principles for Licensing Electronic Resources. http://www. aallnet. org/
main-menu/Advocacy/recommendedguidelines/licensing-electronic-resources. html，2004 -
11/2011 - 07 - 01.

② UCL. Principles for Acquiring and Licensing Information in Digital Formats. ht-
tp://libraries. universityofcalifornia. edu/cdc/principlesforacquiring. html，2007 - 09 - 25/
2011 - 07 - 01.

③ UCL. Guiding Principles for Collecting Books in Electronic Format. http://librar-
ies. universityofcalifornia. edu/cdc/taskforces/ebooks_final_report. pdf，2008 - 05 - 12/
2011 - 07 - 01.

④ UCL. CDL Standard License Agreement. http://www. cdlib. org/gateways/ven-
dors/docs/Model_License_LATEST_Revised_10 - 09. rtf，2010 - 02 - 22/2011 - 07 - 01.

⑤ CSU. Principles for CSU acquisition of electronic information resources. http://
seir. calstate. edu/ear/docs/principles. doc，2005 - 01/2011 - 07 - 01.

项目。2009 年 6 月，CIC 根据 ICOLC 的各种采购政策以及自己的实践经验和需求，制定了自己的许可模型"标准许可语言"①，以及"供应商指南"②，后者具有图书馆许可原则的作用。④美国东北研究型图书馆联盟（NorthEast Research Libraries Consortium，简称 NERL）是由 27 家研究型大学图书馆成员组成的联盟，在其网站上发布了各项许可文件③，包括"致供应商的信"、"NERL 总原则"、"NERL 电子期刊原则"等。NERL 不断更新这些政策，截至 2011 年 6 月，"NERL 总原则"为 2010 年 9 月更新版；"致供应商的信"包括 2003 年和 2009 年分别发布的两封信；"NERL 电子期刊原则"为 2004 年的修订版。④美国新英格兰法律图书馆联盟（New England Law Library Consortium，简称 NELL-CO）是由美国新英格兰地区 15 个法律图书馆于 1983 年组建的联盟，在其中建立了许可常设委员会，专门负责集团采购。2000 年出台了自己研制和使用的许可模型，2004 年发布了修订版④。⑤"面向图书馆许可数字信息"项目 LIBLICENSE，是 1999 年美国耶鲁大学图书馆在图书馆信息资源理事会的支持下发起和开展的一个研究数字资源采购问题的项目，包括制定许可模型。参加人员包括各类学院和大学的图书馆员、律师和其他与许可项目有关的大学行政人员。该项目并非特定面向那种类型和那些国家的

---

① CIC. CIC Standardized Agreement Language. http：//www. cic. net/Home/Projects/Library/Licensing/StandAgreementLang. aspx，2009 − 06/2011 − 07 − 01.

② CIC. Consortial Licensing-The CIC Vendor Guidelines. http：//www. cic. net/Home/Projects/Library/Licensing/VendorGuide. aspx，2009 − 06/2011 − 07 − 01.

③ NERL. NorthEast Research Libraries consortium. http：//www. library. yale. edu/NERLpublic/index. html，2010 − 09 − 24/2011 − 07 − 01.

④ NELLCO. Standard License. http：//www. nellco. org/_ data/n _ 0001/resources/live/nellcolicense_071004. pdf，2004 − 10 − 07/2011 − 07 − 01.

图书馆，是一个面向数据库采购这个事物的一个研究型项目，制定出的许可模型，更多是指导性的。2001 年 4 月发布了第一版许可模型，也称为 CLIR/DLF 许可模型，2008 年 5 月发布了修订版本①。

澳大利亚国内面向联盟范围的图书馆许可政策主要有：①澳大利亚的 CAUL-CEIRC，它是该国高校系统的一个全国性集团采购组织和项目。1994 年澳大利亚政府资助建立了"数据库获取工作组"，开展大学图书馆数字资源的采购和服务，1997 年项目结束。1998 年由澳大利亚大学图书馆委员会（Council of Australian University Librarians，简称 CAUL）继续这项工作，建立电子资源委员会（CAUL Electronic Information Resources Committee，简称 CEIRC），负责具体运作，组织全国高校系统数字资源集团采购。它并没有针对数据库商制定一个许可使用的总原则，但出台了系列文件："选择和采购电子资源最佳实践和愿景的声明"（1999.4）、"与海外供应商谈判"（2004）以及"CEIRC 许可建议"（最新版本为 2011 年 5 月 30 日修订的）② 等，表达了其在电子资源采购方面的基本原则。前两份文件在 2011 年 7 月我们核查时已被从 CAUL 网站上删除。②澳大利亚国家和州图书馆电子资源联盟（National & State Libraries Australasia E-Resources Consortium，简称 NSLA）是由澳大利亚国家图书馆以及各个州公共图书馆组成，1999 年开始组建许可资源工作组并进行联盟采

---

① CLIR, DLF. Liblicense Model License Agreement & Commentary. http://www. library. yale. edu/ ~ llicense/standlicagree. 1st. html，2008 – 05/2011 – 07 –01.

② CAUL. CEIRC licence Suggested alternate clauses for vendor licences which are not currently acceptable. http://www. caul. edu. au/content/upload/files/datasets/CEIRC-licence-model-clauses. doc，2011 – 05 – 30/2011 – 07 – 01.

购活动，2007 年发布了本联盟的"许可谈判原则声明和指南"①。

加拿大国内面向联盟范围的图书馆许可政策主要有：①1991 年成立的加拿大草原和太平洋大学图书馆理事会（The Council of Prairie and Pacific University Libraries，简称 COPPUL），目前，已有加拿大 4 个省份共 22 所大学图书馆成员，主要开展资源共享、集团采购和文献传递等活动。2008 年 8 月在网站上公布该联盟的许可模型②。②安大略省高校图书馆理事会（Ontario Council of University Libraries，简称 OCUL）成立于 1967 年，有 21 个成员单位。通过资源共享、联合采购、馆际互借等各项合作活动，提供信息服务。1995 年开始联合对电子资源进行采购，从 2000 年开始，所有 OCUL 图书馆都参与到受加拿大创新基础资助的加拿大国家站点许可项目 CNSLP。目前，OCUL 管理着 227 个数据库许可。OCUL 分别于 2007 年、2008 年和 2009 年研制了"OCUL 电子产品许可合同草案"、"OCUL 电子图书许可合同模型草案"和"OCUL 电子数据许可合同草案"，目前，OCUL 网站上发布的是 2011 年的修订版③④⑤。

英国国内面向联盟范围的图书馆许可政策主要有：①英国哥

---

① NSLA. Statement of Principles Guiding License Negotiation. http://www. nslaconsortium. org. au/about/licenceprinciples. html，2007/2011 – 08 – 15.

② COPPUL. Model License Agreement. http://www. coppul. ca/licenses/Model _ license. pdf，2008 – 08/2011 – 07 – 01.

③ OCUL. Electronic Products License Agreement. http://www. ocul. on. ca/model_licence/OCULmodelLicense2007％20July％2011％20rev. doc，2011 – 07/2011 – 08 – 05.

④ OCUL. Ebooks License Agreement. http://www. ocul. on. ca/model _ licence/OCUL_ebooklicense％20_draft_May2008％20July％2011％20Rev. DOC，2011 – 07/2011 – 08 – 05.

⑤ OCUL. Electronic Data Products License Agreement. http://www. ocul. on. ca/model _ licence/OCUL％20Model％20Data％20license％202009％20July％202011％20rev. doc，2011 – 07/2011 – 08 – 05.

伦比亚省政府出资建立的英国哥伦比亚电子图书馆网络（The British Columbia Electronic Library Network，BCELN），主要开展本省公共和中学图书馆联盟采购电子资源活动，2004 年 3 月出台了"BC 许可框架"，提出了电子资源许可原则并不断更新①。2008 年 3 月发布了的 L_BCELN 许可模型②。②英国联合信息系统委员会（The Joint Information System Committee，简称 JISC）是英国政府直接投资和支持的服务于英国高校利用数字资源的组织机构，开展了多项有关信息技术和数字资源方面的研发项目，同时也开展多种服务项目，其中联盟采购和联合采购是其馆藏中心下的一个子服务，2006 年 JISC 建立了 JISC 内容采购有限公司具体负责相关的谈判和采购数字资源的业务。JISC 期刊采购所采用的许可模型是 2002 年研制 2004 年开始使用的 NESLi2，并每年修订③。另外也研制了针对其他类型文献的许可模型，不过其网站未发布。

我国面向联盟范围的图书馆许可政策的主要有：①我国高校是学术数字资源采购的主力，其中最主要的集团采购 2010 年前都是由 CALIS 组织。为此 CALIS 出台过多种类型文件以指导和规范集团采购活动，其正式工作文件是 2006 年 CALIS 发布的"CALIS 引进资源工作规范"。2010 年年初我国高校图书馆领域成立了"高校图书馆数字资源采购联盟"（简称 DRAA），并发

---

　① BC ELN. BC ELN Database Licensing Framework. http://www. eln. bc. ca/view. php? id =1609，2009 −09/2011 −08 −05.

　② BC ELN. Electronic Products License Agreement. http://www. eln. bc. ca/docs/view. php? id =388，2008 −03 −07/2011 −08 −05.

　③ JISC. NESLi2 Model Licence. http://www. jisc-collections. ac. uk/nesli2model. htm，2009 −05/2011 −08 −10.

布了"高校图书馆数字资源采购联盟工作规范（草案）"①，该工作规范具有许可原则的作用。另外，2007 年全国高校图书馆工作委员发布了"普通高等学校电子文献发展政策编制指南"，涉及许可证协议内容。该指南编制人员都是参加 CALIS 组团工作的人员，因此指南中的内容与上述两份工作规范中对应的内容没有出入。②香港大学图书馆馆长联席会（The Joint University Librarians Advisory Committee，简称 JULAC）是 1967 年建立的，目前，有 8 所大学图书馆为成员馆。JULAC 自 1999 年开始建立分委员会，自己组团采购数字资源，同时也在个别数据库采购项目上参加 CALIS 或台湾地区的集团采购。1999 年 6 月发布了"与供应商谈判的总指南"，之后分别发布了 2004 年修订版和 2010 年修订版②，作为指导其集团采购的原则。同时，JULAC 还研制了许可模型，目前采用的是 2006 年 8 月发布的 1.2 版的联盟许可模型③。另外，2004 年中科院国家科学数字图书馆项目 CSDL 负责人发表文章表达了对数字资源集团采购的技术要求，中科院内部也有相应的资源采购政策，因没有正式公开的文件，故本课题在统计许可政策时没有对其引用，但列入文献调研数据中。

此外，在 ICOLC 成员列表中有一个英国的非营利公司 EDUSERV，考察其网站介绍，该机构主要是一个代理图书馆谈判的组织，也制定有一些谈判原则，因并不是由图书馆组成，故本书没有将其列入图书馆及其用户需求调研来源。

---

① DRAA. 高校图书馆数字资源采购联盟工作规范. http://www. libconsortia. edu. cn/doc/2. doc，2010 – 05/2011 – 08 – 10.

② JULAC. General Guidelines for Vendor Negotiation. http://www. julac. org/workgroup/consortiall_general_guidelines_for_vendor_negotiation. doc，2010 – 05/2011 – 08 – 10.

③ JULAC. Template License for Reference. http://www. julac. org/workgroup/consortiall_template_license_for_reference. doc，2006 – 08 – 12/2011 – 08 – 10.

（2）图书馆许可政策的特点

通过对上述国内外图书馆许可政策发布网站信息的收集和分析，这些许可政策表现出的发展特点主要有以下几个方面：

从发布时间来看，早在1996年，图书馆界就发布了面向数字资源采购的许可政策。该年正是数字资源尤其是全文数据库大量进入市场的初始时期，表明了图书馆界维护读者权益和图书馆权益的意识非常强烈，对市场危机的反应也很灵敏。国际性的图书馆许可政策基本上都是1996—1998年开始产生，属于最早一批的许可政策。这些许可政策的早日发布对图书馆及其用户非常有利，可以借发布机构如IFLA和ICOLC的国际影响力，将图书馆先进的思想传播到世界各地，给处于迷茫的各国图书馆提供指导。进入21世纪后，出现了许多面向特定国家的图书馆或特定的图书馆联盟的图书馆许可政策。反映各国在数字资源采购过程中逐渐成熟，能够根据自己的情况研制出自身所需的许可政策。

从更新情况来看，早期产生的许可政策，基本上都经历过多次修订。2005—2008年是一个更新高峰期，2010年又是一个更新高峰期。L_ICOLC的更新最为频繁，不断发现问题并及时出台对策性的指南。如"电子资源选择和采购的远景和最佳实践的声明"已经出了1998年版、2001年版和2004年版；2009年1月19日，ICOLC根据当前金融危机及时发布了应对的声明，充分体现了它所承担的具体指导世界范围图书馆活动的责任。最新发布的声明是2011年6月出台的 *ICOLC Response to the International Association of Scientific Technical and Medical（STM）Statement*，对近来"国际科学、技术和医学出版商协会"限制原文传递的做法表达图书馆界的观点。IFLA并没有对其"许可原则"直接进行修改，但最近出台的一些声明，与图书馆采购数字资源有一定关系，如 2009 年发布的"与图书馆和档案馆相关的版权例外和限制原则的声明"以及 2011 年 4 月发布的"适用于图书馆和档案馆的版权例外和限制的条约草案"等。两大国际组织机构承担了指导世界各国图书馆的责任，就需要不断收集各国图书馆界发现的问题，并及时出台对策性的指南。

从许可政策内容来看，首先，国际性许可政策更加关注的是基本权利和大原则层面的内容，如 IFLA 和 ICOLC 都重视契约订立过程的内容，而其他许可政策更关注具体的问题；不同联盟的许可政策关注点也不尽相同，如有的关注赔偿问题，有的关注培训等。其次，针对同一项内容，不同联盟的许可政策也会有不同的要求，如对于"非协议保密"，多数都指出数据库商不应阻止图书馆联盟与其他联盟共享定价和其他协议内容，但南非和加拿大的两份许可政策提出遵守双方对协议内容保密的要求。又如，对于"适用法律"，IFLA 指出应当双方协商，多数许可原则指出应以本国法律为准，而澳大利亚的许可政策表示因很少发生纠纷，因此他们并不关心此问题。这些差异反映出许可政策的复杂性、具体性和区域性。再次，从发展过程看，个别项目有一定变化。如，对于"联盟谈判资格"，2003 年以前的许可政策多提出该要求，但 2004 年以后修订或制定的许可政策基本上看不到此内容。对于永久访问和长期保存问题，2000 以后的各政策比以前的更直接和明确地提出用户应当获取永久访问权利以及图书馆应当获取长期保存的权利。最近出台和修订的许可政策，已有几份提出"数据挖掘"和"学术共享"等新的诉求权利内容。最后，总体上讲，各图书馆许可政策都非常重视有关用户及图书馆基本权利的内容以及需要和数据库商进行艰难谈判的内容，如合理使用、隐私保护、永久访问、长期保存、馆际互借、技术服务要求、数据提供、非协议保密、定价模式等内容。而对于涉及面窄，或图书馆不太在意，或容易解决等内容，如许可合同语种、试用、货币兑换等，图书馆许可政策给予的关注度较低。

另外，这些许可政策之间具有一定程度的承脉关系，如美国加利福尼亚大学和加利福尼亚州立大学各自早期的许可政策被L_ICOLC等后来许多许可政策所借鉴；L_ARL6 参考了 1997 年版的 L_CSU 许可原则和 L_EBLIDA 第一版；L_AALL 是在 L_ARL 6 的基础上修订而成；南非的 L_SASLiC 是以加拿大 L_CRKN、欧洲 L_EBLIDA 和 L_ICOLC 许可政策为基础等。由于仅有若干许可政策网站上指出许可政策之间的某种借鉴和继承关系，因此，我们还无法完全理清各种政策之间的影响和借鉴关系。

2.5.2 现有数据库商许可政策概述

本书所指的数据库商许可政策特指数据库商发布的面向图书馆销售数字资源的许可原则、许可模型或站点协议。

面对图书馆及其用户的需求和要求，数据库商通过其许可原则、许可模型或站点协议清楚地表达了他们的观点和态度。许可模型是数据库商作为与订购者签订许可合同的基础。相当多的数据库商坚持："我们的许可合同是全球统一模板，内容和要求不能更改。"也有部分数据库商比较灵活，在签订许可合同时根据订购者的特殊要求对某些条款内容进行协商并做部分更改。我们通过许可模型可以更真实地了解到数据库商的观点和要求。数据库商的站点协议是数据库商在其数据库产品网站上给出的已经具有实施作用的要约，表达了数据库商的现实要求。许可原则主要是指数据库商在其网站上通过原则、政策、解答等方式公布其授权许可的一些要求和做法。这三种方式，有时候区分并不明显，如 PROQUEST 在其站点上发布了"条款与条件"（Terms & Conditions），是名副其实的站点协议，同时也表达了数据库商的一些销售政策内容。

CALIS/DRAA 采购的数字资源包括了多数目前进入我国的学术型数据库，因此，本书以截至 2010 年 12 月底 CALIS/DRAA 签署的 149 份数据库采购方案为依据，选择对应数据库商的许可政策作为本书分析的对象，通过数据库商网站及搜索引擎共收集到 65 份许可政策，对应 136 份数据库商采购方案。另外有 13 份数据库采购方案，没有收集到对应公开的许可政策内容。

（1）包含许可模型的数据库商许可政策概况

许可模型是指数据库商发布的许可合同的模板，基本上包括了一份许可合同的全部内容事项，比较能够全面反映数据库商的态度和观点。不过有些内容是通过数据库商网站其他政策内容表现出来的，与许可模型融合为数据库商的许可政策。表 2 – 10 列出来了 65 份许可政策中包含有许可模型的全部 28 份许可政策。另外，约翰考克斯咨询公司（John Cox）在 4 家数据库商 EBSCO、Otto Harrassowitz、SWETSWISE 和 Frontline 资助下研制出了学术机构许可模型、学术联盟许可模型、公共图书馆许可模型、专业图书馆许可模型以及电子图书和回溯期刊许可模型，简称为 JOHNCOX。该研制工作始于 1999 年，2000 年形成最初的模型，目前发布的是 2009 年 10 月新修订的版本[①]。虽说约翰考克斯公司更多是代表数据库商，但由于约翰考克斯研制的系列许可模型提供了相当多可选择的条款，表达数据库商观点并不明确。

---

① John Cox Associates Ltd. Model standard licenses for use by publishers, librarians and subscription agents for electronic resources. http://www. licensingmodels. org, 2009 – 10/2011 – 08 – 10.

因此未作为本书的统计对象。

表 2 - 10　数据库商许可模型及网站其他许可内容的政策清单

序号	许可政策代称	许可模型名称
1	L_ACS	美国化学学会销售协议（ACS Sale Agreement），包括单站点多站点以及图书等销售协议，网站发布的其他许可政策内容
2	L_AGU	美国地球物理学会机构许可模型（AGU Site_License_Agreeement and Terms_Conditions）及其他
3	L_AIP	美国物理联合会 SCITATION 平台机构许可模型（Scitation Institutional Single Site User Licence）及其他
4	L_ALJC	英国全球非营利出版商同业协会学术期刊许可（ALP-SP Learned Journal Collection Licence）及其他
5	L_APS	美国物理学会机构用户许可（APS Institutional Single-Site User License）及其他
6	L_ASCE	美国土木工程师协会期刊服务机构站点用户许可（ASCE only Journal Publishing Service Institutional Single/Multi Site（s）User Licence）及其他
7	L_ASME	美国机械工程师协会数字图书馆机构许可（ASME Digital Library Institutional License）及其他
8	L_ASTM	美国材料与测试协会许可合同（ASTM License Agreement）及其他
9	L_BEGELL	Begell House 机构订购许可（Begell Institutional Subscription License）及其他
10	L_BIOONE	BioOne 订购许可（BioOne Subscriber License）及其他
11	L_BMJ	BMJ 集团联机许可机构许可（BMJ Group Online Licence Single Institution Licence）及其他
12	L_CABI	国际农业与生物科学中心系列许可合同（CABI 联盟的、机构的、回溯库）及其他

续表

序号	许可政策代称	许可模型名称
13	L_HWWILSON-J	HWWilson 公司数据库许可合同（Hwwilson Wilson Database License）及其他
14	L_HWWILSON-A	HWWilson 公司艺术作品许可合同（Hwwilson ARTIG_agreement）及其他
15	L_IEL	美国电气电子工程师学会联机产品协议学院版（IEEE Online Products Agreement（Academic）及其他
16	L_IET	英国工程及科技学会数字图书馆机构用户许可（IET Digital Library Licence Agreement）及其他
17	L_MC	美国 Morgan & Claypool 出版社综述文集许可合同（License Agreement Synthesis_License_Final）及其他
18	L_NATURE	自然出版集团学术机构许可合同（Academic Licence Agreement Schedule）及其他
19	L_OSA	美国光学学会联机期刊机构站点许可合同（OSA Online Journals Singe Site License Agreement）及其他
20	L_OUP	牛津大学出版社联机期刊机构许可合同（Oxford University Press Online Journals：Institutional Online Agreement）及其他
21	L_EUCLID	欧几里得订购协议（ProjectEuclid_SubscriberLicense）及其他
22	L_MUSE	美国 Project MUSE 项目机构订购许可合同（Project MUSE Institutional Subscriber Licensing Agreement）及其他
23	L_SCIENCEDRECT	爱思唯尔集团许可样例（Elsevier_Sample_Licence）及其他
24	L_SCOPUS	爱思唯尔集团的 SCOPUS 订购样例（SampleScopusAgtAca）及其他

序号	许可政策代称	许可模型名称
25	L_SIAM	美国工业和应用数学学会联机期刊许可合同（SIAM Oonline Journals Subscription Agreement）及其他
26	L_SPIE	国际光学工程协会数字图书馆许可合同（SPIE Digital Library License Agreement）
27	L_SWETSWISE	SWETSWISE 平台使用条款（SWETSWISE License Terms and Conditions）
28	L_THIEME	阿姆斯特丹公司许可样例（THIEME Sample License）

（2）以许可原则形式存在的数据库商许可政策概况

数据库商许可原则是指没有专门给出许可模型，而通过数据库商网站直接发布其销售和使用政策内容的许可政策。表2-11是数据库商许可原则清单，共14份。各数据库商发布的许可原则形式不一，有的是通过其网站的站点协议指出机构订购的原则，有的则是在许可指南、订购方针或许可特点介绍中表达其许可原则。表2-11所列许可原则都包括了对机构订购数据库的要求，并描述了许可订购机构用户使用权利的内容。

表2-11　以许可原则形式存在的数据库商许可政策清单

序号	许可政策代称	许可原则
1	L_EBSCO	EBSCOHOST 站点使用条款（EBSCO Publishing License Agreement）
2	L_IOP	英国物理学会站点使用条款（Terms and Conditions for Access to the IOP Science Platform by Institutions）
3	L_JANE	简氏集团数据库用户许可合同（JANE'S Database Single User Licence Agreement）

续表

序号	许可政策代称	许可原则
4	L_JSTOR	英国 JSTOR 使用条款（JSTOR Terms and Conditions of Use，2010）
5	L_KARGER	卡尔格公司权利和许可（KARGER Rights and Permissions，Journal Subscriptions，Books and Book Series Orders）
6	L_LEXISNEXIS	律商联讯使用条款（Lexisnexis Terms & Conditions）
7	L_PROQUEST	PROQUEST 使用条款（PROQUEST Terms and Conditions）
8	L_SAGE	赛捷公司的学术图书馆使用条款（SAGE Terms and Conditions of Use for an Academic Library）
9	L_SAFARI	SAFARI 订购协议（SAFARI Subscription Agreement）
10	L_SCIENCE	科学联机出版物机构订购协议（Science Online Publications Institutional Sitewide Subscription Agreement）
11	L_SOURCEOECD	经济合作与发展组织数据库使用条款（SOURCEOECD Terms and Conditions）
12	L_T&F	泰勒集团销售条款（T&F Terns and Conditions of Sale）
13	L_WILEY	约翰威立联机图书馆条款和条件（WILEY Online Library Terms and Conditions of Use）
14	L_ULRICHS	乌利希使用条款（Ulrich's Web Terms of Use）

（3）数据库商单纯站点协议形式的许可政策概况

这里所指的单纯站点协议形式的许可政策是指数据库商没有提供许可模型，也没有在其网站上发布许可原则，仅有站点协议作为许可政策内容，不涉及销售政策内容。站点协议是数据库商网站或数据库检索平台上列出的使用数据库检索系统必须遵守的规范，直接面向用户。对于许可权利和使用约束条件的描写详略不一。表 2 – 12 是本书所统计的数据库商单纯站点协议清单。

表 2 – 12   以单纯站点协议存在的数据库商许可政策清单

序号	许可政策代称	站点协议全称
1	L_ACM	美国计算机学会版权政策（ACM Copyright Policy，The Digital Library）
2	L_AIAA	美国航空航天学会使用条款（AIAA Terms of Use）
3	L_CJO	剑桥大学出版社在线期刊使用条款（Cambridge Journals Online-Terms Of Use）
4	L_GALE	美国 Cengage Learning 公司使用条款（Cengage Learning terms of use）
5	L_CREDO	英国 Credo Reference 公司使用条款（Credo Reference Terms of Use）
6	L_DIALOG	Dialog 标准使用条款和条件（Dialog Standard Terms and Conditions）
7	L_EB	新不列颠百科全书使用条款（Encyclopedia Britannica Online terms of use，）
8	L_EBRARY	Ebrary 的法律和隐私声明（Ebrary Legal & Privacy Notices）
9	L_ELSEVIER	爱思唯尔使用条款和条件（Elsevier Terms and Conditions）
10	L_EMERALD	爱墨瑞得版权政策（Emerald Copyright policy）
11	L_FIRSTSEARCH	OCLC FirstSearch 电子馆藏联机服务条款（OCLC FirstSearch Electronic Collections Online Service Terms）
12	L_GBIP	Bowker 使用条款（Bowker terms of use）
13	L_IMF	国际货币基金组织数据库版权和使用（IMF Copyright and Usage）

序号	许可政策代称	站点协议全称
14	L_LWW	LWW 使用条款和条件（LWW Terms and Conditions of Use）
15	L_TRHC	TRHC Micromedex 保健系列使用条款（TRHC Micromedex HealthCare Series terms of use）
16	L_CAMIO	OCLC CAMIO 使用条款和条件（OCLC CAMIO? Terms and conditions）
17	L_PRESSDISPLAY	PressDisplay 在线报纸使用条款协议（PressDisplay Terms of Use Agreement）
18	L_REFWORKS	RefWorks 软件使用条款（RefWorks Terms of Use）
19	L_REVIEWS	Reviews. com 使用条款（Reviews. com Terms of Use）
20	L_RSC	英国化学学会使用条款和条件（RSC Terms & Conditions）
21	L_OVIDSP	OVIDSP 使用条款/版权政策（OVIDSP Terms of Use / Copyright Policy）
22	L_WOK	汤森使用条款（Thomson Terms of Use）
23	L_WORLDBANK	世界银行数据库使用条款和条件（World Bank Terms and conditions）

数据库商时常对他们的许可政策进行更新。特别是 2011 年上半年，至少有十几家数据库商更新了他们的许可模型并标注了更新日期。在本课题开展的 3 年里，即从 2008 年下半年到 2011 年上半年，这些更新的数据库商许可政策，其内容改动并不大。个别许可政策在使用统计数据、永久访问权或馆际互借等方面有所改动，其中，大部分的改动向符合图书馆需求方向发展，个别如馆际互借或原文传递，情况比较复杂。有的从无涉及到添加了较多限制，有的从限制电子传递到有条件电子传递等。

2.5.3　现有各种调查数据及揭示的用户的需求

用户的信息需求受到多方面因素的影响，如用户自身的个人信息素质、用户工作内容、用户所处环境等。而这些因素又是不断变化的，因此，对用户需求的研究是需要持续进行的研究。目前，已有很多学者和图书馆工作人员开展了用户信息需求和信息行为特点的调研。我们比较了部分已发表的调研成果，相当多的调研结果比较一致，如很多用户经常在家里或机构外使用数字资源，多使用 PDF 格式文件，更喜欢全文数据库等。这种现象非常好理解，因为很多特点是用户的共性，是由学习或研究性质决定的。每次调研都是在各位作者工作或居住区域开展的，综合起来能够比较全面地揭示出当前用户的各种需求。本书选取部分描写调查过程比较详细的调查报告，并结合本课题组开展的调查活动，对用户需求和图书馆需求进行归纳总结，作为后面各章节权益问题分析及对策提出的一个依据。

（1）本书依据的主要调查报告

2009 年《数字图书馆论坛》刊载了部分图书馆用户调研文章，包括北京大学图书馆、清华大学图书馆、厦门大学图书馆以及天津图书馆的调研报告。前三份报告分别揭示了各自学校用户的信息需求和信息行为特点。北京大学图书馆分别于 2006 年和 2007 年开展了三次问卷调查[29]；清华大学图书馆分别于 2004 年、2005 年和 2007 年对读者进行了问卷调查，并在图书馆网站上发布了调查总结报告[30]；厦门大学图书馆 2007 年开展了为期一个月的用户调研[31]。天津图书馆于 2008 年上半年通过网站浏览、电话或电子邮件咨询开展了数字资源使用情况调研[32]。本书分别用"北大调研"、"清华调研"、"厦门调研"和"天津调研"指代上述各调研报告。另外，兰州大学部分教师 2005—2006 年间承担其学校 985 工程建设项目资助的"网络计量项目"，通过网站日志数据分析用户的网络行为特点，比较客观地反映用户的信息行为特点[33]；2006 年上半年河北大学一名教师组织学生对河北省保定市 5 所高校的教师进行了问卷调查，了解目前高校教师查询信息行为的特点和信息需求[34]；2006 年 NSTL 开展了"国家科技图书文献中心 2006 年度用户满意度"调查[35]，2007 年中科院国家科学图书馆对中科院科研用户的信息需求和信息行为通过问卷调查和实地调研的方式，了解用户信息获取习惯和需求[36]；2010 年浙江省科技信息研究院以其用户为调研对象，通过问卷调查调查当前科技信息用户信息行为特点[37]等。本书分别用"兰大调研"、"河大调研"、"NSTL 调研"、"中科图调研"和"浙江调研"指代这些调研结果。

美国数据库商 PROQUEST 于 2010 年分别和我国 CALIS 以及台湾地区部分大学合作进行了研究人员的调研，了解他们目前信息行为的现状以及他们对信息服务的需求。具体形式为：2010 年 4 月 PROQUEST 联合 CALIS，通过 4 组座谈会和 25 个个人访谈，分别对中山大学、中国农业大学、中科院、北京大学、华南理工大学和清华大学的博士研究生进行调研，调研结果在 2010 年 5 月 CALIS 第八届引进数据库培训周上发布[38]；2010 年 PRO-QUEST 联合台湾汉珍数位图书公司，通过 3 组座谈会和 13 个个人访谈，分别对台湾中央研究院、世新大学等 14 个大学等研究机构的博士生以及少量硕士生进行调研，调研结果在台湾 CON-CERT 图书馆联盟的 2010 电子资讯资源与学术联盟国际研讨会上发布[39]。这两次的调研主要是针对网络环境下研究人员信息行为特点以及对数字资源使用的需求，在一定程度上反映了数字资源用户的需求。为了叙述方便，对上述调研结果用"PCC 调研"（PROQUEST 公司、CALIS 中心、CONCERT 联盟）表示。

　　帮助本课题收集资料的研究生，于 2009 年上半年通过一调查网站设置了调查表"用户使用数字资源权益保障需求调查问卷"①，并通过研究生自己的人脉关系邀请了部分教师和研究生填写了调查表。因不能直接核实被调查者的身份，该调查结果存在模糊性，但可以作为参考。同时，本课题组分别于 2010 年上半年和 2011 年上半年对所在学校部分学生进行了问卷调研，对教师进行了个别访谈。统称为"课题调研"。2010 年 CALIS 引进数据库培训会议上邀请教师学者作"文献检索与大学教师的工作"的报告[40]，直接向图书馆和数据库商表达科研教学用户的需求，为了叙述方便，本书用"用户调研"代称。

　　有关国外图书馆和用户需求特点的数据，本书主要引用美国非营利组织伊萨卡战略与研究部（ITHAKA）这几年发布的相关调查报告。伊萨卡战略与研究部是 2003 年由美国安德鲁 W·梅隆基金会、威廉与弗洛拉休利特基金会、*Stavros S. Niarchos* 基金会等资助成立的。开展的服务项目主要有 3 项，其中 *Ithaka S + R* 项目是与各相关项目和组织机构合作开展数字媒体对学术研究影响的研究。目前，*Ithaka S + R* 项目已发布了："2006 年学院调查报告"、"2009 年学院调查报告"[41] 和 "2010 年美国大学图书馆馆长调查报告"[42]。这些报告中的数据显示了当年用户和图书馆对数字资源的依赖和需求。为了叙述方便，本书用"Ithaka S + R 报告"代称。

---

　　① 魏蕊. 用户使用数字资源权益保障需求调查统计结果. http://www. my3q. com/view/viewSummary. phtml? questid = 281299，2009 - 01 - 15/2011 - 07 - 15.

（2）各种调研数据的归纳总结

上述各调研数据，有的描述的是用户直接表达出来的信息需求，有的描述的则是用户当前的一些信息行为特点。由于用户的信息行为特点往往表达了用户的需求特点，因此下面的归纳没有对他们进行严格区分，而是从主题角度进行归纳总结。根据上述的调查结果，目前，用户的信息需求特点主要表现在以下几个方面：

第一，在访问场所方面，各种调研结果普遍显示，许多用户有在馆外和校外访问的需求，但目前现状还不尽如人意。如，48人比例为61%选择最希望在校内外任何一个角落都可以访问数字资源，远高于选择图书馆、工作场所和宿舍等场所（课题调研）。平均50%多的学生选择到馆使用电子资源，只有大约32%的教师选择到馆使用电子资源（北大调研）。在到馆目的选项中，只有研究生将到馆使用电子资源排在了前三位（清华调研）。90%的用户表示最好能不受 IP 地址限制，以满足身在何处、需求在何处、资源在何处的需求（浙江调研）。大陆用户表示，有的研究生在分馆，位于校园之外，无法访问主馆数据库。台湾理工科博士生表示经常在研究室上网找资料，只是偶尔去一趟图书馆（PCC 调研）。有使用学校电子资源的愿望，但因自己的电脑不能接入校园网而不能使用（河大调研）。影响读者对图书馆门户电子资源利用的突出问题是校外访问权限（厦大调研）。被调查的 52 家国内公共图书馆有 19 家开通了远程访问服务，其中有 13 家开通了两种以上资源（公共馆调研）等。另外，在访问控制方面，仅课题组调研了这一项，结果为：填调查表的72 人中，13 人选择最希望使用 IP 地址控制方式，9 人选择最希望使用"IP 地址＋用户名/密码"控制方式，50 人选择最希望使用"用户名/密码"控制方式。这个结果与用户希望可以在校外访问的需求相吻合。

第二，各种调研报告中并没有区分"馆际互借"和"原文传递"，多用"馆际互借"名称。调查结果显示，总体上用户使用馆际互借服务的并不多，但也都有用的。其原因或是本单位电子资源已经满足需求，或是因费用高或了解少。如，在图书馆没有找到所需文献时，一半以上教师和研究生首选因特网，教师排在第二位的是馆际互借，为47%多，而研究生选择馆际互借的只有26%（清华调研）。选择使用过原文传递服务的比例，教师、博士、硕士、本科生的比例依次为7.21%、5.8%、2.4%、1.13%（厦大调研）。代查代借费用太高，不敢经常使用此服务（NSTL调研）。仅有23%的人使用过馆际互借，多数人不甚了解该项服务（河大调研）。只有10%的用户利用过原文传递服务，主要是电子文献环境已经基本满足需求（中科图调研）。也有表示使用多的，如"浙江调研"结果显示，89%的用户使用过馆际互借，更有35%的用户认为馆际互借非常重要。PCC调研显示台湾博士生表示希望馆际互借更快捷。

第三，在数字资源类型方面，各调查结果显示用户比较青睐全文数据库。如，用户查找资料时首选全文数据库，其次是书刊目录检索工具和文后参考文献（北大调研）。用户最常使用的电子资源分别为电子期刊（91%）、数据库（61%）、学位论文（37%）和电子图书（31%）（清华调研）。台湾理工科博士生表示主要使用外文资料库，人文社科博士生使用中文的比较多（PCC调研）。81%的用户使用过全文数据库，46%的用户没有使用过文摘类数据库（中科图调研）。90%的科技用户首选的信息资源是全文型数据库（浙江调研）。科研人员所关注的网络信息资源主要有数字资源和信息服务，主要查阅论文和图书馆（兰大调研）。

第四，使用学术数字资源尤其是外文数据库的主要是教师、科研人员和研究生。如，读者经常使用图书馆的资源中，选择外文数据库的读者类型，大一大二本科生、大三大四本科生、硕士、博士和教师的比例依次为 1.83%、5.04%、15.98%、23.69% 和 19.72%（厦大调研）。在回答"读者经常访问图书馆主页上的哪些内容"，教师、研究生和本科生选择"检索图书馆购买的数据库"的比例依次为 59%、52% 和 30%（清华调研）。没有电子资源，很多教学工作、研究工作和咨询工作都没有办法开展（用户调研）。被调查者中，63% 的人表示电子资源是常用文献载体，44% 的人表示主要利用图书馆的数据库检索（中科图调研）。本科生很少使用外文数据库和电子图书数据库（课题调研）等。

第五，用户还通过校外图书馆、外单位人员或者学术会议获取信息资源。这一特点显示了用户之间信息共享的特点和需要。如，大陆用户表示通过同门同学或其他院校海外朋友获取。台湾学生表示作为最后求援的方法，找外国同学把文件扫描用电子邮件传送（PCC 调研）。用户也通过私人关系或参加会议或自购、校外图书馆获取资源（北大调研）。在一个 90 人的科研机构，全年参加各种学术会议的有 30 人次之多（中科图调研）。填调查表的 79 人中，44% 的人认为数据库商应提供"在研究会议、工作或类似活动中公开展示数字资源"的权利，38% 的人认为数据库商应提供"向其他人传递部分数字资源副本，用于个人学习和研究"（课题调研）。

第六，调查中提到一站式服务的，用户基本上都表示希望有较好的一站式检索服务。这一特点，对数据库商提供技术支持提出了要求。如，最好有一站式、双语跨库检索平台，连接馆内外各种资源（PCC 调研）。用户希望能够同时检索多个数据库（NSTL 调研）。目前，电子资源整合检索、链接系统不够完善（清华调研）。

第七，越来越多的用户和图书馆认可，当对应的内容可以在数据库中获取时，图书馆可以取消印本出版物尤其是印本期刊的订购。如，大陆和台湾的用户认可"取消可以在数据库找到对应内容的印本期刊"的人数都是越来越多，如 2009 年为 70%，高于 2008 年或 2006 年的 60%，这一观点与北美学者观点一致（PCC 调研）。被调研的美国大学图书馆，大多数表示在图书馆拥有可靠访问电子资源基础上削减印本期刊馆藏，现 91% 的图书馆已经或计划这样做，并期望今后 5 年基本上完成印本期刊采购向电子期刊采购的转变。同时表示，对图书，目前还不行，如果有合适的保存或获取设备替代印本，他们也可能会消减印本图书馆藏，期望今后电子图书采购经费为图书采购预算的一半（*Ithaka S + R* 报告）。用户检索学术信息的途径，首选电子资源，其次是免费网络资源，再次是图书馆纸本资源（北大调研）。

第八，在数字资源使用培训方面，各调查结果没有显示不需要这种活动，且有的直接表示应当加强这方面工作。如，大陆用户期望提供有针对性、实用、符合不同学习阶段的文献检索培训；台湾用户表示图书馆应提供培训（PCC 调研）。30% 多的读者参加过图书馆数字化资源培训和讲座，且其中 92% 多的人认为有帮助，讲座对不同读者而言，博士研究生收益是最大的，从大到小依次为博士研究生、硕士研究生、教师、高年级本科生以及低年级本科生；影响读者使用图书馆电子资源的因素包括用户缺乏检索技能（厦大调研）。近40%的教师认为自己应当加强检索技能，近39%的教师认为自己应当加强分析检索结果的能力（河大调研）。24%的用户表示因不熟悉数据库检索方法而无法使用图书馆的电子资源（浙江调研）。数据库商如果没有提供足够的培训工作，刚开始时，电子资源的利用效率不高，作用不显著（用户调研）。另外，清华调研结果显示，本科生中，未上过文献检索课的占64%多。北大调研结果显示，选择通过图书馆培训的仅有6%的被调查者，而其中理科和工科用户选择图书馆培训的仅有3%，人文和社科的有8%。这一结果显示图书馆还需要改进其培训活动的内容和方式。

第九，其他用户访问数字资源特点：访问时间：每天10—12点、15—17点、20—22点是访问高峰期，每周的周二、周三是访问高峰期，周末即周六周日是访问低潮期（兰大调研）。这个特点可以用来指导数据库商或图书馆维护检索系统时间段的选择。电子资源格式选取方面，所研究的样本网站用户浏览 HTML 文件获取信息所占比重为97.43%，通过 PDF 文件获取信息所占比重为2.57%，位居第二但比重偏小（兰大调研）；扫描文献格式最好用 PDF，尽量可编辑便于二次使用（NSTL 调研）；用户常用的数据格式包括 PDF 和 CAJ（本课题调研）。这个特点可以用来指导图书馆对采购数字资源格式提出要求。无线上网方面，读者认为目前图书馆应增加的硬件设施依次为无线网的覆盖范围、自动售货机和网线接口（清华调研）。硕士和博士研究生是无线网络的主要使用主体。使用过无线网络服务的，硕士、博士、本科、教师的比例依次为9.98%、8.2%、5.28%和4.65%（厦大调研）。

第十，*Ithaka S + R* 报告还对图书馆应当承担什么角色进行调研，结果显示被调查的 239 个美国大学图书馆馆长中，90% 多的认为图书馆是教学促进者和本科生信息素养教学者，80% 多的人认为图书馆是研究支持者和采购者以及存储者，同时 90% 的人认为 5 年后图书馆的功能更多是教学促进者和研究支持者。与大学教职员的调研相比较，后者认为图书馆是采购者的人数最多，接近 90%；其次是认为图书馆是存储者和门户，认为图书馆是教学促进者和研究支持者的最少，不足 60%。这一点显示，图书馆应当加强其数字资源采购工作和数字资源长期保存活动，同时，也应当通过改进其服务能力提高用户对其支持教学、科研服务的信任和依赖。

第十一，其他权利需求和信息行为特点方面：参与调查的 79 人中，基本上都希望数据库商提供"检索、查询、浏览、全文下载、打印"的权利和功能，34% 的人认为数据库商应提供"将数字资源汇集于课题或教学使用"的权利（课题调研）。大约 15% 的被调研教学科研用户表示对电子期刊进行数据挖掘或文本发掘，其中表示经常这样做的不足 5%（*Ithaka S + R*）。在数字资源长期保存方面，被调查用户认可程度很高，2003 年时为 70%，2009 年时超过了 85%（*Ithaka S + R*）。这一点与我们 2004 年年底调研我国科研人员对数字资源长期保存活动的看法的结果[43]基本一致。大陆博士生希望有快速的检索方式（PCC 调研）；用户使用次数最多的定制项目是"关键词定期检索服务"和期刊目次服务（北大调研）。

概括来讲，虽然调查的时间、用户范围等有所不同，但在许多方面调查结果比较相近。这种"一致"性符合常理。如，对校外访问权利和功能的需要，一是现实中教学科研人员以及研究生常常要在 8 小时之外的家中或宿舍进行科研写作；二是越来越多的教师和科研人员居住在校外，且高校教师并不坐班，家也即备课和研究的场所，另外，还有许多科研院所人员工作环境远离单位。这种环境下，对校外访问权利和功能的需要是必然的。

3 经济权益问题分析及定价管理实证研究

在数字资源贸易活动中，经济权益问题主要发生在图书馆和数据库商之间，个别情况下也发生在采购集团内成员馆之间。经济权益问题主要表现为数字资源产品价格问题。价格是图书馆和数据库商都极为敏感的元素，是关系到各方利益和权利的重要因素。直接影响数字资源产品价格的因素是数字资源价格模式，包括定价模式和价格涨幅模式。同其他产品贸易活动一样，一般由商家决定采用什么样的价格模式。但是，纵观我国图书馆十几年来采购数字资源的活动，图书馆在其中发挥的作用越来越大，意味着图书馆为用户和图书馆争取更多权益的压力和责任更大。本章重点分析各种价格模式中的权益问题，总结和归纳了数字资源贸易中各种定价模式和价格涨幅模式的特性及应用的规律、已有的经验和存在的问题。

3.1 图书馆对价格模式运用的需求与要求

许可模型主要陈述各方权利和责任内容，通常不涉及价格模式。因此这里主要通过图书馆许可原则内容分析图书馆的需求和要求。本书第 2 章统计的 18 份图书馆许可原则中，除了早期的 L_ARL6，其他 17 份许可原则都包含了价格模式方面的内容。图书馆许可原则充分反映了图书馆界对此问题的关注和重视，而且明确表达了自身的需求和要求。自 2005 年起，CALIS 每年进行一次引进数据库用户满意度调查，并在 CALIS 网站上发布这些调查报告，这些报告归纳了成员馆的书面意见，而这些意见正是图书馆需求和要求的直接表达形式。本节将引用上述 17 份图书馆许可原则、CALIS/DRAA 历年的调查报告以及部分图书馆调研数据，分析图书馆对价格模式运用的需求和要求，以及分析这些需求和要求的合理性。第 2 章提到的各种需求分析基础，对用户的调研，都不涉及价格问题，这与支付数字资源费用的是图书馆而非用户个人有直接关系。

3.1.1 对价格模式的原则性需求和要求

根据图书馆许可原则以及 CALIS 历年调查报告的数据，图书馆界对数字资源价格模式的原则性需求和要求可以归纳为以下几个方面：

第一，数据库商应提供鼓励而非打击图书馆订购的价格。图书馆界两大国际组织 IFLA 和 ICOLC 都针对数字资源价格模式提出了明确的要求。L_IFLA 明确指出，（数字资源）价格模式应当是鼓励而非打击用户使用。如，使用费用比印本使用费用低，提供集团采购优惠价格等。L_ICOLC 指出：数字资源价格模型应当与数据库商的收入需求和学术图书馆的预算和使命的需求相吻合，数字资源的价格模型应当让机构使用成本降低。作为图书馆两大国际组织，IFLA 和 ICOLC 代表广大图书馆表达了平衡各方利益的心声。CALIS/DRAA 历年数据库用户满意度调查报告中的"用户书面意见总结"，除了 2006 年没有提及价格问题，其他各年图书馆都表示数据库商目前的定价太高或价格涨幅太大，应当降低价格，能让更多图书馆有能力采购。具体来讲，为了真正促进图书馆用户广泛使用数字资源产品，数据库商应当具有务实思想，一种价格模式，无论被吹嘘得多么科学、多么合理，如果不能降低图书馆的使用成本，图书馆也无法接受。

第二，数据库商应提供适合不同类型图书馆需求的多元化价格模式。国情不同、馆情不同，这是客观事实，对所有图书馆都采用相同的价格模式显然是不现实的。L_ICOLC、L_CRKN、L_SASLi、L_CSU、L_BCELN 和 L_CAUL 等 6 份图书馆许可原则分别指出，数据库商应提供多种可供选择的、可调整的、灵活的以及符合需求的价格模式，如根据参加者数量调整价格。L_NERL许可原则认为，成员馆在参加整个采购协议的同时也可以选择略有不同的计划，并且能够在多年协议的任何年度中调整计划。L_CALIS/DRAA 历年调查报告都归纳了成员馆针对价格方面提出的一些意见和建议，如："CALIS 引进集团应多兼顾中小型图书馆的利益和购买力"、"CALIS 集团采购时多考虑普通高校的支付能力；在买断分摊比单独参团更优惠的情况下，部分用户期望能鼓励地区团以买断分摊的方式订购更多的数据库"、"建议数据库商销售单个检索账户，方便经费不足的图书馆的购买"、"按照学校类型或学校资金情况组团"等。上述要求可归纳为三大方面：

- 数据库商应提供多种可供图书馆选择的价格模式。
- 数据库商应针对不同类型图书馆提供满足特殊需求的价格模式。
- 数据库商应允许图书馆在多年度许可合同执行过程中按年度调整采购计划。

第一方面内容的提出，与数据库商了解各图书馆现实和真实需求的程度有关。现实中，数据库商尤其是国外数据库商，对各类图书馆的现状不甚了解。提供多种可选价格模式，对数据库商来讲并非难事，却可以给图书馆提供比较灵活的选择机会。第二方面内容的提出，与各类图书馆在需求上的差异程度有关。如，综合性大学图书馆可能希望购买整个数据库内容，而专科性学校图书馆则可能仅需要数据库的一部分内容；经济条件较好的图书馆可能需要无限并发用户使用方式，而经济条件较差的图书馆则可能需要有限并发用户使用方式等。第三方面内容的提出，与图书馆需求变化程度有关。图书馆接受什么样的价格模式，受到多方面因素的制约，如采购经费到位情况、用户使用方式等。这些因素不是一成不变的，当变化达到一定程度时，图书馆就可能需要改变原有采购方式，如从租用方式改为拥有方式，从并发用户方式改为不限用户数量方式，从 1 年期合同改为 3 年期合同等。

第三，数据库商应联合图书馆发展适应不同国家的价格模式，且要准确把握发展中国家经济发展的现状。L_ICOLC 特别向数据库商提出要求：ICOLC 成员有兴趣与出版商合作发展服务于不同国家的不同教育机构的不同需求的采购模式，ICOLC 成员希望出版商下一步将重视更多发展中国家的低收入问题，例如，价格模型应当对全世界各国的用户是公平的，他们需要的不是基于一种结构的价格模式。L_ICOLC 的这一要求，表达了两点：一是图书馆愿意与出版行业合作探索数字出版的各种价格模式，二是数据库商应重视图书馆的经济条件问题，尤其是重视发展中国家经济条件问题。数字出版的发展历史还很短，价格模式并不成熟。出版行业一直都在探索各种可助其营利的价格模式，这种探索如果脱离了作为客户的图书馆，不仅出版行业会走更多的弯路，图书馆的需求也难以得到满足。发展中国家经济条件远不如发达国家，这是无法否认的事实。数据库商如果对各国都采用一种价格模式，一种价格方案，不仅不利于发展中国家的进步，而且会加大发展中国家与发达国家在文献资源、科技等各方面的差距。CALIS/DRAA 工作规范第 43 条明确指出："数据库商应考虑中国作为发展中国家的现实，给予联盟成员馆最优惠的价格"。

第四，L_ICOLC 进一步指出，联盟及其图书馆不应当根据数据库商的要求，为尚未采用的特征支付费用，不应当为超出基本需求的高级功能支付费用，不应当提前支付整个数据库商研究发展新产品进入市场的费用，而应当由公司伙伴分担并且由数据库商分期偿还，以保证目前数字资源的价格可有效地提供，并且鼓励广泛使用。数字资源检索平台发展非常快而且研制费用不菲，这一点已经在前面讲到数字资源特点时分析过，因此 L_ICOLC 这种带有预防性的原则要求是非常必要的，但现实中能否完全实现，数据库商如何解决它的投资仍是个很大的问题。另外，L_IFLA 还指出："价格应该是完全揭示出来而不应有隐藏的费用"。这一点强调了数据库商诚实性的重要性。

3.1.2 对各种定价模式适用性的需求和要求

对于价格模式中的定价模式，在实施中数据库商既要给出具体的各种定价模式，还要注意各种定价模式的适用性。关于这方面，图书馆提出的需求和要求可归纳为：

第一，数据库商应提供可供图书馆选择的定价模式。17 份图书馆许可原则中有 7 份明确提出了这种要求，具体包括：应提供打包模式，或按使用量收费，或几种方式的结合（L_ICOLC、L_BCELN）；应提供多年度合同提案供图书馆选择（L_CRKN、L_JULAC、L_SASLi）；定价应基于各种各样标准如并发用户、用户数量、站点数量、图书馆财政预算等，当数字资源并不属于被广泛使用范畴时，定价的基础更适合应用用户团体的真正规模、实际使用记录或共享并发用户数等（L_CSU）；定价模式可以是基于使用量、授权用户数量、FTE，并且缴纳的许可费用不能多于 1 年（L_LIBLICENSE）等。CALIS/DRAA 发布的 2005 年、2006 年、2008 年、2010 年、2011 年和 2012 年的调查报告都直接描述了成员馆对多种定价模式的需求，主要内容为要求数据库商为中小图书馆或经费不足图书馆提供更适当的定价模式，如，按使用情况或流量计费，或按支付账户使用的方式购买，或销售单个检索账户，综合性数据库按学科专业拆开销售；采取分摊费用方式，团购价格根据学校规模和学生人数等。另外，2006 年和 2010 年的调查报告显示，有成员馆指出，数据库商的合同方案或定价模式太复杂，建议简化。

第二，合理应用打包模式。对数字资源打包销售是目前数据库商普遍采用的一种方式。2006 年美国研究图书馆协会 ARL 网站上发布了一篇对美国学术图书馆的调研报告，指出回答问卷的 89 个图书馆中的 93% 都按打包形式采购过 5 大数据库商（BLACWELL、ELSEVIER、SPRINGER、TAYLOR AND FRANCIS 和 WILEY）的期刊包，而且 WILEY、ELSEVIER 和 SPRINGER

采取打包模式销售其电子期刊已经占据美国学术图书馆市场的70%多。被调查者表示采购打包数字资源的动力主要是打包模式提供的内容和获取形式可以对投资有很好的回报，非打包模式的价格太高，以及用户希望这种模式等[44]。打包的确有它的价值，但同时也给图书馆带来了减刊、预算和馆藏建设方面的问题。17份图书馆许可原则中有 3 份对打包模式的运用提出了要求。如，L_ICOLC指出：打包模式对图书馆很有价值，但需要注意，在包越来越大时注意删减非核心内容以减小包的规模；不要重复内容打包，即同一文献不应出现在多个包内，造成图书馆支付重复内容的费用；应当允许图书馆删减期刊包中期刊等。L_ICOLC 和 L_LIBER两份许可原则指出："All-you-can-eat"可用于选择按组或期刊主题类的包，"pay-by-the-drink"适用于没有被选择的出版物。L_CALIS/DRAA 明确指出联盟集团采购的数据库不允许集团重复和内容重复，如数据库商销售的不同数据库之间有少量重复，应在数据库评估时说明重复的情况和大概比例。CALIS/DRAA 历年调查报告中只有 2005 年报告指出："成员馆提出综合型数据库可以按照学科专业拆开，使专业性院校按自身需要购买"，类似减小包的规模的要求，其他各年调查报告都没有直接涉及这个问题。目前，对打包模式具体运用提出要求的图书馆许可原则还不是很多，这与目前数据库商多采用了分类打包模式，同时每个数据库量还不是很大有关。不过随着特定数据库产品内数据量急剧增长，特别是某些数据库商的合并形成数据库数据合并时，这个问题必须要引起图书馆和数据库商的重视。

第三，有些数据库商将图书馆用户人数作为定价依据，即为FTE 定价模式。目前，有 3 份图书馆许可原则对此模式的运用提出了看法。如，L_CSU 指出：FTE（即学校师生人数计算方式）

经常不能反映出数字资源内容仅对全部用户中的有限部分人群适用；L_CRKN 提案中使用的"影响指数"标准，应考虑被许可人的研究强度；L_SASLi 认为成员馆应基于使用数字资源的实际团体的规模或实际数据的使用选择定价模式，而不是基于机构总人数规模或固定的订购收费选择等。CALIS/DRAA 历年调查报告中近两年的即 2010 年和 2011 年的报告提到此问题，有成员馆反映："团购价格应根据学校规模和学生人数细分"、"有的方案用户人数按全校总人数计算，不合理"等。从上述情况来看，目前，国内外图书馆许可原则以及我国高校图书馆对 FTE 定价模式都没有特别关注或者更多的异议，这与目前 FTE 计算方式更为简单不无关系。但实际上 CALIS/DRAA 调查报告中许多中小图书馆提出各种按使用量等各种利于中小图书馆的定价模式，已经反映出目前数据库商常用的 FTE 定价模式的计算方法有一定问题，只是图书馆没有直接表达出来或者没有在此给予更多思考。上述 3 份图书馆许可原则提出的 FTE 计算问题不容忽视。

第四，数字资源的价格实际上是由数据内容价格与检索平台价格共同组成的。在此方面，有 3 份图书馆许可原则提出了相应要求。如，L_CRKN 许可原则指出：数据库商的内容定价，及通过第三方界面或系统供应商的访问选择，应分别处理；L_CSU 许可原则指出：如果同一内容在多个检索平台上，图书馆有选择检索平台的权利；L_CDL 和 L_CSU 两份许可原则都指出：内容成本和访问成本应当分开计算等。CALIS/DRAA 历年调查报告以及培训周中 CALIS 与图书馆开的座谈会上都没有提及此问题。数据库商提供多个可供选择的平台，有利于图书馆获得竞争价格，不过如果用户已经习惯了哪个平台，图书馆也不适宜经常更换。目前，关注此问题的图书馆许可原则数量很少，显示该问题还非重要。

第五，联盟优惠，既包括该联盟采购价格低于单个图书馆采购价格的要求，也包括该联盟采购价格低于其他联盟采购价格的要求。在此方面有 9 份图书馆许可原则提出了要求。如 L_IFLA、L_ICOLC、L_BCELN、L_CRKN、L_JULAC、L_NERL 和 L_SASLi 等 7 份图书馆许可原则提出："集团（联盟）采购应当比单个机构采购享有优惠价格"。L_BCELN 进一步指出："本联盟的每个图书馆所支付的价格要低于联盟之外的许可合同"；L_CRKN 则指出："许可证要包括这样的条款，以保证卖方在协议期间向 CRKN/PCLSN 参与者提供最优惠的客户价格"。L_TRNSL 指出："如果出版商或其代理提供给非 ANKOS 联盟的土耳其图书馆更低的报价，则 ANKOS 联盟将相应地获得更低的价格"。我国 L_CALIS/DRAA 指出"数据库商应考虑中国作为发展中国家的现实，给予联盟成员馆最优惠的价格"等。图书馆采取联合采购数字资源方式，最大的吸引力就是价格优惠，否则，联合成本的存在这一事实本身就足以让集团采购化为乌有。在联盟优惠方面，既需要数据库商的努力，也需要图书馆联盟的积极争取，正如 L_ICOLC 所指出的："学术图书馆联盟必须和数据库商合作降低电子信息的总成本"。从目前图书馆数字资源集团采购现状来看，联盟优惠是最基本的也是已经实现的要求，但对于要求本联盟获得的价格是最低的这一点，如果按照许多许可合同的合同保密规定，联盟之间很难获得真实价格，这种最低价格保证的要求如何实现？上述若干份许可原则的要求，正是反映了图书馆的这种"不安"。土耳其安纳托尼亚大学图书馆联盟 ANKOS 在其 L_TRNSL 许可模型中单列出了这种要求，这对图书馆界来讲是一个示范。

第六，其他需求和要求。如，图书馆及其用户更喜欢没有并发用户限制的访问方式（L_CDL、L_CRKN）；许可者应愿意和被许可者讨论许可资源中开发获取的商业模型以及它对未来商业模型的影响，包括对机构订购价格的潜在影响（L_CDL）等。

概括而言，图书馆许可原则对各种定价模式的应用提出了比较全面的要求。但具体到每个问题时，提出要求的图书馆许可原则并不是很多，大多没有超过所统计的 17 份许可原则的半数。这种现象表明，一方面图书馆界对存在的各种问题都有所认识，特别是对比较重要的问题如打包、印本捆绑、FTE、多年合同、联盟优惠等给予了重视；另一方面也表明各图书馆团体之间还没有形成比较统一的意见，各许可原则远非完善。

另外，印本捆绑定价模式比较复杂而且问题较多，故下面单独讨论。长期保存模式和永久使用模式，既属于定价模式问题，也属于使用权利问题，由于涉及更多使用权利和管理内容，故放在第 5 章深入讨论。

3.1.3 印本捆绑销售问题解决的需求和要求

在特定出版物同时存在印刷版本和电子版本的情况下，两者之间有时候存在价格上的联系。所谓印本捆绑，简单说就是指在订购电子版出版物的同时必须订购规定的印本出版物。印本捆绑一直都是图书馆比较纠结的问题。17 份图书馆许可原则中有 13 份比例约为 77% 直接对印本捆绑问题提出了自己的观点和要求，这个比例比较高，且包括了 L_IFLA 和 L_ICOLC，显示了印本捆绑问题的重要性。归纳起来图书馆的观点主要有：

第一，有 11 份图书馆许可原则指出数据库商不应当强迫图书馆采购数字资源时采用印本捆绑模式。如 L_IFLA、L_ICOLC、

L_CAUL、L_CDL、L_CRKN、L_CSU 和 L_SASLi 等 7 份许可原则指出：图书馆在采购数字资源时，数据库商应当提供非印本捆绑价格；L_ICOLC 进一步指出数据库商应当积极寻求新的定价模型来取代印本捆绑模型，不能因图书馆取消印本期刊订购而对其惩罚。L_ICOLC、L_CAUL、L_EBLIDA 和 L_LIBER 等 4 份许可原则表示：强烈要求许可合同不应有或者应取消"不允许取消印本期刊"（no cancellation）的条款。L_CAUL 和 L_JULAC 两份许可原则表示：图书馆有权利选择仅订购电子资源而不订购印本。L_EKUAL 表示：国家采购时数据库商不应要求捆绑印本期刊，成员馆可以取消全部或部分印本期刊订购。

第二，有 6 份图书馆许可原则提到了印本费用转化为电子费用的问题。如 L_NERL 指出，数据库商应当允许将印本捆绑方式转化为 e-only 模式；L_ICOLC 指出，将"印本 +"（Print Plus）采购模式转为"电子 +"（Electronic Plus）采购模式，即印本订购是可选择的，电子内容基本费用不能高于"电子 +"的 80%，"电子 +"模式下采购费用不能高于原来的"印本 +"模式下的采购费；L_LIBER 指出，如果图书馆仅仅想买电子版而放弃印本的订购时，支付的电子费用不应超过印本费用的 80%；L_CDL 指出，应当阻止出版商为了分担短期内将印本转换为电子版的成本而提高数字资源的定价；L_CDL 和 L_CAUL 指出，电子内容收费应低于印本收费；SASLi 指出，除非有重要的附加值，否则电子内容费用应低于印本的费用等。

第三，有 4 份图书馆许可原则对印本出版物和对应电子版出版物之间的价格联系提出了要求。如，L_AALL 指出，许可合同应说明如果许可的电子资源和相应的其他格式的出版物的经济关系；L_EKUAL 指出，e-only 方式下数据库商应该提供印本订购价格折扣；L_LIBER 指出，如果图书馆购买电子资源时被要求订购印本，图书馆准备第一年度支付一年期印本期刊费用的 75%，之后对这些电子资源的访问和传递应无费用或仅付极有限费用；L_SASLi 指出如果机构订购了印本版本，定价模式不应额外收取电子资源版本的费用，应该允许无偿使用联盟购买的资源。这些许可原则，主要是强调在放弃印本订购后，电子版的订购费用不应超过印本订购费用，L_ICOLC、L_LIBER 等许可原则还提出了具体的费用比例，L_AALL 提出的要求比较宏观。

另外，L_IFLA 指出，印本捆绑定价方案应当是有利于被许可者。表示如果供应商要采用印本捆绑定价方案，也应是有利于图书馆，这一原则是针对目前印本捆绑依然存在的现实提出的。对图书馆来讲，并不一定非要取消印本订购，但图书馆应当有权利决定自己是否一定要买印本，这也就要求数据库商最基本的是要给图书馆提供非印本捆绑定价模式作选择。

考察 CALIS/DRAA 历年的调查报告，2007 年至 2011 年各年的报告显示，部分成员馆非常关注印本捆绑问题，提出：捆绑订购的数据库调整为允许用户主动选择购买的方式（2007 年）；尽可能减少对纸本期刊的捆绑（2008 年）；取消纸本期刊绑定，特别是类似于 *CJO*（*Cambridge Journals Online*）数据库的院系订刊的绑定，以及像 *SDOL*（*ScienceDirect*）数据库这种纸本门槛要求逐年提高的数据库（2010 年）；*Elsevier* 数据库（*ScienceDirect*）纸本绑定及内容费门槛费设置不合理（2011 年）等。台湾地区图书馆采购联盟 CONCERT 发布的调研报告也指出：有些成员馆所在学校反对购买有印本捆绑要求的数据库[①]。2010 年我们参加

---

① CONCERT. CONCERT "九十九年度"座谈会. http://concert. stpi. narl. org. tw/Events/Details/10，2010－03－26/2011－08－10.

CALIS 引进数据库培训周中的 CALIS 管理中心与图书馆的座谈会，会上有图书馆提出减少印本捆绑的问题，CALIS 负责人解释说：目前，取消纸刊绑定非常困难，尽量让数据库商少绑定。上述数据显示图书馆对取消印本捆绑定价模式的要求和观点，也显示出解决这个问题的难度。

3.1.4 对价格涨幅管理的需求和要求

有 6 份图书馆许可原则明确提出了降低价格涨幅的要求。L_ICOLC 指出："经济危机带来的财政压力的作用还不能预测，降价是受欢迎的并可以帮助维持买卖关系以度过困难时期"；L_NERL 指出："为了让我们的图书馆平安渡过经常性的预算波动和尽可能不取消订购，价格增长应该保持在最低。除非可以证明特别费用因素，价格增长应该盯住通货膨胀测量工具，如消费物价指数或国内生产总值增加指数"；L_JULAC 指出"年度价格增长幅度应控制在 0% –7% 之间"；L_CALIS/DRAA 指出："价格和涨幅方案务求合理，保证资源的可持续发展"；L_CALIS/DRAA 和 L_EKUAL 都指出"一年以上合同应包括第二年以后的价格和价格涨幅（包括捆绑纸本期刊）"；L_CRKN 指出"定价结构要提供适当的保护以避免外汇汇率的波动"等。对于经济危机的思考，L_NERL 考虑的比较早，在 2003 年修订版中增加了"价格增长应该盯住通货膨胀测量工具"的要求。L_ICOLC 在 2008 年出现世界性金融危机时开始出台有关政策，2009 年 1 月出台了"全球金融危机对联盟许可影响的声明"，2010 年 6 月出台了修订版，专门针对数字资源价格年年增长的现状提出了图书馆界的观点。

价格涨幅问题，是图书馆非常关注而且意见比较大的问题。

CALIS/DRAA 历年调查报告内容显示，成员馆每年都反映数据库商的价格涨幅太高，希望 CALIS/DRAA 能够组织订购单位抵制数据库商的恶意涨价。可见这个问题是比较难解决的老问题。

2010 年 9 月，在我国图书馆界发生了一件很有影响的事情。针对爱思唯尔数据库商再次大幅度提高 *ScienceDirect* 数据库的采购价格，CALIS/DRAA、中科院国家科学图书馆、NSTL、国家图书馆、上海图书馆等牵头，百家图书馆联合向数据库商和数据库用户——科研工作者发表了公开声明："致国际出版商的公开信"和"致中国科技文献读者的公开信"，针对数据库商不合理大幅度涨价进行联合抵制，并强烈呼吁数据库商正视中国作为发展中国家的基本国情，避免过高的价格涨幅；向广大的数据库使用者——我国科研人员说明数据库商大幅度涨价的事实，呼吁科研人员积极协助和积极支持图书馆界的抵制活动。此次声明集中和严肃地向数据库商表达了我国图书馆界的立场。声明中的"将科技文献价格涨幅控制到与物价指数涨幅基本一致的程度"与前面提到的美国 NERL 联盟的政策一致，表明了国内外图书馆在此方面持有相同的观点和要求。

3.2 各种价格模式运用中权益问题分析

根据对我国图书馆采购数字资源现状的调研，目前，我国图书馆采购数字资源交易活动中使用的定价模式种类繁多。数据库商和图书馆对这些模式的应用往往根据图书馆需求的差异、文献类型的不同、社会环境的变化等进行选择，有时将多种不同定价模式进行组合使用。

3.2.1　分级定价模式运用管理中的权益问题

在市场贸易中，商家通常会采用差别价格策略，即企业按照两种或两种以上不反映成本费用的比例差异的价格销售产品或服务，且常用的差别定价模式包括顾客差别价格、产品形式差别价格、产品地点差别价格和销售时间差别价格等[45]。数字资源产品贸易中最常用的是顾客差别价格模式，该模式在具体实践中也常被称为分级定价模式。这种模式是商家扩大市场、争取更多客户的营销策略，作为买家的图书馆也可以从中获得比较多的优惠。由于分级直接导致优惠额度的大小，因此引发的权益问题也比较突出。CALIS/DRAA 采购数字资源负责人之一曾指出：图书馆在购买数据库这个环节上要定期评估不同类型、规模的用户是否分级别购买？怎样分级别等多方面因素[46]。

美国亚历山大街道出版社的总裁斯蒂芬·瑞德图特，分别于1998 年和2002 年归纳总结了数字资源价格模型，1998 年归纳了58 种，2002 年归纳了 60 种[47-48]，所列出的价格模型中涉及分级的包括 FTE 模式、图书馆类型、国家折扣、机构折扣、下载数量等。考察我国采购数字资源大户 CALIS/DRAA 的近几年数字资源采购方案，所采用的分级定价模式中主要依据的因素包括图书馆机构性质、图书馆所在单位的机构性质、经济条件、FTE数量、机构科研实力、数据库使用量、印本订购情况等。

（1）基于图书馆经济条件的分级定价模式及其权益问题

不同图书馆的经济能力可能差异很大。有的图书馆能够购买很多高价数字资源，有的则不能。改变这种市场状况的一个有效措施就是依据经济条件对图书馆划分支付等级。目前，划分的依据主要为图书馆所属国家的经济实力、图书馆所属地区的经济实力以及图书馆所属机构的经济实力等三种。

图书馆的经费来源主要为所属国家的政府，因此，以图书馆所在国家的经济实力作为划分世界各地图书馆采购费用支付等级的依据，非常客观。具体形式如表 3-1 所示：

表 3-1　划分国家经济实力的方式

划分项目	划分依据	实例（数据库商）
发达国家，发展中国家	联合国秘书处和国际劳工办事处统计司文件中提供的各国国内生产总值 GDP	ACM
低收入，中下收入，中上收入，高收入	世界银行购买力指数 GNI 代码	ACS、MUSE

采用依据国家经济实力区别对待的方式，是数据库商面对现实的做法，对买卖双方都有利，进一步来讲，有利于科学技术在世界范围内发展。采用这种方式，从各方权益分享角度来讲，关键因素包括分级数量和分级依据。表 3-1 中的第一种方式区分为两级，第二种方式区分为四级。划分级数越多，分级的效果越明显。分级依据直接导致价格的优惠额度，因此备受产品买卖双方关注。表中所列的各种分级依据都具有很高权威性和说服力，避免了分级依据方面的争议。世界银行购买力指数 GNI 代码，目前主要根据 2008 年最新划分标准，将各国划分为：低收入国家（人均国民总收入等于或低于 975 美元），中等偏下收入国家（人均国民总收入在 976 美元至 3855 美元之间），中等偏上收入国家（人均国民总收入在 3856 美元至 11905 美元之间）和高收入国家（人均国民总收入等于或高于 11906 美元）。根据上面所述的两种分级依据，我国属于发展中国家，是 55 个中低收入国家之一。另外，有些数据库是按照国内国外，或美国/加拿大与

其他国家等进行划分。

依据图书馆所属地区经济发展实力进行划分的方法，主要是针对一个国家内部因各地区经济条件不一而采取的分级划分方式。通常是依据各国现有的行政区域划分方式。如我国大陆，按照地理大区划分为华北、华中、华东、华南、东北、西北和西南七大地区。其中西部地区（西北和西南）相对经济条件落后，因此数据库商目前主要是对这一地区图书馆给予价格优惠。还有的数据库商按省自治区、直辖市划分，从中挑选其认为经济条件相对较弱的省内图书馆给予较大优惠。

依据图书馆所属机构经济实力进行划分的方法，有时候只考虑机构本身的经济情况，有时候同时考虑所处地区的经济条件。在我国，比较明显的就是高校系统内分"985"大学、"211"大学和非"211"大学。我国政府通过项目经费方式对"985"大学和"211"大学给予了大量的财政投入，相对来讲，这些高校在数字资源采购上有较多的采购经费。

采用以经济条件为基础的分级模式，较全面考虑了各类图书馆条件的差异，有利于更多的图书馆加入到数字资源采购行列，惠及更为广泛的用户。但这种模式容易产生误差，也容易引起权益之争，主要是划分级数、划分依据、划分结果以及优惠额度等方面比较复杂。有些地区之间的经济条件相差很明显，有些则不明显；有的图书馆的经济条件与其所属地区的经济条件不甚相符等。

（2）基于图书馆机构性质的分级定价模式及其权益问题

图书馆所服务对象的差异导致了图书馆机构性质的差异。针对不同性质的图书馆采取不同的定价策略，是目前数据库商主要采用的一种销售模式。

区分出高校图书馆、科研机构图书馆、公共图书馆、政府机构、企业等。根据本课题组成员参与的数字资源采购谈判实践以及对部分数据库商及其网站的调研,数据库商对高校图书馆、科研机构图书馆、公共图书馆、政府机构和企业提供的数字资源价格费用依次提高。有的区分更细致,如对学校,还区分出来高校、中小学、专科院校和继续教育学院,对于专业机构,还区分出来医疗系统、法律系统等。有的区分更粗略,如只区分为营利性机构和非营利性机构;区分为学校/学术性机构和其他机构等。数据库商对学校、科研机构给予较多的价格优惠,表现了他们一定的社会责任感以及扩大市场份额的用心;而对政府和企业开出较高的价格,体现了他们对经济利益追求的企业本质。

高校的细分,常用的分类方法有:①美国卡内基高等教育机构分类法(Carnegie Classification of Institutions of Higher Education)。该分类法是美国"卡内基教学促进基金会"所属机构卡内基高等教育委员会编制的一种高校分类方法,1973 年发布了第 1 版,2005 年发布了第 5 版。该分类法主要是依据所授学位的层次和数量,将高校划分为 6 个基本类型:副学士学位授予学院、博士学位授予大学、硕士学位授予学院/大学、学士学位授予学院、专业主导机构、部落学院。学术文献的使用者集中在高校,使用者的数量以及使用频率又与用户的学位及高校学术层次有密切关系。因此,采用卡内基分类法对高校进行分级定价是一种可操作的策略。②由于美国高校的学位制与我国并不完全相符,卡内基高等教育机构分类法不太适合于我国高校,因此在我国图书馆数字资源采购活动中,有些数据库商或图书馆采购集团,将我国高校划分为博士学位、硕士学位和学士学位院校,或者"211"大学、普通高校、师范院校、高职高专等,这些方式相对简单、易操作，具有较大的可行性。

相比经济条件认定的模糊性，机构性质的认定比较客观且清晰，但这种方法不仅给数据库商增加了工作量，也易引起图书馆采购集团内部的不平衡。这类方法的采用，需要注意价格差距的掌握，也需要让图书馆之间相互理解。另外，对我国来讲，绝大多数高校本科生人数最多，因此，对我国高校进一步区分应考虑我国的国情。

（3）基于 FTE 的分级定价模式及其权益问题

FTE（Full Time Equivalent）是指全日制学生等量数。在美国公立大学，全日制学生 1 个人为 1 个 FTE，非全日制学生 1 个人可计算为 0.6 个 FTE，政府根据学校的 FTE 数量划拨经费[49]。许多数据库商借助 FTE 方法对图书馆进行分级，前文提到的斯蒂芬·瑞德图特总结的 60 来种数字资源定价模式中，FTE 定价模式排列榜首。根据目前数据库商采用 FTE 定价模式的实践，我们归纳 FTE 的计算公式为：

$$FTE's = \sum_{i=1}^{m} ai * Fi \qquad （公式 2-1）$$

其中 $FTE's$ 表示采购单位用户等量数，m 是对图书馆用户进行分类的种数，Fi 表示被计算的第 i 类用户的数量，ai 表示第 i 类用户的权值。这里的关键是要对 m、ai 和 Fi 几个参数确定适合的值。m 值过大，会增加采购活动管理成本，对用户归类的操作容易起争议；m 过小，分类的效果可能不明显。ai 主要表明这类用户在整个 $FTE's$ 中起作用的大小，其值大小直接影响到总 $FTE's$ 的大小。Fi 主要是根据图书馆所服务用户的身份确定，操作并非复杂，其值大小与 m 有关，更与最终 $FTE's$ 大小有关。由于这些参数决定着各机构 $FTE's$ 的大小，因此是各方谈判的重点。

(4) 基于使用量的定价模式及其权益问题

以使用量作为分级划分的依据，理论上讲比较严谨合理，用得多支付得多。但是，实施这种定价模式，困难较大。使用量指标具有时滞性，而图书馆的预算是在掌握数字资源产品费用大概情况下提前做出来的，订购费用大小是在购买时、使用前确定的。因而若用使用量指标，就需要对图书馆未来合同期内的使用量进行预测。根据我们对 CALIS 数据库采购方案的调研结果以及对中科院国家科学图书馆总馆访谈的调研结果，目前，我国图书馆主要采用的是向前类比估算法，即以图书馆之前（有的是头一年的，有的是头几年的）对该数字资源的使用量或使用量均值，类比为订购年的使用量。因是估算，必然有误差。

(5) 其他分级定价模式及其权益问题

根据数据库采购活动实践和数据库商网站上的信息，分级定价模式的依据还包括：图书馆所属机构的科研能力、上一年支付的总费用、参加采购集团时间、印本订购情况等。

科研能力是使用量的一种替代方式。理论上讲科研能力比较能反映图书馆用户对科研文献的需求程度，反映数据库未来被使用的程度。但具体实施中，判断标准和划分界限较难确定，相关数据获取难度较大，容易引发矛盾。如美国物理协会和美国物理学会采用论文发表和研究水平作为科研能力计算参数，美国化学学会按照博士点和硕士点作为计算参数，计算方式的差异显示了科研能力计算的模糊性。

上一年支付的总费用是使用量的另一种表现形式，还可能兼顾了其他分级因素，如上一年支付的总费用中可能已经考虑了经济条件、科研能力等。

参加采购集团时间主要是用于区分老客户和新客户。这种方法是数据库商对早期购买者的一种鼓励和感谢。这种方式在一般商品贸易中不会引起什么争议，且需计算的数据比较容易获取。但主要的问题是，现实中能够早期采购数字资源产品的基本上都是经济实力比较强的图书馆。因此这种方式的使用与前面讲的经济实力指标的使用存在矛盾。

印本订购情况是指数据库商根据图书馆订购印本码洋情况对图书馆进行分级，一般是订购印本的码洋越多，图书馆所需要支付的电子费用越低。这种方式与印本捆绑有关但并不同，数据库商可能要求也可能不要求图书馆必须保持印本订购。在非印本捆绑前提下，根据印本订购情况分级定价，对期望购买印本的图书馆来讲是个福音。但这种方式同样与科研能力、使用量以及经济条件等分级定价模式作用相反，因通常购买印本，特别是国外进口文献的图书馆，一般都是经济实力强、使用需求大的机构。

概括来讲，分级定价模式在应用中存在应用范围问题、沟通问题、适用性问题、公平性和稳定性等有关权益分享的问题[50]，需要加以分析和解决。

3.2.2 电子印本组合定价模式运用管理中的权益问题

目前，许多文献同时存在印刷版本和电子版本两种形式。如德国施普林格出版集团、荷兰爱思唯尔出版集团等，在出版发行各种印本期刊的同时，在其电子期刊平台上发行大多数印本期刊的电子版。又如，我国许多期刊编辑部在出版发行其印本期刊的同时，授权数字资源集成商如清华同方、重庆维普、万方等公司对其印本期刊进行数字化并网上传播。在这种环境下，图书馆订购印本出版物和对应的电子出版物时，一种情况是两者无任何联系；一种情况是两者相互影响，即出现了电子印本组合定价模式。

（1）电子印本组合定价模式的类型

各种出版物如期刊、图书、学位论文、专利文献等都可能存在电子印本双轨制出版现象，但影响比较大的是期刊，故以下的分析主要面向期刊。为了行文方便，以下将电子版的期刊简称电子版，对应的印本期刊简称为印本。

根据目前的实践，双轨制出版环境下电子版和印本的订购关系如表3-2所示：

表3-2 期刊电子版订购中对印本订购的各种要求

状况	类型	状况	类型
A	a1：有统一的印本订购最低量门槛 a2：有维持原印本订购额度要求	C	c1：印本订购有折扣 c2：印本订购无折扣 c3：印本订购费用补贴到电子版费用中
B	b1：印本订购品种不可调换 b2：印本订购品种可有限调换 b3：印本订购品种可无限调换 b4：印本订购品种可有限删减 b5：原印本订购额度转化为电子费额度	D	d1：统一的电子费 d2：电子费因印本订购额度不同而异
		E	e1：对图书馆个体的要求 e2：对图书馆采购集团整体的要求

A状况主要为a1和a2所表示的类。a1表示图书馆在订购特定期刊全文数字资源时，数据库商设置了图书馆订购印本额度的最低门槛，如最低订购几种对应印本期刊，或最低订购多少码洋的对应印本期刊。a2表示数据库商强制性要求图书馆在订购特定数字资源时必须维持之前所订购对应印本期刊（或是印本订购

额度）的续订。a1 和 a2 可以分开使用，也可以结合使用。如，有的数据库商对图书馆原来对应印本订购额度超过其所规定的印本最低量门槛的实行 a2 方式，而对其他图书馆采取 a1 方式。

B 状况是印本捆绑要求下的细化方式，表示数据库商要求图书馆在数字资源订购期内维持之前规定年份的原印本的续订。b1 表示数据库商不允许图书馆在订购期内调整原订期刊品种；b2 表示数据库商允许图书馆在订购期内对原印本订购品种进行一定比例的调换；b3 表示数据库商允许图书馆在订购期内对原印本订购品种进行调换，没有数量限制，实际上就是图书馆维持原印本订购码洋；b4 表示数据库商允许图书馆在订购期内对一定比例的印本订购进行删减，但通常数量很少；b5 表示数据库商允许图书馆取消原印本期刊的订购，将原印本订购费用转为电子费，即加到电子版订购费中。

C 状况主要表明电子版的订购对印本订购是否有优惠作用。c1 表示图书馆在订购电子版的同时可获得印本订购优惠价格。具体又可分为两种形式：一种是对所有印本给予一样的优惠额度，一种是对捆绑之外新订购的印本给予不一样的折扣，一般折扣更多些。非捆绑的印本包括非印本捆绑模式下的印本，也包括印本捆绑模式下图书馆购买的超出捆绑要求范围的印本。c2 表示印本的购买并不因电子版的购买而获得优惠价格。c3 表示图书馆如果选购了印本订购，其印本订购费用可用来抵消部分电子版订购费，即电子费。抵消的程度可能是印本订购费全部，也可能是一定比例的印本订购费。基于印本订购的分级模式是这种方式的一种表现形式。

D 状况是指在一个图书馆采购集团内部采取的电子费价格形式。d1 表示整个集团内部全部成员馆都缴纳统一的电子费，与图书馆订购印本的情况无关，无论是印本捆绑环境下还是非印本捆绑环境下。d2 表示集团内部各成员馆购买特定数字资源时缴纳的电子费会因各成员馆订购印本的费用不同而不同。一种情况是电子版费与印本费之和为统一的；一种情况是数据库商或集团内部依据成员馆购买印本费用的情况将成员馆分级，即印本订购分级模式，购买印本费用越高，缴纳的电子版费用越少。

E 状况，这里主要是指数据库商的各种印本捆绑要求和折扣是面向单个图书馆还是面向图书馆采购集团整体。e1 指的是前者，e2 指的是后者。

上列中各种方式更多时候是组合使用。

由电子印本双轨制出版机制形成的各种采购定价模式可以引发多种权益问题，以下讨论比较有影响的几个方面。

（2）印本捆绑操作问题

印本捆绑问题既包括印本捆绑取消与否的问题，也包括印本捆绑模式下如何操作的问题。这里主要是从图书馆与数据库商之间权益分享角度讨论。

第一，印本捆绑模式取消与否的问题。印本捆绑销售模式是数据库商很早就开始使用的一种销售策略。这种方式与数据库商之前获得的印本销售利益直接相关，可以说是数据库商对已取得利益的特别保护[51]。要求捆绑的印本，有的是图书馆组团前一年订购的印本期刊（种类或费用额度），如 2007 年 P_OUP 采购方案要求订购馆保留 2006 年的印本订购份额；有的是保留图书馆组团之前若干年前年份的印本订购（种类或费用额度），如 P_ASME2007年的订购方案要求订购馆保留 2004 年的印本订购份额。①对数据库商来讲，这种模式维护了其既得利益，特别是在电子版市场不明朗、电子费收益不确定的早期；同时也对数据库商继续维护印本的出版发行提出了要求。②对图书馆来讲，这种模式通常提供的对应电子版价格比较低，因此对那些本来就打算继续订购印本的图书馆来讲，这种模式并非不可。但这种模式限制了图书馆的印本订购选择权，给本来经费就日显不足的图书馆带来很大的困扰。同时印本的订购涉及税收、运费、代理等一系列问题，无形中又增添了管理成本。在 a2 模式下，有最低印本订购额度门槛要求，那些没有订购过该数据库商规定的印本的图书馆，因需求不明朗而有被迫之感。ICOLC 自 1998 年开始制定电子资源集团采购方面的原则时，就提倡取消印本捆绑定价模式，几次修订版本中都特别强调取消"不可取消（印本订购）条款"。出版商界也意识到这是一个比较严重的问题。电子出版服务有限公司 EPS 的 Kate Worlock 指出：对出版商的不信任情绪广泛蔓延，特别是在图书馆人员中，2003 年第 4 季度，以美国各大学为首的来自学术图书馆的抗议达到了一个新的程度，其中包括哈佛大学、康奈尔大学和北卡罗来纳大学，要求取消或缩减与 ELSEVIER 的捆绑协议。Kate Worlock 认为，事态的发展实际上可能比事件本身更具革命性，并且取消协议的损失基本上可以通过另一种方式得以抵消[52]。

第二，印本期刊品种调整与删减问题。在早期网络版电子期刊刚问世时，数据库商基本上是要求图书馆保留原订印本期刊的续订。在图书馆的多次要求下，有的数据库商允许图书馆根据需求对印本品种进行调整，有个别的允许印本订购量大的图书馆进行有限删减。①对数据库商来讲，维持印本原有品种的订购，是一种维护其既得利益的简单省事方式，在其处于特定学科领域垄断地位情况下，这种方式还不会对其产生不利影响，但因对图书馆限制过大，丢失部分客户并非不可能。②对图书馆来讲，虽然不少图书馆为了保持印本订购的系统性和连续性，不会轻易更换和删减印本期刊，但还是有图书馆会因用户需求变化而调整期刊采购方案。因此允许图书馆调整或删减印本订购，可以给图书馆更多的选择，以适应用户需求的变化。特别是对一些小型图书馆，如中科院的各研究所、各地方专门性高校等，通常不承担普通文献的长期保存责任，图书馆采购的文献是随本单位教学和研究的变化而变化，而这种变化在技术发展迅速的今天有时会很大，因此调整和删减是非常必要的。另外，删减部分印本期刊有时候是图书馆因经费短缺而不得已的行为。如，2008 年开始的金融危机，直接导致国内外很多图书馆经费缩减。有限调整是平衡数据库商与图书馆利益的一种模式，但显然对图书馆限制还比较大。

第三，印本费用转化电子费问题。印本费用转化为电子费用的方式，即前面表中的 b5 模式，虽然常被数据库商美其名曰为 e-only 方式，实质上也属于印本捆绑范畴，是印本捆绑的一种表现形式。根据数据库商网站上的销售策略信息以及提供给我国图书馆集团的采购方案，印本费用转化为电子费用的比例一般在 90%—100% 之间。①对数据库商来讲，这种模式是应对图书馆取消印本订购的呼声而采取的一种策略，同时也维持了数据库商印本销售时所获得的利益。虽然其毛收入可能因印本订购取消而损失 10% 左右，但由于数字资源产品边际成本极低，又减少了印本出版发行的成本，因此利润增加不少。对其业务来讲，需要付出的代价是调整公司的业务项目，根据客户需求变化减少印本出版发行量。这种代价并非是所有数据库商都愿意付出的，因此，到目前为止并非所有印本捆绑模式都采取了 b5 模式。②对图书馆来讲，这种模式为图书馆提供了一种选择，因为在现实中这种模式几乎都是与印本订购方案并存。对于期望取消印本订购的图书馆来讲，这种模式免去了订购其非所愿印本的制约。由于一般印本订购门槛都是针对新成员或之前订购相应印本很少的图书馆，而这些图书馆又对印本订购缺乏热情，因此这种模式比较受欢迎。图书馆所付出的代价则是，电子费大量增加而同时失去印本的拥有权，因而也并非是所有图书馆，尤其是大型图书馆所愿意的，因此这种模式的使用需要和印本订购选择模式并存。

（3）电子费异同问题

即 D 类模式下的问题。在 d1、d2 模式下产生的影响如表 3-3 所示：

表 3-3　电子版印本组合定价模式中电子费类型

类型	P: 印本费用 E: 电子费用	I = P + E: 图书馆采购总费用	图书馆客户被吸引度
d1 模式	P 不同 E 相同	I 不同，且印本订购费用越高，总支出 I 越高	容易吸引更多小馆参与，易丢失个别印本订购多的大馆或专业图书馆客户
d2 模式	P 大则 E 小 P 小则 E 大	①I 为统一值 ②I 的值随 P 值增大而有一定增长	对印本订购多的图书馆吸引力极强，但对印本订购少的图书馆吸引力极弱

对数据库商来讲，d1 模式最为简单，也不损失其既得利益，在一定程度上与按使用支付费用相关，因为，相对来讲之前订购印本越多的单位，对数据库的使用需求也越大。从市场营销来讲，这种模式与一般商品多购多优惠、老顾客多优惠的营销策略相悖。d2 模式属于按印本订购贡献度大小给予图书馆一定优惠，与上述提到的一般商品营销策略一致。在图书馆客户数量相同下，如果要不减少收入，d2 模式中的 E 值或 I 值的确定难度较大，同时因没有给小馆一定的照顾，不利于吸引更多的图书

客户。

对图书馆来讲，d1 模式主要发生在集团采购中。由于 E 同而 P 不同，所以容易引起多购印本的图书馆的不满，甚有吃亏的感觉。但它并非没有可操作性，之前订购印本多的图书馆，往往对这些期刊内容的需求比较大，且通常都是经济实力比较强的图书馆。因此，这种模式提倡了大馆要尽大馆的义务，大馆扶持小馆的精神。但集团组织应当对这些贡献较大的成员馆（贡献作用主要表现在集团整体印本订购费用越高，整体的电子费用越低）给予其他方面的补偿。d2 模式属于按印本订购贡献度大小给予图书馆一定优惠。如果是图书馆单馆采购，并不直接影响其他图书馆，这种方式与一般商品的销售采购策略相符，多购多优惠。在集团采购中，这种模式减轻了订购印本多的图书馆的负担。但对购买印本少的图书馆来讲，则付出的代价比较大，特别是与需求量完全不挂钩，不利于吸引更多的图书馆加入到集团。

另外，部分数据库商对单个图书馆采取过购买印本则为其单位免费开通此印本的电子版，但这项优惠政策并没有作用于集团采购，且逐渐被取消。根据爱思唯尔公司网站上的信息，2007年年底该公司就对 *ScienceDirect* 客户取消了这项已执行了 10 年的优惠政策①。

（4）优惠订购印本的问题

优惠订购印本的问题，即是 A 类与 C 类结合后形成的定价模式的问题。具体是指数据库商对采购电子版的图书馆客户是否提供印本订购的优惠，以及如何提供优惠。

有些数据库商采用电子版与印本的订购绝对独立的定价模

---

① 中国图书进出口总公司报刊部. 爱思唯尔公司订购策略变更. http://periodi-cal. cnpeak. com/NewsCenter/newsDetail. asp? newsid =114，2008 -01 -25/2011 -07 -15.

式。①对数据库商来讲，这种模式免去了印本销售成本，可以争取更多非印本订户购买，如果图书馆继续订购印本刊物，数据库商可以获得额外更高的收益。不足之处在于如果电子费用 E 定价太高，图书馆难以承受和接受，降低了特定数据库的市场份额；若定价太低，数据库商无法维持或提高原印本销售所获得的收益。②对图书馆客户来讲，这种模式好处有两点：一是不必再订购非所愿的印本刊物，二是免去了印本订购及其管理费用。但这种模式也存在非常大的不足，即如果图书馆根据自己的需要继续保持印本订购，因没有在订购电子版基础上获得优惠价格而导致所支付的总费用很高。因此，这种方式并非是最佳采购方案，需要事先调研图书馆自己是否还有继续订购印本的需求以及该需求量有多大。

印本可获得优惠价格是 c1 模式与 A 类各模式的结合方式，照顾了期望继续订购印本的图书馆客户。具体又分为印本捆绑下增订印本的价格有折扣、印本捆绑下所有印本订购价格有折扣、e-first 模式下印本订购价格有折扣等三种形式。其中第三种形式，即 e-first 形式，L_ICOLC 也称之为"Electronic Plus"订购模型。对数据库商来讲，提供印本优惠政策显然可以争取更多的图书馆客户，对图书馆客户来讲，这种方式满足了同时希望订购电子版和印本的图书馆的要求。这里优惠额度很关键，优惠过多，数据库商获利太少则会对此缺乏热情；优惠过少，对图书馆订购印本缺乏吸引力，不得不购买印本的图书馆仍然要支付巨额印本订购费用。

（5）印本捆绑下费用分配公平性问题

在印本订购方面，数字资源采购集团内部之间的权益问题主要包括三大方面，一个是费用分配公平性问题，一个是集团风险性问题，一个是印本期刊业务管理干预问题。集团与成员馆在印本和电子版订购上的关系如表 3-4 所示：

表 3-4　集团与成员馆在期刊印本和电子版订购上的关系

集团印本订购要求	集团全部成员馆享受的待遇
集团订购整套期刊（多年合同每年要补齐）	优惠电子费用
集团以机构价购买 1 份新出期刊	均有权在线阅读该刊物
集团保持已订购印本总码洋，或根据整个集团印本采购情况给出整个集团电子版的优惠采购费用	①每个成员馆支付固定电子费用 ②成员馆平分集团电子费用 ③成员馆按印本订购码洋多少适当减免电子费用

对成员馆来讲，所支付的费用包括印本费用和电子费用。如果印本的订购是由集团内部自己决定，这就涉及一个谁来购买印本的问题。这种情况目前在 CALIS/DRAA 全国性集团采购中很少发生，而在地区或大型机构中并不罕见。一种补偿的措施是，谁订购印本谁拥有订购的印本的物质财产权。如果想订购印本的图书馆的数量过多或过少，集团需要协调好各成员馆之间的关系。在我国，因图书馆的文献购置经费由国家投入，因此应从国家文献资源长期保障的高度，赋予国家层面以及重点高校承担更多的印本购买责任和权利。

印本捆绑下存在一个电子费用分配问题。不考虑其他因素，单从印本订购多少角度来看，采取电子费用平分的方式，简单易行，但造成各成员馆实际支付费用的巨大差异。支付印本费用多的图书馆，可能会认为自己对集团贡献太大，吃亏也太大。若根据印本订购多少，减少相应成员馆的电子费用，若减少得太多，尤其是当保持各成员馆所支付的电子费加印本费之和相等时，对没订或少订印本的图书馆来讲，可能会认为订印本多的图书馆本来对刊物需求就大于自己，这种模式让自己为需求大的馆负担了不该负担的费用。上述矛盾实际上都是来自于印本订购是否能反映用户的实际需求强度问题。目前，有的数据库商采购方案如2008 年的 P_ACS 表示提供印本订购者已订印本的裸数据，这也是一种补偿措施。近几年出现按照用户人数、科研能力、之前使用量等多种要素来确定各成员馆应支付的总费用，是弥补基于印本定价问题的新的方法。如果数据库商确定了集团的总费用，各馆支付的费用由各馆分摊，如 CALIS 河北地区购买 *WorldSciNet*（*WSN*）数据库，就采取了依据学校规模以及学科分布，各学校分摊总费用，这时成员馆与集团的矛盾可能更尖锐些，集团的负担也更大。

（6）印本订购带来的集团风险性问题

印本捆绑或者作用于集团的各个成员馆，或者作用于整个集团。直接作用于各个成员馆时，即要求各单个图书馆或保留其原有印本订购的续订、或保留原订印本期刊码洋（包括增长幅度）、或将其馆原订印本的费用按一定比例转化为电子费用，整个集团运作起来简单，管理成本低，但对原订印本期刊的图书馆的依赖过大，一旦某个成员馆放弃印本期刊的订购，整个集团难以获得原有优惠的价格，甚至会出现毁约风险。当作用于整个集团时，实际上是允许原订印本期刊的图书馆放弃续订，转嫁给了集团中的其他成员馆，这里就容易引发集团内部利益之争问题，对大馆承担更多责任的要求比较高。

3.2.3　开放发表环境下定价模式运用中的权益问题

开放发表是出版商为适应开放获取运动而所采取的一种出版

发行机制，具体是指出版商通过互联网将其出版的期刊论文全部或部分地向公众免费开放的一种商业运作机制。开放获取运动是学术界和出版界的一件非常有影响的事物。学术界与出版界因信息交流的需要产生了唇齿相依的关系。开放获取运动的出现，可以说是学术界与出版界已有关系不和谐一面的一种反映。为了顺应或应对开放获取运动，有些出版商开始尝试开放发表机制。这种机制的应用和发展直接影响数字资源使用方式和价格，影响程度与开放发表的方式、规模和发展趋势密切相关。

（1）开放发表的形式与特点

开放获取的主要形式包括：开放存档库（包括自存档库、机构存档库、学科存档库等），被称为绿色 OA（Green OA）；开放期刊，被称为金色 OA（Gold OA）；以及混合开放期刊，被称为 Hybird OA。开放发表机制是这三种 OA 形式分别与传统期刊出版相结合的产物。

绿色 OA 与传统期刊出版相结合的开放发表机制，本书简称为绿色 OA 发表机制，即指内容出版商允许作者将由内容出版商出版的论文在开放存档库中公开发布。我们对英国开放获取信息登记网站 SHERPA 上的信息进行了收集和统计，截至 2011 年 6 月 23 日，在该网站上注册的世界各地主要学术期刊内容出版商已达 984 家，其中，64% 都允许作者自存档，包括存档手稿、最终版本等；25.4% 都允许作者将发表论文的最终版本在开放存档库中公开发布，且有 181 家内容出版商同意在发表起始就可以开放，没有开放延迟时滞限制，其他有开放延迟时滞限制的也多在 6—12 个月。

金色 OA 期刊分为完全 OA 期刊和有限 OA 期刊两种类型。完全 OA 期刊是指期刊直接以开放形式出版，如美国全国研究创新联合会 CNRI 出版的 *D-Lib Magazine*，以完全 OA 形式服务于用户。以这种形式发表期刊论文的机制，本书称为完全 OA 发表机制。有限 OA 期刊是指期刊按传统形式出版一段时间后再整刊开放，这种方式可保证内容出版商获得一定收益。如我国万方公司出版《数字图书馆论坛》时，对前一年的期刊采取完全 OA 形式。以这种形式发表期刊论文的机制，本书称为有限 OA 发表机制。根据美国国家卫生研究院开放期刊论文存档库 *PMC* 网站（http://www.ncbi.nlm.nih.gov/pmc/）上的信息，截至 2011 年 2 月 26 日，存储在 *PMC* 的 OA 期刊已达到 1197 种，涉及 274 家内容出版商，各内容出版商的延迟时滞（即期刊正式出版后多长时间才可以开放获取）如表 3 - 5 所示：

表 3 - 5　OA 期刊的延迟时滞情况

延迟期（月）	1	2	3	4	5	6	12	24	36	0
期刊数	4	2	3	1	1	42	344	12	21	767
内容出版商	4	2	2	1	1	24	86	10	1	180

上述数据反映出，用户可以在互联网上免费获取相当多的学术内容，减轻图书馆购买数字资源的经费压力。另外，完全 OA 发表机制和有限 OA 发表机制更方便用户使用，用户依然可以从原来的期刊网站或数据库中获得期刊论文。

Hybird OA 期刊是指期刊中的部分论文是开放的，部分论文仍需要购买才可以获得[53]。论文以这种形式发表的机制，本书称之为 Hybird OA 发表机制。Hybird OA 模式又可细分为两种，一种是开放发表的论文由出版商选定且无需作者付费；一种是开放发表的论文由作者确定且需支付开放发表费用。对后一种形式，各内容出版商的称呼不同，英国开放获取信息登记网站

SHERPA 将其通称为"出版商的 OA 支付方式（Publishers' paid open access options）"，本书采用更为直观的称呼："作者付费 OA 方式"。根据 SHERPA 网站上 2011 年 5 月 9 日更新的信息，已有 80 家出版商（几家合并后的内容出版商计为 1 家）采取了这种开放发表机制，每篇论文需缴纳的开放发表费用为 500—5000 美元不等。对该 80 家出版商的性质进行统计分析，其中学会、协会或研究机构的有 37 家，企业性内容出版商有 43 家，后者占多数，但相差不是很大。企业性出版商积极参与开放发表是一个比较好的现象。首先，许多学会、协会或研究机构等非营利性机构，如美国动物学学会、英国皇家学会等，采取了期刊出版 12 个月后或 6 个月后整刊转为 OA 形式的机制，而企业性出版商很少这么做。其次，企业性出版商出版的期刊基本上都有几百或几千种，远多于非营利性机构。Hybird OA 这两种出版模式中，第一种方式对图书馆及用户的影响类似金色 OA 期刊；第二种方式改变了出版商收入的方式，对数字资源的销售价格可能会产生较大影响。

（2）开放发表环境下定价模式带来的权益问题

开放发表机制下定价模式带来的权益问题主要包括数字资源价格问题和使用问题。

如果数据库中包含有完全 OA 发表的期刊和有限 OA 发表的期刊，数据库的价格应当有所体现，不应在数据内容价格计算中包含已经开放获取的期刊内容。

作者付费 OA 方式下，数据库商的收入增加了作者支付费用部分，相当于将一部分成本转嫁给了作者。转嫁成本的大小，取决于开放发表的整体规模。当规模较大时，数据库商从作者那里获取的收入比较丰厚，可以在降低其期刊价格的同时不降低原有的经济收入，若这个时候数据库商，无论是作为出版商，还是集成商或平台商，不相应降低电子期刊价格，对图书馆及其用户来讲极不公平。

除了价格问题，谈判中开放发表信息的透明度以及开放发表论文的使用问题也非常重要。对于包含开放期刊或开放论文的数据库，图书馆希望降低订购价格无可非议。但图书馆对开放发表情况不甚了解，即图书馆与数据库商之间存在信息不对称问题。一般数据库商会在每种期刊网站上注明其开放发表的情况，比如注明完全 OA 期刊的标志，注明有限 OA 期刊从什么时候开放，注明哪篇论文属于 Hybird OA 期刊中开放发表的等。一般开放发表论文前面注明"FREE"或其他表示可开放获取的标志。但价格的制定和谈判是在开放发表的"整体规模"基础上，因此图书馆更需要了解数据库中开放发表的总体情况。目前，有的数据库商向图书馆提供数据库所包含的期刊列表及每种期刊的价格，有助于图书馆掌握完全 OA 期刊的情况，但对于有限 OA 期刊情况以及作者选择 OA 发表的情况很难掌握。

美国 L_CDL 图书馆许可原则针对开放获取及开放发表环境下数据库商的服务提出了要求，指出：如果许可资源中包括了开放获取资源，许可者同意按照期刊名顺序和校区顺序提供 CDL 作者发表的开放获取文章数量，按照期刊名顺序提供所有作者发表的开放文章数量。这个要求是非常实际和现实的。

3.2.4　其他定价模式运用管理中的权益问题

除了上述几种影响较大的定价模式外，数据库商还采取了其他多种定价模式。

（1）新产品贸易活动中的定价模式

商家对新产品贸易常使用渗透定价模式和撇脂定价模式。

渗透定价模式是指商家对新产品制定比较低的价格，以吸引大量顾客，抢占市场。这种定价模式更多用于存在多种同类产品竞争情况下，同时这种模式常常与价格年度涨幅联合运用。数据库商采取这种定价模式，是利用了网络产品的消费锁定效应。对图书馆和用户方来讲，渗透定价模式以低价进入并非坏事，逐年提高价格也非不可接受。但这种方式要求价格涨幅不可过大，否则图书馆难以承受，且容易导致图书馆及其用户对数据库商的愤怒。爱思唯尔公司对其主打数字资源产品即期刊全文数据库 *ScienceDirect* 就采取了这种模式。目前，该产品成为了我国图书馆主要购买的产品，但数据库商给出的年度涨幅很大。

撇脂定价模式是指商家将新产品价格定得很高以攫取最大利润。在市场营销中，商家运用这种定价模式的前提是缺乏竞争对手，商家可以从较少但较为稳定的顾客中获得高额利润。这种定价模式对图书馆及其用户并没有好处，尤其不利于经济条件比较差的图书馆及其所服务的用户。汤森路透集团（2008 年之前为汤姆森集团）1999 年将其产品 *web of science*（简称 *WOS*，是 SCI + SSCI + A&HCI 的网络版）打入我国市场时，就以其缺乏竞争对手为基础采取了超高价格，我国仅有少数几家经济实力较强图书馆才买得起，许多高校图书馆如北京师范大学图书馆，也只是在"211"工程经费支持下才有能力购买。

（2）依据数字资源产品特性定价的定价模式

根据数字资源产品本身特性定价的定价模式主要有声望定价模式、功能差别定价模式、文献类型差别定价模式等。

声望主要包括出版商的声望和原印本出版物的声望等。如，美国化学学会出版发行 *SciFinder Scholar* 数据库时，依赖该数据库对应的印本刊物《化学文摘》（*CA*）的国际声誉进行定价，价格十分昂贵；爱思唯尔销售 *ScienceDirect* 时，依赖其印本期刊已在学术界赢得较高国际声誉而跳跃式提高价格。目前，很多数据库商通过宣传其印本期刊的影响因子或入选 SCI、SSCI 等情况做促销手段。声望定价模式实际上是数据库商通过品牌效应赢得市场和获得高额利润。根据马太效应和布拉德福定律，"声望"在一定程度上可以帮助图书馆在日益增长的数字资源产品中进行有效择优，但若费用过高，图书馆可能不得不选择次优产品。

功能差别定价模式是指数据库商根据数字资源功能大小定价。如，美国化学学会针对学术性图书馆采购经费有限情况，特地发行了电子版《化学文摘》的瘦身版本 *SciFinder Scholar*。不过，这种定价模式要求数据库功能简约版本能满足用户的基本使用要求。由于数字资源产品的研发成本较高，但边际成本非常低，这种模式不会被广泛应用。

文献类型差别定价模式是指数据库商根据数字资源产品文献类型的不同而提供不同的定价模式。如，对期刊全文数据库产品多采取打包方式销售，对图书或学位论文有时提供按册订购的定价模式，对回溯数据库多采取一次购买永久使用的买断定价模式等。当然，这不是绝对的，如，有的数据库商对期刊也采取按刊销售模式，有的数据库商对图书按版权年代或主题打包等。

（3）依据数字资源新出版物增补情况定价的定价模式

新出版物增补定价模式主要是指数据库商对数据库新增内容定价的一种模式。目前，数据库商对待新增出版物采用三种价格模式：第一种是通过数据库价格年度涨幅来收取新出版物的使用费，如数据库商向 CALIS/DRAA 成员馆出售 *LWW*、*MUSE* 和 *SAGE* 等期刊全文数据库时采用了这种价格模式；第二种是对新出版物单独定价，如数据库商向 CALIS/DRAA 成员馆出售 *IOP-J*

期刊全文数据库时采用了这种价格模式；第三种是设置年度更新费，如数据库商向 CALIS/DRAA 成员馆出售 *Emerald-B* 全文数据库时采用了这种价格模式。第一种价格模式，无形中强迫图书馆及用户接受新出版物。如果年度涨幅并非很高，图书馆及其用户接受新出版物并非有不利之处，图书馆也不必操心去评价新出版物。若年度涨幅过高，数据库商有了扩增新出版物的动力，而图书馆的经济负担加重。第二种价格模式，如果图书馆可以选择是否订购，这种模式提供给了图书馆选择的权利和机会。第三种价格模式，要求数据库商保证新出版物数量，并在合同中明确说明如果不能保证约定的新出版物数量的解决方式，如：减免相应比例费用。总之，对待新出版物，如果数据库商不给图书馆及用户选择的权利并因此大幅提高价格，会严重损害图书馆及其用户的权益。

（4）依据可访问数据量差别定价的定价模式

根据可访问数据量差别定价的定价模式主要有单本选购定价模式、整库定价模式、分包选购定价模式和产品组合定价模式等。

单本选购，模仿了印本图书期刊的订购方式。从理论上讲这种方式有利于图书馆选择比较符合用户需要的电子出版物，但现实中图书馆的选书选刊工作量太大也较复杂，需要考虑图书内容、出版时间、出版社等多种因素。

整库定价模式是指数据库商将其各类电子出版物组合成一个数据库并给出一个采购价格的模式，即"All-you-can-eat"方式。当整库数据规模比较庞大时，这种采购交易活动也被称为"Big Deal"。这种形式优劣各半。如果打包成整库的价格比数据分开单卖的价格高得并不多时，整库方式便于用户能够使用更为广泛的内容，也利于消除因马太效应造成的用户及图书馆偏爱核心文献的副作用。但如果整库价格远高于数据分包单卖价格，整库方式就有强人所难的性质了。前面提到 L_ICOLC 已经明确指出在包很大时，应当注意删减非核心内容以减少包的规模，其本质就是降低"包"的价格。

分包选购定价模式是介于单本选购和整库选购之间的一种模式，既可以减轻图书馆挑选的麻烦和成本，也可以降低图书馆的采购经费。分包的依据有主题内容、出版商和出版时间等。对于普通出版物，按专题和出版时间打包比较利于图书馆选择；对于丛书或其他工具书，因出版商声誉是重要的质量评价指标之一，因此按出版商打包比较利于图书馆选择；对于生命周期较短的学术著作或教材，按专题或出版时间打包比较利于图书馆选择。按主题内容分包，容易出现包与包之间数据重复的问题，数据库商应当提供去重的价格方式。

产品组合定价模式是指数据库商将其不同的数字资源产品搭配定价。如将现刊全文数据库与对应的过刊回溯数据库搭配定价销售，将期刊全文数据库与会议论文数据库搭配定价销售等。产品组合定价模式是各类商家普遍采用的一种推销策略。其问题主要是搭配购买是否是强制性的，搭配产品对用户是否适用等。

（5）依据优惠额度定价的定价模式

根据优惠额度定价的定价模式有折扣定价模式、赠送额外产品定价模式等。提供折扣和赠送额外产品都是商家常用的推销手段。

在折扣定价模式方面，包括集团折扣，如根据成员馆数量的不同给予集团不同的折扣；也包括产品购买得越多折扣越多，老顾客比新顾客有更多的优惠折扣，经济条件差的顾客获得更多的折扣等。折扣定价模式运用的关键问题是折扣额度以及折扣的条件。如在集团折扣问题上，有些数据库商如美国化学学会等要求有最低成员馆数量要求，这个要求是如何给出来的以及图书馆方面能否容易召集到规定数量的成员馆等都是问题。如果是根据参加组团的成员馆数量给予不同折扣，组团工作量大且复杂，主要是图书馆集团组织者没有办法一次给出成员馆所应支付的具体费用，而有的成员馆在没有非常明确的价位情况下很难做出是否购买的决定，需要组团人员与成员馆之间多次反复沟通。

数据库商赠送额外产品，所带来的主要问题是：赠送产品是否真的符合用户的需要。现实中，无论是数字资源产品还是其他类型产品的销售，因许多赠送产品的使用价值并不大，这种方式并非是驱动用户购买某类产品的重要动力。

（6）依据使用权限定价的定价模式

根据使用权限定价的模式主要有并发用户定价模式、租用或拥有定价模式、国家或地区采购定价模式等。

并发用户定价模式是指数据库商按照图书馆订购并发用户的多少定价的一种模式。通常是图书馆用户自己享用所购买的并发用户数额，也有的是整个集团用户共享集团所购买的并发用户数额。相对于无限并发用户来讲，显然并发用户定价模式并不利于用户，尤其是在数字资源产品使用范围比较广的情况下。但这种方式可以降低数字资源使用权价格，让更多的图书馆买得起，适合于用户较少或使用量较少的专业性很强的数字资源产品。

租用或拥有定价模式中包括三种方式：有限年度租用、一次购买永久使用的买断，以及拥有所购数字资源。租用方式相对来讲可节省图书馆的采购费用和数字资源维护成本，但图书馆及用户面临长期使用无保障问题。永久使用方式可以解决图书馆停订后用户继续使用原订数字资源的使用权利问题，但不能解决长期使用保障问题。拥有方式，实际操作中是数据库商提供存档数据方式，即允许图书馆进行长期保存。有的数据库商另外加收存档数据购买费用。这种定价模式解决了图书馆长期保存的权利问题，但面临另外支付存档数据费用以及日后的长期保存维护问题。

国家采购或地区采购定价模式，是有利于广大图书馆及其用户的非常好的方式，当然，这种方式的运用需要两个前提：一个是国家采购或地区采购必须有相应的政府部门支付采购费用，一个是数据库商愿意提供这种方式。我国最早通过"国家采购"采购的数字资源产品 Science Online，因数据库商销售策略的改变而改为集团采购。国家采购或地区采购惠及面广，用户类型多，因此相应政府部门必须要精心选择待购数字资源产品。在采取国家或地区定价模式时，对图书馆和数据库商双方来讲，比较困难的是确定可能用户规模以及由此产生的最终定价。

（7）依据共担固定费用或共享内容定价的定价模式

依据共担固定费用或共享内容定价的定价模式包括买断分摊费用定价模式和共享数据内容分摊费用定价模式。

买断分摊费用定价模式，是指一个集团用一个固定价格购买了整个集团的使用权利，然后在集团内部分摊采购费用。目前，英国的 JISC 采购集团常用这种方法，我国地区集团采购以及中科院内部集团采购也常采用这种方法。买断分摊费用方式很明显存在两方面利益问题：一是图书馆采购集团与数据库商之间的价格最终决定问题，二是图书馆采购集团内部价格分摊方式问题。整体价格的大小最终由数据库商决定，而数据库商主要是根据主观猜测可能的订户和用户量，这个过程中图书馆采购集团谈判人员也可能会参与其中。有图书馆人员参与，订户和用户数量的预测相对更为准确些，但仍属猜测或预测。2007 年 CALIS 发布的"2007 年引进数据库用户满意度调查总结报告"，其中就包括成员馆的一条意见："在买断分摊比单独参团更优惠的情况下，部分用户期望能鼓励地区团以买断分摊的方式订购更多的数据库"。从这条意见可以看出，虽然有图书馆希望以买断分摊的方式购买，但前提是买断分摊价格更为优惠。这个前提能否保证，不仅取决于图书馆采购集团与数据库商谈判后的买断价格，也取决于采购集团最后组团结果，对集团和图书馆来讲风险比较大。数据库商面临的风险主要是可能低估了参团成员馆规模而价格定得比较低，但可以"旱涝保收"。另外，在图书馆采购集团内部还可能出现因部分成员馆的退出而增加其他图书馆采购经费的风险。

共享内容分摊费用定价模式，具体是指集团各成员馆选购不同的数据内容供集团成员共享，各成员馆仅支付所选购数据的费用。这种方式可以让图书馆花少部分数据购买费用而使其用户使用上更多的数据内容，是非常有利于图书馆及其用户的一种方式。另外，当这种方式与单本选购结合起来时，也可以减轻图书馆单选的工作量。一般这种方式通常都配有查重系统。如 CALIS/DRAA 和中科院在组团采购 *ProQuest* 博硕士学位论文全文数据库时就采用这种方式。不过，数据库商为了保证自己的利润不降低，通常有比较苛刻的附加条件，如每个馆都有一定的最低限购额度。如 PROQUEST 公司要求 CALIS 的 *ProQuest* 博硕士学位论文数据库中国集团的每个成员馆，在 2008—2010 年间订购数量每年不低于 200 篇。这里面影响图书馆和数据库商交易成功的两个关键因素就是这个最低量以及每篇的价格定位。

上述两种模式，如果不考虑各图书馆之间的差异而均等对待，对使用量比较少或者经济条件比较差的图书馆来讲不甚公平。如果考虑图书馆的差异而对图书馆进行分级划分，就需要花气力研究如何将这个分级划分得更加合理和科学。

3.2.5　价格涨幅管理中的权益问题

市场环境下，商品价格变动本不奇怪，但面向图书馆销售的数字资源产品的价格，只涨不降，且多在 5%—10% 之间，却是商品市场中比较特殊的一例。作为数字资源产品买家的图书馆很无奈。近来一些数据库商更是采取远远大于这个比例的增长。爱思唯尔公司分别于 2008 年和 2010 年大幅度上涨 *ScienceDirect* 数据库产品价格，使这一问题更加凸显出来。

目前，数字资源产品贸易的方式既有 1 年期合约形式，也有多年期合约（multiyear）形式。多年期合约又以 3 年合约或 2 年合约为主。在多年期合约采购方案中，有的数据库商还提供了 1 年期合约供图书馆选择，也有的提供了新用户中途加入集团采购的合约形式。因此，价格涨幅形式有多种。

（1）价格涨幅的类型

价格涨幅总体可以划分为两大类：续约涨幅和合约内的年度涨幅。1 年期合约的续约涨幅也是年度涨幅。对于多年期合约，因绝大多数图书馆是按年度交纳采购费用，故合约中都标出以后各年数字资源价格的增长幅度：或是具体费用，或是涨幅比例，或是涨幅最高限制等。没有这些信息，图书馆不可能有信心接纳多年期采购合约。如果数据库商仅提供了 1 年期合约采购模式，价格涨幅类型很简单，续约涨幅即年度涨幅。以下主要对多年期合约采购模式下的各种价格涨幅类型进行划分和分析。据美国研究图书馆协会 ARL 的报告，最长的多年合约有 5 年期的，但 3

年期的最多，占被调查数字资源的 41%[54]。考察我国 CALIS/DRAA 和中科院采购数字资源实际情况，多年度采购合约一般为 3 年期或 2 年期。2 年期的价格涨幅情况包含在 3 年期模式下，所以以下的分析主要以 3 年期合约为例。

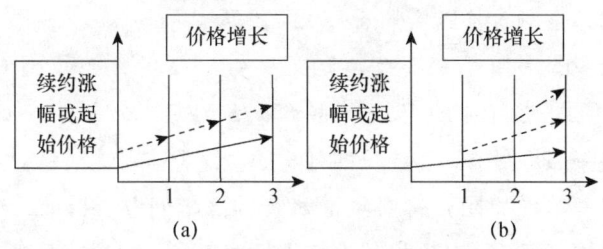

图 3－1　多年期合约形式下不同价格涨幅示意图

图 3－1（a）表示的是数据库商同时给出了 3 年期和 1 年期合约两种可选方案，此时数字资源价格年度涨幅可能相同也可能不同。图 3－1（b）表示的是数据库商允许合约执行期间新成员的加入，新成员负担的价格或价格涨幅可能与老成员相同也可能不同。根据图 3－1，价格涨幅情况可以分为以下几种情况：

第一种，数据库商仅提供一种多年期合约形式，各图书馆采用同一个续约涨幅或起始价格（没有考虑其他优惠条件如老客户新客户问题）。

第二种，如图 3－1（a）所示，数据库商还同时提供单年度即 1 年期的合约形式供选择。此时，1 年期合约的年度涨幅通常要高于多年期合约期内的年度涨幅，主要是看数据库商是否更需要鼓励图书馆（集团）客户采用多年期采购模式。这种方式能够让图书馆（集团）可以在不同模式中进行选择。此类 1 年期续约涨幅受控于同时存在的多年期采购方案，即是在多年期合约时间范围内有效。多数情况下，数据库商是提前告知该时间范围内各年的年度续约涨幅或涨幅最高限制，不需要每年重新谈判。

第三种，如图 3-1（b）所示，数据库商允许特定数据库采购集团加入新成员。新成员负担的起始价格及以后的年度涨幅可能与当时老成员负担的价格及其涨幅相同，也可能更高。

（2）各种价格涨幅带来的权益问题

很多图书馆都在连续订购某些数字资源，如我国 CALIS/DRAA 组团采购的 *EI*、*CSA*、*Web of Science*、*ScienceDirect*、*ACM* 等数据库都是图书馆需要长期订购的。这意味着无论是数据库商还是图书馆（集团）都必须面对续约涨幅问题。目前，图书馆采购的数字资源，其价格基本都是只涨不降，这种情况既与数据库商的垄断有关，也与数字资源具有第 2 章所提到的"产品消费的锁定效应"有关。图书馆越早订购的数字资源产品，用户对其熟悉和依赖程度越大。网络数字资源产品这一经济特点，让数据库商寻找到了不断大幅度提高价格的理由。尽管现实中数据库商普遍是年年提高数字资源的价格，但正如前面归纳的图书馆界的要求，最起码在经济危机环境下，数据库商应当降低价格涨幅或价格，只有这样，才能更好地维持图书馆和数据库商之间的合作。

1 年期合约和多年期合约各有利弊。1 年期合约便于图书馆根据每年用户需求情况和文献采购经费情况来决定是否继续购买。有的图书馆如中科院国家科学图书馆，近年来还需要每年对新采购数据库报上级审批，只能采纳 1 年期合约形式。对采购集团来讲，采用 1 年期合同，也可以避免因某图书馆中途退出而带来的集团采购优惠变化问题。对数据库商来讲，这种方式有利于不断吸引更多图书馆加入。多年期合约方式，是数据库商减少销售成本的一种策略，吸引图书馆接受的条件主要是优惠的价格或其他，如降低年度涨幅，或提供价格折扣，或赠送其他数据库等。多年期合约形式对单个图书馆和图书馆采购集团的约束很大，特别是有些数据库商在合同中规定图书馆客户不可中途退出。

对于打算长期订购的数字资源，为了编制经费预算，图书馆更希望事先得到数字资源价格涨幅的最高限制，这需要数据库商能很好地预测未来市场前景以及物价通货膨胀程度。有些续约涨幅与数字资源内容量增大有关，如增加新出的书籍或期刊等。在影响数字资源价格众多因素中，这一因素需要图书馆特别注意，没有必要接受出版社出版的每一种新书或新刊等。

数据库商若同时提供不同年期范围的采购方案，则便于满足不同图书馆的需求，数据库商也便于争取到更多的买家。不过这种方式可能给贸易活动本身带来更高的管理成本。无论是数据库商还是图书馆（集团）方，需要同时进行多种方案的组团，组团管理工作量可能翻倍或更多。如果是新成员加入方式，即使图书馆集团采取了多年期采购方案，也得每年进行额外组团工作。

新成员加入问题包括两个方面：一是多年期合约执行过程中是否允许新成员加入，一是新成员加入对数字资源价格及其涨幅是否有影响。如果允许新成员加入，无疑可以让图书馆根据实际情况选择在任何年度加入，而不必一定在新方案开始时加入。但这种方式会给图书馆采购集团和数据库商带来较大管理成本。在新成员中途加入的情况下，续约涨幅和合约内年度涨幅的增或减并不是绝对的。如果数字资源的价格更多考虑了成员馆数量，那么新成员加入时的价格，完全可以享受与老成员同样的价格，这个价格或是原来就定好的，或是因集团规模扩大而低于原来约定的。在价格方面，新成员如果获得与原有成员同等的待遇，表明数据库商以及图书馆采购集团对新成员的优惠态度，激励更多新成员加入。新成员如果承受的价格高于原有成员同期支付的价格，则表现出数据库商对老客户的优惠措施。

3.3 权益分享视角下定价管理的实证研究

以下将对我国部分图书馆集团采购进行实证分析。主要以CALIS/DRAA 网站上给出的 2007—2010 年间签订的数据库采购方案为例进行分析。同时考察截至 2011 年 5 月 1 日 CALIS/DRAA 在 2011 年新签订的数据库采购方案共 16 份，实际上都是续订方案，分析这些新方案的改进特点。个别情况下考察其他采购集团的采购情况。本书将 CALIS/DRAA 网站上同一种数据库的各年或各续订采购方案视为一份数据库采购方案，但不同数据类型若采购方案也不同时则按不同数据库采购方案对待，如 ACS数据库的采购方案中，期刊会议数据采用同一份采购方案则按一份数据库采购方案对待，而 ACS 的电子图书、快报和教参则分别采用不同的采购方案，则按不同采购方案对待，分别为P_ACS-J、P_ACS-B、P_ACS 快报和 P_ACS 教参。根据这种划分，本书分析的对象包括有 149 份数据库采购方案。各采购方案用数据库英文简称大写表示。详细采购方案清单见附录1。

3.3.1 各种定价模式应用现状总体情况

对 CALIS/DRAA 在 2007—2010 年期间的 149 份数据库采购方案所采用的各种定价模式进行统计，结果如图 3 - 2 所示。图 3 -2中的数值表示的是各类数据库采购方案数，百分比数表示的是各类数据库采购方案数占所统计全部数据库采购方案数的

比例，其中印本捆绑类型的统计是以期刊现刊全文数据库采购方
案数共 63 份为统计基数。

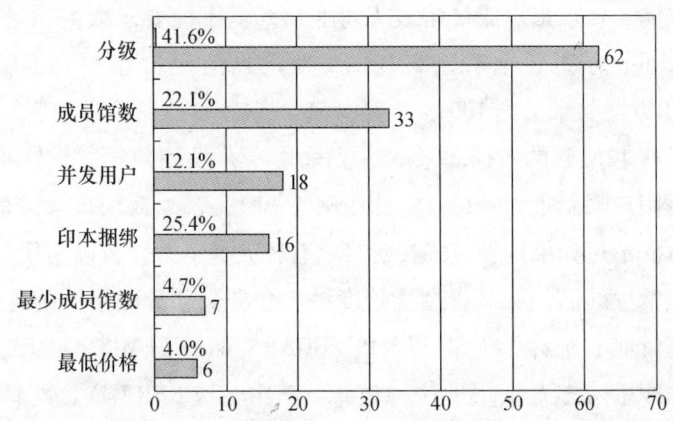

图 3 - 2　CALIS/DRAA 各类数据库采购方案统计量

图 3 - 2 数据显示，采用分级定价模式的数据库采购方案还
不足半数，大多数仍然采取的是比较简单的统一固定价格模式。
后者有助于降低组团活动的复杂性，采购管理成本低，但同时也
没有顾及成员馆经济条件、用户使用数字资源的程度等，即简单
化的定价模式可能带来很多的不公平。

图 3 - 2 数据也显示出各种定价模式的应用比例都没有超过
50%。可见目前数据库定价模式非常多元化且没有哪个模式占绝
对优势。按照比例进行比较，分级定价模式、印本捆绑定价模式
和成员馆数定价模式使用率比较高。其中，分级定价模式和成员
馆数定价模式如果应用得合理和科学，则有益于图书馆及其用户
使用上更多更好的数字资源，也有利于数据库商扩大市场份额。
但印本捆绑模式使用率较高并非好事，因这种模式主要是维护数
据库商既得利益的一种策略，对图书馆的约束太大。可见在此方

面，图书馆方的谈判任务还非常艰巨。在成员馆数定价模式方面，有 7 份数据库采购方案要求有最低成员馆数。集团采购非单馆采购，要求最少成员馆数无可非议，但不能要求太高。目前，P_ACS-J 方案要求 CALIS/DRAA 采购集团成员馆达到 80 家，P_EB方案要求达到 100 家，要求都太高。

有 12.1% 的数据库采购方案采用了并发用户模式。这种方式对用户限制很大。12.1% 的比例并不是很高，对用户来讲是件好事。不过如果这种方式在价格上有较大竞争力，且确实用户人数非常少的话，从节省经费角度讲，会深受部分图书馆的青睐。根据目前的统计，P_CABI、P_EBRARY-B、P_EMIS、P_IEL 等数据库采购方案采用了这种模式。其中，P_EBRARY、P_CRE-DO、P_GALE 和 P_ULRICH 等提供了有限并发用户和无限用户两种定价模式供图书馆选择，这种方式比较利于满足不同图书馆的需求。另外，P_JANE 提供了成员馆独享并发用户和集团共享并发用户两种模式供选择。P_FIRSTSEARCH 采取的是集团共享并发用户模式，这种方式可节省图书馆经费，但容易引发集团成员馆之间利益之争，目前采用这种方式的并不多。

对于联盟价格最低优惠的要求，149 份数据库采购方案中仅有 P_EB、P_EMIS、P_FIC、P_IOP、P_LEXIS AU 和 P_LEX-IS. COM 等 6 份包括了"最低价格政策"承诺，比例仅为 4%，显然距离 CALIS/DRAA 的要求甚远，也反映出在此问题上，数据库商的态度起着决定性的作用。分析这 6 份方案中的"最低价格政策"内容，大体上都为"在中国大陆学术市场上，如果单个馆的采购价格低于集团价格，CALIS/DRAA 集团有权对所有成员馆执行最低价格"。在具体表述上，有的明确表示数据库采购方案中的价格是全国学术市场最低价格，有的则表示是全国最低价格，也有的表示为中国大陆地区最低价格，个别表示为中国大陆高校最低价格。EMIS 采购方案还直接指出这种最低价格政策是应 CALIS 管理中心要求。这些信息表示，图书馆的声音很微弱但也在发挥着作用。

149 份 CLIAD/DRAA 采购数字资源采购方案中没有采用集团买断费用分摊的模式的。根据文献调研和部分图书馆相关负责人的访谈，一般都是地区或省级图书馆组团采购（有的属于 CALIS 地区中心采购活动，有的则属于各地自己开展的采购活动）时才采用这种模式。如江苏高等教育文献保障系统 JALIS 集团买断了 CSSCI 和维普期刊库[55]。据西南交通大学图书馆和河北大学图书馆有关负责人介绍，采取省高校图书馆集团买断方式时，通常按照 CALIS 常用的"211"大学、一般高校、高职等的划分方法，有时也按照学校师生人数进行分级，分级方式都比较简单。据中科院国家科学图书馆负责数字资源采购的工作人员介绍，他们在采购部分数据库如 *ScienceDirect* 时，在全院采用了买断分摊费用的方法。他们一直在探索分摊费用的模式，或是平摊费用，或是按印本期刊订购多少支付。目前，他们探索根据上一个合同期（多是 3 年期）的使用量，再加上各单位印本期刊订购费用情况，对各研究所图书馆进行分级后，再根据级别确定分摊费用。

2011 年 1 月 1 日至 2011 年 5 月 1 日期间，DRAA 下发了 16 份数据库采购方案，都是之前所采购数据库的续订方案，其中一份是之前 *Crossfire Beilstein/Gmelin* 数据库升级后的数据库采购方案 P_REAYS。这些方案中，有 13 份延续了之前的定价模式，有 3 份做了较大改动，分别为 P_BIOONE、P_MUSE 和 P_REAYS。变化的共同特点是采用了分级定价模式。前两份原来都没有采用分级定价模式，P_REAYS 则是对原有 P_CROSSFIRE 方案中比较粗的分级定价模式进行改进，分得更细。这种现象表明，分级定价模式将是今后应用的发展趋势。

以下我们着重对复杂且对图书馆及其用户利益影响比较大的几种定价模式的应用情况作更为深入的分析。

3.3.2 图书馆分级定价模式运用实例分析

本书以 CALIS 采购资源信息平台发布的 2007—2010 年间的 149 份数据库采购方案为例进行实证研究。在此期间，如果有些数据库采购方案的定价模式发生了改变，则以最后更改的方式为准进行统计。并将这些方案与 2011 年 1 月 1 日至 2011 年 5 月 1 日期间发布的数据库采购方案进行比较。149 份数据库采购方案的定价模式中，有 62 份采用了图书馆分级定价模式，占 41.6%。这 62 份数据库采购方案采用了不同的分级方式。如，JSTOR 是按 FTES 因素/指标进行分级；P_AGU-J 是按经济条件进行分级；P_ACS-J 同时按使用量、科研能力和经济条件等因素/指标进行分级等。如表 3－6 和图 3－3 所示：

表 3－6　CALIS/DRAA 数字资源采购方案分级模式应用

（共 62 份采购方案）

分级因素/指标	份数	数据库采购方案实例
老客户	7	P_EBRARY、P_GALE、P_IOP-J
使用量	11	P_ACS-J、P_AIP-J、P_APS
印本量	12	P_AIP-J、P_APS、P_ASME-J
机构性质（985/211）	16	P_CSA、P_GREEN、P_HWWILSON-J
西部优惠	20	P_CUP、P_CSA、P_ASPBSP
科研能力	24	P_ACS-J、P_AGU-J、P_AIP-J

续表

分级因素/指标	份数	数据库采购方案实例
FTE	28	P_CREDO、P_EBRARY、P_IEL
经济条件	31	P_ACS-J、P_AGU-J、P_CUP

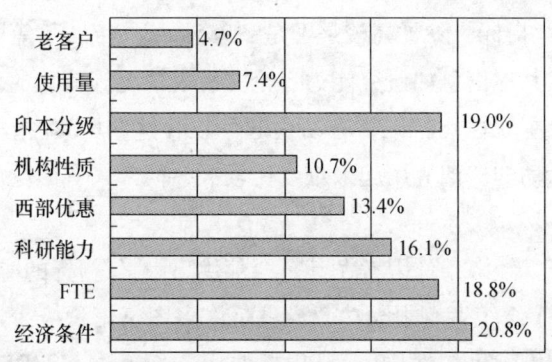

图 3−3　CALIS/DRAA 数字资源采购方案分级模式应用现状

图 3−3 中印本分级的统计仅统计了期刊全文数据库，且不包括回溯期刊全文数据库，因为与印本订购有关的主要是现刊数据库。149 份数据库方案中有 63 份是期刊现刊全文数据库方案。表 3−6 和图 3−3 中的数据显示出以下特点：

第一，图中显示的分级因素/指标，除经济条件、西部优惠和老客户外，其余 5 个的因素都是反映图书馆所购数字资源预期的使用程度，形成的定价模式是数据库商希望按照实际使用情况获得收益的替代方法。西部优惠是指数据库商同意在谈定的集团价格基础上对某些西部地区学校图书馆给予一定的折扣。老客户主要是指某些数据库商为了回馈老客户，对先前主要是第一批参加集团采购的图书馆给予特别的优惠价格。

第二，上述因素中，应用较为广泛的有：经济条件、FTE、科研能力和印本量（即印本期刊订购额度）等因素/指标。其中，经济条件涵盖了西部优惠和机构性质；科研能力涵盖了机构性质。相对来讲，经济条件、FTE、印本订购情况、西部地区学校、机构性质等因素所需信息获取较为容易，也比较客观。最能反映用户对特定数字资源需求量和需求强度的是科研实力、使用量等因素/指标，除了高校是否是"985"或"211"等信息容易获取外，其他信息如研究能力、论文发表情况等信息的获取较为困难，且主观性比较强，容易引起争议。这些因素/指标在数据库采购活动的初期应用起来难度比较大，但未来有广泛应用的发展潜力。

第三，经济条件因素尤其是西部优惠因素/指标的应用，CALIS/DRAA组织者有很大功劳，也是许多图书馆积极表达意见和建议的结果。机构性质因素/指标使用方面，CALIS/DRAA组织的高校采购集团，涉及的机构性质主要是指学校是否为"985"或"211"大学，或成员馆是否为CALIS全国中心或地区中心或集团牵头单位，或是否是师范学校等。这些划分方式结合了我国高校实际情况。"985"/"211"大学是经济实力和科研实力两方面的代表，CALIS的几个中心和牵头单位现实中都是"211"大学。另外，CALIS全国中心或地区中心或集团牵头单位列于支付费用最高行列，对采购集团具有奉献精神，对集团组织非常有利。

第四，62份采用了分级定价模式的数据库采购方案中，采用科研能力或使用量作为分级依据的数据库商以学会为主，如美国化学学会、美国物理学会、美国物理联合会和美国电气电子工程师协会等。这种现象一方面显示了这两种因素使用难度很大，使用的还不是很多，特别是如果不考虑图书馆所在学校是否是

"985"或"211"大学，而直接根据研究能力对图书馆进行分级，对数据库商来讲难度比较大。但另一方面也显现出学会因本身就处于学术界，更注重科研信息需求的内在表现，对科研实力的区分和使用量的估算相对更有把握。目前，CALIS/DRAA 数据库采购方案中都明确表示图书馆的定级由数据库商确定。

第五，对采用 FTE 方式的 28 份方案进行了统计，仅有 4 份区分了师生类型，比例为 14.3%；有 13 份为专业数据库采购方案，其中仅有 5 份是按照专业师生计算 FTE's 的，比例为 38.5%。这两个比例太低，需要图书馆向数据库商努力争取改进。划分比较细致的是 *SciFinder Scholar* 数据库的采购方案 P_SFS，考虑了授权用户的学科性质和研究性质的区别；P_CAM-IO 和 P_LEXIS. COM 分别按照美术相关专业师生人数和法学院师生人数计算；P_SCIENCEDIRECT 在确定学校（购买方）规模时，既考虑学校总人数也考虑研究生以上人数等。汤森路透的 P_DII 和 P_WOS，都采取了区分学生、教师、博士点和硕士点的做法，是一种改进。但是这种区分方法还有待完善，一是学生的权重与教师相同并不合理，尤其是本科生对学术数据库的利用无法与教师相提并论；二是本科生的基数很大，而博士点和硕士点的基数很小，因此即使学生人数权重仅占 10%，计算出来的结果实际上还是以本科学生人数为主，这种改进的作用可谓微乎其微。有些采购方案如 P_THIEME-B 提出："综合性大学 FTE 使用人数可根据实际相关使用人数来统计"，合理性很强，但没有给出具体操作方法。

第六，根据印本订购情况对图书馆进行分级定价，在 63 份期刊全文数据库采购方案中仅占 19%，比例不高。首批客户分级定价模式应用得很少。

上一节提到，2011 年 1 月 1 日至 2011 年 5 月 1 日期间 CA-LIS/DRAA 发布的数据库采购方案中，有 3 份修改了定价模式。详细分析修改的内容，有 2 份即 P_BIOONE 和 P_MUSE 都将科研能力作为了分级考虑的因素，如，P_BIOONE 在对图书馆分级时考虑学校的学科排名，P_MUSE 则按照学校规模和学科设置情况对图书馆进行分级。可见，数据库商已经越来越重视学校科研能力这个因素。P_REAYS 采取按照化学专业人数对图书馆进行分级，反映出按专业人数而非整个学校人数进行分级的应用前景。上述诸多完善措施使得分级方式正在向更加科学、更加合理的方向发展，呈现一种良好的发展态势。随之而来的是图书馆和数据库商的任务也越来越艰巨。

概括而言，分级定价模式无论对图书馆还是数据库商都非常有价值，目前，使用这种模式的数据库采购方案在不断增多，但仍十分有限，同时各种分级定价模式在具体应用中，许多参数的确定和数据的获取都存在很大的模糊性和获取难度，需要各方加强合作坦诚相待。

3.3.3 数字印本组合模式应用实例分析

这里以 CALIS/DRAA 图书馆采购集团 2007—2010 年签订的全部 63 份期刊全文数据库采购方案为例进行分析。

（1）强制性印本捆绑采购方案总体情况分析

分析 CALIS/DRAA 的 63 份期刊全文数据库采购方案，其中由出版商直接销售的数据库采购方案有 49 份，由集成商销售的数据库采购方案有 14 份。上述 49 份数据库采购方案中，有 16 份采用了强制性印本捆绑定价模式（包括将原印本订购费用转为电子费形式的），比例约为 32.7%，占全部期刊全文数据库采购方案的 25.4%。这两个比例值都不低，尤其涉及了不少对我国用户甚为重要的期刊全文数据库，如：*AIP*、*ScienceDirect*、*Wiley*、*Karger-J* 和 *T&F-J* 等，这些数据库的期刊量非常大，对我国图书馆的采购有很大影响。14 份期刊全文集成数据库的采购方案都无强制性印本捆绑要求。这主要是因为集成商是通过购买期刊数字化和网络传播权来研制和发行数据库，印本期刊销售与他们没有什么利益关系。虽然也有个别集成商与出版商签订了合作协议，要求集成商帮助推销印本，但目前还未见集成商采取强制性印本捆绑的实例。

49 份期刊全文数据库采购方案中，有些从强制性印本捆绑转为 e-only 方式，且不与之前所购印本捆绑。如，美国化学学会在 2008 年时开始尝试新的定价模式，对我国高校图书馆，从 2009 年开始不再要求图书馆购买 *ACS* 时捆绑之前（规定的是 2004 年）购买的印本期刊，改为 e-only 方式，并根据图书馆所在国家经济情况、原用户多年的使用量、科研水平和纸本订购情况等综合因素，将图书馆客户划分为需要支付不同订购价格的不同等级；美国机械工程师学会的 P_ASME 采购方案，从 2008 年开始不再强制性要求成员馆保留印本订购，而改为依据其 2007 年支付的印本费用和电子费用情况将图书馆客户分为 5 个等级分别报价。这两种数据库定价模式的变化，虽然还与之前印本订购有一定联系，但毕竟取消了直接的费用关系。这种改变，解除了对相当多不愿订购印本期刊图书馆的束缚。遗憾的是，在 2007—2010 年中只有这两份数据库采购方案做了这种转变，还有 16 份依然保持强制性印本捆绑要求。不过在 2010 年下半年最新签订的几份数据库采购方案都没有采用印本捆绑，如美国地球物理学会的 P_AGU-J、Begell House 出版社的 P_BEGELL 等。由此可见，在图书馆界的努力下，印本捆绑模式的约束正在逐步松绑，但进程还比较缓慢。

（2）印本订购要求现状分析

印本订购要求主要包括数据库商设置的图书馆最低订购印本数量（或费用）、印本调整条件、印本费用转化为电子费条件等。

在强制性印本捆绑定价模式中，有的数据库采购方案还设置了最低印本订购要求，这个要求增加了图书馆的负担。上述 16 份强制性印本捆绑数据库采购方案中，有 4 份如 P_CUP、P_RSC-J、P_OUP 和 P_SCIENCEDIRECT 等采取了这种方式，分别占 16 份印本捆绑数据库采购方案、49 份内容出版商发行的期刊全文数据库的采购方案、63 份期刊全文数据库采购方案的 25%、8.2% 和 6.3%。从期刊全文数据库采购方案总量来讲，这些比例并不高，但它们所涉及的期刊数量非常大，尤其是 *ScienceDirect* 数据库，包含的期刊数量大，其内容质量比较符合我国用户的需求，对我国图书馆采购活动的影响不小。

印本捆绑定价模式不能不涉及印本品种调整问题。16 份印本捆绑期刊全文数据库采购方案中有 6 份（P_CUP、P_LWW-J、P_OUP、P_SAGE-J、P_SCIENCEDIRECT-J 和 P_WILEY）允许图书馆有条件进行期刊品种的调整，比例为 37.5%，比较低。期刊品种调整的条件主要是保持印本订购码洋，多数采购方案规定可以适当进行调整，个别指出仅可以调整所订期刊数量的 10%。如前面分析所言，印本品种调整政策是弥补印本捆绑对图书馆权益伤害的一种措施，可惜还有不少数据库的采购方案没有顾及图书馆的感受和要求。

有些印本捆绑模式是从过去单纯的强制性要求订购印本改为允许图书馆将印本订购费用转化为额外的电子费，即与印本捆绑相关联的 e-only 方式。目前，这 16 份印本捆绑期刊全文数据库采购方案中，有 10 份允许图书馆客户可以将原订印本期刊转为电子费，比例为 62.5%。相对来讲，这个比例超过了一半，明显高于前面其他项目的比例。不过，如果转化比例过高，对图书馆并没有什么有利之处。这 10 份采购方案的转化比例如表 3-7所示：

表 3-7　印本期刊费用转化为电子费的转化比例

数据库采购方案	转化比例	数据库采购方案	转化比例
P_AIP-J，P_APS	70%—85%	P_ALJC，P_WILEY	95%
P_CUP，P_OUP，P_SCIENCEDIRECT	90%	P_KARGER-J，P_SAGE-J	100%
P_RSC	89.6%		

表 3-7 中的 RSC 数据库中的印本费用转换为电子费用的比例，是通过 RSC 网站上提供的 2010 年价格表中的数据推算出来的。表中的数据显示，转化为电子费的比例比较高，与 L_ICOLC 提出的不应高于 80% 的要求有差距。这种转化给图书馆带来的实惠非常少。

（3）印本订购优惠现状分析

在分级定价模式，即图书馆差别定价模式中，我们分析了印本订购情况下电子费用优惠的情况。这里主要是分析在订购电子版情况下，再增订印本时是否可以得到优惠以及优惠额度的问题。一般称因订购电子版而对印本订购提供优惠的定价模式为 e-First，中文称之为印本订购优惠。考察 2007—2010 年间 CALIS/DRAA 的 63 份现刊期刊全文数据库采购方案，印本订购优惠、根据印本订购分级定价、印本订购与电子版订购无关的数据库采购方案数分别为 16、7 和 40。

图 3-4（a）中的比例是各种印本订购情况下采购方案数与

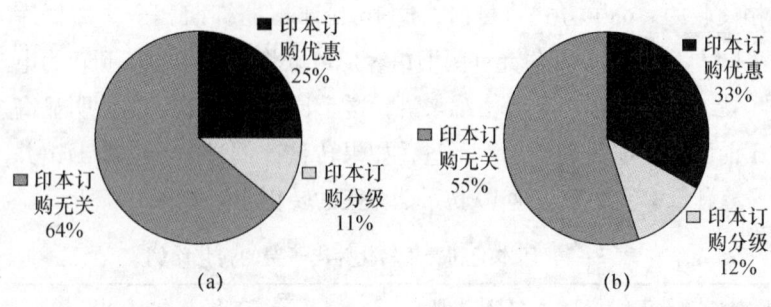

图 3 - 4 印本订购与电子版订购关系显示图

全部 63 份期刊全文数据库采购方案数之比，图 3 - 4（b）中的比例是各种印本订购情况下采购方案数与 49 份出版商发行的期刊全文数据库采购方案数之比。考察所统计的期刊全文数据库采购方案，集成商一般都不提供印本订购优惠定价模式。因此本书也统计了拥有原始期刊出版权的内容出版商采用印本优惠的情况，如图 3 - 4（b）所示。上面两个图显示出，提供印本订购优惠的数据库采购方案并不多，非常不利于图书馆。

各采购方案提供的印本订购优惠额度差异比较大，如，有 1 份方案提供 1 折优惠、有 5 份提供 2.5 折优惠、有 3 份提供了 3 折优惠、有 3 份提供了 5 折优惠，还有 4 份方案对其数据库中所含期刊提供了不同的优惠折扣，平均在 22%—73% 之间。有的折扣与电子费的构成有很大关系，如 WIELY 的电子费用极高，包括了内容费和电子使用费，因此印本订购优惠额度非常大，提供了 1 折优惠。

有些出版商虽不要求印本捆绑，但同时也不提供印本优惠。图 3 - 4（b）显示，这种印本订购无关的采购方案超过了半数，对图书馆来讲并非好事。如，2008 年 CALIS 成员有 46 家订购了 *Science Online* 数据库。我们利用"全国期刊联合目录数据库"对这 46 家图书馆网站进行检索考察，其中有 31 家图书馆依然在订

购印本 *SCIENCE*，占购买 *Science Online* 数据库的 46 家图书馆的
67.4%。显然，这种非捆绑也非优惠的方式，给图书馆带来了经
费负担。同样利用上述联合目录检索 *Reviews. com*、*Cell Press* 等
刊物，未见印本订购纪录。即对这些数据库，数据库商即使没有
提供印本订购优惠，图书馆也没有什么损失。

（4）作用于集团整体的印本捆绑价格方案

通过对 2007—2010 年间 CALIS/DRAA 各数据库采购方案内
容的分析，我们发现印本捆绑基本上都是针对成员馆单馆提出的
要求，仅有少数几份如 P_IOP-J 和 P_RSC-J 是针对整个集团提出
要求。根据对中科院国家科学图书馆的调研，中科院集团采购
SpringerLink-J 和 *Wiley* 这两个大型期刊全文数据库时，运用的是
集团印本捆绑的模式。具体情况如表 3－8 所示。集团印本捆绑
模式对集团的组织管理来讲有利也有弊。有利之处在于集团内有
能力和有意愿的图书馆可承担更多的印本订购份额，减轻其他图
书馆的印本订购负担。不利之处在于平衡各图书馆责任与利益时
组织管理工作复杂。

考察 CALIS/DRAA 在 2011 年（截至 2011 年 5 月 1 日）新签
订的数据库采购方案，有 3 种是期刊全文数据库采购方案，仍沿
用之前的定价模式。

表 3－8　集团整体期刊印本捆绑定价模式样例

所采购的数据库	集团印本捆绑要求	成员馆印本捆绑要求	全部成员馆享受的待遇
SpringerLink-J（中科院＋医科院集团）	集团订购整套期刊（多年合同每年要补齐）	保持已订购印本总码洋，再定新刊享受打折优惠报价	优惠电子费用

所采购的数据库	集团印本捆绑要求	成员馆印本捆绑要求	全部成员馆享受的待遇
IOP，RSC（CA-LIS/DRAA）	集团以机构价购买1份新出期刊		均有权在线阅览该刊物
ScienceDirect（中科院）	整个集团保持全院已订购印本	保持已订购印本总码洋	根据整个集团印本采购情况给出集团电子版的优惠采购费用

（5）权益分享实践取得的主要成就和存在的问题

根据上述统计数据以及利益关系分析，可以看出，近几年我国在数字资源采购方面取得了较大的成绩，同时还存在一定的问题，具体总结如下：

主要的成就：

• 强制性印本捆绑问题正在逐步解决，越来越多的数据库商放弃了强制性印本捆绑要求。

• 在现存的强制性印本捆绑采购方案中，越来越多的数据库商允许图书馆在印本期刊品种上进行有限调整。

• 在现存的强制性印本捆绑采购方案中，越来越多的数据库商允许图书馆选择将印本订购费用转化为电子费用的 e-only 模式。

• 已有相当多的数据库商允许在数字资源采购基础上，图书馆可获得印本订购优惠价格，且这个比例仍有所增长。

• 在集团采购中，成员馆相互配合，发挥了集体作用，共同降低电子费用及其印本订购费用等。

存在的主要问题：

• 强制性印本捆绑还没有最终根除，还需图书馆继续力争。

● 各种约束依然存在，如限制印本品种调整、限制转为 e-only 方式等。

● 印本订购费用转化为电子费用的比例多数还比较高。

● 提供印本订购优惠的数字资源采购方案的比例还不大，优惠额度差异比较大，有的优惠额度太少。

● 个别数字资源采购方案面向集团组织，无疑给集团内部成员馆之间增添利益冲突，甚至带来集团采购风险等。

3.3.4 开放发表机制下出版商降低电子期刊价格意向的实证分析

根据对 2007—2010 年间我国 CALIS、中科院和 NSTL 采购数字资源的情况进行收集和统计，截至 2011 年 5 月底，SHERPA 网站上列出来的采取作者付费 OA 方式的 80 家数据库商中，有 26 家向我国销售了其电子期刊全文数据库，查阅这 26 家网站上的开放发表政策①，仅有 9 家表示如果开放发表的论文很多时，将考虑降低期刊订购价格。另外有文献介绍施普林格公司（Springer）也有此考虑[56]。具体情况如表 3 - 9 所示（注：表中信息截至 2011 年 6 月底）：

表 3 - 9　作者付费 OA 选择模式下电子期刊价格变化政策

数据库商	电子期刊订购费变化和作者费变化政策
美国心理学会 APS	计划将来能够根据开放发表比例降低订购价格
美国物理学会 APS	收取的作者费一部分用来降低处于低价格等级的机构的订购价格

① 注：SHERPA 网站上的 Publishers with Paid Options for Open Access 页面 http://www.sherpa.ac.uk/romeo/PaidOA.html 提供了所列的开放发表政策的链接。

数据库商	电子期刊订购费变化和作者费变化政策
剑桥大学出版社 CUP	将来会考虑开放发表模型的情况来调整订购价格
英国 MANEY 公司	将来会考虑根据开放发表论文的情况对订购价格给予折扣，但现在还不成熟
牛津大学出版社 OXFORD	每年根据包括作者费在内的各种收入来调整订购价格。作者所在机构全价订购了数据库才可获得优惠作者费
英国皇家化学学会 RSC	开放发表模型成熟后将考虑降低订购价格。但因存在风险，RSC 保留随时撤销开放发表模型。如果作者所在机构订购了 RSC－A＋B 包，给予作者费 15% 的优惠
英国皇家医学会 RSM	每年都对每种期刊开放发表情况进行评估，当开放发表比例很大时，以后的联机数据库订购价格会降低
施普林格公司 Springer	每年对非开放发表情况进行评估，订购价格是与非开放发表数量和内容相关
泰勒弗朗西斯公司 T&F	公司基于开放发表的情况，对每种期刊的价格进行评估

作者付费 OA 方式最早是在 1998 年被提出来的，2003 年开始运用到期刊出版模式中[57]。可以说这种模式是个非常新的商业运作模式，数据库商还不能确定能否获得更多经济收入，或至少不降低其原有经济收入。在这种情况下，数据库商尚未采取降价方案还是可以理解，但这不等于数据库商可以长期不采取降价方案。无论是数据库商还是图书馆，都需要关注作者付费 OA 方式开放发表的发展现状和发展趋势，及时讨论电子期刊费用的降低问题。

本书对上述 80 家出版商采取作者付费开放发表情况进行了统计，信息来源包括这些数据库商网站上的通告、*Open Access News*、*Internet Archive* 保存的出版商网站历史信息等。

表 3 - 10　各年采取作者付费开放发表统计数据
（截至 2011 年 6 月 1 日）

采取开放发表的时间	出版商数量	采取开放发表的时间	出版商数量
2004 年	5	2008 年	19
2005 年	10	2009 年	13
2006 年	12	2010 年	3
2007 年	8	不详	10

表 3 - 10 的数据显示，Hybrid OA 起步时间还不长，但已经有了较大发展。这表明，一方面这种机制并没有明显降低数据库商的经济收入，另一方面将会有更多的数据库商尝试这种机制，甚至可能会出现更加多样化的模式。另外，根据对 80 家数据库商采取作者付费 OA 方式开放发表机制历史信息的收集和分析，许多数据库商是在逐步实行这种机制的。如，根据 WILEY 网站的信息，约翰威立公司在 2006 年开始实行此政策时，仅适用于其出版的 45 种期刊，而现在已经扩大到 500 多种，占其全部同行评审期刊且非 OA 期刊总数 1508 种的 33% 多，仍有很大的发展潜力。

学术界各研究管理机构和资助机构的开放获取政策对数据库商采取作者付费 OA 方式开放发表机制有很大影响。上述 80 家数据库商中绝大多数都表示其开放发表政策是为了适应美国 NIH 等研究资助机构和管理机构开放获取的要求，有的甚至仅对提出开放获取要求的研究资助机构的论文实行这种机制。如爱思唯尔公司分别与英国心脏基金会、英国卫生署等 12 家（2010 年 4 月时是 8 家，2011 年 6 月时是 12 家）研究资助机构签订了协议，仅这些研究资助机构资助的论文可采取开放发表形式[1]。根据

---

① ELSEVIER. ELSEVIER Funding Body Agreements & Policies. http://www. elsevier. com/wps/find/authorsview. authors/fundingbodyagreements，2011/2011 - 07 - 15.

SHERPA 网站上提供的信息，截至 2010 年 12 月 23 日，有 79 家科研资助机构在该网站上提交了科研资助政策，其中有 47 家要求所资助的论文必须存储到指定的开放存档库中或发表在开放获取出版物上，占 79 家科研资助机构的 57.5%，覆盖 13 个国家和 3 个国际组织，主要集中在英国、加拿大、美国、爱尔兰等国家。这些政策的主要特点包括：①目前，国际上已有不少研究资助机构（多数都是各国的研究管理机构）重视其所资助研究成果的社会贡献。据统计，英国研究理事会 2007—2008 年有 67% 的研究经费伴随有开放获取政策①。②多数机构都比较重视存档内容的质量，即基本上都是要求存档的内容应当是出版商已经进行同行评审并录用的最终手稿或发表的稿件。如上述 80 家研究机构中已有 37 家要求作者存档的稿件是出版商最终版本。我们对 SHERPA 网站上采取开放发表政策的 80 家数据库商进行了数据库商网站信息调研，这些商家几乎都要求开放存档的内容应当是数据库商同行评审后的内容，且多数数据库商都表示会代替作者向其研究资助机构规定的存档库提交最终版本，以避免文稿相异造成困扰。这一现象表明，研究资助机构与数据库商在开放存档版本选择上意见一致。这信息也显示出，图书馆采购的期刊论文全文数据库的内容，与相当多的开放存档库中的论文并无二异。

总体来讲，开放获取活动发展的态势和进展的速度，直接影响到出版商开放发表机制应用的方式和程度，进而影响图书馆的采购行为。无论是对数据库商还是对图书馆来讲，开放发表都是一个新的事物，它对电子期刊采购活动的影响，还需要各方抱着诚实、合作的态度来对待。

---

① SHERP. Selected research funders' grant expenditure. http://www.sherpa.ac.uk/juliet/financialstats，2008/2011－05－10.

3.3.5 价格涨幅模式应用实例分析

2007—2010 年间 CALIS/DRAA 的 149 份采购数据库采购方案的数据库价格涨幅情况，如表 3–11 所示。根据对上述 149 份数据库采购方案的统计，在本书统计时间范围内，各种时间长度的合约形式如图 3–5 所示。其中有的数据库采购方案有多种合约方式，如 P_SPIE-B 同时提供了 1 年期和买断两种采购方式供图书馆选择。因此图 3–5 中各种时间周期合约方式的方案数之和大于 149。

表 3–11 CALIS/DRAA2007—2010 年数据库采购
方案价格合约时间情况

采购方案类型	采购方案数量	采购方案实例
n = N > 1 多年期的	61	ABI, P_ACM, P_ACS-J, P_AIP-M 等
n = N = 1 1 年度期的	42	P_ACS 快报, P_ACS 教参, P_AIAA-J, P_ALJC 等
多年期与 1 年期互变的	7/3	多年期变 1 年期：P_ASME-J, P_CELL, P_CROSS-FIRE（2010） 1 年期变多年期：P_REVIEWS, P_SAGE-J, P_SIAM-J
多种时间范围	17	P_CSA, P_CPCI, P_EI, P_EMIS 等
允许新成员 中途加入	78	全部 1 年期合约的 43 份；全部多种时间范围的 17 份（都包括了 1 年期合约）；全部目前由多年期变为 1 年期的 7 份 目前多年期合约中允许新成员中途加入的 19 份：P_ACM, P_ACS-J 等
买断	21	P_ACS-B, P_AIAA-IAS/ARS, P_AIAA-J 回溯等

（注明：以下计算时，对同一数据库不同签约时的年度性质选择是按照最后的方式来计算，如 P_CELL 数据库采购方案取其 1 年合约期形式计算。）

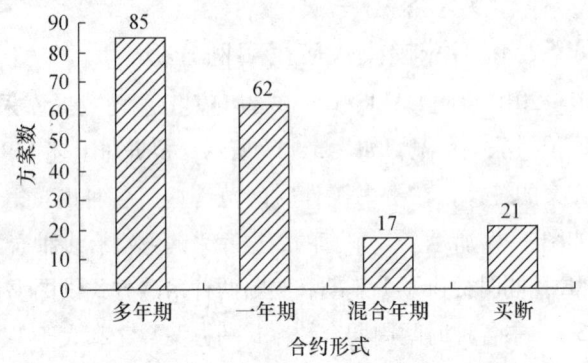

图 3-5　不同时间周期合约的方案数量

考察 2011 年（截至 2011 年 5 月 1 日）DRAA 下发的 16 份数据库采购方案，有 7 份从原来的 1 年合约期改为 3 年合约期的形式，如 P_CELL；有 2 份从多年合约期或混合合约期改为 1 年，如 SIAM-J 等。其他维持多年合约形式。这种现象反映出多年期合约形式是发展趋势。

（1）不同时间周期合约现状及存在的权益问题

图 3-5 数据显示，采用多年期的数据库采购方案占大多数，占全部 149 份采购方案的 57%。这意味着图书馆和数据库商都面临比较复杂的交易环境，不仅仅需要关心续约涨幅的问题，还需要关心合约内年度涨幅、不同时间范围采购方案及其涨幅、新成员中途加入等问题。采取 1 年期的数据库采购方案数排在第二位，占全部 149 份方案的 42.3%，接近方案总数的一半。既包括多年期的也包括 1 年期的方案数占全部 149 份方案的 11.4%。最后一种方案如前面所分析，考虑了各类图书馆的情况，相对前面两种方式是比较有利于不同图书馆的。但图 3-5 中的数据显示，目前数据库商提供这种方式的还是太少了。有

20 份数据库采购方案采取了买断方式，全部是回溯数据库或电子图书数据库的采购方案。这种方式适合已经出版的回溯文献数据和图书，在价格并非太高情况下，这种方式是永久使用方式，要比 1 年期或多年期租用方式更有利于用户。目前，还有 10 份回溯数据库或电子图书数据库采购方案未采取这种买断方式。

（2）数据库价格涨幅总体情况

数据库价格涨幅是个非常敏感的问题。对图书馆方来讲，最好的情况是负涨幅，其次是零涨幅，第三是涨幅减低，第四是涨幅不变，最次的情况是涨幅增大。对数据库商来讲，自然是正好相反。这个问题也往往是双方谈判的焦点和难点。

2007—2010 年间 CALIS/DRAA 的 149 份数据库采购方案中，大约有 37 份（包括 P_ACM、P_ACS-J、P_AIAA-J、P_SPRINGERLINK-J 等）出现过提高年度涨幅（包括续约涨幅高于前一个合约的年度涨幅情况）的情况；大约有 20 份（包括 P_ACS 教参、P_AIP-J、P_APS、P_CSA 等）出现过降低年度涨幅或续约涨幅的情况；大约有 6 份涨幅非常大，大约有 56 份这几年涨幅比较平稳；另外，有 30 份因统计数据来源不足不能进行比较分析。有个别数据库采购方案在 2007 年到 2010 年间既有过提高价格涨幅的情况也有过降低价格涨幅的情况，如 P_EI 有 1 年的续约涨幅为 11%，比上一年提高了 5%，但随后年度的价格涨幅则降为 4%。

具体考察采取降低年度涨幅措施的 20 份数据库采购方案给出的降低幅度，除了个别数据库降低幅度达到 3%，多数都是降低了 1%。相比而言，采取提高年度涨幅政策的数据库采购方案，多是提高了 2%，个别涨幅程度更高。有些数据库的采购方案年涨幅虽然保持不变，但其续约涨幅高达 10% 以上，造成实际价格增长过高，如 P_THIEME-J、P_EI 等。续约涨幅的高幅度，极大降低了年度涨幅下降的作用。

上述数据显示，虽然多数数据库的价格涨幅比较稳定，但提高数据库价格涨幅的仍占很大比例，目前，已经达到 31%，而且上涨的幅度总是大于降低的幅度。这种现象非常不利于图书馆及其用户。

另外，有部分数据库价格涨幅过大。2007—2010 年间，大约有 10 份数据库采购方案如 P_ACS-J、P_EI、P_LEXIS EU、P_SCIENCEDIRECT等，近几年的续约涨幅或年度涨幅在 10% 到 20% 之间。虽然在给出涨幅数值的 122 份数据库采购方案中所占比例仅有 8.2% 左右，但由于它们多是重要期刊全文数据库的采购方案，对我国许多图书馆有很大冲击。较为典型的实例就是荷兰爱思唯尔公司的 P_SCIENCEDIRECT 采购方案中的价格涨幅。我国图书馆是 2000 年开始采购 *ScienceDirect*，是当时较早采购的 5 个期刊全文数据库之一（其余 4 个分别为 *ARL*、*EBSCOhost Research Database*、*FirstSearch* 和 *ABI*）。内容质量高、学科范围广以及价格低廉等因素，是其能够较早和长期占领我国图书馆市场的重要原因，然而这也成为了爱思唯尔公司大幅提价的理由和动因。2008 年该公司提出了不妥协的年均涨价 16.7% 的续订方案，2010 年再次提出了新的合同期内（3 年）平均每年价格涨幅为 14% 的要求，远远超过一般数据库的涨幅。

（3）新成员加入问题

前面已经讨论过可允许新成员加入的利益关系，从表 3－11 中的统计数据来看，超过半数的数据库采购方案允许新成员中途加入。但仍有不少数据库的采购没有采取这种有利于图书馆的方式，较大管理成本的事实在一定程度上还是阻碍了这种方式的广泛应用。

允许新成员加入的数据库采购方案中，有部分如 P_ACS-J、P_BMJ-J、P_CSA、P_EB、P_FIC、P_JCR、P_CPCI、P_SAGE-J等对新成员执行较高的年度涨幅。如 P_BMJ-J 规定，原有成员、签约 2 年期的新成员和签约最后 1 年的新成员分别负担的年度涨幅为 5%、6% 和 7%。也有部分数据库采购方案如 P_ACM、P_AIP-J、P_APS 等允许新成员负担与原有成员同等的价格。这表明还是有部分数据库商意识到新成员的加入可以为其带来更多的客户和利润，尽管管理成本比较高。如果新成员加入较多，数据库商应当同时降低新老成员的价格增长幅度。目前，P_PQDT-A的采购方案指出，如果有 1 个以上新成员订购 PQDT-A，PQDT-A 集团所有成员的费用还可以降低一档。目前只有极个别的数据库采购方案采用了这种方式。另外也有的数据库采购方案如 P_EMIS 给予了新成员更多的优惠，这种方式更多地是为了吸引和培育新的图书馆客户。

（4）多种时间范围采购方案的问题

"多种时间范围的"是指数据库采购方案中同时给出了不同合约期的方案。表 3 - 11 中的数据显示，在本书统计时间范围内有 17 份数据库采购方案采取了这种方式，占 85 份多年期数据库采购方案的 20%；占全部 149 份数据库采购方案的 11.4%。通常来讲，对已经多年购买数据库且同时采购经费相对稳定的图书馆来讲，并不需要这种方式，可以说这种方式还不属于图书馆集团极力想争取的方式。目前，较少数据库采用这种方式也说明了这一点。但这种方式对于经费并不充足和稳定的图书馆来讲，十分必要。在 17 份采取"多种时间范围的"数据库采购方案中，基本上都采取了不同涨幅的模式，有的是续约涨幅不同，有的是年度涨幅不同，也有的是两者都不相同。特别是在多年期合约中年度涨幅为零情况下，若选择 1 年期合约方式，年度涨幅比较高。如 P_CSA 数据库采购方案中，如果图书馆选取了 3 年期采购方案，续约涨幅为 2%，年度涨幅为 0；如果图书馆选取了 1 年期采购方案，在对应的三年里续约涨幅也即年度涨幅在 3%—4% 之间。这种情况显示出数据库商积极促成多年期采购方案的成立。可以说，"多种时间范围的"采购方案是数据库商提供了比较有利于图书馆客户的一种贸易模式，但同时又增加了附加限制条件，采取了差距较大的涨幅要求。

（5）经济危机时续约涨幅降低问题

前面已经提到，针对 2008 年开始的经济危机，ICOLC 在 2009 年初特别向世界各地的数据库商发布声明，并在 2010 年进行了修订，希望数据库商降价或降低价格增长幅度。根据 ICOLC 于 2010 年 6 月的统计，调查的 30 多家数据库商中，有 38% 降低了数字资源年增长幅度，有 7% 降低了价格。

以 2008 年年底至 2010 年上半年期间 CALIS/DRAA 采购集团谈成的有关 2009 年或 2010 年度数据库采购方案为例，考察我国图书馆数据库采购价格上涨或下降的情况。CALIS 采购资源信息平台上给出了这个时期的数据库采购方案大约有 105 份，涉及 2010 年使用权的大约有 102 份，对该 102 份数据库方案的涨幅情况进行归纳统计，结果如图 3-6 所示：

图 3-6 中显示的"非可比涨幅"是指数据库的 2010 年价格相对于 2009 年有涨幅，但没有 2009 年相对于 2008 年的涨幅数据做比较。"开始"是指 2010 年才开始采购的新数据库，没有涨

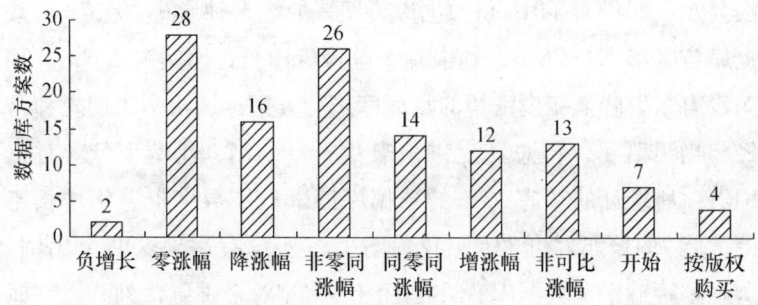

图 3 - 6　CALIS/DRAA2010 年对比 2009 年方案的价格涨幅情况

（注明：零涨幅方案中包括了 14 份前后几年都是零涨幅的同零同涨幅方案和 1 份单年期订购方案涨幅增大但多年期订购方案涨幅为零的方案。降涨幅方案中包括了 3 份降到零涨幅的方案和 2 份负涨幅方案）

幅数据可比较。"按版权购买"是指有些数据库，主要是回溯数据库或电子图书，是按版权年购买的，没有涨幅数据可比较。因此，2010 年的 102 份方案中有 78 份方案的涨幅情况可以与 2009 年同数据库的价格涨幅进行对比。

　　数据库价格零增长有利于图书馆的采购。2010 年采取零涨幅的包括 P_CREDO、P_JSTOR 等在内的 28 份采购方案，数量不高但也较可观了，略高于非零同涨幅采购方案如 P_CUP、P_CELL等（即与 2009 年的涨幅相同且非零涨幅）的数量。负增长和零涨幅方式在数据库价格年年增长的情况下，相当有利于图书馆（集团）。在这 28 份零涨幅方案中，有 7 份如 P_SPIE、P_THIEME-J等是在原来非零年度涨幅或续约涨幅的情况下转变为零涨幅的，不排除数据库商只是在经济危机下暂时的行为。2011 年新签订的续订方案中就有原来是零涨幅现改为非零涨幅的情况，如 P_CREDO。

　　降低年度涨幅方面是图书馆方一再努力的目标。图 3 - 6 数据显示，2010 年有 16 份数据库方案采取了这种形式，在 78 份数据库方案中占 20.5%，其中有 2 份是负增长，比例为 2.6%。相对没有采取降低年度涨幅的数据库采购方案，这两个比例之和已经相当可观了。但总体上讲，毕竟不足一半，比例太低。对比 ICOLC 所统计的"有 38% 的数据库商降低了数字资源年增长比例，有 7% 降低了价格"，我国图书馆还没有达到这两个比例。这个差距显示出数据库商对我国图书馆相对来讲更苛刻。也许他们正像爱思唯尔公司所表示的那样，要将面向我国图书馆的数据库价格逐步提高到与国际发达国家接轨。这对我国是非常不公平的，需要引起我国图书馆界的重视。对我国图书馆采购集团组织者来讲，这种现象带来了更大的谈判压力，争取降低价格或者价格涨幅的任务更为艰巨。

一般情况下，数据库商提高数据库价格年度涨幅的情况非常普遍，但在经济危机环境下，特别在 ICOLC 等图书馆组织发出"全球金融危机对联盟许可影响的声明"后，依然存在年度涨幅高于之前年度涨幅的情况，这对图书馆界来讲可谓是名副其实的"坏事情"，也显示了部分数据库商的强硬价格政策。图 3-6 数据显示，2010 年有 12 份数据库方案采取了这种形式，占 78 份数据库方案的 15.4%。具体考察由多年期合约转为 1 年期合约的数据库采购方案，都是在制定 2010 年采购方案时修改的，这些方案中许多在 2011 年新续订方案中又改为多年期合约形式。再考察这些数据库价格涨幅的变化，除了 P_ASME，其他的都是与之前该数据库多年度采购方案的年涨幅相同。两种现象联系起来看，一方面，在经济危机环境下、在图书馆界尤其是 ICOLC 发表"全球金融危机对联盟许可影响的声明"的影响下，数据库商采取了临时的价格政策，在此之后的相应数据库续订，价格涨幅很有可能提高，图书馆界可能还需要面对比较艰苦的谈判。

根据 CALIS 自 2005 年开始到 2012 年发布的共 8 份引进数据库用户满意度调查报告的数据进行统计可得出下面两个图：

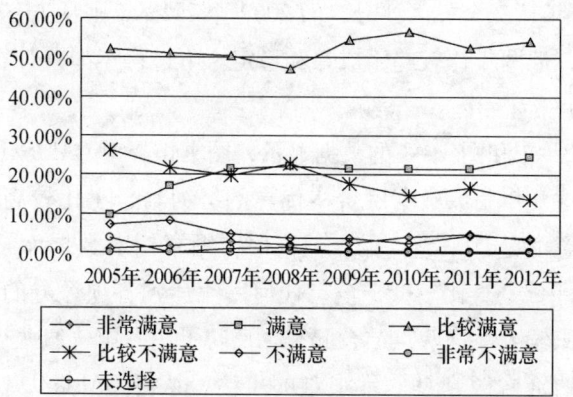

图 3-7　CALIS 各年成员馆对价格的优惠程度的满意度对比

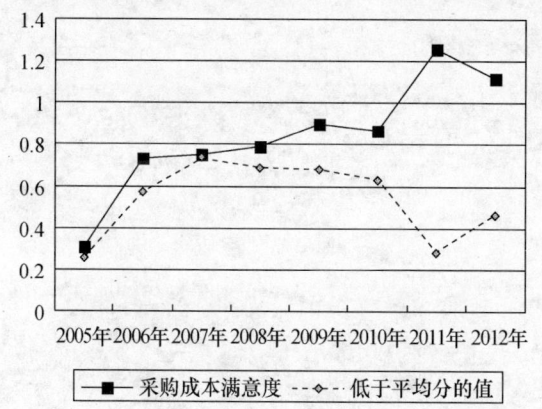

图 3-8　CALIS 调查的各年成员馆对采购成本的意见

（注明：CALIS 设置的评分共六档，具体为 +3、+2、+1、-1、-2、-3，含义分别为：+3 为非常满意；+2 为满意；+1 为比较满意；-1 为比较不满意；-2 为不满意；-3 为非常不满意）

　　由于每年参加评分的人员各不相同，为了避免评分人员变动的影响，本书将每年成员馆对"采购成本"的评分与当年对各项评分的平均分进行比较。每年 CALIS 评定的项目并不太一样，如 2005 年从 7 个方面评分，而 2009 至 2012 年则从 13 个项目进行评分，近两年比较趋于成熟和稳定。不过每年都有对"采购成本"的评价。

　　图 3-7 和图 3-8 的数据显示，图书馆界对 CALIS/DRAA 组织者在这几年争取数据库价格优惠的努力给予了比较高的评价，而且满意度是越来越高的。但同时，图书馆对数据库"采购成本"的评分一直比较低，没有任何一年达到各项评分的平均分，且相差比较大。这两点结合起来，反映了图书馆普遍认识到集团采购中的价格谈判是非常艰难的事情，认可 CALIS/DRAA 组织者贡献的同时，对数据库商的强硬价格政策非常不满。

4
合同管理权益问题分析及
合同管理实证研究

　　目前，图书馆采购数字资源无一例外都是通过签订许可合同形式，因此合同法的规定直接作用于数字资源的采购活动。合同是双方签订的，具体内容和规定不仅涉及作品的经济权利项目，还可能对版权法中的合理使用和各种例外进行一定限制，对作品的使用进行约束。这种现象已经引起了各方关注。美国版权法第108条，主要是针对非营利性图书馆和档案馆的例外和约束，其中"f)中的规定：图书馆复制权并不影响其依据107节所享有的合理使用权以及将获得的作品复制件用于收藏时所承担的合同义务"。这里，第108条未赋予图书馆免受合同约束的特权，即图书馆不得以其享有的法定权利对抗合同义务，而应根据合同约定的方式、范围使用作品。"欧盟于2001年发布了《关于协调信息社会的版权和相关权若干方面的指令》。该法令规定，法定的版权例外只有在合同条件下才能被完全取消。……美国知识产权和新兴信息基础设施委员会认为，如果合理使用是一种积极性的、使用者依法享有的使用他人版权作品的权利，那许可合同就不能将这种法定的例外规定予以排除；如果合理使用只是一种权利限制或侵权抗辩的理由，那许可合同的条款就可不受制于合理使用的有关规定"[58]。因此对合同的内容，双方必须要本着各方利益最大化以及平衡化的思想进行运作。

整个数字资源贸易活动中存在多种合同形式，如图书馆与数据库商之间的采购合同和使用许可合同；与付款代理商和印本采购代理商之间的服务合同、与图书馆联盟之间的委托谈判合同，以及图书馆联盟与数据库商之间的集团采购合同、与采购代理商之间的委托采购合同等。其中图书馆与数据库商之间的采购合同和使用许可合同是整个合同体系中的核心，决定了图书馆联盟、图书馆、用户以及数据库商的权利、责任和义务。

图书馆采购数字资源，主要是通过与数据库商签订采购合同与使用许可合同的形式（以下用"许可合同"统称这两种合同）来获得使用权利。在这过程中，双方的利益之争充分表现了出来，博弈、话语权掌控等无疑都需要利益平衡的指导。另外，目前，双方谈判的重点还是在采购方案和价格上，对各方权利和义务的讨论余地比较小，主要是许多数据库商采用所谓的全球统一格式合同，或同时存在检索平台协议（以下简称站点协议）而牵制了图书馆。这就出现了一个双方签订的合同的效力问题和执行问题。

本章归纳总结图书馆方面的需求和要求，同时对比数据库商的观点以衡量数据库商没能满足图书馆要求的程度，并通过CALIS/DRAA 以及我国其他一些图书馆采购数字资源实例进行实证研究。实证研究的内容嵌入在每个问题分析内容之中。由于我们无法获得各个图书馆与数据库商签订的正式许可合同，但本书所选择的数据库商许可政策都是作用于这几年CALIS/DRAA 采购的数据库，对这些数据库商许可政策的分析本身就具有一定实证研究性质。另外我们将利用 CALIS/DRAA 这几年的数据库采购方案、CALIS/DRAA 自 2005 年以来的引进数据库用户调查报告以及各种图书馆调研信息进行实例分析。

4.1 图书馆对利益责任平衡的要求及与数据库商观点的异同

数字资源贸易中保证各方利益与责任平衡的关键，除了价格外，主要是在规定各方权利和责任时不能过于偏颇。

在利益与责任平衡方面，图书馆的 L_IFLA、L_ICOLC、L_CDL、L_CRKN、L_LIBER 和 L_SASLi 等许可原则都明确提出了要求：

● L_IFLA 指出：许可合同应当认识到各方的需求，应当平衡双方的权利和责任。

● L_ICOLC 指出：数字资源定价模型应当与数据库商的收入需求和学术图书馆的预算和使命两方的需求相吻合。L_ICOLC 在 2009 年针对经济危机特别提出，图书馆与数据库商双方应为了共同的利益努力开展各种数字资源许可活动。

● L_LIBER 是从作者和公共利益角度来提出利益平衡的要求，提出无论在印本还是数字环境下，都需要在作者权利和公众利益之间达到平衡。

● L_CRKN、L_SASLi 主要是从责任角度提出要求，即"许

可合同的实施机制应平衡许可人和被许可人之间的职责"，同时
还从执行许可合同过程中出现问题时需要补救措施提出利益平衡
要求："许可合同要指明平衡出版商和图书馆职责的补救措施
（例如，延长授权，减少或退还费用）"。

• L_CDL 从价格角度提出价格方法应当平衡信息提供者的
经济需求和 US 图书馆的财政情况。

总体上看，直接提出利益与责任平衡要求的图书馆许可原则
并不是很多。利益与责任平衡的标准比较难以规定，在数字资源
采购活动中，数据库商相对处于更为强势的地位，理想的利益与
责任平衡很难实现。虽然直接提出利益与责任平衡原则要求的图
书馆许可原则并不多，但 L_IFLA 和 L_ICOLC 都专门提出了这个
要求，对全球图书馆界采购数字资源都有指导意义，这一点很重
要。另外，各图书馆许可原则提出各种具体要求的行为本身就代
表了一种争取利益与责任平衡的要求。

无论是图书馆还是数据库商，发布的许可模型都比较详细规
定了各方的权利和责任，这是实现利益与责任平衡的重要途径，
但如果规定的各方权利与责任并不对称，"平衡"就很难达到。
比较图书馆和数据库商两方许可政策内容，在许多方面存在不一
致，归纳起来主要包括以下几个方面：

（1）合同执行管理方面，主要包括：点击合同或站点协议
或许可合同效力问题，许可合同条款协商问题，适用法律问题，
知识产权保护国际性问题，利益平衡要求问题，协议变更或终止
及其退赔问题，协议保密问题等。

（2）使用权利及使用质量方面，主要包括：用户范围、合
理使用要求、访问方式、免费浏览范围、知识产权保护国际性问
题、课程包、电子教参、永久访问和长期保存、学术共享、公开

展示、文本或数据挖掘、自存储、下载方式、馆际互借、远程教育、链接、资源整合与索引等方面。

（3）**数据库系统维护方面**，主要包括：数据更新和数据抽出、数据提供要求、服务器性能、服务时间、检索平台升级及质量等。

（4）**各方责任方面**，主要包括：使用管理责任、赔偿责任、免责等方面。

双方意见的不统一，表达了各方维护自身利益的追求，也说明了目前在数字资源贸易活动中还存在许多不令人满意的权益问题。本章节及第 5 章节将对这些"不同"进行深入分析。

CALIS 发布的 2008 年引进数据库用户满意度调查报告内容显示，有部分成员馆工作人员反映"数据库商在授权许可合同中总是对图书馆和读者的权利做种种制约，而对于由自己工作引起的访问问题应当承担什么责任却不提，这是不公平的"。2010年 5 月在广州召开的"资源合作、共享与可持续发展研讨会及 CALIS 第八届国外引进数据库培训周"会议上，图书馆方代表从价格角度进一步向数据库商呼吁利益平衡的要求[59]，特别指出："供需价格平衡是数据库商与图书馆合作的关键；三赢（数据库商、图书馆、用户）取决于在价格平衡木商的稳定发挥；希望小数据库商像蜻蜓降落在平衡木上一样保持价格的平稳，希望大数据库商像大象行走在平衡木商一样保持价格的平稳等"；同时还强调了"数据库商掌握价格的平衡离不开图书馆的辅导"，表明了图书馆与数据库商合作管理供需价格的重要性。

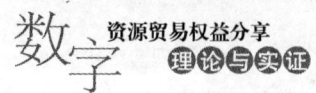

4.2 许可合同成立与终止方面的权益问题分析及其相应合同管理实证研究

4.2.1 许可内容协商和点击合同问题及其合同管理

在采购管理中，格式合同、格式条款以及点击合同等问题一直备受关注。格式合同，在一般的概念中，是指全部由格式条款组成的合同，而格式条款，我国《合同法》第39条给出了具体的定义："格式条款是当事人为了重复使用而预先拟定，并在订立合同时未与对方协商的条款"。使用格式合同或格式条款，可以降低谈判成本、提高谈判效率、方便双方理解以及保证合同质量等，但也很容易造成提出格式合同或格式条款的一方对另一方权益的侵犯。我国《消费者权益保护法》第24条明确指出："经营者不得以格式合同、通知、声明、店堂告示等方式作出对消费者不公平、不合理的规定，或者减轻、免除其损害消费者合法权益应当承担的民事责任"。实践中，数据库商经常以其公司使用全球统一许可合同模板为理由，采取了不容商量的格式条款或格式合同。另外，数据库商在其数据库检索平台上设置的站点协议，通常称为"条款与条件"（terms & conditions），具有点击合同的性质，也同时有格式条款的作用。

（1）图书馆界观点的统计分析

图书馆许可模型存在的本身就表明了图书馆需要掌握谈判的主动，不是由数据库商独占话语权。

目前，本书所统计的 L_IFLA、L_ICOLC、L_ARL6、L_AALL、L_BCELN、L_CEIRC、L_EBLIDA、L_NSLA 和 L_EKUAL等9份图书馆许可原则都提出了双方协商许可合同内容

的要求，具体内容主要包括：

第一，L_IFLA、L_ICOLC、L_ARL6、L_CEIRC 和 L_NSLA 非常明确地指出：协议中的条款和条件都应当经过当事各方的讨论和协商并清楚地在合同中陈述。L_ICOLC 还进一步提出：没有经过重新谈判，隐藏的费用、事后追溯收费、内容变化或其他承诺的改变都是不可接受的。

第二，L_AALL、L_EBLIDA 和 L_EKUAL 的表述相对"温柔"。L_EBLIDA 提出由平等的各方形成的谈判才是公平的；L_AALL 在许可原则前面的"法律背景"中提到，买卖双方对所关心问题进行沟通非常必要；L_EKUAL 表示数据库商的采购方案最好响应 L_EKUAL 提出的原则性内容等。

第三，L_BCELN 是这些原则中提出的要求最为具体和强硬的，要求数据库商接受 L_BCELN 提出的许可模型，并以此为基础进行具体条款和条件的谈判。

第四，针对协议条款变化问题，L_IFLA、L_ARL6 和 L_AALL 指出：若发生变化应及时通知对方且需要谈判，若变化没有被接受，应允许各方终止协议；L_EIFL、L_JISC、L_OCUL 和 L_COPPUL 指出：没有双方书面同意谁都不能修改协议条款；L_AALL、L_CDL、L_EIFL、L_EKUAL、L_JISC、L_LIBLICENSE 和 L_NELLCO 等指出协议变更或终止需要书面确定等。

图书馆在表达其需求时并没有直接提到数据库网站站点协议的问题，但有 16 份图书馆许可原则约占全部 18 份许可原则的 89%，都提到了合同陷阱的问题，对应着数据库网站的站点协议使用问题。具体内容包括：

第一，L_IFLA、L_AALL、L_BCELN、L_CDL、L_NELLCO 和 L_NERL 等指出：不应该在图书馆签订了订购许可合同后还设置需要个体用户遵守的"点击"一类合同；L_BCENL、L_CDL、L_JULAC 和 L_TRNSL 等指出：许可合同及其附件构成了一个完整的许可合同。

第二，L_BCENL、L_CDL、L_LIBLICENSE、L_NELLCO 和 L_OCUL等指出：如果设置了用户"点击"一类合同，应该提前告诉被许可者，且不可与订购时签订的许可合同相冲突，在任何情况下许可合同优先执行；L_OCUL 进一步指出：数据库商应提前通知被许可者并和被许可者讨论这些点击合同条款；L_COPPUL指出：现有许可合同涵盖了所有条款和要求，如果有点击合同，该许可合同覆盖或称优先于点击合同。

第三，L_ARL6、L_CDL、L_NERL、L_BCELN、L_NSLA 和 L_SASLi 等指出：一份许可合同不应该要求被授权者（即图书馆和其用户）遵守由授权者（即数据库商）与一个第三方签订的单独协议上的非指定条款，除非这些条款在当前的许可合同中被重申和清楚地写明。

第四，L_IFLA、L_ICOLC、L_EBLIDA、L_SASLi 和 L_CAUL 等指出：采购费用覆盖了当前的授权权利，不应该再包含隐藏的费用等。

IFLA 和 ICOLC 代表了国际图书馆组织，提出的需求，应当引起各国图书馆和数据库商的注意。

（2）**数据库商观点的统计**

数据库商在其许可政策中对此提出了很多要求，有些甚至是必须遵守的，体现了他们的观点和要求。在对待双方签订的许可合同效力上，采购方案和价格上基本上都是完全按照许可合同，但许多数据库商还制定了站点协议和格式合同（也即本书所指的数据库商许可模型），在使用权利与责任方面与上述图书馆的观点有相异之处。

2007 年—2010 年间 CALIS/DRAA 引进数据库采购方案中的数据库，涉及 72 个检索平台，其中有 2 个因权限问题无法进入，在统计的 70 个检索平台中有 53 个都设置了站点协议，涉及 114 份数据库采购方案中的数据库，分别约占所统计的 70 个检索平台和 147 份数据库采购方案的数据库 75.7% 和 77.6%，比例相当高。有的网站没有说明站点协议与使用许可合同的关系，有的则直接说明。对站点协议与使用许可合同关系上，出现了几种不同观点，归纳起来主要有以下几种：

第一，强调站点协议必须遵守的观点，即在站点协议与订购时的许可合同有冲突情况下，站点协议优先。如，PROQUEST 网站上写明订购单中的条款不能取代该站点协议的条款和条件；L_CAMIO、L_GBIP 和 L_ULEICHS 等网站的站点协议指出：订购者受站点协议内容的制约；L_DIALOG 站点协议表示：该站点协议如果与订购时的许可合同相冲突时，该站点协议优先执行；L_IEL站点协议指出：该站点协议包括所有的附件、附录等是各方都得遵守的最终协议，取代之前或同时期的针对该数据服务的口头的、书面的谈判或协议等。

第二，强调许可合同的优先权，即在站点协议与许可合同有冲突的情况下，许可合同优先。如，OVIDSP 平台、SWETSWISE 平台、BMJ、NATURE 和 EBRARY 网站的站点协议都明确表示，如果客户与数据库商有另外的协议，后者优先。L_IOP 站点协议指出，该站点协议与许可合同共同组成整个协议，如果两者有冲突，订购许可合同优先。JSTOR 网站站点协议表示：本《使用条款与条件》适用于存取 JSTOR 的个人和机构，必要时受到 JSTOR 和用户所属机构（例如用户所在的学院或大学）之间签订

的协议书的制约。

第三，表示许可合同授权权利的有效性。如 L_NATURE、L_SOURCEOECD、L_WILEY 和 L_THIEME 等网站的站点协议，虽然都没有直接写明订购时的许可合同优先于站点协议，但都表示了许可合同的有效性。如，L_NATURE 网站站点协议表示：你的许可合同可能给予你更多的使用附加内容的权利，该站点协议仍对其他内容的使用有效。言下之意表明了许可合同的作用。L_SOURCEOECD网站站点协议指出：用户都必须遵守该协议内容，除非其所在机构与数据库商有另外的协议。言下之意许可合同更为有效。L_WILEY 网站站点协议表示：你的机构可能已经通过许可订购，那个许可允许你的其他使用，请与你的机构联系获取更多信息。

第四，强调站点协议与订购许可合同共同发挥效力。如，T&F 数据库检索系统上的站点协议强调：如果你是一个订购机构的授权用户，你使用和访问我们的站点必须遵守你的机构与我们签订的许可合同以及这些条款；L_CUP 网站站点协议表示：遵守该站点协议，集团、单一站点或多站点许可合同也同样有效的；L_EMERALD 网站站点协议表示：如果你和版权许可机构（CLA）或 CCC 之间有有效许可合同，你可以根据你协议上的使用条款和条件来拷贝本数据库内容；L_SAFARI 网站站点协议表示：赞助者可能会要求你遵守附加的条款和条件；L_RSC 网站站点协议指出：除了遵守这里的一般条款和条件外，还要遵守签订的许可合同内容。L_EBSCO、L_ACS 和 L_LEXISNEXIS 等站点协议都表示站点协议和订购时签订的许可合同构成了完整的协议内容。

第五，对于集成商和平台商来讲，还要考虑内容出版商的要求。如，HighWire 公司表示自己是个集成商，对平台上内容的使用应当遵守与各个出版商的协议；L_FIRSTSEARCH 站点协议表示用户除了要遵守该站点协议外，还需要遵守每个出版商的要求，并列出了各个出版商的不同要求；L_PROQUEST 许可模型表示，有些内容许可者偶然会有特别的使用约束，链接他们提供的内容时会显示出这些要求，但不会从本质上影响对这些内容的使用。L_EBSCO 也指出出版商可以强加自己的使用条件并仅用于他们的内容。这些使用条件将在相关内容显示时展现在计算机屏幕上。而提供多家数据库的平台 SCITATION 的站点协议 L_SCITATION表示，需要同时遵守各数据库商的要求，并简要罗列了这些要求并给出了要求全文的链接。

第六，本书所统计的 28 份数据库商许可模型，有 24 份约占85.7%都表示订购时的许可合同为整个协议内容，且多表示没有双方同意不能更改协议条款的内容。有个别数据库许可模型指出数据库商可以修改协议内容，如，L_IET、L_AIP 和 L_ASTM 等指出：如果被许可者在 30 天内没有反馈则认为是接受新的条款和条件；L_JSTOR 指出被许可机构在 60 天内没有反馈则认为是接受新的条款和条件。

第七，对需要遵守的站点协议，无论是数据库商的许可模型还是站点协议，普遍都指出网站的权利人（即数据库商）可以对其站点协议独立进行更改。如 L_ASME、L_CUP、L_EB、L_ELSEVIER（涉及 ELSEVIER 所拥有的 EV2 平台、EMBASE 平台、MD CONSULT 平台、SCOPUS 平台等）、L_WILEY、L_WORLDBANK等 20 来个网站的站点协议都明确表示："保留权利不进行事先通知并可在任何时间对部分使用权利和限制的条款进行改变、更改、增加或删除"。有些数据库商是将站点协议内容嵌入到订购时的许可合同中，并明确表示拥有任何时候修改站点协议内容的权利，如 L_ACS、L_SCIENCE、L_T&F、L_DIA-LOG、L_FIRSTSEARCH 等，并要求被许可者和授权用户自己到许可产品网站上查看。对此有的表示在修改许可合同内容时或者通过电子邮件通知、或者通过在网站上粘贴通知（L_SCIENCE），有的表示订购者在收到通知后 7 天内可提出不同意见（L_T&F）。L_AIP、L_ASME、L_FIRSTSEARCH、L_LEXIS-NEXIS、L_SWETSWISE 等则表示有权利修改使用条款并立刻通知被许可者，被许可者如果不同意可终止协议。L_PROQUEST 指出其中的内容是整个协议部分，如果有其他订购合同仅为了方便客户，不能与该许可模型内容有冲突。另外，其他站点协议虽然没有明确表示可以自由更改站点协议内容，但现实中数据库商在其网站上修改其制定的站点协议非常有可能，如 L_ACM 已经出版过 1995 年版、1998 年版、2002 年版和 2009 年版。目前，L_LEXISNEXIS 指示如果用户所在机构在 2009 年 9 月之前与 LEXIS-NEXIS 公司签订了许可合同则继续执行所签订的许可合同。L_WILEY 在 2010 年 7 月发布了新修改的使用条款和条件，指出授权用户如果继续使用其产品应当遵守该新修改的要求。

（3）双方观点差异的问题分析

数据库检索平台网站上有关使用条款和约束要求的存在，表明了图书馆界担心"点击合同"的影响实有必要。从前面图书馆和数据库商各自的观点来看，总体上差异很大，也因此存在较大问题。

首先，数据库商检索平台站点协议的存在，本身就与图书馆界普遍要求的"经过谈判的许可合同代表了整个协议"、"协议条款应该是经过协商的"、"反对另外再附加给图书馆及其授权用户另外的类似点击合同"等不一致。因为存在个体订购用户，同时站点协议可以起到数据库商提醒用户使用规范的作用，因此数据库商制定站点协议并无不可，关键是在同时存在机构订购许可合同时，站点协议对机构订购时签订的许可合同不应具有制约作用。

其次，图书馆界提出在存在站点协议情况下，签订的许可合同应当具有执行优先权。但根据本课题的统计，CALIS 组团采购的具有站点协议的 114 份数据库采购方案涉及的数据库中，仅有 BMJ、EBRARY、IOP、JSTOR、NATURE、OVIDSP、SWETS-WISEWISE 等 7 个检索平台的站点协议提到经过谈判的许可合同优先，涉及 CALIS/DRAA 的 17 份数据库采购方案，占 114 份数据库采购方案涉及的 14.9%。这个比例实在太低，远不能满足图书馆提出的许可合同优先于点击合同的要求。L_OCUL 提出折中的办法，即数据库商应和订购者即图书馆事先讨论类似"点击合同"的内容。这种方式现实中很难行得通，数据库商的站点协议是针对所有网民的，并没有单独针对哪个订购者或哪些授权用户。

4.2.2　许可权保证和许可合同继承问题及其合同管理

许可权保证是指许可者（这里指数据库商）要保证拥有向被许可者（这里指图书馆）及授权用户授予使用数字资源权利的权利。许可合同继承是指在许可合同执行期间，数据库商的业务和权利可能出现转让现象，这种情况下原来数据库商与图书馆之前签署的许可合同由现数据库商继续执行。这两方面主要是涉及数据库商的行为。

（1）许可权保证的问题

在数字资源贸易中，由于受到知识产权尤其是版权保护的法律法规的制约，数据库商很有可能并非拥有全部许可权，而作为订购者的图书馆以及使用者的授权用户并不一定知情。针对这类问题，目前图书馆界提出了自己的要求，而数据库商也往往提出了自己的对策。

图书馆界 L_AALL、L_ARL6、L_BCELN、L_CDL、L_COP-PUL、L_CRKN、L_EBLIDA、L_EIFL、L_JISC、L_JULAC、L_LIBER、L_LIBLICENSE、L_NELLCO、L_NSLA、L_OCUL、L_SASLi和L_TRNSL 等 17 份许可政策针对此问题提出了自己的要求：

● 数据库商应当向图书馆保证其拥有其数字资源的版权或被授权许可数字资源的版权，不侵犯任何第三方的版权。

● 一旦出现第三方向图书馆及其用户诉求知识产权时，数据库商应当承担责任，给予赔偿，不应让图书馆及其用户受到伤害。

上述要求的提出是由现实问题引发的。我国已出现多起作者与图书馆或者数字资源集成商为版权问题打官司。从提出这些要求的许可原则类型来看，两大国际组织 IFLA 和 ICOLC 的许可原则没涉及此话题，与他们在一开始就是从数据库商具有合法授权的角度看待问题有关，而图书馆必须面对存在的各种现实问题。

本书所统计的 65 份数据库商许可政策中，有 43 份对许可权保证问题直接表态，比例为 66.2%。如，有 10 份数据库商许可政策（L_ALJC、L_BIOONE、L_SCIENCEDRECT 等）表示：许可者向被许可者保证按照许可条件使用许可产品不会侵犯他人的所有权或知识产权；有 20 份（L_ALJC、L_AIP、L_APS 等）表示：许可者保证拥有许可被许者按照此协议使用许可产品的权利；有18份（L_ACS、L_ASTM、L_BMJ 等）仅表示了许可者或者许可者的授权者拥有许可资源的版权。

对于与此有关的处理和赔偿问题，根据对上述43份数据库商许可政策内容的统计分析，主要有下面的观点：

● 数据库商将保护被许可者免受任何损失、损害、费用、债务和诉讼所产生花销并进行赔偿，当有人声称许可产品侵犯了这些权利，赔偿将启动协议的终止（L_ALJC、L_BMJ、L_CABI、L_CAMIO、L_MC、L_NATURE、L_OUP、L_SCIENCEDIRECT、L_SCITATION）。

● 被许可者人如果希望获得赔偿，必须在出现这种主张时立即通知许可者，必须不能做任何承认责任的事情，并让限制他的成本尽可能合理，被许可者在调查和防卫这种主张时将提供必要的帮助，因为被许可者可以以合理的要求并有权利参与到对自己费用的保卫上（L_BMJ）；被许可者一旦得知侵权问题应立即通知许可者而不要企图妥协或自己解决这个问题，要帮助许可者来全权解决这个问题，让被许可者继续使用许可产品，或者对许可产品进行调整以便没有侵权的，或者置换到没有侵权的产品，不减少其作用（L_NATURE）。

作为内容出版商的数据库商，目前在与作者签订出版合同时一般都包含了网络传播权的授权，极少存在缺乏许可权的问题。问题主要出在以前作品的数字化传播和集成商的许可权上。许多数据库中所包含的内容是在互联网产生之前发表的，那时的出版合同很难有网络传播权的授权，除非当时出版合同中将所有可能发生的传播权利都包括在其中。对于集成商来讲，必须要获得原始内容出版商的授权，如果原始内容出版商没有获得作者网络传播权的授权，集成商还需要同时获得作者的授权。这也是为什么图书馆在订购数据库时希望能够得到数据库商拥有许可权的保证的原因。

上面的数据显示，目前数据库商大多数都能够表达对产品的所有权或许可的权利，相比较而言，声称拥有许可产品版权和所有权，以及声称拥有授权权利的许可模型比较多。从保证效果来看，"许可者向被许可者保证按照许可条件使用许可产品不会侵犯他人的所有权或知识产权"的提法较好，但采用这种提法的许可模型很少。图书馆界需要注意这一点。在许可权问题处理方面，数据库商的表现有很大差异，在所统计的数据库商65份许可政策中，仅有9份明确表达了向图书馆用户赔偿的意愿，其中有两份提出了赔偿的前提条件，即由数据库商来处理而订购者不能擅自处理。这一点，很明显与图书馆界的要求相差甚远。

目前，我国订购国外数据库时还没有遇到这方面的问题，只是在订购国内集成商发行的数据库，如维普中国期刊全文数据库、清华同方学位论文数据库、万方学位论文数据库等，出现过这样的问题，一般都是由数据库商来处理和赔偿，图书馆没有承担更多责任。这种处理方式可让图书馆有继续订购数据库商产品的信心，对数据库产品贸易的各方都有好处。

（2）许可合同继承的问题

规定许可合同继承的目的是为了应对合同期内数据库商合并、归并、接管以及业务转型等情况。自1996年文献数据库产品大量进入市场以来，数据库商之间出现了多起兼并、合并或转让等现象。如克鲁沃公司（Kluwer）与施普林格公司（Springer）合并，导致两大期刊全文数据库的合并；约翰·威立出版社（John Wiley）与布莱克威尔出版社（Blackwell）合并，后者的数

据库并入前者的数据库；2007 年剑桥科学文摘社（CSA）与 Pro-
Qest 信息公司合并；2002 年 OCLC 收购了 Netlibrary 图书公司，
2010 年 EBSCO 公司收购了 Netlibrary 等。这类现象的发生给数字
资源产品贸易提出了一个许可合同维持的问题，也即许可合同继
承问题。对此，图书馆方的观点主要有：

- 许可合同条款方面：如果数据库商被卖，许可合同要规
定继承权（L_AALL、L_CRKN、L_EIFL、L_NSLA、L_SASLi）；
如果许可资源的全部或部分的权利转让给其他数据库商，数据库
商应该采取最大的努力来保证许可合同的条款和条件继续维持
（L_JULAC、L_TRNSL）。

- 许可资源方面：如果全部或部分许可资源的所有权被数
据库商出卖或转移给其他数据库商，前者应该尽最大努力保留一
个非排他的许可资源的备份，并继续向被许可者提供（L_JISC、
L_OCUL）；或者将存档的许可资源转给许可者和被许可者双方同
意的第三方，并向许可者及其授权用户提供访问服务，或者被许
可者根据自己的选择，支付给许可者有限的费用，获得许可资源
的备份（L_OCUL）。

数据库商许可政策表达出的观点概括如下：

- 如果任何部分的许可资源的权利被转让给其他出版商，
该出版商将利用合理努力来保证该许可合同的条款和条件被维持
（L_ALJC、L_BIOONE、L_BMJ、L_CABI、L_EUCLID）。

- 如果许可资料被卖，许可者将尽所有合理努力来保证购
买者可以向被许可者提供相关许可资料部分的继续的访问
（L_BMJ）；如果部分或全部许可资源被买或转让给其他数据库
商，本数据库商将向被许可者提供许可资料（L_EKUAL）。

- 出版商有权利将契约关系转给第三方，包括对许可作品

的处理。第三方接收许可作品并成为被许可者的执行合同方，包括契约中的全部权利和义务（L_THIEME）。

• 本条款和条件可全部由世行转让，对世行的继承人和受让人具有法律约束力，也有利于二者的利益（L_WORLD-BANK）。

从上面各方的表述来看，双方意见比较一致。不过双方对此的关注都不是很强，给予关注的双方许可政策都不足 10 份，且图书馆方没有影响力更广的 L_IFLA、L_ICOLC。考察 CALIS/DRAA 历年调查报告，还没有对此提出什么意见。

现实中，目前数据库商对这类问题处理得还算比较合理，图书馆界也比较通融和理解。如，据北京中科进出口公司网站上 2010 年 4 月 8 日的业务动态消息，OCLC 表示对已经购买 *NetLibrary* 电子图书的图书馆继续提供服务，至少到 2013 年。OCLC 和 EBSCO 已安排好各种处理方案，确保服务和支持能连续不断。

4.2.3　解约和续约问题及其合同管理

数字资源许可合同所定的合同期限一般都是1—5 年，多在3 年及以下。在这过程中，可能会出现因某种原因而迫使许可合同提前终止的现象。在许可合同即将正常终止或已经提前终止情况下，可能有很多图书馆需要继续订购或重新订购。上述两种情况分别产生了许可合同无违约提前终止要求或续约要求。

（1）许可合同无违约提前终止的问题

许可合同提前终止主要是针对多年期许可合同。这里所谓的无违约提前终止，是指许可合同允许一方因特殊情况而非因违约提前终止合同，且提前终止不算违约。

图书馆许可政策在此方面表达的观点主要包括以下内容：

● 协议双方应有权在适当和特定的情况下退出交易（L_IF-LA）；多年度协议中应包括提前终止条款或称可选择退出的条款（L_ICOLC、L_ARL6、L_CAUL、L_EBLIDA、L_JISC、L_JULAC、L_NERL、L_NSLA、L_SASLi）；被许可者可以按照年度决定是取消许可合同还是继续（L_TRNSL）；在多年期许可合同期间，图书馆客户可以根据年度数据内容和年度使用情况修改、调整或取消许可合同，因此在许可合同中增加一条年度订购选择（L_EKUAL）。

● 被许可者可以在任何时候终止协议，只要是被许可者出现财政困难（L_CAUL、L_JISC、L_OCUL、L_TRNSL、L_CDL、L_JULAC）；需要被许可者所在机构副校长提供书面证明，提前终止从下一年开始（L_JISC、L_OCUL、L_TRNSL）或者从已经支付费用的许可期的最后一天（L_CDL）；如果联盟的资金减少不能维持该许可合同，则提前30天书面通知许可者，并从没有缴费的那一年开始终止协议（L_BCENL、L_CRKN）。

● 许可合同应指明一方终止许可证时双方的经济责任（L_AALL）。如果因提前退出支付费用少于原来的90%或退出的机构数量达到参与馆的20%，出版商保留重新谈判的权利（L_CAUL）。

上述信息显示，不仅两大国际图书馆许可原则 L_IFLA 和 L_ICOLC对此提出了要求，而且强调此类需求的图书馆许可原则数量非常多，达到17份，可见这个要求对图书馆领域非常重要。ICOLC 原来一直没有对提前终止提出过什么要求，但 2008 开始的经济危机让 ICOLC 认识到图书馆享有提前终止权利的必要性和现实性，因此在 2009 年初发布的声明中，特地加上了要求数据库商给予图书馆提前终止协议或退出采购的原则。在内容上，主要包括两大方面：一是协议变更或终止的权利需求，一是协议变更或终止时各方责任承担的需求。各图书馆许可原则中并不是要求仅仅给予图书馆可提前终止以及需要赔偿的权利，数据库商也有同等权利，保证了各方的权益。

有 10 份数据库商许可政策表示允许图书馆订购者提前终止许可合同。具体观点主要包括以下几点：

• 协议双方都可以提前终止协议：协议双方的任一方都可以提前终止协议，但需要提前 60 天书面通知对方（L_ACS 和 L_AGU）；任何一方都可以在年底前 3 个月通知对方终止协议（L_THIEME）。

• 某一方可以提前终止协议：被许可者可以在任何时候终止协议，书面通知对方（L_ASTM 和 L_LEXISNEXIS）；许可者可以提前终止协议，应提前 30 天书面通知被许可者（L_NATURE）。

• 协议双方有条件的提前终止协议：任何一方破产或受破产、清算或类似的外部管理，则可以提前终止协议，需要书面通知对方（L_BIOONE、L_IEL、L_NATURE、L_SWETSWISE 和 L_T&F）。

• 数据库商有条件的提前终止协议：许可者保留权利在任何时候都可以因许可资源的停止出版而提前终止协议，提请 30 天书面通知被许可者（L_OUP）。

• 数据库商无条件的提前终止协议：数据库商保留权利暂停或拒绝提供给订购者许可产品，无论什么理由，没有事先通知，适用于一般订购者（L_FIRSTSEARCH）。

• 数据库商要求提前终止协议时的退款政策：如果是许可者要求提前终止，则许可者按照没有使用时间长短按比例退回被许可者已经支付的费用（L_ACS、L_AGU 和 L_FIRSTSEARCH）；
如果因破产或类似情况提前终止，许可者将在 30 天内按一定比
例返还被许可者已经支付的未到期的那部分费用（L_BIOONE）。

　　● 图书馆要求提前终止协议时数据库商的退款政策：如果
是被许可者要求提前终止，许可者不退回给被许可者已经支付的
许可费用（L_ACS 和 L_AGU）；被许可者在任何时候都可以取消
订购协议，但没有退款（L_PRESSDIAPLAY）。

　　● 任何一方要求提前终止协议时的退款政策：如果因任一
方违约或破产或不可抗力原因提前终止，或因许可者要求提前终
止，许可者要返还被许可者一定比例的许可费用用来弥补没到期
的使用期限（L_NATURE）。

　　本书所收集的数据库商许可政策，相当多都是近一两年新修
订的，经历了全球金融危机。但上述信息显示，目前只有 10 份
数据库商许可政策表示允许数据库产品订购者提前终止的要求，
仅占全部 42 份数据库商许可模型或许可原则的 23.8%。而且其
中有 5 份都提出了前提条件，即一方提出终止的理由是"破产或
成为受破产、清算或类似的外部管理"，与图书馆提出的"经费
紧张"概念相差太远。还有两份如 L_OUP 和 L_FIRSTSEARCH
仅表示数据库商有提前终止许可合同的权利。另外，L_ALJC 甚
至在其许可模型中明确表示"取消订购是不允许的"，必须保持
或者是印本订购，或者是印本加电子版订购，或者是电子版加印
本订购。这些情况表明，到目前为止，数据库商远远没有采取图
书馆所期望的措施。

　　在因提前终止而产生的退款和订购费用改变问题上，图书馆
和数据库商各自所关心和关注的内容也不甚相同。在提前终止情
况下，订购者即图书馆已经支付了年度的许可费用，表示同意订

购者提前终止要求的 10 份数据库商许可模型或许可原则中，仅有 4 份表示将按未到期时间比例返还许可费用，L_ACS 和 L_PRESSDIAPLAY更是明确表示不予退款。数据库商拒绝退款的观点约束了图书馆提前终止要求。不过，现实中多数情况下图书馆是按年度支付订购费用，图书馆提前终止的要求，较少涉及退款问题。对于以成员馆数量作为价格依据的集团采购模式来讲，部分成员馆的退订，有可能影响到数据库商的优惠程度，或是成员馆的分摊费用大小，对后一个问题，主要是图书馆联盟内部的事情，而前一个问题影响与数据库商的关系。不过，从目前双方的许可原则和许可模型的内容来看，图书馆方仅有 2 份许可政策提出了这个问题，可见，大家还没有对此太重视。

考察我国 CALIS/DRAA 这几年的数字资源采购情况，无论是 CALIS/DRAA 历年的调查报告，还是图书馆员的论文，都没有提及提前终止问题。对此问题调研了河北大学等若干非重点大学图书馆工作人员，都表示虽然交纳订购费用不及时，但绝大多数最终都会支付订购费用，即使有极个别不支付订购费用，但 CALIS/DRAA 的组团中还没有出现影响采购集团其他成员馆的事例，在续订时会有不少图书馆因经费或其他原因退出采购集团。

（2）许可合同续约的问题

数据库许可合同续约是数据库产品贸易的一大特点。图书馆许可政策表达出来的观点总体上可以概括为以下几点：

● 如果数据库商没有提前给出书面通知，不能认为是同意许可合同延续（L_AALL、L_BCELN、L_EKUAL、L_LIBLI-CENSE、L_OCUL 和 L_TRNSL）；在许可合同结束时自动续约，除非双方事先书面同意取消订购（L_COPPUL 和 L_CDL）。

● 提出协议变更或终止要求的一方应提前告知另一方（L_

IFLA、L_AALL、L_ARL6、L_CAUL、L_EIFL、L_EKUAL、L_
JULAC、L_NERL、L_LIBLICENSE 和 L_SASLi）。被许可者提出
终止协议，需要提前 3 个月通知许可者（L_JISC、L_OCUL 和 L_
JULAC）。

数据库许可政策表达的观点概括如下：

● 客户书面通知终止协议之前该协议一直有效（L_DIA-
LOG）。

● 双方都有权利在订购期结尾终止协议，提前至少 30 天通
过书面形式通知对方（L_ASTM 和 L_SIAM）或提前 60 天通知对
方（L_BIOONE）或提前 90 天通知对方（L_SCOPUS 和
L_SWETSWISE），或协议自动续约，除非一方在协议到期之前 30
天书面通知终止或提前 60 天书面通知更改价格方案（L_BE-
GELL、L_HWWILSON 和 L_SPIE）；或在接到出版商新的报价后
15 天通知对方（L_SWETSWISE）。

上面的信息显示，在自动续约问题上双方观点还是有一定差
异。图书馆界强调"'续约'需要事先得到图书馆的通知"，而
数据库商强调"'终止'需要事先得到图书馆的通知"。两者表
述上的差异，反映了各方对自己掌握许可合同执行主动权的坚
持，也反映了各方都在寻求自身管理成本的最低化。从我国的具
体实践来看，目前还是以图书馆表达的"续约需要事先得到图书
馆的通知"为主，如 CALIS/DRAA 开展重新组团续订活动。

4.2.4　联盟谈判等其他问题及其合同管理

联盟谈判资格，是指图书馆可以组成联盟或集团来订购数据
库商的产品。目前，L_IFLA、L_ICOLC、L_LIBER 和 L_CAUL 等
许可原则对此提出了要求。如，L_IFLA 表示鼓励和支持各种类

型的图书馆联合为一个集团或联盟来和数据库商进行谈判；L_ICOLC和L_CAUL都指出，数据库商不应仅与单个图书馆签许可合同而阻碍图书馆联合采购；L_LIBER指出图书馆可以作为一个联盟或集团与出版商或中间代理进行谈判等。L_ICOLC、L_CAUL和L_LIBER在语气上较为强硬。从发展过程看，提出联盟谈判资格问题的多是2003年以前研制的许可原则内容，2004年以后修订或制定的许可原则基本上看不到此内容，结合现在数据库的采购多是以集团采购为主这一实际情况，反映出这一要求目前基本上能够得到满足。在数字资源被垄断的市场环境下，国际性组织和各图书馆联盟提出这种要求，对数据库商还是很有威慑力。

目前，我国图书馆采购国内外数字资源，多数都是通过集团方式，尤其是高校系统和科学院系统。如根据CALIS/DRAA发布的《2012年引进数据库用户满意度调查总结报告》，所调查的262家图书馆中，79.27%的图书馆参加过DRAA集团采购，69.87%的图书馆参加过地方集团采购。不过在我国有个别中文数据库的采购还多是以单馆采购为主，其中既有图书馆内部组织问题，也有数据库商的销售要求问题。

采用集团采购方式，存在一个数据库商是否可以与成员馆单独协商的问题。L_NERL主要是从联盟谈判形成后对数据库商提出要求，表示"数据库商不应在与图书馆联盟谈判期间再和联盟中的成员馆单独谈判，联盟发出一个声音，以巩固联盟谈判的地位和作用"。L_NERL提出的问题很现实。CALIS/DRAA发布的《2009年引进数据库用户满意度调查总结报告》中汇集的成员馆书面意见里就包括："对数据库商行为要加强规范，如在CALIS组织成员馆集团采购前，个别数据库商擅自和成员馆单独联系，并签署确认订购，给集团成员带来不便"。图书馆联盟之所以能够争取到优惠价格，主要是在于联盟的力量，如果这个时候数据库商又与单个成员馆私下谈判，集团的力量就很难发挥出来。但从另一方面考虑，如果某个成员馆情况确实特殊，可以在联盟价格基础上获得更多使用权利，还是应当允许成员馆与数据库商进行更深入的谈判。据一些大学图书馆馆长介绍，在与数据库商签订许可合同时，他们都要和数据库商进一步商讨一些优惠项目，主要是在数据量、使用权利等方面，但不能修改 CALIS/DRAA 谈好的价格。

图书馆联盟或采购集团很有可能聘请采购代理商协助进行谈判和开展其他采购活动。有的图书馆许可原则如 L_CDL、L_SASLi 和 L_NERL 等考虑问题比较周全，指出许可合同不得出现阻碍图书馆通过采购代理商行使其职责的条款。目前，我国 DRAA 开始引入了采购代理商机制。现实中数据库商对这一点没有什么异议。

4.3 许可合同执行过程管理中的权益问题分析及其相应合同管理实证研究

数字资源许可合同中需要明确各方制定和执行许可合同的一些责任和义务，目前，图书馆与数据库商在以下几个方面有一些观点上的差异和利益上的博弈。

4.3.1 遵守知识产权保护法律法规的要求

无须置疑，所有人都应当遵守所在国家的法律法规。或许在现实中有不少侵犯版权现象，数字资源使用许可合同中往往有要求被许可者和授权用户遵守知识产权法律法规的条款。目前，图书馆和数据库商各自的许可政策都在此方面表达了观点，但在表达方式和强调点上有不少差异。

（1）各方的观点

由于法律本身的地域性特点，各国图书馆联盟研制的许可原则多指出遵守的是图书馆所在国家的版权法，具体如下：

• 有14份图书馆许可政策明确表示许可合同当事方要遵守图书馆联盟所在国家的版权法（L_AALL、L_BCELN、L_CDL、L_COPPUL、L_CRKN、L_CSU、L_EBLIDA、L_EKUAL、L_JISC、L_LIBLICENSE、L_NELLCO、L_NSLA、L_OCUL 和 L_TRNSL）。

• 有4份图书馆许可政策明确表示许可合同当事方同时要遵守其国家参加的国际条约（L_CDL、L_EKUAL、L_NELLCO 和 L_TRNSL）。

• 有2份图书馆许可政策还表示许可合同当事方要同时遵循 *Creative Commons licensing*（L_COPPUL 和 L_BCELN）。

本书所统计的65份数据库商许可政策，仅有2份（L_AIAA 和 L_WORLDBANK）没有给出有关版权遵守的内容，其他都有明确要求，可见数据库商对此问题的重视。其中，有32份约占49.2%仅提出要遵守版权法或相关知识产权法，另有31份约占47.7%给出了所要遵守的具体的版权法或其他知识产权法，如：

• 有21份数据库商许可政策表示当事方要遵守数据库商所在国家的版权法或相关法律（L_AGU、L_EBRARY、L_NATURE 等）。

• 有4份数据库商许可政策表示当事方在遵守数据库商所在国家的版权法外，同时也要遵守国际版权法或数据库商所在国家参与的有关国际条例（L_IEL、L_MUSE、L_OVIDSP 和 L_WOK等）。

● 有 6 份数据库商许可政策表示当事方要遵守数据库商所在国家的版权法，同时也要遵守其他国家版权法（L_AIP、L_ASCE、L_HWWILSON-A、L_JSTOR、L_OSA 和 L_SPIE 等）。

另外，有些许可模型或站点协议如 L_ACS、L_ACM、L_EMERALD、L_IMF、L_SAGE、L_SPIE 和 L_MUSE 等提到要遵守 *Copyright Clearance Center* 的有关规定，BMJ 也提到要遵守 *Creative Commons licensing*。

（2）各方观点统计情况的分析及改进建议

从上面统计情况来看，主要有以下几方面问题：

第一，目前，本书所统计的所有图书馆许可政策和数据库商许可政策都强调版权保护，但强调方式不一。图书馆方希望数据库商规定的使用约束条件不要违反了版权法赋予公众的合理使用和法定许可权利，许可的内容不要侵犯知识产权；而数据库商则要求授权用户和图书馆在使用许可资源时不要侵犯作者和出版商的知识产权，要求图书馆监督授权用户遵守有关知识产权保护的法律法规。在数字资源贸易中，因数据库商垄断现象的存在，当图书馆与数据库商出现冲突时，往往是数据库商占据优势。

第二，图书馆和数据库商都比较强调本国版权法的运用，因此，若图书馆和数据库商不属同一国家时，双方就存在冲突。根据上面的统计，共 25 份图书馆许可政策中就有 14 份强调遵守图书馆所在国家的版权法，比例为 56%，刚过半数。数据库商许可政策或是要求遵守数据库商所在国家的版权法及相关法律，或是不具体指定哪个国家的。都没有表示要遵守图书馆客户所在国家的版权法及相关法律。另外，根据统计，主要是美国数据库商强调遵守自己国家的版权法，美国版权法属于实用主义产物，赋予作者的权利相对要小些。并不是说遵守图书馆所在国家的知识产权保护法律法规，图书馆就拥有更多的权利，而是图书馆及其用户更熟悉本国的法律法规，掌握其他国家甚至某个地区的法律法规太强人多难。

第三，图书馆和数据库商都有少部分强调同时要遵守国际版权保护条约。如果图书馆所在国家并没有参与数据库商所要求遵守的国际版权保护条约，对图书馆及其授权用户来讲，这个要求就是额外的负担。

第四，对于开放获取资源，部分图书馆许可原则和数据库商许可模型提到了采用和遵守 *Creative Commons licensing*。对于 *Copyright Clearance Center* 的作用，目前已有部分数据库商许可模型认可，本书所统计的图书馆许可政策目前还未涉及。

4.3.2 适用法律的选择与合同文本语种问题及其合同管理

在合同签订和执行过程中，很有可能出现这样或那样的违约问题，需要依据特定的法律来评判各方的责任与义务。国外数字资源的采购属于国际贸易，必然要涉及选择哪个国家或地区的法律作为评判的依据，选择哪个国家和地区的仲裁地点和法院，我们这里将这些选择统称为"适用法律的选择"。另外，鉴于法律语言的晦涩以及外文使用的障碍，也有图书馆提出了合同文本语种问题。

（1）适用法律的选择

这个问题来源于法律的地域性和数字资源传播的全球性的冲突。L_IFLA、L_BCELN、L_CALIS/DRAA、L_CRKN、L_EBLI-DA、L_LIBER、L_NSLA、L_SASLi 和 L_EKUAL 等 9 份图书馆许

可原则以及 13 份图书馆许可模型共计 19 份许可政策都提出了相应的要求，占本书所统计的全部 25 份图书馆许可政策的 76%。具体内容如下：

- L_IFLA 提出对适用法律的选择应当是基于双方的共同认可，最好能采用被许可者即图书馆及其用户所在的国家的法律。

- L_EBLIDA 建议图书馆对原有许可合同草案中的适用法律内容进行调整，以方便图书馆以及双方。

- L_LIBER 的条款是以荷兰/德国两个国家制定的许可原则为蓝本，在适用法律方面，依然保留了"基于这些联盟原则的许可合同应当遵守荷兰/德国的法律"；L_LIBLICENSE 主要是面向美国图书馆的，提出应当采用方便双方的美国各地法律和仲裁；L_EIFL 主要是面向欧洲国家，指出应当采用英国法律。

- L_BCELN、L_CALIS \ DRAA、L_CDL、L_CIC、L_COP-PUL、L_CRKN、L_EKUAL、L_JISC、L_JULAC、L_NELLCO、L_NSLA、L_OCUL、L_SASLi 和 L_TRNSL 等许可政策都直接表示要以自己国家或地区的法律为适用法律。其中 L_BCELN 指出最好能采用加拿大以及英哥伦比亚的法律，要不就不要有适用法律的条款，如果出版商坚持采用其本国法律和仲裁地点，BC 联盟将不理睬该协议；L_COPPUL 指出要选用英国和加拿大的法律。

相对来说，提出此方面要求的图书馆许可原则并不很多，而图书馆许可模型对此问题多提出了要求，反映出该问题的复杂性和具体性。本书所引用的许可原则以美国的居多，美国图书馆方面，只有许可模型涉及此问题，而许可原则未提及；而其他国家的许可原则多数都提出了这方面的要求。这一现象与数据库商多数来自美国有关。澳大利亚 L_CAUL 则表示，因很少发生纠纷，因此他们并不关心此问题。或许这也是许多许可原则没有提及此问题和需求的一个重要原因。而 L_IFLA 专门提出了这方面的问题，体现了它的全面考虑、顾及世界各国图书馆需求的特性。

在此问题上，数据库商许可模型基本上都表达了自己的要求．根据对表 2 – 10 中所列数据库商许可模型的考察，数据库商的观点归纳为：

- 28 份许可模型中有 18 份都明确指出许可合同受控于数据库商所在地的法律，选择的仲裁法院为数据库商所在地的仲裁法院。
- 28 份许可模型中有 10 份仅说明要遵守所应用的法律，没有指明具体的适用法律和仲裁地点。
- 其他方面：被许可者同意放弃所拥有的任何豁免权（L_ASTM）；缔约双方明确同意，联合国国际货物销售合同公约并不适用于本协定（L_SWETSWISE）；当与国际私法有冲突时，国际私法不适用（L_THIEME）。

另外，一些与许可合同捆绑的许可政策如 L_OVIDSP、L_T&F等都表示要遵守其公司所在地的法律。

分析图书馆许可模型和数据库商许可模型，可以看出在适用法律选择方面，双方观点冲突很大，多数都在强调采用本国的法律和仲裁机构。对这个问题，的确要引起图书馆界的注意，虽说一般很少有法律纠纷的发生，如，到目前为止我国还没有出现一宗有关数字资源采购和使用方面的跨国法律纠纷，但从合同管理角度，这是必须要明确和注意防范的问题。纵观数据库商许可模型，只要数据库商来自美国，适用法律和仲裁法院的选择基本上都是在州层面，这意味着图书馆还得了解美国各州的法律规定，显然给图书馆徒增负担。还有一些许可模型对此没有明确指定，给双方的谈判留有的空间，但同时也带来了谈判的成本。

根据 CALIS/DRAA 数据库采购方案以及本课题组部分成员所在图书馆的具体许可合同情况，在 CALIS/DRAA 谈判组积极争取数据库商采用中国法律的努力下，有部分数据库的采购方案如 P＿ACM、P＿CELL、P＿EMERALD-J 回溯、P＿EMERALD-J、P_EMERALD-B、P_GREEN、P_IWA、P_LEXIS. COM、P_LEXIS AU、P＿LEXIS EU、P＿MC、P＿PQDT、P＿SCIENCEDIRECT、P_SPRINGERLINK-B 和 P_SPRINGERLINK-J 等表示，同意采用我国法律作为数据库许可合同执行的适用法律，其中 P_SCIENCE-DIRECT 选择仲裁机构为我国香港特别行政区的。从数据库采购方案数量上讲，目前，绝大多数数据库商还没有积极响应，我国图书馆还需努力。

（2）合同文本的语言文种问题

采购国外数字资源，必然涉及合同文本的语种问题。国外图书馆许可原则发布机构绝大多数都是以英语为母语，因此基本上不存在这方面的问题。服务于多个国家的 L_EIFL 许可模型规定以英语为合同语言。目前，L_IFLA 提出了这方面的要求：许可合同应当以图书馆所用的主要语言撰写。作为国际组织，IFLA 提出这方面的要求非常必要，毕竟购买数字资源国家绝大多数是非英语国家，我国 CALIS/DRAA 就提出了数据库商提供中文合同文本的需要。在所统计的数据库商许可模型和许可原则中，目前都没有涉及这个问题。

对 2007—2010 年间 CALIS/DRAA 采购方案及其评估报告内容的统计分析，提供中英文对照合同文本或中文合同文本的有 28 份数据库采购方案（P_ACM、P_AIP-J、P_AIP-PT、P_AIP-M、P＿APS、P＿ASTM、P＿CAMIO、P＿CREDO、P＿CROSSFIRE、P_EMBASE、P＿EB、P＿ESI、P＿GALE、P＿GREEN、P＿IWA、

P_IOP-J、P_LEXIS.COM、P_LEXIS AU、P_LEXIS EU、P_MC、P_NATURE-EMBO、P _ NATURE-J、P _ NATURE-J 回溯、P_FIRSTSEARCH、P _ PRESSDISPLAY、P _ SCIENCEDIRECT、P_EMIS和P_SPRINGERLINK-B 等），约占所统计的全部 149 份数据库采购方案的 18.8%，比例还非常低，不过已经是比较好的开始和发展。如，2009 年 CREDO 还表示同时提供中英文对照，英文意思优先，但到了 2010 年时则表示了中英文许可合同具有同等效力。考察 2011 年（截至 2011 年 5 月 1 日）谈定的所有 16 份采购方案（全部为续订方案），有 6 份都表示合同文本为中英文文本形式，其中包括上面没有提到的 P_CAMIO、P_CELL、P_IET、P _ INSPEC 和 P _ PQDT-F 等续订方案以及上面提到的 P_CREDO 续订方案。这个比例比较高，是一个发展趋势。

4.3.3　数据抽出或增加处理问题及其合同管理

数据抽出（withdraw）或数据增加（add）是指在图书馆及其授权用户使用期内，数据库商将个别期刊、图书等出版物从许可产品中抽掉，或者向许可产品中增加部分新的出版物内容。数据被抽出，有的时候与版权问题有关，有的时候与数据库商销售策略改变有关；而数据增加主要是与数据库商销售策略有关。

在按库打包而非单本订购的模式下，数据库商抽掉某些出版物对授权用户的影响可能大也可能不大，如果抽掉的是重要的或别处难以寻找到的出版物，对授权用户使用的影响不言而喻。向数据库增加新的出版物，对用户有很大好处，但若费用增加，则会影响图书馆的购买能力。

（1）图书馆方的要求和需求

本书所统计的 25 份图书馆许可政策中，有 14 份对此问题提出了自己的要求和需求，比例为56%，过半数。主要观点如下：

第一，在数据抽出理由方面：有7份占28%的图书馆许可政策提到数据抽出理由的问题。其中，有6份图书馆许可政策（具体来讲都是许可模型：L_CRKN、L_JISC、L_EKUAL、L_LIBLI-CENSE、L_OCUL 和 L_TRNSL）提出：当特定内容不再由该数据库商出版，或有理由相信这些内容侵犯了版权或是诽谤的、淫秽的、非法的或其他有害的，数据库商有权利在任何时候都可以从许可产品中抽出这部分内容。有2份图书馆许可政策（L_COP-PUL 和 L_OCUL）提出，如果购买的资源中部分资源被抽出，应当给出合理解释，其中 L_OCUL 进一步指出应给出标注。

第二，在及时通知方面：有11份占44%的图书馆许可政策（L_BCENL、L_CDL、L_CIC、L_COPPUL、L_CRKN、L_CALIS/DRAA、L_EKUAL、L_JISC、L_JULAC、L_OCUL 和 L_TRNSL）都提出：如果部分购买的资源被抽出，数据库商应及时通知被许可者（即订购的图书馆），且其中多数指出应采用书面通知形式。其中 L_BCENL、L_CDL 和 L_COPPUL 表述了更为严厉的要求，即指出：如果数据库商没有及时通知，则认为是违约或被许可者有权利终止许可合同。CALIS/DRAA 对此的表述具体是"变更数据库信息要及时通报用户"，因此也包括了数据增加的问题。另外，L_OCUL 和 L_JULAC 还表示数据库商应当对永久删除的资源进行标注。

第三，在数据抽出后的退款方面：有11份占44%的图书馆许可政策提出了数据抽出后数据库商向图书馆订户退款的要求。其中，有7份（L_CIC、L_JISC、L_EKUAL、L_LIBLICENSE、L_NELLCO、L_OCUL 和 L_TRNSL）提出：若抽出的数据达到10%以上，或者影响了用户的使用，应当按比例退款；有6份

（L_COPPUL、L_CRKN、L_CDL、L_BCENL、L_LIBLICENSE 和 L_NELLCO）认为：如果对数据的更改影响了用户的使用，可认为是数据库商违约，而违约自然存在数据库商退款或赔偿的义务。

第四，对于数据增加方面，作为具有广泛影响和作用的国际性组织，L_ICOLC 提出"现在不是增加新产品的时候，新产品的营销影响将会很小，图书馆没有更多的资源用于购买新的出版物和内容。只有与学术团体密切合作深入了解学术团体需求什么样内容的出版商才会成功"。

同时在 CALIS/DRAA 历年的调查中，有的图书馆也针对此问题提出了要求。如，2007 年发布的调查报告中指出"数据库商应提供期刊的详细信息，并及时通报期刊的变化情况；如果数据库的期刊减少达到一定数量，要在合同中体现，对用户给予补偿"。不过，给出相关要求的调查报告很少。

（2）数据库商的观点

数据抽出或数据增加方面的问题，主要包括在数据库商许可模型或许可原则中。从理论上讲，站点协议主要是对使用者使用规范的约定，不涉及数据抽出或增加问题，现实中我们通过上网查阅本书所统计的各个站点协议，结果也证实了这一点。另外，本书所讨论的数据抽出或数据增加主要是指电子出版物的减或增，因此只涉及面向全文数据库的数据库商许可模型或许可原则，所以以下的统计皆以本书所统计的 40 份面向全文的数据库商许可模型或许可原则为基础，即表 2－10 和表 2－11 中除 CABI 及 ULRICHS 之外的数据库商许可政策。

归纳数据库商许可政策中的观点，在数据抽出或增加方面，所统计的全部 40 份数据库商许可政策中，有 19 份对此表态，比例为47.5%。主要涉及三方面问题，一是数据库商权利的问题，二是数据库商通知的问题，三是数字资源费用调整的问题。

对于第一个问题，即数据库商权利的问题，19份表态的数据库商许可政策都表达了自己的观点。如，L_ALJC、L_BIOONE、L_BMJ、L_EDULID、L_IEL、L_IOP、L_LEXISNEX-IS、L_MC、L_SCIENCEDIRECT、L_SCOPUS 和 L_SWETSWISE等11份数据库商许可政策明确指出：当特定内容不再由该数据库商出版，或有理由相信这些内容侵犯了版权或是诽谤的、淫秽的、非法的或其他有害的，数据库商有权利在任何时候都可以从许可产品中抽出这部分内容；L_SAGE 数据库商许可政策表示数据库商有权利抽取任何许可产品中的记录，当相信这记录包括的资料可能是有法律争议的，无论是什么根据；L_MUSE 数据库商许可政策表示如果出版商和投稿者对于数据库中的文章的电子传播有争议，本数据库商将有权利将这种文章从数据库中抽出，并按照参与的出版商的请求；L_JSTOR 表示在提出正当理由的情况下，可撤回内容，受许机构和授权用户理解并同意，数据库商可不定期对其档案库进行增添或改动。L_NATURE、L_SAFARI、L_SOURCEOECD和 L_OUP 表示有权利终止提供某些产品。L_ASCE、L_SPIE 两份数据库商许可政策表示数据库商可以增加数据，L_ALJC 数据库商许可政策则表示被许可者可以选择新增的出版物。

对于第二个问题，即数据库商通知的问题，L_ALJC、L_BIOONE、L_BMJ、L_IEL、L_MC、L_NATURE、L_OUP 和 L_SWETSWISE等8份数据库商许可政策表示，将提前通知图书馆客户有关数据库出版物被删除或停止出版的信息。其中，L_ALJC、L_BIOONE、L_BMJ、L_IEL 和 L_MC 等表示将对被许可者给出书面通知，数量非常少。而 L_LEXISNEXIS、L_SAFARI 则表示没有通知。

对于第三个问题，即数字资源费用调整的问题，有 14 份数据库商许可政策表达了态度。其中，L_ALJC、L_BIOONE、L_EUCLID、L_IEL、L_IOP、L_JSTOR、L_MC、L_NATURE、L_SCIENCEDIRECT、L_SCOPUS、L_SOURCEOECD 和 L_SWETS-WISE 等 12 份数据库商许可政策直接表达了在数据被抽出情况下退款的态度，占 40 份提供全文数据库的数据库商的许可政策的 30%，占 17 份对此问题进行表态的数据库商许可政策的 70.6%。另外有些数据库商许可政策表达的退款观点附带一定的条件，如，L_ALJC、L_BIOONE、L_EUCLID、和 L_SOURCEOECD 等数据库商许可政策表示退款的前提是数据被抽出的比例超过了 10% 时，L_IEL 数据库商许可政策甚至表示抽出的内容超过 25% 时才给退款；L_SOURCEOECD 和 L_JSTOR 许可政策表示退款需要被许可者提出退款请求。对退款数量和时间方面，基本上都表示在订购期结束时按比例退款。L_SCIENCEDIRECT 还表示被许可者可以选择其他出版物替换，L_JSTOR 还表示被许可者可以选择终止协议。另外，对于数据增加，L_ASCE、L_SPIE 和 L_ALJC 都表示费用需要调整。

另外，在数据被抽出时间方面，目前，仅有 L_JSTOR 数据库商许可政策明确表示"如现实条件许可，JSTOR 将尽量减少对授权用户造成的不便，例如安排在学期结束后撤回内容。但是，如果 JSTOR 无法避免这种不便，JSTOR 在任何情况下都不因从 JSTOR 档案库中撤回内容而承担赔偿责任"。

（3）双方观点的分析

分析上面图书馆和数据库商各自的要求和观点，可以看出：

第一，对于数据被抽出这个问题，图书馆许可原则基本上都没有涉及，所统计许可模型中除了 L_EIFL 都专门对该问题设立了条款。分析这种现象，许可模型必须要面面俱到，许可原则考虑问题相对比较宽松。这个问题还需要图书馆界给予更多地关注。而对数据增加问题，目前仅有 L_ICOLC 明确提出要求。L_ICOLC 也是在 2010 年 6 月新发布的"关于全球经济危机及其对联盟采购的影响的声明（修订版）"中首次提出这个问题，针对目前全球图书馆普遍存在经费紧张的状况。这个问题在未来数据库数据大量增长情况下会越来越引起各方的关注。

第二，在统计的 40 份数据库商许可模型或许可原则中，有 17 份明确表示数据库商拥有数据抽出的权利，虽不及一半，42.5% 的比例还是比较高。图书馆和数据库商双方都比较认可"数据库商因版权或其他法律、道德等方面的问题而抽掉许可产品中的部分内容"。但有 4 份数据库商许可模型中提出的没有上述理由的数据抽出的观点，难以让图书馆接受。数据库商对新数据增加问题涉及的也不是很多，但明显都和费用挂钩。

第三，图书馆许可模型和 L_CALIS/DRAA 原则中都要求数据库商及时通知有关数据抽出的信息。数据库商方面，涉及数据抽出问题的 17 份许可模型或原则，仅有 8 份表达了这种观点，甚至有 2 份表示不事先通知。显然，在这方面，数据库商的态度与图书馆界的要求甚远。

第四，在数据抽出善后处理方面，图书馆许可政策表达退款要求的占 44%，这个比例不是很高。数据库商方面仅有 30% 的许可政策有此态度，比例更低。另外，对退款的前提条件，图书馆的表述相对比较模糊，主要是采用"当影响用户的使用时"，有部分数据库商也是这样表示，也有的比较具体。有具体的规定容易操作，不过目前有的数据库商提出抽出的数据达到许可产品的 10% 或更多时才给予退款，退款的门槛太高，如果抽出的是重要的期刊呢？对这个问题还需要图书馆界和数据库商界认真考虑。有个别数据库商提出用其他期刊替代被售出的期刊，这是一个解决的办法，但考虑到图书馆及其授权用户需求的多样化，这只能是一种可选择的而非唯一的解决方案。

总体来看，数据库商在撤除数据库部分内容以及补偿问题上比较强势，引起代表用户利益的图书馆的不满是非常正常的。从理论上分析，由于数据库商通常都要提供其产品中的文献清单，如期刊全文数据库一般要提供收录期刊清单，参考工具书数据库一般要提供参考工具书清单等，图书馆在购买时根据这些清单可以比较方便地斟酌是否订购。因此在收录完整性方面，关键的问题还是续订时减刊减书的问题。数据库商将用户和图书馆吸引成为自己的客户后再削减数据库中的内容，有诱导成分。

（4）CALIS/DRAA 采购数字资源活动中数据抽出与增加实例

数据库商在签订许可合同时应同时给出数据库所含出版物清单。但现实中部分数据库商在此方面服务相当不佳，如，CALIS/DRAA 这几年发布的引进数据库用户满意度调查报告中罗列了成员馆的一些意见："Westlaw 不能提供期刊列表或期刊变化信息，EBSCO 自行砍刊数量大、而且不回应用户；2006 年 Elsevier（即 ScienceDirect）减少了近 200 种医学刊，成员馆多次联系，没有回应"（2007 年报告）；"Wiley + Blackwell 的方案里有隐瞒或未向用户言明的地方。如：在期刊中有 200 余种期刊没有被划到任何一个学科包中（其中有一定比例的科技刊），但其未事先声明。后询问，其答复是这些刊单卖。而这些刊中我们知道有些在去年 Wiley 全库中是包含的。为什么今年多花了钱，期刊还被抽走了"（2010 年报告）；"集成类数据库如 *EBSCOhost Research Database*，最好能经常发送一些更新信息，成员馆及用户对其所包含的内容存在疑惑"（2011 年报告）等。这些意见实际上也反映了目前的现状。

4.3.4　数字资源质量担保问题及其合同管理

数字资源质量包括数据质量和检索平台质量两大部分。本书所统计的图书馆许可政策中 13 份许可模型以及数据库商许可政策中 61 份许可模型或站点协议（表 2 - 10、表 2 - 11 和表 2 - 12 中除 L_ACM、L_THIEME、L_KARGER、L_EMERALD 外的许可政策）包含了此方面内容。

图书馆许可模型多专门设立了保证条款，包含两大部分内容：一部分是指"数据库商保证拥有所售数字资源的知识产权或者许可使用的权利"，13 份图书馆许可模型都设立有这部分内容；一部分是指数据库商有限担保项目，一般都是数据库商"非担保"的内容，13 份图书馆许可模型中有 9 份设立了这部分内容。多数数据库许可模型没有设立保证条款，而更多是设立有限担保条款或免责声明条款，也有个别数据库商许可模型如 L_BMJ 设立了保证条款，但内容却是有限担保，主要还是表示非担保的内容，也就是说没有图书馆许可模型中保证的第一部分内容。

对于非担保内容，图书馆方和数据库商方的观点对比如图 4 - 1所示：

还有一些非担保内容，只有数据库商许可政策提出，图书馆许可政策没有涉及。内容项目以及提及该内容的数据库商许可政策占全部 61 份数据库商许可政策比例的情况如表 4 - 1 所示。另

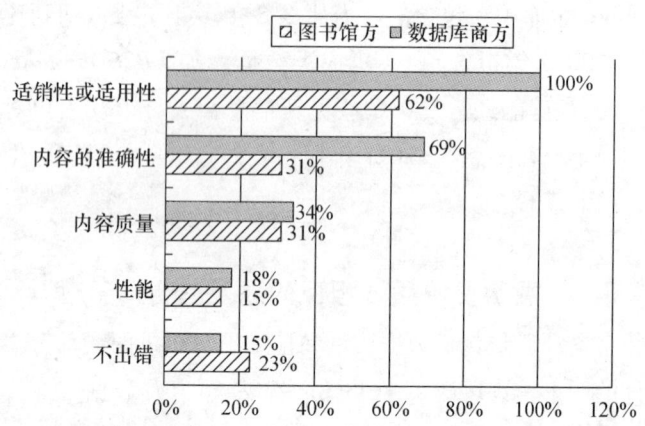

图 4 - 1　图书馆和数据库商双方许可政策都涉及的非保证项目对比

外，还有个别数据库许可政策表示不担保数据库产品的有用性、真实性、满足被许可者需求、系统有效性、系统兼容性、系统集成性以及内容的非诽谤、非有害、非淫秽和非非法等。

表 4 - 1　仅数据库商许可政策中提到的非担保项目

非担保项目	比例	非担保项目	比例	非担保项目	比例	非担保项目	比例
内容完整性	49%	数据所有权	23%	及时性	13%	纠正缺陷	10%
内容非侵权性	39%	不间断	20%	没有病毒	13%	内容正确性	7%
内容适合性	26%	运行	20%	内容独创性	11%	妥善性	5%
内容可靠性	25%	平台有效性	15%	更新性	10%		

根据上面的统计结果以及考察上述各方许可政策的具体内容，可以看出：

第一，数据库商非常重视保护自己，其许可政策用了相当多的篇幅来陈述自己的免责项目和免责内容。图书馆许可模型中一般也列出来这部分内容，但篇幅不长。在规定免责内容时，图书馆许可模型一般指出双方的免责，而数据库商方面基本上都是在强调数据库商自己的免责内容。

第二，图4-1和表4-1的数据显示，相比较而言，数据库商不仅设置的非担保项目种类繁多，而且涉及每种项目的数据库许可政策的数量也不少，显示出数据库商对被许可者及其用户使用许可产品后可能产生的各种问题进行了充分的防备和自我保护。

第三，在具体内容项目方面，图书馆和数据库商双方普遍认可"数据库商不担保许可资料的适销性和针对特定用途的适用性"条款。图书馆方虽然没有达到100%的认可，但62%的比例也不低。数据库商方比较重视对内容准确性和完整性的非担保的陈述。从学术界"文责自负"惯例来讲，对内容的准确性、质量、适合性、可靠性、独创性、正确性、有用性、真实性等的确定应当由作者负责，或进一步延伸由编者负责。通常数据库商尤其是集成商很难去验证这些项目。因此数据库商提出这些免责项目是可以理解，但仅限于对文章或图书内容。若涉及许可产品的出版物，如果出现不完整现象等，应当有明确说明。

第四，考察数据库商许可政策具体内容，有些数据库商许可政策如L_APS、L_CJO、L_IOP、L_SIAM 和 L_SCIENCE 等表示会尽合理努力来保证出版的联机期刊的完整性和准确性，L_BMJ表示尽可能提供更新的和准确的内容，L_CABI 表示尽合理努力保证许可内容和平台不出错（正确性）和及时更新，这是对图书馆及授权用户一种比较友好和负责的态度，不过表达出这种"努力"的数据库商许可政策并不多。有些出版商如 IOP 提出，有些资料因年代、稀有性等方面原因，不担保期刊的完整性。这些也是可以理解的，但作为数据库商，尤其在传播自己出版的文献时，应尽可能保证对许可产品的宣传实事求是。

另外，不少数据库商不担保许可产品的"更新性"，如平台商 OVID 在其站点协议 L_OVIDSP 中表示"联机服务上的资料可能过时，本数据库商不承诺更新"，这与图书馆许可原则表达出来的"及时更新"要求相左。所以图书馆在与数据库商谈判时应当注意此问题。

总体上来讲，数据库商方面的许可模型设置了非常多的数据库商免责内容项目，过于保护自己，且缺乏对图书馆方及用户的保证内容。图书馆方强调了数据库商应当保证的内容，尤其是知识产权方面的内容，相对来讲，设置的数据库商免责内容项目比较少。从设置各类"数据库商非担保项目"的各方许可政策数量和比例来看，多没有过半数，且很多都在 30% 比值以下，说明到目前大家还没有对数据库商非担保内容达成比较一致的看法。

4.3.5 非协议保密等其他方面问题及其合同管理

除了上面讨论的几个问题外，图书馆与数据库商在合同事务管理方面还有非协议保密、赔偿、隐私保护等问题。

（1）非协议保密方面的问题

非协议保密，是指许可合同中不应规定被许可者（图书馆）必须对许可合同内容保密。图书馆方的 L_IFLA、L_ICOLC、L_AALL、L_BCELN、L_NERL、L_NSLA 等许多许可原则都提出了非协议保密要求：

● L_IFLA 许可原则指出：非公开许可合同条款的要求一般来讲是不恰当的。

● L_ICOLC 指出，在许可合同中不应当有"保密"的表示的要求，尤其是不能有阻碍图书馆联盟之间共享定价以及其他重要条款信息的表示。

● L_AALL 和 L_NERL 两份许可原则表示，保密或非公开协议不应该是一个许可合同的先决条件，或者许可合同不应当有保密许可条款或定价的要求。

● L_BCELN 专门提出了"条款公开"问题，指出 BCELN 应可自由发布关于许可合同内容的信息。

● L_NSLA 许可原则指出，许可合同中的保密要求不应该妨碍成员馆与其他联盟分享定价和其他重要条款与条件，或为公众负责的义务。

另外，拥有北美一百多个成员馆的美国研究图书馆协会 ARL，在 2009 年 6 月特别通过了一项决议，鼓励成员馆不签署包含非公开或保密条款（Nondisclosure or Confidentiality Clauses）的许可合同，无论采购的是数字内容产品还是软件或其他产品。ARL 在 2009 年作出这个决定，主要是看到经济危机下图书馆采购的艰难，认为图书馆或图书馆联盟之间更应该共享和交换谈判信息，争取更低的采购价格[①]。

考察图书馆许可模型和数据库商许可模型，在保密方面主要是涉及当事人的机构或个人信息，基本上都没有提及协议内容。

数据库商提供的 CALIS/DRAA 数据库采购方案一般都表示，图书馆联盟和图书馆不可公开采购方案中的条款和内容。

分析图书馆的观点和现实中数据库商的做法，可以看出：首先，图书馆两大国际组织的许可政策 L_IFLA 和 L_ICOLC 都提出

---

① ARL. ARL Encourages Members to Refrain from Signing Nondisclosure or Confidentiality Clauses. http://www.arl.org/news/pr/nondisclosure-5june09.shtml，2009 – 06 – 05/2011 – 05 – 15.

了这种要求，说明这个问题对图书馆领域是比较重要的也是应当引起关注的事情。从另一方面看，提出该要求的图书馆许可原则并不多，也反映了该问题比较难以解决，或者有些图书馆没有重视该问题。其次，对协议内容保密的要求，主要的是替数据库商保密优惠价格和更多的图书馆权利。这种要求显然不利于图书馆联盟或图书馆个体有机会争取更多的优惠和权利。特别是图书馆，无论是联盟或集团还是单个馆，在谈判时自然会要求同等条件下的最低报价，而"价格信息保密"的要求，很难保证该图书馆能获得最低报价。再次，现实中许多图书馆同时加入多个图书馆联盟，馆长之间的沟通交流非常频繁，"保守协议秘密"很容易成为空谈，或者说图书馆很容易就违反了这条规定。

（2）赔偿问题

图书馆许可原则多没有专门涉及赔偿的问题，但图书馆许可模型多专门设立了"赔偿"（Indemnities）条款。图书馆许可模型主要对数据库商提出向被许可者进行赔偿的要求。而不少数据库商站点协议如 L_AGU、L_DIALOG、L_EB、L_EBRARY、L_HWWILSON、L_LWW、L_OUP、L_OVIDSP、L_PRESSDISPLAY 以及 ELSEVIER 公司所属的 L_CELL、L_EI、L_MD、L_EMBASE等的"赔偿"条款则是指被许可者即图书馆对数据库商的赔偿。目前，绝大多数的数据库商许可政策都表示不对被许可者和授权用户因为使用许可产品或因许可产品的错误和疏忽、提供的延迟、记录删除、中断、缺陷或病毒而造成的伤害承担任何直接的或间接的责任。从合同执行角度，签订许可合同的任一方都可能出现问题，"赔偿"条款应当注意包括各个方面的。

在赔偿费用额度方面，图书馆许可政策一般没有涉及，目前在所统计的 65 份数据库商许可政策中，有 27 份明确表示，如果数据库商有必须支付的赔款，要在其限定的额度范围内，多数都表示不超过订购年度费用。如：

● 21 份数据库商许可政策表示：无论什么原因，出版商累积赔偿金额不超过被许可者支付给出版商的损害发生的订购年的费用（L_AIP、L_BEGELL、L_BMJ、L_SCIENCEDIRECT 等），但不少于 25 美元（L_AIP）。

● 个别数据库商许可政策表示，数据库商累积债务不超过 100 美元（L_ACS 和 L_LEXISNEXIS）。

● 个别数据库商许可政策表示，因合同或侵权等各种原因造成的债务不超过 10000 美元或者等于在该协议下支付的费用（L_NATURE 等）。

● 出版商最大债务限于出版商获得的被许可者支付的费用，从支付起到引起债务发生时（L_EBSCO、L_JSTOR 和 L_PRO-QUEST 等）。

数据库商的这种态度是在保证他们的经济利益损失尽可能减少，但对作为订购者的图书馆来讲，这一要求给图书馆增添了可能要支付剩余侵权费用的危险。

（3）隐私保护和机构秘密保护问题

数据库检索系统能够记录和存储使用者的使用痕迹，如机构使用统计信息、个人使用统计信息、个人注册信息等。这就必然涉及个人隐私保护和机构信息保密的问题。对此，图书馆通过所发布的许可政策表达了强烈的要求。

在用户个人信息包括注册信息和使用信息方面，L_IFLA、L_ICOLC、L_LIBER、L_CAUL、L_CDL、L_COPPUL、L_CSU、L_EKUAL、L_LIBLICENSE、L_NERL、L_NSLA、L_NELLCO、L_OCUL 和 L_TRNSL 等 14 份图书馆许可政策指出：用户个人身

份信息和检索信息的秘密必须得到保护；L_ICOLC、L_EBLIDA、L_LIBER、L_CRKN、L_SASLi、L_ARL6、L_AALL、L_CDL、L_CSU、L_BCELN、L_CAUL、L_NSLA、L_COPPUL、L_CRKN、L_JULAC 和 L_TRNSL 等 16 份图书馆许可政策表示：收集和使用用户使用统计数据要遵守隐私保护法律。L_CDL、L_LIBLICENSE、L_NELLCO 和 L_OCUL 等 4 份图书馆许可政策指出：用户使用数据仅能被用于直接与许可资源有关的事项，仅能以集合数据的方式提供给第三方，未加工的使用数据包括但不限于与特定用户身份相关或特定使用相关的信息不能提供给任何第三方等。

在用户机构信息保密方面，L_COPPEL、L_TRNSL 和 L_JULAC 等图书馆许可政策表示：在没有经过联盟或成员馆的同意，许可者不能将联盟或授权用户使用统计数据向第三方公开或出售；L_CDL、L_CRKN 和 L_SASLi 等图书馆许可政策表示：许可合同要符合 ICOLC 关于机构或联盟使用信息保密指南的规定；L_EKUAL图书馆许可政策表示：数据库商要对被许可者的信息进行保密。L_TRNSL 图书馆许可政策进一步表示：当出版商将其权利转让给其他公司，联盟可以要求受让者对这些数据进行保密或者销毁这些数据。

上面的信息显示，图书馆领域非常重视用户个人的隐私保护，在机构信息保密方面，提出要求的图书馆许可政策并不多，不过 ICOLC 专门制定了隐私保护和机构秘密保护的原则，这对图书馆界影响很大。

数据库商网站上一般都专门有隐私保护的条款。可以看出数据库商在保护用户个人隐私方面以及机构秘密方面还是比较积极。

　　另外还有数据物理传送媒介、数据更新周期和检索平台上增加广告等问题。数据物理传送是指数据库商通过物理媒介向图书馆订户传送所订购的数字资源数据，包括向图书馆管理的镜像站点上传数据，以及向图书馆提供存档数据等。图书馆许可政策中主要是许可模型对此提出了要求，多用比较概括性的语言，如，数据库商应当按照双方约定的方式，包括约定的数据格式、媒介和时间等，将数据安全传送给图书馆联盟及成员馆。L_LIBLI-CENSE、L_OCUL、L_CDL 等 3 份图书馆许可模型比较细致地指出数据库商传送采购数据的物理媒介应在规定的时间内如 90 天内不易损坏。如果购买的数据不是一次买断的话，还存在数据更新的问题，包括连续出版物如期刊、报纸等数据更新，也包括图书类多年度许可合同中数据的年度更新。更新周期一般有日更新、周更新、月更新、季度更新、年度更新等。通常情况下，通过物理载体传送数据耽搁时间稍长些，多为月更新等。对于检索平台上登载广告问题，目前，图书馆方面只有 L_JULAC 对此提出了比较明确的要求，指出数据库商应当告知联盟成员是否在产品上有广告，而且广告应放在产品不显眼的地方。考察本书统计的数据库商许可模型或许可原则，一般都表示在接到图书馆订户应支付的费用后就开通对应 IP 地址对许可产品的访问，对向镜像站点及成员馆提供数据的问题，基本上都没有涉及。个别数据库商许可模型如 L_CABI 表示"按照许可合同规定的媒介和时间提供许可资料，如果有较大变化，提前 30 天通知"。

　　考察 CALIS/DRAA 数据库采购方案，仅对存档数据指出了数据提供载体的要求，主要为 CD-ROM 或 DVD。并没有提到对现在正在访问数据的传送载体和更新周期。从这点来看，数据库商采取了减少约束自己的方式。不过，分析 CALIS/DRAA 历年发布的引进数据库用户满意度调查报告，还没有图书馆在此方面提出过意见，一是数据库商在此方面实际上做得比较好；一是国外数据库镜像站点和集团公共服务站点并不在各成员馆处，图书馆对此并没有给予关注。国内中文数据库的数据库商通常都给出了数据更新周期。对于广告，有个别数据库商站点协议如L_OVIDSP表示，网站上的广告是其公司支持数据库发展的一种方式，授权用户应当理解。

5 使用权益问题分析及授权管理实证研究

图书馆及其用户对所采购的数据库的使用受到知识产权和许可合同的双重制约，需要从数据库商那里获得必要的使用权利的授权。这些权利比较多且各具特色。本章将：分析图书馆方和数据库商方各自的许可政策，归纳和总结图书馆方对各种使用与服务权利或使用与服务质量的需求以及数据库商对应的态度，在进行这方面分析时，有时会添加其他一些调研数据，如第二章提到的各类调研项目；然后主要以 CALIS/DRAA 引进数字资源实例进行授权管理实证研究，在有些方面也会对我国其他图书馆的实例进行分析。

5.1 使用权利诉求问题分析

这里所指的使用权利是指在版权保护法律法规环境下，图书馆为用户及图书馆自己向数据库商诉求使用数字资源的各项权利，如查阅、下载等。在4.1小节，本书归纳总结了在使用权利方面图书馆与数据库商各方观点的差异，这里主要是针对这些"差异"项进行深入分析。由于数据库商经常会在其网站上随时发布一些专项性政策，如关于使用统计数据、馆际互借、永久访问或长期保存等政策。因此，本书在统计和分析数据库商许可政策中有关使用权利方面的内容时，将这些专项性政策容纳其中。

5.1.1　授权用户范围管理和关键术语定义问题

在讨论使用权利问题之前，我们先分析授权用户范围和关键术语两个问题。这两个问题都是与使用权利直接相关的问题。使用权利是面向授权用户的，关键术语是面向使用权利的。

（1）授权用户范围管理问题

数据库商通常将授权使用其数据库的用户称为授权用户（Authorized Users）。授权用户的含义有广义和狭义之分，狭义的授权用户仅仅指数据库商授权可以在任何时候任何地方使用其数据库的用户，广义的授权用户还包括临时到馆读者或规定的其他人员，本书主要采用广义的说法。授权用户范围的确定，关系到用户的使用权利和图书馆的服务权利，也关系到数据库商的服务范围和数据库价格，因此是各方都不得不重视的因素。

授权用户的范围需要在许可合同中白纸黑字地写清楚，且事实上是由图书馆和数据库商双方商定的，因此这里主要归纳他们各自的观点。图书馆方面的观点取自于本书前面提到的25份图书馆许可政策，数据库商方面的观点取自于本书所统计的65份数据库商许可政策，主要是许可模型给出了授权用户范围的说明和要求。根据这些许可政策，授权用户范围归纳起来主要有：

● 图书馆所属机构的用户，如，对于高校，包括所属高校的学生、教研人员、图书馆员、行政人员或雇员等。

● 图书馆所在机构的临时工作人员，如访问学者、合作者等。

● 到馆读者或进入到被许可场所的且经订购者允许的个体用户（walk-in 用户即到场用户）。

● 图书馆远程注册的用户。

● 授权机构附属者如校友。

上述用户类型中的前三类，是所有图书馆许可政策和数据库商许可模型都认同的可合法使用许可资源的用户。在具体表述上，图书馆方面，面向国际范围的 L_IFLA 和 L_ICOLC 两份原则以及涉及多种类型图书馆的许可政策如 L_AALL、L_BCELN、*L*_CRKN、L_EBLIDA 和 L_NSLA 等，表述用语概括性较强；而面向具体高校联盟的许可原则如 L_CAUL、L_CDL、L_CIC、L_SASLi、L_CSU、L_LIBLICENSE、L_LIBER 和 L_NERL 都具体指出包括学生、教研人员等。数据库商许可模型基本上都列举出了高校的各种类型用户。比较独特的是 SIAM 数据库商许可模型指出授权用户还包括参观人员和退休人员。其实，前者可以归纳到上述的第三类用户，后者本来就属于图书馆所服务机构的人员，可归入上述的第一类用户。

对于远程教育用户，图书馆方面有少部分许可政策涉及，如，L_NERL 提到还应包括正式的远程教育计划的学生，L_CIC 和 L_JULAC 提到包括远程学习者。数据库商方面，仅有 L_OSA 和 L_MUSE 许可模型提到授权用户有远程学者，但都没有提到远程教育计划的学生。在国内，远程教育学生通常没有被列为高校图书馆的正式用户，图书馆从资源建设到服务，一般都没有考虑他们。这也可以理解为什么图书馆和数据库商基本上都没有太关注这部分用户。我国高校远程教育学生基本都没有集中在学校学习和住宿，如果图书馆计划为他们提供电子资源服务，可以通过VPN等校外访问技术和系统，当然这可能会带来其他问题，如计算数字资源价格时可能要因用户规模的扩大而提升了数据库的价格。

对于授权机构附属者如校友等，图书馆方的 L_COPPUL 许可原则指出：授权用户应当包括授权用户附属者如校友，可以讨论相应的费用。数据库商许可政策中，仅有 L_MUSE 和 L_SOUE-CEOECD 提到授权用户还包括校友。L_ACS、L_EBSCO 和 L_SCIENCE许可模型明确指出授权用户不包括校友。另外，多数数据库商许可模型特别指出授权用户不包括具有独立管理职能的被许可机构分支机构的成员，仅有 L_IOP 指出授权用户还包括订购机构附属的位于国内的远程站点或校园，L_BIOONE 则指出授权用户也包括被许可者的远程站点的个人并且这些远程站点需要在协议中标明。

对于上述第三类用户即 *walk-in* 用户，数据库商许可模型都特别将其与一般的授权用户区分开，强调这部分人群仅能在被许可者场所使用许可产品，并在许可合同中对这部分人群的使用制定了比较严格的使用限制。

虽然有上述授权用户范围界定的差异，但各方对主流授权用户范围认识一致，所以多年来在此方面没有多少争议。但值得双方共同关注的是，随着远程教育的发展，各种机构组织形式的出现等，远程教育学生、附属机构、校友以及未来可能出现的其他类型人群，或许会成为双方谈判的内容。

（2）关键术语定义问题

许可合同中所使用的一些概念，尤其是关于使用权利方面的，目前并非都获得大家一致的认识。许可合同具有法律作用，如果不清楚地表述出图书馆及其用户可获得的权利的内容，就很容易在协议执行中出现纠纷。2009年CALIS发布的引进数据库用户满意度调查报告的"用户书面意见"中就包括："谈判中有些概念需进一步明确，比如永久使用权与存档权的具体含义，赠送光盘的性质及内容等"。L_IFLA、L_ICOLC、L_AALL、L_ARL6、L_BCELN、L_CDL、L_CSU、L_EBLIDA、L_NERL和L_NSLA等10份图书馆许可原则都提出了"授权权利应表述全面及进行术语定义"的要求。查阅统计的13份图书馆许可模型，有9份（L_CRKN、L_COPPUL、L_EIFL、L_EKUAL、L_JISC、L_JULAC、L_LIBLICENSE、L_OCUL和L_TRNSL）明确列出了"定义"（definition）项目，比例比较高，但还是有许可模型没有设置该内容。所统计的28份数据库商许可模型中仅有14份（L_AGU、L_BMJ、L_EUCLID、L_IEL、L_NATURE等）专门设置了"定义"项目。

5.1.2　合理使用权利管理问题

这部分的管理内容主要是维护授权用户和图书馆的合理使用（Fair Use）权利。

图书馆购置的数据库产品属于知识产权保护的对象。为了平衡作者、出版者、作品使用者、社会等各方权益干系人的利益，各国通常在其知识产权保护的法律法规中都会制定一些合理使用规定。目前，知识产权法并没有赋予图书馆和用户以合理使用名义免受许可合同约束的特权。因此，在意识到数据库商很有可能通过许可合同对图书馆及其用户合理使用施加限制时，图书馆界已经有所行动。本书所统计的25份图书馆许可政策中已有19份非常明确地指出：许可合同应该维护版权法赋予的合理使用权利，不能排除和忽视版权法赋予的合理使用权利，比例为76%。

根据本书对65份数据库商许可政策内容的统计分析，数据库商在合理使用方面的主要观点和要求具有以下特点：

首先，在数量或比例方面，65份数据库商许可政策中有29份涉及到用户的合理使用权利，比例为44.6%，不足半数，与图书馆界的期望相距较远。

其次，图书馆许可政策强调的是数据库商不能在许可合同中限制合理使用的权利，而相当多的数据库商许可政策是从约束条件角度提出合理使用问题。如，29份涉及合理使用的数据库商许可政策，仅有10份（如L_BEGELL、L_EUCLID等）是从维护授权用户合理使用权利的角度提出的，而19份（如L_AIP、L_OSA等），占大多数，都是以要求授权用户和订购机构遵守版权法合理使用原则的形式提出的。在语气上，分别用"必须遵守"、"可以按照"、"适用于"等，强调了数据库商的权利。

第三，有个别数据库商许可政策指出了遵守合理使用原则时的具体使用行为，主要包括复印和下载等。如，L_ASME和L_GBIP指出：授权用户对许可内容的引用必须遵守美国版权法规定的合理使用原则，遵守作者署名要求；L_BIOONE和L_EUCLID指出，为了课堂教学而从许可资源非连续摘录并制作多份备份时，授权用户要遵守现有的合理使用法律和规定；L_OSA指出被许可者和授权用户在与第三方共享一份打印的许可资料时，应当遵守美国版权法的合理使用原则；L_FIRSTSERCH站点协议指出，下载和打印许可资源应当遵守美国版权法的合理使用规定等。上述29份数据库商许可政策中就有14份明确表示要遵守美国的版权法，接近半数。这表明图书馆还需要和数据库商协商和弄清楚具体以哪些合理使用规定为准。

5.1.3 课程包与电子教参使用权利管理问题

在高校的教学过程中，教师们往往需要引用许多专著或论文并向学生展示和说明，课程包（Course Pack）就是指下载部分许可资源打包并用于课程教学，这种行为通常与电子教参（Electronic Reserves）行为密切相关，故有的许可原则或许可模型是将两者放在一起，但也有的是分开表述。一般各国的版权法都将用于教学和科研使用的少量复制认定为合理使用。但由于现实中许多数据库商利用许可合同形式制约了这种合理使用，故这项权利也成了图书馆代表用户争取的权利内容。在网络环境下，对用于教学科研的少量复制有多种形式，也需要图书馆代表用户选择和争取，通过许可合同形式明确下来。

（1）图书馆及其用户的总体需求与数据库商的态度

在本书所统计的 25 份图书馆许可政策中，多数都表达了对课程包和电子教参使用权利的要求，具体内容为：①18 份即 72% 的图书馆许可政策如 L_IFLA、L_AALL、L_BCELN、L_CAUL、L_CDL、L_CIC、L_CRKN、L_SASLi、L_COPPUL、L_EIFL、L_EKUAL、L_JISC、L_JULAC、L_LIBLICENSE、L_NELLCO、L_NERL、L_OCUL 和 L_TRNSL 等指出：许可合同内容应当支持用户本地教学和科研活动，包括用于课堂活动的对相关许可资源电子版保存、组成打印版课程包或联机课程包、或集成到本地安全网络下的虚拟学习环境中并运行在安全的局域网内等。L_CIC 和 L_JULAC 图书馆许可政策还要求，"在课程结束后删除电子版课程包"。②10 份即 40% 的图书馆许可政策如

L_IFLA、L_CDL、L_CIC、L_CRKN、L_COPPUL、L_EKUAL、L_JISC、L_JULAC、L_OCUL 和 L_TRNSL 等指出：许可合同应当许可授权用户建立电子教参的权利。另外，本书 2.5.3 中归纳的调查结果显示，34%的被调查用户认为数据库商应提供"将数字资源汇集于课题或教学使用"的权利。

本书所统计的 65 份数据库商许可政策中，有 22 份（L_ACM、L_BEGELL、L_BMJ、L_CABI、L_HWWILSON-J 和 L_MC 等）比例为 37%，明确表示可以许可授权用户课程包和电子教参权利；有 6 份（L_ACS、L_AGU、L_MUSE、L_SCIENCEDIRECT、L_SCOUP、L_PROQUEST）比例为 9%，明确表示允许授权用户为了课程教学制作链接到许可产品的链接包。另外，有 2 份（L_ASTM 和 L_MUSE）明确表示未经书面同意用户不可以制作课程包的；有 1 份（L_ASTM）明确表示未经书面同意用户不可以建立电子教参；有 1 份（L_KARGER）表示如果被许可者打印多份或制作课程包，则需要事先获得 KARGER 出版商的许可并交纳部分费用。

上面的统计结果显示，图书馆要比数据库商更关注课程包和电子教参权利问题。

另外，有些数据库商是从链接作品角度提到课程包或电子教参许可权利问题，如，L_PROQUEST 站点协议中指出，"许可产品中的文章和著作可以被包括在你的电子存储系统只要对其的使用采用了对许可产品的持久链接"；L_ACS 站点协议指出，授权用户可以链接 ACS 产品作为课程包的一部分；爱思唯尔公司的两份数据库许可模型 L_SCOPUS 和 L_SCIENCEDIRECT 都提出："授权用户可以在电子课程包、电子教参和课程管理系统中集成对许可产品的链接，用于链接由许可者向学院提供的课程"。严格地讲，这些权利并不是真正意义上的课程包或电子教参权利的授权。

（2）课程包或电子教参权利内容分析

课程包和电子教参权利的诉求，与教学活动本身特性有关。从教和学本身特性来讲，教师的教和学生的学是以社会上大量存在的众多成果为基础，介绍和引用最新的研究成果是教和学过程中必不可缺少的。教学人员使用许可资源制作课程包并分发给作为学生的授权用户的方式主要有三种方式：将选择的部分许可资源打印出来分发给学生，或者将选择的部分许可资源集成电子版形式分发给学生，或者将课程包上载到本单位服务器上在内部局域网内可让学生使用。这里涉及三个权利问题：授权用户和图书馆能够获得什么样的权利？这种上载和使用方式的时间范围是什么？用于课程包及其电子教参的部分资源的数量是多少？

25 份图书馆许可政策中有 18 份明确提出课程包及电子教参，没有特别区分采用哪种形式，比较注重联机课程包以及集成到本地安全网络下的虚拟学习环境中并运行在安全的局域网内的要求。对比数据库商的态度，65 份数据库商许可政策中有 9 份（L_ALJC、L_BMJ、L_OSA 等）比较明确表示：允许将课程包上载到本地安全局域网内。比例为 13.8%，远低于图书馆方的72%。目前，仅有 1 份数据库商许可政策（L_ALJC）表示："被许可者可以将课程包制作成非电子非印本形式，如视听或盲文，提供可有视觉障碍的授权用户使用"。将版权作品制作成盲文形式，一般属于版权法的合理使用范畴，不过如果要制作成"视听"形式，还需要数据库商的明确授权。L_ALJC 对这种权利的表述，给图书馆界提了醒，在向数据库商诉求课程包和电子教参权利时，应注意用于为盲人制作"视听"或"盲文"形式的课程包和电子教参的权利。

在上载和使用的时间范围方面，图书馆方目前只有 L_CIC 和 L_JULAC 许可政策提出：在课程结束后删除电子版课程包。数据库商方面，上述 9 份允许被许可者将课程包上载到本地局域网的数据库商许可政策全都明确表示：被许可者或授权用户在特定课程结束后（包括许可合同到期）应当删除所上载和存档的课程包内容。L_IEL 给出了具体的时间期限：课程结束后 90 天内删除。可见，数据库商对其权利维护的敏感和对此问题的重视。从用户角度来讲，课程结束后仍需要复习和应用课程内容，对课程包内容仍有一定需求。

对于组成课程包或电子教参的许可资源的下载量，图书馆和数据库商普遍没有具体的量值规定，用语比较含糊："极少量"或"合理量度"等，仅有 L_IEL 和 L_SAFARI 两份许可模型分别做出了具体量值的规定。这一点比较好理解，一是比较难说多少篇论文或多少章节更适合课程教学。与此同时，针对某一门课程来讲，相关的许可资源一般并不是太多，而教师们也需要考虑自己和学生的阅读量问题。另外，许多数据库商许可政策在提到课程包和电子教参使用权利时，强调授权用户和被许可者应当遵守版权法中的合理使用规定，无形中约束了学生和被许可者下载的行为，特别是对于图书馆（被许可者）来讲，如果每门课程都建设电子课程包，对总体下载量要有所控制。

5.1.4　学术共享与数据挖掘权利管理问题

学术共享（Scholarly Sharing）是指授权用户可以将数字资源中的很少部分的资源打印成印本方式或直接以电子方式传递给其

他学者，用于个人的学术、教育和研究。数据挖掘（data or text mining）是指授权用户为了研究或其他教育目的对许可资源进行文本或数据挖掘。这两种权利的需求在最近几年比较受关注。其中学术共享主要是涉及授权用户的权利，数据挖掘同时涉及图书馆和授权用户的权利。

（1）各方的观点

对于学术共享，目前，25 份图书馆许可政策中已有 7 份（全部是许可模型）提出了学术共享这项权利的诉求，比例为 28%。如，L_BCELN 2008 年版新修改的许可模型、L_CDL 2002 年版及其以后的许可模型、L_CIC 2009 年版许可模型、L_COP-PUL 2008 年版许可模型、L_LIBLICENSE2001 年版和 2008 年版许可模型、L_NELLCO 2004 年版许可模型、L_OCUL2007 年版许可模型草案等都单列有学术共享权利要求条款，指出：授权用户可以采取硬拷贝或电子形式，向第三方同事传递微量的许可资源，供个人使用或学术、教育、科研或专业用途。另外，有些许可政策虽然没有冠以学术共享字样，但其中一些条款的具体内容，涉及到授权用户与其他学者之间的学术信息共享和交流。如，L_JISC、L_TRNSL、L_JULAC 和 L_CRKN 等许可模型指出：授权用户可以给其他个体授权用户提供单篇文章的打印版或电子版；为了避免疑问，L_TRNSL、L_JULAC 和 L_CRKN 等许可模型还指出：这种权利还包括授权用户可以在课堂教学中向每个授权的学生散发单篇文章的拷贝。L_JISC 指出：授权用户也可以给其他图书馆授权用户以信件、传真或安全的电子传输如 Ariel 或类似设备等方式提供许可资源单篇文章的纸质本。如果考虑后者，图书馆方诉求学术共享权利的许可政策约占 44%。这个比值不算低，但不足半数。

相对来讲，数据库商的态度比较模糊。目前，所统计的 65 份数据库商许可政策中，只有 L_PROQUEST 许可模型和 L_MC 许可模型单独列出了学术共享的许可权利条款，指出：被许可机构和授权用户可以向第三方同事提供微量的非实质量的许可资料，用于个人用途或教学或科学研究。L_PROQUEST 许可模型提出的前提条件是，这种提供不会影响第三方可能的订购行为。L_MC 给出的前提条件是：不可用于销售。另外，有 8 份数据库商许可政策允许授权用户与其他学者之间进行非商业性的数据交流，用于他们个人研究和学习。如，L_WORLDBANK 指出，用户可以与第三方共享其数据集中的内容，但有些内容需要经过原始内容提供者的同意。L_BEGELL 和 L_SIAM 指出，授权用户可以对检索结果进行打印并与非授权用户共享打印的内容，授权用户在打印时必须保持版权标志。L_AGU、L_ASCE 和 L_SPIE 许可模型表示，授权用户可以以个人对个人方式，拷贝并传递单篇文章内容。L_ASCE、L_SPIE 同时表示，不能在授权用户与特定个人之间进行系统信息交换。L_SCIENCEDIRECT 表示，授权用户可以从许可产品中打印单篇文章或图书单个章节，与其他授权用户或第三方同事共享，仅为了他们的学习和研究目的。L_WILEY 表示授权用户可以向第三方同事提供打印的或电子版的拷贝。这样计算，数据库商允许学术共享的比例提高到了 15%。

对于数据挖掘，目前，已有 5 份图书馆许可政策（全部是许可模型）提出了数据挖掘的诉求，如，L_BCELN（2008 年版）、L_CIC（2009 年版）、L_COPPUL（2008 年版）分别在各自最新修改的许可模型中开始单列有数据挖掘权利要求条款，指出图书馆采购联盟的成员馆和授权用户可以对许可资源采用数据或文本挖掘进行研究。L_CDL 和 L_JISC 分别在其 2009 年版的许可模型中开始单列有文本挖掘（Text Mining）权利要求条款，指出授权用户可以对许可资源进行文本或数据挖掘，用于合法的学术研究或教育目的。L_JISC 还指出，为了避免分歧和疑问，数据库商应当承认授权用户对许可资源进行文本或数据挖掘形成的数据库的权利属于授权用户。

本书所统计的数据库商许可政策，都没有表示允许授权用户进行数据挖掘的内容，甚至 L_EB 和 L_PROQUEST 明确表示禁止用户和图书馆进行数据挖掘，语气十分强硬。

（2）各方观点的分析

学术共享是现实环境促成的，也是现实中频繁发生的用户行为。从需求上讲，全球各国、各地的经济发展和科学技术发展相当不平衡，各图书馆不可能具有相同的能力购买用户所需数字资源，因此，学者们很自然会与同行交流信息资源。2.5.3 小节已经总结了调研结果中用户对此的需求，同时也根据调研结果总结了现实中用户对学术共享的实际使用。

数据挖掘是数据库系统非常明显的一个功能优势。目前汤森路透公司在其开发的 *Web of Knowledge* 平台上向用户提供了多种检索结果分析功能，中国清华同方开发的中国知网（CNKI）平台上提供了"学术趋势"。这些都属于数据挖掘的应用，但没有允许用户自己下载数据并研制各种数据挖掘功能。从需求上讲，目前科研越来越重视定量研究，重视统计数据，数据挖掘在一定程度上为用户的定量研究、趋势研究提供了更科学的方法。从图书馆许可政策发展情况来看，显然图书馆代表用户将越来越重视这项权利的要求。

总体来看，目前提出学术共享和数据挖掘权利诉求的图书馆许可政策还不是很多，说明图书馆领域对这两项权利的重要性还未深刻领会，但即使这样，数据库商的态度与图书馆的要求依然相距甚远，甚至在数据挖掘方面，数据库商目前的态度竟是"明文禁止"。从纵向比较来看，图书馆界也是最近几年才开始关注学术共享和数据挖掘这两项权利。L_LIBLICENSE 和 L_CDL 两份许可模型在本世纪初开始诉求这种学术共享权利，而其他的都是在 2004 年—2008 年间开始要求的。提出数据挖掘权利的时间段主要集中在 2008 年和 2009 年。由此可见，今后可能会有更多的图书馆许可政策以及图书馆实体提出这种权利诉求。数据库商显然需要努力跟进。

5.1.5　馆际互借或原文传递权利管理问题

馆际互借（Interlibrary Loan）是图书馆的传统业务，而在数字及网络环境下，又拓展出原文传递（Document Delivery or Document Supply）形式，也被称为文献传递。馆际互借的历史悠久，并有比较成熟的运作机制。但在数字及网络环境下，由于传递方式便利和快捷，数据库商对此格外警惕，成为了近年来图书馆与数据库商争议很大的问题。"1996 年国际出版者协会公布的《国际出版者协会声明：图书馆、版权和电子环境》表示：作品的数字版权不适用于'私人'或'个人'使用的版权免责，并强调数字文献传递是出版者提供的新的基本服务之一，图书馆为远程读者提供未授权的数字资源使用服务，会与出版商产生竞争，给出版商带来巨大损失并打击他们的积极性"[60-61]。2011 年 6 月，"国际科学、技术和医学出版商协会"（STM）专门针对图书馆的"文献传递"发表了声明《STM 关于文献传递的声明》，表示数字文献传递应当由权利所有者控制，对图书馆用户提供的应是现场打印的单篇文章等①。面对数据库商比较严厉的限制和约束，图书馆代表用户必须要采取据理力争的努力。

（1）许可政策授权馆际互借或原文传递总体情况

所统计的 25 份图书馆许可政策中，仅有 L_ARL6 和 L_CA-LIS/DRAA 两份没有专门提到馆际互借或原文传递的问题，这与其并不涉及具体权利而仅从较为宏观指导角度制定原则有关。这一数据显示图书馆方异常重视馆际互借权利。23 份图书馆许可政策都特别强调数据库商应当允许、承认而不是限制、取消和规避图书馆的馆际互借权利。

因涉及馆际互借或原文传递问题的主要是全文数据库，因此本书选择面向全文数据库且包含了使用权利授权内容的数据库商许可政策作为统计分析的基础，包括 L_ACS 和 L_AGU 等 52 份（表 2 - 10，表 2 - 11 及表 2 - 12 中除 L_CABI、L_SCOPUS、L_SWETSWISE、L_ULRICHS、L_EB、L_TRHC、L_REFWORKS、L_OVIDSP、L_WOK、L_ELSEVIER、L_EMERALD、L_GBIP 和 L_LWW 等之外的其他许可政策）。其中，有 31 份（如 L_ACS 和 L_AGU 等）授权了被许可者（图书馆）馆际互借或原文传递方面的权利，为上述 52 份数据库商许可政策的 59.6%，过了半数。其他的没有提及，无法获知数据库商的态度。因为数据商与图书馆对馆际互借的权利，理解上有偏差，因此，没有提及不能表示数据库商反对，也不能表示数据库商同意。

用语方面有馆际互借和原文传递之分。图书馆和数据库商双方在表述传递文献权利时的用语情况如表 5 - 1 所示：

---

① STM. STM Statement on Document Delivery. http://www.stm-assoc.org/20110608STMStatementDocumentDelivery. pdf，2011 - 0608/2011 - 08 - 15.

表 5-1　许可政策描述传递文献权利的用语情况

表述语言情况	对应图书馆许可政策的数量/比例	对应数据库许可政策的数量/比例
包括馆际互借和原文传递	5/21.7%	1/3.2%
仅包括馆际互借	12/52.2%	28/90.3%
用陈述语句	6/26.1%	2/6.5%

　　双方都主要使用馆际互借用语。尤其是数据库商，基本上都是将馆际互借权利与原文传递权利分开，仅授权图书馆馆际互借权利。如，图书馆方仅提到馆际互借需求的包括 L_IFLA、L_ICOLC、L_AALL、L_CDL、L_CIC、L_COPPUL、L_LIBLICENSE、L_LIBER、L_NELLCO、L_NERL、L_OCUL 和 L_SAS-Li12 份许可政策。数据库商方仅表示授权馆际互借权利的包括 L_ACM、L_ACS、L_AGU、L_AIP、L_APS、L_ASCE、L_ASME、L_BEGELL、L_BIOONE、L_BMJ、L_EUCLID、L_FIRSTSEATRCH、L_HWWILSON-J、L_IEL、L_IET、L_IOP、L_JSTOR、L_MC、L_KARGER、L_MUSE、L_OSA、L_OUP、L_SPIE、L_PROQUEST、L_SAGE、L_SCIENCE、L_SCIENCEDIRECT 和 L_SOURCEOECD28份许可政策。

　　不少数据库商明确表示馆际互借与原文传递是不同的权利。如，L_ACS、L_IET、L_SCITATION 和 L_WILEY 等数据库商许可政策明确禁止被许可者利用许可资源开展原文传递活动；L_OUP 指出如果开展原文传递服务要与出版商联系。仅有 L_HWWILSON-J 许可政策表示授权被许可者的权利既包括馆际互借，也包括原文传递。这种现状表明，数据库商通常不愿意将原文传递等同于馆际互借，也显示出馆际互借与原文传递有含义上的微妙差异。图书馆方也意识到数据库商的这种态度，如，L_CAUL、

L_CSU、L_EBLIDA、L_ECELN和 L_NSLA 等图书馆许可政策同时采用了馆际互借和原文传递的称呼。L_EBLIDA 还特别指出："要注意电子原文传递是直接传递给用户的，印本馆际互借是图书馆之间共享，要区分印本的馆际互借和原文传递。图书馆和供应商应该努力寻找适当的方法来解决电子原文传递问题"。另外，图书馆方 L_CRKN、L_EIFL、L_EKUAL、L_JISC、L_JULAC 和 L_TRNSL6份许可政策，数据库商方 L_ALJC、L_CJO 和 L_NA-TURE 3 份许可政策，分别都使用陈述语句描述类似权利，而避免使用容易引起争议的馆际互借或原文传递词语。不过，从数量和比例上很容易看出，数据库商很少使用这种形式，表明他们对馆际互借与原文传递的区分很清楚和明显。图书馆许可政策在用词方面比实践中的人们更为谨慎。

馆际互借或原文传递，涉及到资源接收者、信息媒介、传递途径、传递数量和传递规范等若干方面问题。数据库商为了保护自身经济利益往往要在上述几个方面进行限制和约束。以下将分别讨论。

（2）馆际互借或原文传递接收者类型分析

接收者的类型包括用户个体和图书馆机构。用户个体还可区分为授权用户和非授权用户；图书馆机构还可区分为多种类型，如，是否同一国家、营利或非营利性机构等。

考察图书馆和数据库商双方的许可政策内容，主要有以下几方面特点：

首先，双方都较少明确接收者为用户个体。图书馆方只有 L_CRKN、L_JULAC、L_JISC 和 L_TRNSL4 份许可政策表示接收者为用户个体，数据库商方只有 L_ALJC、L_ASME、L_BE-GELL、L_BIOONE、L_EUCLID 和 L_OUP6 份许可政策表示接收者为用户个体。其余的基本上都是指接收者为图书馆，有个别数据库商许可政策未明确指出接收者的类型。

其次，数据库商方更在意图书馆是否是非商业性机构。如，L_ACS、L_AGU、L_ASCE 等 14 份数据库商许可政策都特别明确了接收者是非营利性图书馆。目前，我国图书馆界现实的做法是，以行业内或公益性图书馆之间开展馆际互借或原文传递为主，特别是近年来各行业图书馆工作会议上，加强行业内图书馆联盟以便更好地开展馆际互借和原文传递的呼声非常高。不过，现在越来越多公共图书馆面向企业用户开展信息服务，数据库商的这种限制显然对图书馆的这类服务形成了障碍。目前，图书馆许可政策中仅有 2 份（L_CAUL 和 L_EIFL）承诺执行这种限制，可见图书馆方对此限制有保留。

第三，在馆际互借或原文传递范围为"同一国家"要求方面，图书馆方只有 L_EIFL 提出了这种约束条件。EIFL 是一个国际性的图书馆联盟。数据库商方则有 L_ALJC、L_APS、L_IEL、L_IET 等 12 份许可政策有此限制。可见数据库商对此问题比较重视。

（3）馆际互借或原文传递方式

数据库商允许图书馆开展馆际互借或原文传递的方式，直接决定着数据库商对图书馆的授权力度。

表 5－2　数据库商许可政策关于馆际互借或原文传递方式的规定

许可政策	信息载体	传递途径	数量限定	遵守的规范
L_ACM	打印版	不可以通过电子传输	CONTU 指南	CONTU
L_ACS	PDF	通过邮寄、传真或电子传输	5/刊、章/年	

许可政策	信息载体	传递途径	数量限定	遵守的规范
L_AGU	PDF	通过邮寄、传真或电子传输		
L_AIP	打印版	通过邮寄、传真或安全传输设备 Ariel 及类似设备，打印后立即删除数字版	CONTU 指南	CONTU，类似规定如版权下的合理使用
L_ALJC	打印版或电子版	通过邮局、传真或通过互联网的电子传输		
L_APS	打印版	通过邮寄、传真或手工，不可以通过电子传输		
L_ASCE	打印版	通过邮寄、传真或安全传输设备 Ariel 及类似设备，打印后立即删除数字版	CONTU 指南	CONTU，类似规定如版权下的合理使用
L_ASME	打印版	通过邮寄、传真或安全传输设备 Ariel 及类似设备，打印后立即删除数字版		
L_BEGELL	打印版或电子版	可以使用 Ariel 等先进技术		美国版权法108 条
L_BIOONE	打印版或电子版			
L_BMJ	打印版	不可电子传递除非用安全传输设备 Ariel 及类似设备，打印后立即删除数字版		

许可政策	信息载体	传递途径	数量限定	遵守的规范
L_CJO	打印版	通过邮寄、传真或安全传输设备，打印后立即删除数字版		
L_EUCLID	打印版	通过邮寄、传真或安全传输设备 Ariel 及类似设备，打印后立即删除数字版	CONTU 指南	版权法下的合理使用
L_FIRSTSEARCH				
L_HWWILSON-J				
L_IEL	打印版		CONTU 指南	美国版权法108条，CONTU
L_IET	打印版	通过邮寄、传真或安全传输设备 Ariel 及类似设备，打印后立即删除数字版	CONTU 指南	CONTU，类似规定如版权下的合理使用
L_IOP	打印版	通过安全传输设备 Ariel 及类似设备，打印后立即删除数字版	CONTU 指南	美国版权法108条，CONTU
L_JSTOR	打印版	通过邮局或传真、或采用电子传输方式，例如 Ariel 或等同方式。	CONTU 指南	美国或国际版权法律，CONTU
L_KARGER	打印版	通过邮寄或传真，电子传输还需要出版商的专门同意		

续表

许可政策	信息载体	传递途径	数量限定	遵守的规范
L_MC	打印版			美国版权法108条
L_MUSE	打印版或电子版	纸质、传真或数字形式传播	CONTU 指南	CONTU
L_NATURE	打印版			
L_OSA			CONTU 指南	CONTU
L_OUP	打印版	通过邮寄、传真或安全传输设备 Ariel 及类似设备，打印后立即删除数字版	5/刊、书/年	美国版权法108条，CONTU，如果被许可者在美国的话
L_PROQUEST	打印版			
L_SAGE	打印版			
L_SCIENCE	打印版	可通过电子传输，接收并打印后立即删除电子文件		美国版权法108条
L_SCIENCEDRECT	打印版	通过邮寄、传真或安全传输设备 Ariel 及类似设备	CONTU 指南	美国版权法108条，CONTU，如果被许可者在美国的话
L_SOURCEOECD	可以是电子形式	一次性的		
L_SPIE	打印版	通过邮寄、传真或安全传输设备 Ariel	6/刊、章/年	

在信息载体限制方面，目前，图书馆和数据库商都认可通过馆际互借或原文传递提供给接收者的信息的载体可以是打印出来的纸质。焦点问题是接收者是否可以接收电子版文献。图书馆方

面，明确指出可以传递电子版文献的有6份许可政策（L_ICOLC、L_BCELN、L_CRKN、L_EKUAL、L_JULAC、L_TRNSL），占23份图书馆许可政策的26.1%。仅有2份（L_EIFL、L_JISC）明确写明仅为纸本形式，其他14份没有明确说明。这些数字显示，大多数图书馆许可政策希望接收的信息载体除了纸本外，还希望能有其他的，即不做太多限制。对比表5-2中的数据，31份数据库商许可政策中，有7份许可了接收者接收电子版文献，比例约为22.6%。这个比例低于图书馆方，可见数据库商在此方面限制过大。在数字资源越来越重要也越来越多的发展趋势下，图书馆及其用户对电子版文献的需求会越来越大。

在传递途径限制方面，图书馆和数据库商双方都比较认可传真、邮寄或其他手工方式。双方争议的焦点是"联机传输"方式。图书馆方面，23份许可政策中L_ICOLC、L_LIBER、L_CAUL、L_CDL、L_CIC、L_SASLi、L_COPPUL、L_CRKN、L_CSU、L_EIFL、L_JISC、L_JULAC、L_NERL、L_NSLA、L_OCUL和L_TRNSL16份提出：许可合同应当允许图书馆以联机等传递的方式对所购资源进行馆际互借，数量很大，比例为69.6%。其中，L_CAUL、L_CDL、L_CIC、L_CRKN、L_EIFL、L_JISC、L_JULAC、L_OCUL、L_TRNSL9份图书馆许可政策具体提出：电子传输采用中间媒介如Ariel等同类可保证打印后即刻删除电子版的设备，比例为39.1%。数据库商方面，如表5-2所示，有2份明确表示不许可电子传输，有20份数据库商许可政策允许图书馆采用电子传输方式，比例为64.5%，比例值略低于图书馆方的69.6%。其中，绝大多数都提出采用Ariel等类似设备并要求传输打印后立即删除电子版。上述数据显示，图书馆方积极诉求电子传输权利，但数据库商没有很好地响应或跟进。对于 Ariel 等类似设备的使用，图书馆方和数据库商方都还是比较认可，尤其是数据库商方。这种方式在平衡图书馆和数据库商利益方面有一定作用，给图书馆馆际互借工作提供一定便利的同时，以打印并立即删除电子版行动来维护数据库商的利益。当然这种方式对图书馆还是有一定约束。另外，也有的数据库商许可政策如 L_KARGER 表示：如果图书馆希望采用电子传输方式，需要数据库商的专门授权。这种陈述给了图书馆和数据库商继续谈判的余地。总而言之，在传递方式上，数据库商过于保护自己的利益。

在传递数量限制方面上，主要争议点是在规定时间内可传递的文献数量。图书馆方面，L_IFLA、L_CAUL 和 L_LIBLICENSE3 份许可政策的说法比较笼统，即"传递合理数量"；L_NELLCO、L_CDL 和 L_CIC3 份许可政策提出要遵守美国的 CONTU 指南，即美国有关版权材料的新技术使用委员会 1978 年制定的《馆际互借协议中的复制指南》（Guidelines on Photocopying underInterlibrary Loan Arrangements）。该《指南》提出了著名的"五项规则"，与本书所指馆际互借或原文传递有关的内容可以归纳为：（请求馆）在任何一个公历年内提出复制某篇文章或者某种期刊在请求日之前 5 年内所刊载文章的副本数量总计在 6 件或者其以上者，则认为累计总量构成替代被复制作品的订阅或者购买[62-63]。因此，L_NELLCO、L_CDL 和 L_CIC3 份许可政策相当于提出了传递数量的具体限制值，仅占 23 份图书馆许可政策的 13%。其他的则都没有对此提出更明确的建议。这种状况与更多情况下数据库商占据主动且 CONTU 指南对图书馆方限制太大有关。表 5-2 显示，数据库商方面，31 份许可政策中有 14 份给出了具体的传递数量限制，不及半数，但已远超图书馆方。其中有

11 份表示遵循 CONTU 指南，有 3 份给出了具体值，都比 CONTU 指南更严格。也有的数据库商许可政策没有给出具体的值，但给出了原则性要求。如，L_PROQUEST 数据库商指出，馆际互借服务不能影响接收传递的机构的订购行为。而 CONTU 指南也有这样的要求。有的数据库商提出用缴纳费用方式来解决传递文献数量超出规定的问题。如，L_ACS 和 L_SPIE 两份许可政策规定：如果超过了规定的限制，多传递的部分必须直接向数据库商或 *Copyright Clearance Center* 提交使用费用。显然，这种规定还是用来限制图书馆馆际互借或原文传递活动。总之，在此方面，各方都比较慎重，多数都没有具体数量规定，这种方式容易引发双方利益的冲突和争议，但同时也给了图书馆机会，通过谈判争取更大的原文传递数量。

5.1.6 永久访问与长期保存权利管理问题

永久访问（perpetual access）和长期保存（archiving or preservation）已是数字资源采购活动中的常谈话题。在数字资源采购活动中，永久访问权利是指授权用户对之前图书馆所购数字资源数据有权永久进行访问和使用的权利。长期保存本是指为保证数字比特流可长期维护和其内容可长期获取的必要管理活动[64]。在图书馆采购数字资源活动中，长期保存权利则特指图书馆对所采购的数字资源开展长期保存活动的权利。这两方面的问题属于权利诉求方面的问题，也属于采购模式或价格模式方面的问题。我国图书馆自开展数字资源采购活动以来，一直非常重视积极争取永久访问和长期保存两种权利。

由于永久访问和长期保存更多涉及数据库商的销售模式，因此对数据库商观点的考察，不仅要根据各自的许可政策，还要参考他们网站上发布的相关销售政策内容以做补充。经我们对上述信息的统计，有 45 份数据库商许可政策及其网站涉及到销售模式，包括表 2－10 中的 28 份数据库商许可模型、表 2－11 中 13 份数据库商许可原则（不包括 L_ULRICHS）以及表 2－12 的 L_ACM、L_EBRARY、L_FIRSTSEARCH、L_OVIDSP 等数据库商站点协议共 45 份。因此，对数据库商许可政策的有关信息的统计均以此 45 份扩展后的许可政策为基础。

（1）永久访问权利管理方面双方的观点

根据对 25 份图书馆政策的统计，图书馆对待永久访问权利问题的观点可以概括为以下几点：

首先，有 22 份图书馆许可政策提出了永久访问的要求，比例为 88%，比较高。其中有 20 份（L＿IFLA、L＿ICOLC、L_CAUL、L＿CDL、L＿CIC、L＿COPPUL、L＿CRKN、L＿CSU、L_EBLIDA、L_EIFL、L_EKUAL、L_JISC、L_JULAC、L_LIBER、L_LIBLICENSE、L＿NERL、L＿NELLCO、L＿OCUL、L＿SASLi、L_TRNSL）都明确表示数据库商应该提供用户永久访问的权利，L_BCELN 则表示希望数据库商能提供永久访问的权利。L_CALIS/DRAA 将是否有永久访问权利作为数据库评估的一个指标。

第二，有 12 份图书馆许可政策关注了永久访问的实现方式，如，L_ARL6、L_BCELN、L_CALIS/DRAA、L_CAUL、L_CIC、L_CRKN、L_COPPUL、L_EKUAL 和 L_SASLi 等图书馆许可政策指出：数据库商如果许可用户永久访问权利，应说明保证永久访问的机制，是访问数据库商网站，还是访问存放许可资源的联盟或成员馆；L_CDL 则指出数据库商应同意合作开展长期保存活动的第三方可以向有权利使用该许可资源的其他保存系统参与者提供许可资源；L_TRNSL 则明确指出数据库商也应当努力安排第三方存档以便保证用户的永久访问。L_JISC、L_TRNSL还表示数据库商不应对图书馆另外收费。

第三，对于永久访问，图书馆许可政策也提出了保护数据库商及数据库内容版权者的自我约束内容，如，L_CDL、L_CIC、L_CRKN、L_COPPUL、L_EIFL、L_EKUAL、L_JISC、L_JULAC、L_LIBLICENSE、L_NELLCO、L_OCUL、L_TRNSL12 份许可政策指出：在永久访问所购数据库内容时继续遵循许可合同中有关的使用规定。

对上述 45 份数据库商许可政策内容进行考察，结果显示：30 份（L_ACM、L_ACS、L_AGU、L_ALJC 等）表示可以向授权用户许可不同程度的永久访问权利，比例为 66.7%。具体观点主要包括：

第一，在永久访问权利覆盖范围和程度方面，有的平台协议如 L_OVIDSP 指出："无论我们的出版商伙伴是否许可或由于其他因素，我们承诺提供对客户原始订购期订购的期刊内容的持续访问。该政策强调了我们的客户希望能够获得连续访问的需求，同时考虑了出版商、作者和其他版权的要求。然而，访问可能会发生变化，但不再通知"。有的表示仅对部分数字资源的使用授予永久访问权利。如，L_ACS 表示仅对会议录及其其他部分产品提供永久访问权利；L_ELSEVIER 对其电子图书、参考工具书和完整数据库提供了永久访问订购模式。有个别数据库商许可政策表示不承诺保持可永久访问数据的永久存在。如 L_OUP 表示：永久访问是直接访问数据库商原来的站点，但数据库商不承诺保持这些数据持续存在，如果数据库商没有权利继续出版某种出版物，将立即停止提供。有些数据库商对永久访问方式有所限制，如 L_OUP 许可政策表示：用户可以永久访问已购 *OUP* 期刊全文数据库数据，但提供的是 PDF 格式，不再提供 HTML 格式等。

第二，在访问途径方面，有部分数据库商许可政策如 L_ALJC、L_BEGELL、L_BIOONE、L_EUCLID、L_OSA 和 L_THIEME表示：授权用户可以访问数据库商站点，也可以访问第三方站点以获取可永久访问的资源，数据库商也可以向图书馆客户提供电子教参文件；L_ASCE 表示：被许可者可以将存档内容集成到被许可者自己的信息系统中提供给授权用户使用；L_ASME、L_SCIENCEDIRECT 表示其数据库商参加了 PORTICO 保存活动，以示有能力支持用户的永久访问；L_AGU 表示客户停止订购后可通过 PORTICO 网站继续访问之前购买的数据，也可以选择一次性买断附带缴纳少量年度平台费方式（One-Time Purchase Option）获得永久访问权。L_HWWILSON-J 和 L_HW-WILSON-A 表示选择永久访问的可以进行本地安装（数据库商不提供检索软件），也可以继续联机访问原有站点，访问原有站点需要交纳年度平台费等。

第三，从价格模式角度看，有的数据库商许可政策是将永久访问作为一种可选择的销售模式供图书馆订购者选择。如，L_AGU、L_HWWILSON-J、L_HWWILSON-A 都提供了选择一次性支付永久访问价格模式，订购者的用户可继续访问数据库商检索平台上已购买数据即获取永久访问权。有部分数据库商许可政策提出图书馆应交纳少部分费用来获取永久访问权限。如，L_THIEME指出：协议终止后出版商将提供被许可者 5 年期限，继续对已订购的许可资料的访问，超过 5 年，被许可者若选择继续通过访问出版商服务器的方式，使用这些许可资料，需支付年度管理费，或者出版商在被许可者一次性支付费用后，提供许可资料；L_AGU、L_IOP 和 L_OSA 则指出图书馆应当支付平台费；

L_IEL 表示图书馆需要支付规定的费用。L_MC 表示图书馆可以选择支付年度平台费进行永久访问，也可以选择自行下载整个资料存储在本地。

第四，多数数据库商许可政策如 L_ACS、L_AIP、L_APS、L_BEGELL和L_SPIE 等表示：永久访问数字资源时，要继续执行原有许可合同上规定的使用权限要求。

（2）长期保存权利管理方面各方的观点

有 14 份图书馆许可政策提出了图书馆长期保存权利问题，比例为 56%。其主要观点可以归纳为：

第一，对于图书馆获取长期保存所采购数字资源权利方面，有 8 份图书馆许可政策（L_CALIS/DRAA、L_CDL、L_CIC、L_EIFL、L_EKUAL、L_JISC、L_NELLCO 和 L_SASLi）明确指出，被许可者（图书馆）应被允许存储所购数字资源。另外，L_ICOLC许可政策指出，数据库商应当与图书馆合作探索数字资源长期保存方式。L_AALL、L_ARL6 和 L_SASLi 等许可政策指出：如果许可合同规定了永久访问，应当允许被授权者即图书馆制作存档备份，或者指明谁有该资源的永久存档责任。也有的提出采用印本作为长期保存的方式，如，L_CDL 许可政策指出电子期刊的订购应该包括一套印本存档，学院印本订购应当有折扣。

第二，对于数据库商准备停止出版或出售或转让的部分许可资源，图书馆也表示了自己的担心，并提出了应对措施，如，L_TRNSL许可政策指出，数据库商应当尽最大努力将这些资源免费提供给联盟进行存档并提供服务。

第三，对于长期保存的方式，L_CALIS/DRAA许可政策表示可采取联盟公共存档或成员馆自行存档的方式；L_BCELN、L_COPPUL、L_JULAC 等许可政策指出，图书馆可以选择参加图书馆长期保存合作组织如 LOCKSS；L_CDL 许可政策则指出，数据库商应允许图书馆与第三方合作开展长期保存活动。

第四，对于图书馆长期保存数字资源的使用权限，L_CIC 和 L_OCUL 许可政策指出：当数据库商不能继续维持其许可资源的存档库时，被许可者长期保存的许可资源可以向授权用户开通。

对于图书馆上述的需求和要求，数据库商许可政策表达出来的观点主要包括：

第一，23 份数据库商许可政策（L_ACS、L_AIP、L_APS、L_ALJC等）表示可向图书馆许可不同模式的长期保存权利，比例为51.1%。

第二，有些数据库商许可政策是将图书馆获取长期保存权利与永久访问权利捆绑，如，L_AIP、L_APS、L_EUCLID、L_IEL 等16 份数据库商许可政策表示：可向图书馆提供存档文件以实现永久访问所购数字资源；也有的数据库商许可政策仅授权图书馆"长期保存"权利，如，L_ASME 指出，允许被许可者购买存档盘；L_SOURCEOECD 指出，为了备份、服务管理和存档的目的，图书馆订户可以制作许可作品的一个完整的电子拷贝；L_SAGE 指出，被许可者可以保存一份许可产品仅用于存档。

第三，个别数据库商许可政策明确指出，图书馆可以参加现存的一些民间长期保存活动，如，L_MUSE 指出被许可者可以参加 LOCKSS 保存项目。L_ACM 表示已经参与了 LOCKSS 和 POR-TICO 两个不同的保存项目，希望订购者可以参加这些保存项目来实施他们的永久保存权利。

（3）双方观点的比较分析

从双方权益保障和利益平衡角度对上面统计结果进行分析，主要存在以下几个特点和问题：

第一，本书所统计的所有图书馆许可原则中约88%都提出永久访问权利要求，56%都提出了长期保存权利要求；而数据库商许可政策在这两方面的比例分别为66.7%和51.1%。数据显示，图书馆方对这两项权利非常关注，数据库商响应的还算可以。但数据库商并没有将这些权利运用到其下的所有数字资源产品上，如，有的许可政策规定上述两项权利仅适用于电子图书而不适用于其期刊全文数据库。因此，上述两份比例的实际价值大打折扣。目前，数据库商更多是应对图书馆的要求。

第二，在授权图书馆长期保存问题上，图书馆方面25份许可政策中有14份提出了要求，刚过一半，其中90%以上都是许可原则，说明许可模型不得不面对现实。分析图书馆许可政策的具体表示，除了L_ICOLC采用了"必须（must）"外，多数的许可原则都采取了"应该（should）"，显得语气比较温和，也可以说是无奈，这与现实中图书馆处于谈判的相对弱势地位直接相关。

第三，永久访问权利和长期保存权利关系密切，但并不等同。前者是面向授权用户，后者是面向图书馆订户。上述有关数据库商观点的统计结果显示，认可图书馆订户长期保存权利的数据库商许可政策，多数都许可了授权用户永久访问权利，这一点还是令人欣慰的，但毕竟不是全部。

第四，对于"图书馆停止续订后，图书馆或授权用户对之前采购的数字资源的使用需要继续遵守原有许可合同的使用约束"这一要求，表面上来看并无不妥，但进一步深思，这种要求实际上存在一定问题。因现有的使用限制往往是数据库商根据现阶段的技术、市场环境以及知识产权保护法规等因素制定的。如，现阶段相当多的数据库商限制图书馆和授权用户的数据挖掘、学术共享或原文传递等使用权利。但未来的环境因素会发生变化，现在数据库商规定的限制，在未来也许就不适用了。如果继续沿用旧的许可合同的使用限制，显然对图书馆及其授权用户不公平。

第五，永久访问或存档数据获取费用方面，图书馆方面涉及的比较少，有个别许可政策提出数据库商应免费提供，有的提出图书馆可以支付少量费用。相对来讲，数据库商方面提出图书馆需缴纳费用的许可政策比较多。如，支付永久访问的平台费，或支付存档数据的购买费等。这里面存在一个费用计算的问题，即数据库商要求图书馆订户支付的采购费中，是否包括了这部分费用。

第六，图书馆向用户提供存档数据服务，有时候存在"启用触发条件"，即指图书馆为用户提供存档数据的前提条件。设置"启用触发条件"，实际上是平衡各方利益的一种折中方法。图书馆如果仅存档数据而不启用这些数据为用户服务，图书馆服务读者的工作大打折扣；如果图书馆一开始就启用存档数据服务用户，数据库商则会担心其商业利益受到冲击。这是一个很现实的问题。目前，图书馆方仅有 L_OCUL 许可政策提出了启用触发条件的应用，即"当数据库商不能继续维持其许可资源的存档库时，被许可者长期保存的许可资源可以向授权用户开通"。数据库商方面目前的许可模型还没有涉及这问题。这种现象反映出，数据库商目前还未找到比较成熟的方式，需要与图书馆共同探索。

第七，在长期保存数据使用范围方面，主要的问题是，图书馆是仅仅提供给到馆读者，还是可以通过互联网向原授权用户范围提供，还是可以向更多的用户提供？从上述统计来看，图书馆和数据库商主要还是偏向原授权用户范围。数据库商方面也有不少仅仅提出向图书馆订户提供静态文件进行存档，未涉及用户范围。另外，现实中，集团采购还存在向谁提供存档数据的问题，是整个集团的某个单位，还是所有成员馆，上述双方的许可政策都没有详细讨论这个问题。

5.1.7 元数据与使用统计数据获取权利管理问题

元数据（metadata），是指图书馆所购数字资源的书目数据，多数是 MARC 形式。使用统计数据（usage data），是检索平台上记录的用户群体的使用情况。图书馆对这两类数据的需求，是为了更好地为其用户提供服务。

（1）元数据管理方面双方的观点

图书馆对元数据的需求，是为了能够对所购数字资源建立联机目录。有 9 份图书馆许可政策明确提出，数据库商应当向订购者（图书馆）提供元数据。如，L_ICOLC、L_CAUL、L_CRKN、L_CSU、L_JULAC、L_LIBER 和 L_SASLi 等图书馆许可政策表示：数据库商应当将电子形式书目数据或称元数据作为采购产品的一部分提供给图书馆，不再额外收费；L_BCELN、L_CAUL 和 L_JULAC 等表示：数据库商应该提供 MARC 数据；L_JULAC 表示数据库商应在开始使用资源两周之内提供元数据；L_CALIS/DRAA 表示数据库商应该提供与数据库配套的数据服务，如 MARC 格式的书目数据、用于电子资源导航的刊名数据等，集团采购的全文数据库应提供元数据，如，书目数据、MARC 数据、目次和文摘信息等，或数据同步更新的接口。关于元数据，数据库商方面，对图书馆方面提出的上述需求，目前，只有 L_PRO-QUEST 和 L_SWETSWISE 直接表明了态度。L_PROQUEST 提出，被许可者可以将其产品的 MARC 记录嵌入到被许可者的联机公共目录（OPAC），但没有经过 PROQUEST 公司特别许可，不可将这些 MARC 数据上载到 WorldCat 等类似的共享联机目录系统。L_SWETSWISE则提出如果需要元数据，还需要另外与 SWETS-WISE 的合作伙伴签订许可合同，在冲突情况下后者协议具有优选权。

（2）使用统计数据管理方面双方的观点

图书馆对使用统计数据的需求，是为了掌握用户信息需求和信息行为状况，作为培训用户和订购数据库的一个参考依据。有21 份图书馆许可政策（L_IFLA、L_ICOLC、L_BCELN、L_CA-LIS/DRAA、L_CAUL、L_CDL、L_CIC、L_CRKN、L_EBLIDA、L_EIFL、L_EKUAL、L_JISC、L_JULAC、L_LIBER、L_LIBLI-CENSE、L_NERL、L_NELLCO、L_NSLA、L_OCUL、L_SASLi 和L_TRNSL）明确表示数据库商应该向图书馆提供用户使用统计数据。在使用统计数据格式方面，L_BCELN、L_CALIS/DRAA、L_CRKN、L _ CDL、L _ CIC、L _ JISC、L _ JULAC、L _ EIFL、L_EKUAL、L_LIBLICENSE、L_NELLCO、L_NERL、L_OCUL、L_SASLi和 L_TRNSL15 份图书馆许可政策表示使用统计报告应符合 ICOLC 推荐的标准如 COUNTER 规定。L_CIC 还表示可以是其他国际组织制定的标准。在使用统计数据提供周期方面，L_CRKN、L_SASLi、L_NERL 等表示数据库商应定期提供使用统计报告；L_CDL、L_JULAC 和 L_EKUAL 表示每个月提供，L_EKUAL还指出同时也提供年度的统计报告；L_EIFL、L_JISC表示每季度提供。在使用统计数据提供对象方面，L_CSU、L_CAUL和 L_NSLA 表示使用统计数据应该提供给每个图书馆；L_CDL、L_EKUAL 和 L_OCUL 表示应该提供使用统计数据给联盟和每个成员馆；L_COPPUL、L_CRKN 表示，许可者应联盟或

成员馆的请求向其提供整个联盟或成员馆的使用统计数据。另外
L_ICOLC、L_EKUAL、L_NSLA、L_NERL 还表示数据库商应该
提供方便的管理功能以便图书馆获取用户使用统计数据。

数据库商对此方面的态度，目前，L_ACS、L_AGU、L_BMJ
和 L_SCIENCEDIRECT 等 13 份许可政策表示同意向被许可者提
供使用统计数据。其中，L_AGU、L_ALJC、L_BMJ、L_NATURE
等 9 份许可政策表示可以向被许可者提供符合 COUNTER 标准的
使用统计数据。L_MUSE、L_SCOPUS、L_SCIENCE 和 L_SCI-
ENCEDIRECT 等表示向被许可者提供使用统计数据的周期为月，
L_SCIENCE 表示年底提供年度使用报告。关于"使用统计数据"
应用范围，各数据库商许可政策一般表示：使用统计数据的采集
和应用，需遵守所采用的隐私保护法律以及双方所同意的形式，
并且严格保护个人用户的匿名信息和检索隐私。

（3）双方观点的分析

数字资源元数据和使用统计数据，可以说是采购数字资源活
动的副产品。在数字环境下，数据库商很容易获得这两类数据，
关键问题是数据库商是否愿意提供给图书馆。从上面的统计
来看：

第一，对于使用统计数据的提供，图书馆方面的要求非常强
烈，25 份许可政策中有 21 份都提出了数据库商应该提供使用统
计数据的要求，比例为 84%，特别是 2 份国际组织许可原则
L_IFLA 和 L_ICOLC 都提出了这种要求。数据库商方面，65 份数
据库商许可政策中仅有 12 份给出了肯定的回应，比例为 18.5%。
这两个比例值相差太大，反映出数据库商的态度与图书馆的要求
相差甚远。

第二，对于配套的书目元数据的提供，图书馆方面，25 份

图书馆许可政策中有 9 份都提出了数据库商应免费提供书目元数据的要求，虽然还不足一半，但因包括了 L_ICOLC，实际应用范围非常广。而在数据库商方面，仅有 2 份数据库商许可政策表示可以向图书馆提供书目元数据，并且还提出了使用限制。可见，在此方面，图书馆的需求比较强烈，但数据库商缺乏回应。图书馆对这方面的要求源于整合数字资源的需求，是为了改进图书馆服务的一项重要任务，显然目前数据库商还没有更多地考虑图书馆的服务需求。

第三，在使用统计数据格式方面，21 份提出数据库商应提供使用统计数据的图书馆许可政策中，15 份都提出使用统计数据的格式和内容要符合 COUNTER 标准，比例为 71.4%；12 份表示可以向图书馆提供使用统计数据的数据库商许可政策中有 8 份保证符合 COUNTER 标准的，比例为 66.7%，接近图书馆方的。

第四，在元数据格式方面，图书馆方有 3 份图书馆许可政策明确提出要求是 MARC 形式，仅 1 家数据库商承诺提供 MARC 形式的书目元数据。图书馆对书目元数据 MARC 格式的强调与当前大多数图书馆 OPAC 采用 MARC 形式有关，不过，具体到各图书馆，因各国文献著录标准不同，可能要求会更具体。

5.1.8 其他使用权利需求的问题

除了上述权利需求，用户和图书馆还有其他权利需求。

对采购的或自建的各种数字资源建立集成检索系统，建立开放链接等，是目前许多图书馆正在做或将要做的事情，其目的是方便用户更好地获取和使用各种数字资源。为此，L_ICOLC、L_BCELN、L_CAUL、L_JULAC、L_LIBER 和 L_TRNSL 等图书馆许可原则提出：许可合同不应限制图书馆或联盟将数据集成到本地系统和信息服务中的权利；L_ICOLC、L_CALIS/DRAA、L_CAUL、L_CDL、L_CSU、L_JISC、L_NERL、L_JULA、L_OCUL 和 L_TRNSL 等图书馆许可政策，要求数据库商提供开放链接（Open Linking）和 Meta Search 接口，并允许被许可者对许可资源的链接等。对于图书馆为了提升服务能力而提出的上述要求，数据库商许可政策给予的回应并不多。仅有几份数据库商许可政策在集成数据方面表现出一种支持态度，如，L_ALJC、L_CABI 和 L_PROQUEST 等数据库商许可政策表示：被授权者可以向授权用户提供集成检索。不过，在 2002 年 CALIS 第一届引进数据库培训周上，很多数据库商口头表示"愿在技术上就开发统一检索平台方面进一步探索，在技术上全力给予支持，对未来双方的合作充满信心"。这种表态是非常有利于双方利益的，更好地维护了各方的权益。

图书馆许可政策还提出了其他一些权利要求，如，L_EIFL、L_JISC 和 L_TRNSL 指出：为了推广和检测许可资源的需要，图书馆可展示、下载和打印部分许可资源；L_CRKN、L_EIFL、L_JISC、L_JULAC、L_OCUL 和 L_TRNSL 提出：为了内部推广或者为了培训授权用户，成员馆可以展示、下载或打印许可资源以及相关的培训资料；L_CAUL、L_CDL 和 L_OCUL 等指出：成员馆可以打印和拷贝部分许可资源给授权用户并收费，收取费用行为不能构成商业用途；L_BCELN 认为成员馆在向授权用户和 *walk-in* 用户收取因打印、复印、管理许可资源产生的直接费用不算做商业用途；L_OCUL 指出：成员馆可以要求许可产品主页上冠以机构的名称用作宣传；L_CSU 指出：许可合同不应限制图书馆改进和修改数据格式，只要是在合理使用范畴；L_ICOLC 指出：数据库商应当改进信息技术等。上述图书馆许可政策都是相应的各自图书馆联盟针对自己联盟的需要提出的，我国可以借鉴。另外，我国 L_CALIS/DRAA 提出数据库商应提供数据库的自评报告。

有些数据库商许可政策如 L_OUP 表示，为了或者期望当局同意，以及或者商标运用或者其他有利于产品服务的管理活动，被许可者可以提供打印或数字形式的全部或部分许可作品的备份，给国家或国际性的管理当局。OUP 的这一举动是一个双赢的策略。

5.2 使用质量诉求问题分析

图书馆采购数字资源，不仅仅是购买数字资源的使用权利，还包括了数据库商相对应的服务，两者是不能分割的。使用质量问题主要包括四方面内容：网络访问质量问题、数字资源质量问题、检索平台质量问题以及数据库商售后服务问题等。以下将对上述问题进行深入分析。

5.2.1 网络访问质量管理问题

用户通过网络访问数字资源，其访问质量受到多种因素的影响，如网络访问方式、检索系统浏览方式、用户认证方式、访问时间保障等。这些因素既关系到双方成本投入问题也关系到用户使用的便利性和保障性问题。

（1）网络访问方式的类型及特点

根据目前的实践，网络访问方式可分为：专线、国际网、国内镜像、馆镜像、集团公共服务站等几种类型，如表 5-3 所示：

表5－3　数据库访问方式（即访问途径）

访问方式	数据归属	网站建设及成本来源	用户支付国际流量费	代表性数据库
专线	数据库商	数据库商	无	ACS 主站点
国际网	数据库商	数据库商	有	ACM
国内镜像	数据库商	数据库商	无	SpringerLink
馆镜像	图书馆或数据库商	成员图书馆或数据库商	无	清华同方学术期刊数据库
集团公共服务站	集团	集团	无	RSC 回溯

专线方式和国际网方式都是用户直接访问国外数据库商服务器上的数据库检索平台，这些服务器通常放在数据库商所在的国家。前者是数据库商出资租用网络带宽提供给用户使用，用户和图书馆都不必支付国际流量费；后者是由用户或图书馆支付国际流量费。国内镜像、馆镜像和集团公共服务站点方式，都是数据库商将数据安置在图书馆所在的国家让用户使用。本书所指的国内镜像是特指由数据库商建设并对其拥有所有权的数字资源镜像站点。有的时候，数据库商可能与图书馆联盟合作，将镜像站点放到某个成员馆，供整个集团图书馆用户使用。集团公共服务站点是特指图书馆采购集团或联盟建设并对其拥有所有权的数字资源集成系统，供给整个集团的用户使用。馆镜像是仅提供单个馆的用户使用的镜像站点，其所有权可能归数据库商，也可能归图书馆。这些方式的选择涉及谁来支付相关成本、数据归属权、访问质量等问题。

考察本书所统计的图书馆方和数据库商方各自的许可政策，以及 CALIS/DRAA 历年的成员馆调查报告。图书馆方的观点主要表现在 L_ICOLC 的诉求声明：如果图书馆希望将采购的数字资源放置在本地，应当获得允许且许可图书馆选择自己所需的系统。L_TRNSL 也指出，图书馆将许可资源安装到联盟的服务器上，链接在安全的网络上，制作这些资源的备份是合理需求。现有的数据库商许可政策都没有对访问途径提出什么观点，其态度和做法主要体现在现实数据库访问途径安排上。

从用户权益角度考虑，具有访问费用低、数据更新及时、检索性能好、下载速度快、网络稳定性强等优势的访问途径是最佳选择。从图书馆服务权益角度考虑，具有建设和维护成本低、服务能够得到保障的访问途径是较好的选择。

从用户权益角度分析，专线访问方式在前 3 项中占据优势。各种镜像站点和集团公共服务站点与专线访问方式一样，在访问费用低（现实中用户支付费用仅为普通上网费用）上占有绝对优势；但在数据更新、检索性能方面远不及专线和国际网。国际网在数据更新、检索功能和下载速度方面占有优势，但最不能让用户满意的就是需要用户自行支付国际流量费。

国内站点方式（国内镜像、馆镜像和集团公共服务站点）可以解决用户支付国际流量费的问题，同时还可以预防国际网络线路故障或其他国际问题带来的不利影响，如，2009 年 8 月亚太 2 号海底电缆中断，亚太地区的网络都受到严重影响。L_ICOLC 指出："如果图书馆希望将采购的数字资源放置在本地，应当获得允许且许可图书馆选择自己所需的系统"。但这种方式存在建设与维护费用、数据更新及时性以及检索平台性能和质量等问题。

检索速度（包括下载速度）的快慢与租用的带宽有关，也与各馆所在单位网管中心的设置有关。互联网发展越好的地方，网速越不成问题，反之亦然。从长远来看，随着互联网的发展，检索速度及下载速度将不成问题，但目前这个问题不容忽视。专线形式涉及数据库商租用带宽问题。目前，国内很多高校采取了向非 CERNET 互联网运营商，如网通、电信等租用专线的方式，来弥补 CERNET 带宽资源的不足，但这种方式给校园网络管理工作带来诸多麻烦。关键问题在于两点：一点是网络中心是否将租用的非 CERNET 网络的 IP 地址情况通报给图书馆并由图书馆转报给数据库商？第二点是为了配合数据库商 IP 地址控制要求，单位网络中心向运营商租用的专线必须是独享的，运营商分给单位的 IP 地址必须是独立的 IP。这些问题的解决需要图书馆与单位网络管理中心密切合作，同时也需要向数据库商说明情况，增补非 CERNET 网络的独立 IP 地址访问权[65]。

归纳起来，在访问途径方面，必然要考虑便利性和成本问题。

（2）网络方法其他方面的管理问题

计算机浏览方式目前可分为 WEB 方式和客户端方式。从使用便利性角度分析，WEB 方式明显占优势。用户认证方式主要分为 IP 地址、IP + 账号密码、账号密码、账号密码 + 特定硬件这四种。对用户来说，其中最省力、最便捷的数据库商控制方式是 IP 地址认证方式，但其他方式可以作为补充以方便授权用户在规定的 IP 地址之外的访问。在访问时间上，数据库商提供全天 24 小时不间断检索系统服务是最佳选择。对于上述方式，图书馆许可政策提出的主要观点概括为：

• 强调提供 WEB 浏览方式，不鼓励使用在桌面上下载特殊或专有的软件。

• 强调访问认证的便利性，如 IP 地址控制，不应该再要求使用另外认证系统。

- 强调允许图书馆在校内采用 IP 地址代理服务器。
- 数据库商应尽力提供全天 24 小时不间断使用服务等。

考察数据库商许可政策：对上述第 1 项要求，数据库商方多未涉及，但其网站上基本上都是采用 WEB 方式。对上述第 2 项要求，个别数据库商许可政策有所表示，基本上都是认可 IP 地址控制访问认证，未提及在此基础上使用另外认证系统问题。图书馆方提出这个要求，主要是为了减轻用户的身份认证负担，对用户来讲非常重要。对于上述第 3 项要求，数据库商许可政策多未涉及。对于上述第 4 项要求，数据库商许可政策中的许可模型基本上都给予了承诺。

各种访问方式还存在有质量保障问题，这涉及到检索平台质量和售后服务质量问题。下面将分别讨论。

5.2.2　数据质量保障问题

数字资源数据质量问题主要涉及数据的完整性、及时性和客观性等方面。具体来讲，包括：数字资源数据是否与对应印本数据在内容上保持了一致；数字资源数据是否与对应印本数据在发行上不延后；数字资源数据的格式是否符合标准化等。

（1）电子版与印本在内容上的一致性

有些数据库商对同一内容同时出版印刷版和电子版；有的电子版是原有印本数字化的产物。这两种情况都会出现不同版本之间内容一致性问题。由于相当多印本出版物已经在学术界有较好声誉，因此，用户使用电子版本更多是基于它的便利性而不是要丢失印本出版物的内容。在此方面，本书所统计的 25 份图书馆许可政策提出的要求可归纳为：

- 要求电子版与印本内容一致，即电子版的内容应当与其印本的内容保持一致（L_CDL、L_CRKN、L_CSU、L_LIBLI-CENSE、L_NELLCO、L_OCUL 和 L_SASLi）。

- 如果电子版内容多于对应印刷版，数据库商应当予以说明（L_CDL、L_LIBLICENSE 和 L_NELLCO）。

本书所统计的面向全文数据库的 40 份数据库商许可政策，仅有 5 份涉及了此方面问题，主要观点如下：

- 保证电子和印刷版权的文章相互匹配（L_ACM）。
- 采取商业上合理的努力来保证电子期刊的内容与其印本保持一致，如果印本和电子版有任何差异，印本将是官方版本（L_ASCE）。
- 采取商业上合理的努力来保证电子期刊的内容与其印本保持一致，如果两者出现差异，联机版本为正式记录版本（L_APS）。
- 在期刊出版商规定的或通过协议商定的限制范围内，JS-TOR 将作出适当努力，确保 JSTOR 档案库中的期刊完全忠实地复制了期刊的印刷版本（L_JSTOR）。
- 数据库商应向被授权方告知许可资源的电子版与其印刷版的不同之处（L_MC）。

上述信息显示，图书馆和数据库商双方对此问题的关注程度普遍不高，相对来讲，图书馆方面比数据库商方面稍重视些。对于印本与电子版内容不一致情况，有两个数据库商表达的观点正好相反，一个是以印本为主，一个是以网络版本为主。对用户来讲，电子版增加内容并不是坏事，只要不是太多太滥。不过，因学术界往往将论文发表情况作为学术评价依据，电子版若比对应印本发表的论文多，会对学术界的学术评价管理带来问题。

（2）电子出版物访问时滞

本书所指的电子出版物访问时滞是指：电子版内容的发表晚

于对应印本内容的发表的时间差。电子出版物访问时滞反映了电子版内容发表的及时性问题。显然，对用户来讲，时滞越长，用户获取信息的及时性越差。随着电子出版物越来越超越印本出版物而成为用户获取信息的重要来源，电子出版物访问时滞越小，越能更好地满足用户的需求。代表用户利益的图书馆方面，通过许可政策提出了相关要求：

● 有 11 份图书馆许可政策（L_ICOLC、L_CAUL、L_CDL、L_CRKN、L_CSU、L_EKUAL、L_JISC、L_JULAC、L_LIBER、L_SASLi 和 L_TRNSL），比例约为 44%，要求电子出版物的发行时间应该早于、或不晚于对应印本出版物的发行时间。

● 其中，L_JISC、L_JULAC、L_EKUAL 和 L_TRNSL 等许可政策表示，如果因为技术原因对某些期刊无法做到这一点，则应当在许可期内出版，并说明原因。

考察数据库商许可政策，仅有 L_ALJC 许可模型给出了相应的承诺：在对应期刊印刷版出版后，应尽快提供每种期刊的每期电子版。由于技术原因有些特定期刊不能如期提供，在签订许可合同时，这些期刊应予以标注并附带相关的说明。

考察现实中的相关情况，同时为内容出版商的数据库商的数字资源系统，电子出版物访问时滞多为零，或为负值。如，爱思唯尔公司的 *ScienceDirect* 数据库，包括了 *in press* 数据，即将要发行的论文。这种现象对用户是非常有利的，也是数据库商积极推销其电子出版物的一种策略。现实中，电子出版物访问时滞主要发生在集成商销售的集成全文数据库中。这种现象与内容出版商和集成商之间分享利润的要求有关。

电子出版物冲击对应印本出版物的销售是显然的。对没有计划自己出版网络版电子出版物的内容出版商来讲，为了维护其收入，或是仍然仅发行印本出版物，或是与集成商合作。前一种方法，在用户越来越依赖数字资源的情况下，显然是下策，其出版物容易被用户抛弃、被学术界遗忘、被引用率降低。目前，相当多的内容出版商是与集成商合作，采用电子出版物访问时滞方式，这样，需求比较强的图书馆和用户仍有可能继续订购印本出版物。典型实例是 1995 年美国安得鲁梅伦基金会创立的非营利机构 JSTOR，在发行其西文过刊论文全文在线数据库系统 *JSTOR* 时，采用了移动墙（Moving Wall）的方式，即"指一段时间，从 *JSTOR* 库中可供查阅的最新期次至期刊的最新出版期次。出版商在与 JSTOR 签订特许协议时规定移动墙的长度。移动墙的长度可为零至十年"。根据 JSTOR 的 2006 年第 10 期简报提供的数据，自 2000 年开始，呈现出缩短移动墙的趋势，2006 年时百分之三十多的期刊选择 3 年及以内时间段。2011 年 6 月和 2012 年 6 月，我们分别查阅了 JSTOR 网站①上的信息，网站信息显示，截至 2009 年 11 月，选择 3 年以内时间段的期刊数已达到 50%；截至 2011 年 11 月，选择 3 年以内时间段的期刊数已达到 51%，略有提高。

电子出版物访问时滞是影响数字资源质量的一个指标。目前，相当多集成全文数据库没有对每种电子出版物标明其访问时滞，直接影响了用户对最新信息的及时获取和掌握。尽量减小访问时滞并将访问时滞情况通报给图书馆和用户应是数据库商的责任。

（3）数据格式问题

数字资源产品中的数据格式（format），决定了用户使用哪

---

① http://about.jstor.org/content-collections/moving-wall

种浏览软件。有利于广大用户使用的数据格式包括市场通用格式和开放格式两大类型。目前，开放格式如 ODF 还非流行，主要需求的是可用于市场主打浏览器的市场通用格式。在此方面，有12 份图书馆许可政策对此提出了相关要求：

- L_IFLA、L_ICOLC、L_CDL、L_CSU、L_CAUL、L_JU-LAC、L_LIBER 和 L_SASLi 等许可政策指出：提供的数据内容格式应是多元化和标准化，或者可允许图书馆联盟选择接收和存储的格式，如 PDF、HTML 和 SGML，可移植到所有主要计算机平台和网络环境。

- L_CRKN、L_EBLIDA、L_EKUAL 和 L_TRNSL 等许可政策指出：应当按照双方约定的数据格式将许可资源传送给图书馆联盟或成员馆。

- L_CAUL 还指出，提供的数据备份的格式适用于被许可者的长期保存。

- L_ICOLC、L_CAUL 和 L_CSU 等许可政策指出：提供的数据呈现清楚，即图像的分辨率应该在一定水平上，对于详细的科学照片和数据至少是600dpi。

本书2.5.3 小节归纳统计的用户调研结果，多数用户还是希望采用 PDF、HTML 和 CAJ 这些目前我国使用比较普遍的数据格式。CAJ 虽然是清华同方公司专有数据格式，但该公司出品的几种大型数据库是我国科研教育机构用户普遍使用的。

在此方面，本书所统计的65 份全部数据库商许可政策给出的主要观点如下：

- L_ASTM 许可政策表示：尽合理努力保证数据格式符合公共获取标准。

- L_ACS、L_AGU、L_ALJC、L_ASTM 和 L_KARGER 等许

可政策表示：同时提供 PDF 格式的数据。

- L_ACS、L_ASTM、L_MC 和 L_SCIENCE 等许可政策表示：数据库商保留更改数据格式的权利，并提前通知订购者。

分析上述内容，显然，图书馆方对数据格式关注的比较多，而数据库商方并没有给出更多的承诺，涉及数据格式问题的数据库商许可政策仅有 6 份。令人欣慰的是，考察现有数据库系统中数据格式情况，基本上都给出了 PDF 格式的文档。这种格式使用便利，实际上已经成为市场标准化格式。另外，也有部分数据库商提供了 HTML 或 SGML 格式的文档。这种格式有利于用户对数据进行更深入的运用，如文本挖掘。相比较国外数据库系统，本世纪初国内几大数据库商如清华同方、维普等还仅提供自己研制的数据格式和对应的浏览器，但目前也基本上提供了 PDF 格式的文档。这些与图书馆的强烈要求不无关系。有些数据库商表示有更改数据格式的权利，但数据库商应注意新的数据格式要符合公共标准，减少用户的使用负担。

另外，从数据库商角度，提高数据显示清晰度，是数据库商提升其自身产品竞争力的一个重要措施，应是数据库商不断努力的方向。

5.2.3 检索平台质量保障问题

检索平台是用户查询和获取数字资源产品内容的必经之路。信息管理学领域有一著名的定律，即穆尔斯（Mooers）定律："一个情报检索系统如果对用户来说，取得情报比不取得情报更伤脑筋和麻烦的话，用户就会倾向于不使用该系统"。（见《信息管理学》，马费成等著，武汉大学出版社 2002 年版，第 239 页）这条定律已经成为信息管理学教学中的重要内容。该定律充分揭示了检索平台质量的重要性。

CALIS 引进数据库用户满意度调查报告将数据库检索平台质量的评价指标分为"检索界面、功能、效果"、"系统性能"、"平台稳定性"和"平台更新频率"。考察本书所统计的 25 份图书馆许可政策，主要是从供货能力、安全性以及标准化等方面提出要求。综合起来，本书将分别从平台功能、平台更新、供货能力以及安全性、稳定性和标准化等方面分别讨论。

本书所统计的数据库商许可政策中，有 61 份（表 2 – 10、表 2 – 11、表 2 – 12 中除 L_ACM、L_THIEME、L_KARGER、L_EMERALD 外的许可政策）通过其"责任"与"免责项目"表达了相关观点。

（1）平台的功能

在市场竞争环境下，数据库商对改进平台功能表现出极大的热情和积极性是理所当然。因此，针对这一问题，目前，图书馆许可政策并没有特别强调。L_BCELNF、L_CRKN、L_CSU 和 L_SASLi 4 份图书馆联盟许可原则提出了数据库检索平台应提供基本检索和高级检索功能。考察本书所统计的 61 份数据库商许可政策，都没有涉及平台功能问题。但对应的数据库检索平台上，基本上都对其平台的功能和效果进行了突出介绍，并且都包括了基本检索和高级检索功能，但质量有别。

（2）平台的更新

平台功能的不断完善直接导致了平台的不断更新。完善平台功能，单纯从利用角度讲，是非常有利于用户的。但也有可能会增加图书馆的采购成本，影响用户的认知习惯。

技术的发展，用户需求的变化，数据库商的产品策略等因素，都会促使数据库商不断更新检索平台，而图书馆和用户对此也有需求。如，L_ICOLC 指出："数据库商应当改进信息技术，改进系统"。但由此产生的成本很有可能转嫁到图书馆身上。早在 2004 年 ICOLC 就意识到这个问题，其许可政策 L_ICOLC 指出：数据库商不应期望图书馆来负担新电子产品的研究与发展的成本；2009 年及 2010 年，ICOLC 又通过其声明"Statement on the proposed ICOLC policy for use and transfer of WorldCat records"及其修订版，指出：数据库商应专注于平台目前已有的功能而不随意扩展平台。这里 L_ICOLC 主要是从国际金融危机经济危机时期图书馆经费紧张角度提出的。L_CDL 也提出了同样的要求；L_NELLCO 则希望数据库商不断改进检索平台的界面和功能而不再增加费用。目前，有的数据库商将数字资源内容与检索平台的费用合并，图书馆并不知道检索平台的费用是否有所增加。另外，从节省图书馆经费角度考虑，L_ICOLC 在 2010 年提出：（数据库商）更主要的是保证图书馆在经济危机环境下可以选择便宜的检索平台，或者集中若干数据库于同一检索平台以节省平台订购费。

检索平台的更新有两种方式：一种是在原有检索平台基础上随时改进和升级；一种是更换为全新的检索平台。这两种方式各有利弊。第一种方式的更新程度不如第二种方式，但在减轻用户重新学习和认识检索平台方面具有绝对优势。

检索平台的更新频率也是影响用户使用便利性的一个重要因素。更新频率过高，增加用户和图书馆的认知难度；更新频率过低，平台质量可能难以满足用户和图书馆的需求。这个度的掌握，需要数据库商进行充分的调研。目前，有些数据库商许可政策如 L_LEXISNEXIS 明确表示："提供商在没有事先告知的情况下，可能会在任何时候改进或改变网站的特性、功能或内容"；

有的数据库商许可政策如 L_FIRSTSEARCH 明确表示："数据库商可以决定改变技术和功能说明，形式和格式或特征的可用性以及数据库的可访问性"等。现实中几乎所有的数据库商都会自作主张地修改其检索平台。

（3）平台的供货能力

供货能力具体可用数据传输速度和数据可访问持续时间指标衡量。

在数据传输速度方面，36%的图书馆许可政策提出了要求，如，L_CDL、L_CRKN、L_EKUAL、L_JISC、L_JULAC、L_NELLCO、L_NERL、L_OCUL 和 L_TRNSL 等指出：数据库商应保证服务器的容量和带宽，适应高速宽带网。L_CDL 和 L_NERL 还指出：许可合同应该包括具体的性能保证，至少关于可靠的 on-line 供货能力和数据/文本的流通。数据库商方面仅有 L_ALJC、L_BIOONE、L_CABI、L_EUCLID、L_MC 和 L_OUP 6 份数据库商许可政策做出了相应的承诺：尽合理努力，以确保服务器有足够的容量和带宽或链接速度来支持被许可者的使用。

在数据可访问持续时间方面，数据库商通常以一周 7 天、每天 24 小时的承诺为用户开通服务。由于平台升级、维护、数据上载以及互联网中断等原因，访问服务有时候会出现中断现象。对此，用户和图书馆能够理解和体谅。但这个中断不能太频繁或过长，否则会严重损害用户和图书馆的权益。在此方面，56%的图书馆许可政策提出了要求。如，L_ICOLC 指出：数据库商应当定期检测其网站运作，提供每天 24 小时的系统监视，以保证数据库商及时发现系统问题；L_BCELN、L_CDL、L_CRKN、L_EKUAL、L_JISC、L_JULAC、L_LIBLICENSE、L_NELLCO、L_NERL 和 L_OCUL 指出：数据库商要将掉线、停机维修和管理时间缩小到最低限度，尽量在最短时间内解决系统问题并恢复访问，日常维护的时间长度不应让被许可者和授权用户感到不舒服；L_EBLIDA 和 L_JULAC 提出：数据库商必须要做备份以防备服务暂时停止，应当为其服务器的安全运行提供合理保证；L_BCELN 和 L_COPPUL 提出 1 个月内掉线不超过 1 整天；L_CRKN 和 L_TRNSL 提出 1 个月内的正常工作时间（周一到周五的格林尼治标准时间上午 6：30 点到下午 8 点）非计划内的掉线累积不超过 12 个小时；L_CDL 和 L_NELLCO 提出连续访问一周的连续率至少在 98% 以上等。在此方面，16 份数据库商许可政策给出了一定的承诺，约占 61 份数据库商许可政策的 26.2%。如，L_ACS、L_ALJC、L_APS、L_JSTOR 等 14 份数据库商许可政策表示：尽可能保证每天 24 小时的连续访问并尽可能缩短日常维护和解决问题的时间；L_SCIENCDIRECT 和 L_SCOPUS 表示每个月提供连续服务的时间要达到 95%；L_MC 和 L_SWETS-WISE 分别表示每个月连续访问不低于 99% 和 99.5% 等，余下的时间主要是日常维护。

另外，有的图书馆许可政策还提出赔偿问题。如，L_NERL 指出：许可合同中应该说明供货失败的惩罚；L_CDL、L_JU-LAC、L_LIBLICENSE 和 L_NELLCO 指出：数据库商若不能在一个合理时间内解决问题，应当按照比例退赔给被许可者等。在此方面，数据库商许可政策中仅有 5 份提出了相应的赔偿或补偿方案。如，L_BIOONE、L_EUCLID 和 L_JSOTR 表示：若中断连续超过 72 小时，则延长合同服务期或按比例退款；L_MC 表示：如果中断超过了合理的时间长度，则按比例退款；L_NATURE 从免责角度表示：不对在连续 1000 小时内停止供应不超过 50 小时的情况承担责任。

概括来讲，做出保障平台供货能力的数据库商许可政策太少。61 份数据库商许可政策中，仅有 12 份专门设置了数据库商有关运行责任或保证的项目：L_CABI 的 "出版商承诺"；L_MC 的 "数据库商运行义务"；L_SCIENCEDIRECT 和 L_SCOPUS 的 "ELSEVIER 运行责任"；L_OUP 的 "许可者责任"；L_JSTOR 的 "JSTOR 责任"；以及 L_BEGELL、L_BIOONE、L_CAMIO、L_DIALOG、L_EUCLID、L_NATUR 等在数据库商 "保证" 项目中规定了数据库商的部分责任。进一步考察，不少数据库商许可政策从自身免责角度提出了该问题，如，L_ACS、L_APS、L_ASCE、L_ASME、L_ASTM、L_JSTOR、L_NATURE、L_SPIE 和 L_THIEME 都表示：不担保不会出错和不会断网，不承担由此出现的客户损失等。

图书馆为用户购买数字资源，实际上是购买用户对数字资源的使用权。如果下载速度非常慢，经常出现断网现象，则使用质量大打折扣。供货能力的提高，既涉及技术问题，也涉及数据库商投入问题。从数据库商角度，提高供货能力，也就是提升其数字资源产品的竞争力。不过，上面的数据显示，目前，很多数据库商并没有给用户和图书馆基本的承诺，这与其具有一定数字资源垄断能力有关。图书馆许可政策对保证供货能力提出要求，也是对数据库商的一个督促和约束。

（4）平台的安全性、稳定性和标准化

25 份图书馆许可政策中，在检索平台安全性和稳定性方面有 6 份提出了要求，占 24%；在检索平台标准化方面有 15 份提出了要求，占 60%。后者的比例比较高，可见图书馆方面对检索平台标准化方面的重视。

对于检索平台的安全性和稳定性，L_ICOLC 许可政策提出的

"数据库商应当定期检测其网站运作，以保证其隐私政策的有效执行；提供每天 24 小时的系统监视，以保证数据库商及时发现系统问题"，不仅是针对检索平台的供货能力，同时也是针对检索平台的安全性和稳定性。L_BCELN、L_COPPUL 和 L_OCUL 等许可政策指出：数据库商应当向图书馆提示采用了数字权益管理技术 DRM 和水印技术，且要保证这些技术不会泄露与用户相关的信息，也不会损害图像质量。L_CDL 和 L_CSU 指出：检索平台应具有故障—安全操作机制，提供操作错误信息等。L_CDL 还指出：检索平台应稳定。数据库商许可政策基本没有对检索平台的安全性和稳定性给出任何承诺。

对于检索平台的标准化，L_ICOLC、L_CAUL、L_CDL、L_CRKN、L_EKUAL、L_LIBER、L_NSLA、L_SASLi 和 L_TRNSL 等图书馆许可政策明确指出：被许可的内容应当能够在所有重要的计算机平台和网络环境下使用；L_CDL、L_CSU、L_CRKN、L_JULAC、L_NSLA、L_NELLCO、L_OCUL 和 L_TRNSL 等图书馆许可政策提出：数据库检索系统要符合现有互联网信息服务或行业标准。其中，L_CDL 和 L_NELLCO 强调要符合本地的信息提供行业标准，L_JISC、L_OCUL 和 L_TRNSL 强调要尽可能符合 W3C 标准等。W3C 标准是国际互联网的市场标准。目前，61 份数据库商许可政策中，仅有 L_ALJC、L_EUCLID、L_JSTOR、L_SCIENCEDIRECT 等 10 份有所表示，占 16.4%，在比例上远不及图书馆方面。不过，参阅 CALIS 历年的图书馆调查报告，还没有哪家图书馆在此方面对数据库商提出意见。这种现象表明，数据库商为了其产品的竞争力，在现实中还是积极采用各种行业标准化以适应广大网民们的需要。在标准化内容方面，数据库商的承诺与图书馆的要求基本一致，即都是要遵循现有的国际行业标准。因为"标准"是一个随时间变化的指标，所以数据库商一般都表示尽量符合现行标准。

5.2.4 售后服务质量保障问题

图书馆及用户对数据库商售后服务质量保障的要求，实质上是图书馆和用户对自己权益的维护。对数据库商来讲，随着消费者维权意识的日益提高，完善售后服务质量有助于数据库商的营销。

(1) 主动通报

在数字资源使用过程中，很有可能会发生数据内容的增或删、检索平台功能和界面改变、访问出现暂时中断等现象。这些情况对用户使用数字资源产品有很大影响，数据库商应当主动、及时地将情况通报给图书馆订户，并转告给用户，将不利影响尽可能降低。关于出版物增删信息通报的问题，我们已经在4.3.3小节专门讨论。这里主要讨论其他方面内容的主动通报问题。

本书所统计的25份图书馆许可政策中，有17份对数据库商提出了主动通报的要求，占68%，且包括了L_IFLA和L_ICOLC两大国际图书馆组织的许可原则。可见图书馆方对此问题的重视。其中，L_IFLA、L_ICOLC、L_BCELN、L_CALIS/DRAA、L_CDL、L_COPPUL、L_CRKN、L_CSU、L_EIFL、L_JISC、L_JULAC、L_LIBLICENSE、L_NELLCO、L_NSLA、L_OCUL、L_SASLi和L_TRNSL17份图书馆许可政策要求数据库商主动及时通报数据库中的内容、格式、平台等变化信息；L_IFLA、L_CRKN、L_LIBLICENSE、L_NELLCO、L_NSLA、L_OCUL和L_TRNSL7份图书馆许可政策还要求数据库商及时通报短时间掉线和日常维护情况，并尽早恢复访问服务。

本书所统计的 65 份数据库商许可政策中，仅有 5 份对主动通报有所表示，占 7.7%，比例远远低于图书馆方面，太多的数据库商没有设立这种对自己有约束的责任。具体内容上，L_ACS 和 L_ALJC 表示将提前通知图书馆客户数据格式变化或数据规格变化信息；L_ALJC、L_ASCE、L_BIOONE 和 L_SPIE 等许可政策表示将提前通知图书馆客户因系统维护等原因暂时断线的信息等。

（2）及时反馈和解决问题

用户在使用数字资源产品时很可能会遇到各种问题，有些问题是数字资源产品本身的问题。对用户和图书馆客户反映的这类问题进行及时反馈和有效解决，是数据库商售后服务的重要内容之一。

图书馆方面，L_CDL、L_JULAC、L_LIBLICENSE、L_NELL-CO 和 L_OCUL5 份图书馆许可政策提出，图书馆应当及时通知数据库商数据库使用过程中的问题，同时要求数据库商在接到通知后，尽量在最短时间内恢复正常访问。L_CALIS/DRAA 根据中国的情况指出，数据库商应在中国设立办事处或专人等，对于用户提出的问题要及时反馈。

数据库商方面，仅有 L_THIEME 许可政策提出，在接到客户通知后将努力消除数据库产品的缺陷。另外，有的数据库商许可政策如 ASME 提出如果访问出现故障，图书馆应立即报告给数据库商。

上述信息显示，图书馆和数据库商双方都没有对"及时反馈和解决问题"给予较多关注，相比而言，图书馆方要强于数据库商方。这个问题实际上对用户影响很大，还需要图书馆和数据库商双方给予重视。

（3）帮助、培训与走访

帮助，这里是指用户在使用数字资源产品过程中获得的数据库商的即时帮助。培训，这里是指数据库商对用户和图书馆开展的数字资源使用方法培训，对图书馆的培训，是为了图书馆可以更好地培训和帮助用户。走访，这里是指数据库商对图书馆客户的走访，了解数字资源产品使用过程中存在的问题等。

本书所统计的 25 份图书馆许可政策中，两大国际性图书馆许可原则 L_IFLA 和 L_ICOLC 以及 L_BCELN、L_CALIS/DRAA、L_CAUL、L_CDL、L_CSU、L_JISC、L_JULAC、L_EIFL、L_EKUAL、L_LIBLICENSE、L_NSLA、L_OCUL、L_SASLi 和 L_TRNSL共 16 份都明确提出了要求，占 64%。其中 L_IFLA、L_CSU和 L_SASLi 提出了设置在线帮助的要求；L_BCELN、L_CDL、L_JISC、L_JULAC、L_EKUAL、L_LIBLICENSE 和 L_TRNSL提出了数据库商免费提供用户使用指南文档的要求；L_ICOLC、L_CSU、L_BCELN、L_CDL、L_NSLA、L_LIBLICENSE、L_EIFL、L_JISC、L_NELLCO 和 L_OCUL 提出了数据库商及时回应用户使用问题的要求；L_CALIS/DRAA 提出了数据库商专人服务的要求；L_CSU 提出了数据库检索平台商提供符合残障人士使用的检索功能和设施的要求；L_TRNSL 提出了数据库商应提供土耳其语言的用户指南或允许图书馆翻译后上载到检索平台上等。上述要求主要是图书馆为用户争取权益的要求。同时 L_CRKN、L_JISC、L_JULAC、L_EIFL、L_EKUAL、L_OCUL 和 L_TRNSL还提出：数据库商应允许图书馆为了培训用户而展示、下载和打印部分许可资源或培训资源；L_CALIS/DRAA、L_SASLi、L_BCELN、L_LIBLICENSE、L_NELLCO 和 L_OCUL 指出：数据库商应当向图书馆提供使用方法培训；L_CSU、L_JULAC 和

L_NSLA 指出：如果采用并发用户使用方式，数据库商应该提供替代品或额外的用户额度用于用户的培训。我国 L_CALIS/DRAA 还提出了数据库商定期走访培训的要求。本书所统计的 25 份图书馆许可政策，基本上没有专门提出走访要求。

对于图书馆代表用户以及自己提出的要求，数据库商许可政策基本上都没有相应的表示，有时会在数据库采购方案中表示。考察数据库商许可政策对应的数字资源检索平台，一般都设置了在线帮助。这一点是非常有利于用户和图书馆。现实中，为了推广自身产品，数据库商通常都会开展一定程度的培训和走访活动。但程度不一，质量有别。

（4）试用与技术支持

图书馆采购数字资源必然是有选择性的，这种选择是以用户需求和图书馆经费为基础。"试用"是图书馆掌握用户需求的一种重要手段，也是方便用户向图书馆提出需求的重要措施。对数据库商来讲，"试用"是推销产品、培养用户的重要营销策略。

本书所统计的 25 份图书馆许可政策中，关注试用问题的许可政策并不多。L_BCELN、L_CALIS/DRAA、L_JISC 和 L_JULAC 等许可政策提到数据库商应当提供 1—3 个月的试用。本书所统计的 149 份数据库采购方案中仅有 45 份承诺向新用户提供试用，不过现实中数据库商基本上都向用户提供 1—3 个月的试用，所以可以理解为什么在这点上图书馆许可政策没有给予太多关注。

技术支持是个比较含糊的提法，覆盖面可以很广，如对图书馆本地安装提供技术指导，对访问故障现场考察和提出解决方法，对 IP 地址配置方式提供指导，对图书馆数据库整合提供技术帮助等。L_ICOLC、L_BCELN、L_CALIS/DRAA、L_CDL、L_CSU、L_EIFL、L_EKUAL、L_JISC、L_LIBLICENSE、L_NELL-

CO、L_NSLA 和 L_OCUL12 份图书馆许可政策中指出，数据库商应该提供技术支持及技术支持人员联系方式。本书所统计的数据库商许可政策一般都没有专门提到"技术支持"，不过现实中数据库商都会提供技术人员联系方式。

5.3 数字资源使用管理问题分析

数字资源使用管理，在本书特指图书馆和数据库商对授权用户使用数字资源行为的管理。数据库商通常在数字资源许可合同中明确规定授权用户的使用权限和责任，规定图书馆管理用户使用行为的责任。数据库商的这些规定，以及规定的执行方式和力度，直接影响图书馆及其用户整体的数字资源使用质量。为此，图书馆和数据库商双方都有自己的观点和态度。

5.3.1 图书馆与数据库商双方的观点和态度

本书所统计的 25 份图书馆许可政策中，11 份在数字资源使用管理方面表达了自己的观点，占 44%。主要意见归纳为以下几点：

• L_IFLA、L_ICOLC、L_AALL、L_ARL6、L_CAUL、L_EBLIDA和 L_NERL 等图书馆许可政策指出：图书馆应教育用户以及采取其他措施防止用户在使用数字资源时侵犯知识产权和许可合同，如果图书馆公开这样做了，不应对个体用户违规使用行为负责。

• L_AALL、L_ARL6、L_CAUL、L_EBLIDA、L_NERL 和 L_NSLA等图书馆许可政策指出：许可合同应当要求数据库商及时通知图书馆有关疑似用户违规行为，并给图书馆一段合理时间进行调查和采取纠正措施。

• L_CRKN、L_NSLA 和 L_SASLi 等图书馆许可政策指出：许可合同应规定许可人和被许可人实施许可合同时应尽的合理的努力。

• L_AALL、L_ARL6 和 L_CDL 等图书馆许可政策指出：应建立一种环境，在此授权用户可以对许可的资源进行适当使用，当显示一个使用违反了协议时有责任退出使用。

上述信息显示，关注图书馆指导用户合法使用数字资源以及免责问题的许可政策比较多。第一个要求往往和第二个是相连的。现实中，如果出现了所谓的违约使用，因服务器由数据库商管理，因此需要从数据库商那里及时获得证据，并据此进行调查，及时纠正。目前，有些数据库商先封 IP 地址，影响很多用户的使用，所以图书馆方提出上述第二点要求是非常必要的。第三点要求相对抽象概括了些。第四点要求，建立一种违反协议有责任退出使用的机制，还需要检索平台技术上的支持。考察 CA-LIS/DRAA 发布的历届引进数据库用户满意度调查总结报告，2010 年、2011 年和 2012 年分别发布的报告中列有成员馆与此相关的意见："ACS 经常以有恶意下载行为封 IP 地址，且付费稍晚就暂时停止使用，沟通起来也很不通情理"；"APS/AIP 恶意下载的标准太低，以至于用户只是手工下载几十篇文献就要被封 IP地址"等。

本书所统计的 65 份数据库商许可政策中，全部 28 份许可模型和部分许可原则共 30 份涉及了订购者或被许可者（本书中的图书馆）的相关责任。一般站点协议不涉及图书馆责任，有些数据库商许可原则所列内容非常有限，故本书以这 30 份数据库商许可政策为统计和分析的基础。其中，有 28 份（除 L_HWWIL-

SON-J 和 L_SAGE 之外的其他许可政策，见下面具体内容）设置了图书馆管理用户使用行为的责任，占 93.3%，表明数据库商非常重视图书馆的用户使用管理责任。这些许可政策除了表示在出现违约使用情况后暂停违约地址的访问权利外，对图书馆的数据库使用管理责任提出了不同的要求，归纳起来主要有以下几个方面：

- 40% 的数据库商许可政策（L_AIP、L_BEGELL、L_EU-CLID 等）表示：订购者或称被许可者应尽合理努力通知授权用户有关许可合同使用约束。

- 36.7% 的数据库商许可政策（L_ACM、L_ALJC、L_APS 等）表示：订购者或称被许可者应或有责任尽合理努力防止或阻止数据库产品被不正当使用，或保证授权用户理解和遵守许可合同中规定的使用条件。

- 16.7% 的数据库商许可政策（L_ALJC、L_NATURE、L_T&F等）表示：订购者或称被许可者应采取合理努力监督授权用户对使用权限的遵守情况。

- 10% 的数据库商许可政策（L_AIP、L_EBSCO、L_SPIE 等）表示：订购者或称被许可者在接到数据库商有关授权用户违约使用行为的通知后要努力执行许可合同条款。

- 56.7% 的数据库商许可政策（L_ACS、L_AGU、L_ALJC 等）表示：订购者或称被许可者当意识到有任何非授权使用行为，应立即通知数据库商并采取合理和适当的步骤来保证这种行为停止并防止再次发生。

- 23.3% 的数据库商许可政策（L_ACS、L_L_AGU、L_BMJ 等）表示：订购者或称被许可者应同意与数据库商合作调查或采取措施防止这种滥用再次发生或帮助数据库商纠正非授权的使用。

- 16.7% 的数据库商许可政策（L_BEGELL、L_EUCLID、L_HWWILSON-A、L_OUP 和 L_T&F 等）提出：被许可者可采取纪律措施来防止再次发生或制裁有意侵权行为。

- 10% 的数据库商许可政策（L_EUCLID、L_SCIENCEDI-RECT 和 L_SCOPUS 等）表示：订购者并不对授权用户的非授权使用承担责任，只要订购者没有企图帮助、鼓励或者允许这种非授权使用。

- 其他：浏览器必须被设置为每分钟浏览的文章不能多于一篇。如果不遵守这个规定将会导致检索平台访问的封锁，直到问题解决。如果问题重复，侵权的 IP 将被永久封锁访问该产品（L_MUSE）。被许可者补救时间期限为 30 天（L_EBSCO），被许可者补救时间期限为 5 天（L_APS）。

5.3.2 图书馆和数据库商双方观点的分析

考察双方的观点，可以看出，双方都认可用户应当遵守使用许可合同的各种使用条件。但在表达方式和要求方面存在差异。

第一，在涉及图书馆承担管理责任方面，从涉及此问题的双方许可政策的数量和比例来看，很明显，数据库商特别注重此问题，对图书馆提出了各种要求。图书馆方面针对此问题提出观点的许可政策并不是很多，但由于 L_IFLA 和 L_ICOLC 关注了此问题，表明了国际性的图书馆许可政策是从更高更广泛的角度来制定政策，也表明了图书馆认可自己的责任，但并不希望数据库商给图书馆方添加不切实际的管理责任。另外，从双方提出的具体要求来看，数据库商提出的要求不但多且很具体，显示了数据库商在此方面的顾虑和强硬态度。

　　第二，数据库商提出的各种要求中，只有提出上述第五个要求的许可政策超过半数。可见，数据库商在图书馆管理用户使用行为方面还没有一个相对成熟的意见。在具体采购数字资源活动中，图书馆必须认真理解各数据库商许可合同的具体规定。

　　第三，在图书馆免责方面，图书馆方涉及此问题的许可政策虽不多，但因 L_IFLA 和 L_ICOLC 都提出了此问题，具有相当的影响和分量。相比之下，数据库商方仅有 10% 的许可政策表达了这个观点，显示出数据库商对图书馆免责诉求的回避。从我国现实情况来看，还没有出现数据库商直接让图书馆承担责任的事件，说明了图书馆为用户个人行为承担某些责任并不现实。但数据库商暂停某些 IP 地址的访问权，对图书馆的服务工作影响很大。

　　第四，图书馆和数据库商双方都比较认同"图书馆采取一些措施维护数据库许可合同使用规定"。在语言表达方面，图书馆方主要用"教育"和"防止"等词语；数据库商更多用"应当"、"有责任"或"保证"等词语，给图书馆施加了比较重的责任。从现实角度来讲，在没有充分的技术保障前提下，图书馆根本无法对任何用户的个人行为给予什么保证。

　　第五，在违规使用行为"通知"问题上，图书馆方指出：数据库商应及时通报给图书馆有关违规使用情况，而数据库商方强调的是图书馆向数据库商通报违规使用行为。从技术可行性来看，记录个人用户使用情况的软件是整合于数字资源检索系统，基本上是由数据库商掌控。因此，最先和最准确掌握用户使用违规情况的应是数据库商。所以，图书馆方的要求更为合理可行。

　　第六，数据库商对图书馆方提出的上述各种管理要求，如"通知"、"防止"、"监督"、"合作调查"、"纪律措施"等，多数都是图书馆方可以做到的，只是方式方法问题。一般管理措施有法律措施、纪律措施、技术措施和教育措施等。技术措施因涉及技术难度和使用成本问题，数据库商许可政策多未涉及。相比较而言，纪律措施要比教育措施管理力度大，见效明显，所以成为了部分数据库商许可政策特别提出的图书馆管理责任之一。

另外，图书馆方要求数据库商给予调查和纠正违约使用行为的时间，是非常合理和现实的。但数据库商许可政策只有极个别提到这个问题。也有的数据库商许可政策如上面的 L_MUSE 提出使用一种控制技术监督用户个人使用行为，这并不是什么坏事，但在没有提出警告情况下就直接永久封掉违约 IP 地址，过于霸道。

5.4 授权管理实证研究

上述讨论的各项使用权利和使用质量的要求，多是属于图书馆与数据库商签订的使用许可合同中的内容。因合同保密要求，我们难以获取各图书馆具体的使用许可合同，故这里的实证研究主要是以公开的数据库商许可模型、CALIS/DRAA 各成员馆可以获得的采购方案、CALIS 每年发布的引进数据库调查报告以及一些调研信息为基础。

5.4.1 使用权利诉求管理实证研究

（1）我国馆际互借或原文传递权利管理应用实例分析

目前，我国高校和科研系统的图书馆都在开展数字资源馆际互借或原文传递服务。如，CASHL 组织了部分重点大学采购了若干人文社科类外文数据库，并向非采购图书馆开展了原文传递服务。CALIS、NSTL 和中科院等系统都在其服务范围内开展了数字资源的馆际互借或原文传递服务。

在术语运用上，NSTL 使用的是"代查代检"，CALIS 使用的是"原文传递"，CASHL 使用的是"文献传递"，中科院国家科学图书馆采用的是"文献传递与馆际互借"等。笔者利用清华同方的《中国学术文献网络出版总库》，通过"题名"字段分别用"文献传递"、"原文传递"和"馆际互借"进行检索词方式查询，时间控制在出现采购数据库之后的 1997 年到 2011 年 3 月 8 日，分别检索出篇名中包含"文献传递"的文献有 389 篇、包含"原文传递"的文献有 30 篇、包含"馆际互借"的文献有 311 篇。利用 *ScienceDirect* 数据库，通过"title"字段分别用"Interlibrary Loan（Borrowing 或 Lending）"、"Document Delivery"和"Electronic Information Delivery"检索，前两项分别检索到 19 篇文献，后一项检索到 3 篇文献。查阅发表的刊物，主要是图书馆情报学方面的。这些数据显示，现实中图书馆方面比较多地使用"文献传递"（Document Delivery）。考察我国采用"原文传递"的文献，其英文关键词对应的也是"Document Delivery"。在现实中，尽管图书馆界相当多地使用"文献传递"或"原文传递"或其他，但实际上仍然是由图书馆之间来完成传递活动。如，CALIS 尽管采用"原文传递"，但用户仍然是需要填写馆际互借申请；每个用户若想获得"文献传递"或"原文传递"服务，必须通过其所在单位图书馆进行注册、审核和注入资金。因此，图书馆界所说的"文献传递"或"原文传递"并没有脱离"馆际互借"范畴，更多的时候是为了区分印本文献的"馆际互借"活动，即如某些图书馆界人士所言："文献传递是在传统的图书馆馆际互借服务的基础上逐步演变而来的，是一种无须返还

的馆际互借"[66]。考察数据库商所谓的馆际互借内容，仅有 OUP
数据库商许可政策的内容类似图书馆目前的原文传递实践活动。
其他的都没有表明可以直接传递给用户个人，甚至 JSTOR 明确
表示：在馆际借阅时，可通过邮局或传真将文字内容从一所图书
馆发送至另一所图书馆（但不是直接发给用户）。这种状况对图
书馆界非常不利。也显示出图书馆在与数据库商谈判时必须要搞
清楚馆际互借与原文传递的具体权利内涵。

在馆际互借或原文传递接收图书馆范围方面，目前，图书馆
开展的馆际互借服务主要还是在各国本国范围内，数据库商限定
仅在国内图书馆范围内的约束条件在目前来看还不是什么问题，
但未来国际范围内图书馆间开展馆际互借活动就会受到此类约束
的限制。

在馆际互借或原文传递方式方面，高校系统的 CALIS、
CASHL 和科技部的 NSTL 等多家文献信息机构建立了协作关系，
联合开展了原文传递服务。在具体传递方式上，CASHL 和 NSTL
采用了电子邮件的方式直接将原文传递给用户。不过，这些用户
必须是参加馆审核认可并注册为文献传递用户的读者。用户使用
CALIS 原文传递系统的方式是根据自己的借书证到所在图书馆进
行申请，由图书馆工作人员帮助获取。CALIS 网站上提供了相关
的服务信息："原文传递：为你提供国内外文献服务机构的原文
文献复制及原文传递服务。复制及传递的文献类型包括期刊论
文、会议录文献、学位论文等，传递方式包括电子邮件、传真、
快件或普通邮寄等。目前，CALIS 提供图书部分章节的复印服
务"。另外，目前上述三个系统都收取一定的原文传递成本费用，
多数图书馆都给予本馆用户部分或全额补贴。上述信息显示，图
书馆广泛开展了原文传递服务，且所使用的传递方式包括了数据

库商并不太认可的电子邮件方式。该状况反映了数据库商对传递方式的限制已不能适应图书馆的需求。

（2）我国图书馆长期保存与永久访问实例分析

在做定量分析时主要以 CALIS/DRAA 实例为分析对象。在某些方面引用其他系列图书馆如中科院国家科学图书馆的实例进行分析。

CALIS 历年发布的引进数据库用户满意度调查报告显示，永久访问和长期保存两个问题一直都备受图书馆的关注。如，第三届调查报告（2005 年）指出：数据库涨幅远超过图书馆经费增长的情况加深了图书馆对数字资源存档的关注程度，成员馆提出 CALIS 应重视存档问题；第四届（2006 年）和第五届（2007 年）调查报告指出：成员馆希望 CALIS 在谈判中争取用户永久访问权和存档的权利；第六届（2008 年）和第八届（2010 年）调查报告指出：成员馆强调"争取购买永久访问权"和"关注资源的长期保存问题"；第七届（2009 年）调查报告指出：成员馆希望 CALIS 和数据库商能明确一些相关概念，比如"永久访问权"、"存档权"及赠送光盘的性质和内容；第九届（2011 年）调查报告指出：成员馆希望 DRAA 在谈判中关注长期保存问题，确保电子文献使用的可持续性等。这些调查报告还做了一些定量统计，本书归纳相关统计数据如图 5 - 1 所示：

图 5 - 1 显示，历年来图书馆对数字资源"永久访问与存档"的打分不是倒数第一，就是倒数第二，且远低于全部被评项目的均分和最高分。可见在此方面，图书馆对数据库商甚为不满。

结合上述调查结果，考察 2007—2010 年间 CALIS/DRAA 数字资源采购方案共 149 份，在永久访问和长期保存权利获取方面主要包括以下特点：

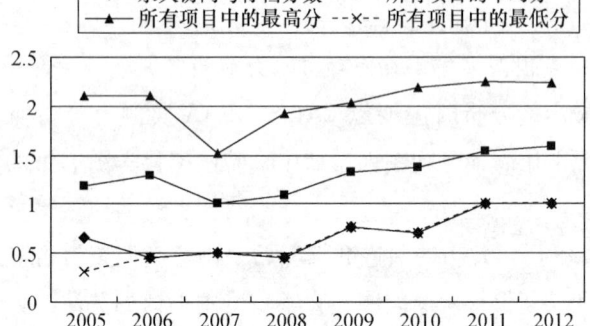

图 5 – 1　CALIS/DRAA 各年调查报告中
"永久访问与存档"得分对比情况

第一，总体上讲，149 份数据库采购方案中除去 3 份软件系统采购方案，共 146 份为数据库内容采购方案，其中，有 65 份许可了用户永久访问权利，占 44.5%；有 69 份提供了图书馆或集团长期保存的权利，占 47.3%。这两个比值都没过 50%，且都没有达到 5.1.6 小节统计的图书馆许可政策和数据库商许可政策的比值。这些数据显示，目前数据库商远没有满足图书馆及用户在永久访问和长期保存的需求，分数低是很必然的。

第二，相对来讲，数据库商对许可用户永久访问回溯数据库权利比较大方，但对许可用户永久访问现行出版物数据库权利很谨慎。如，2007—2010 年间 CALIS/DRAA 回溯数据库采购方案有 18 份（P_AGU-J 回溯、P_AIAA-J 回溯等），其中 15 份许可了图书馆及其用户永久访问的权利，比例为 83%，相当高。考察许可图书馆或集团长期保存权利的 69 份数据库采购方案，包括 9 份回溯数据库采购方案（P_AIP-PT 回溯、P_ASME-J 回溯、P_BP 回溯、P_EMERALD-J 回溯、P_DII 回溯、P_KARGER-B 回溯、P_KARGER-J 回溯、P_NATURE-J 回溯和 P_RSC-J回溯）和 60 份现行出版物数据库采购方案，即分别对应了50%的回溯数据库采购方案和 46.9%的现行出版物数据库采购方案，可见，对于长期保存权利，回溯数据库采购方案和现行出版物数据库采购方案没有太大区别。

第三，不同数据库商提供用户永久访问的方式不同。在65 份提供永久访问权利的数据库采购方案中，仅有27 份（如 P_BMJ-J、P_EMERALD-J 等）表明无需或者没有提到需要图书馆支付平台费，比例约为 41.5%，不足半数；有 22 份（如 P_ALIC、P_EBRARY-B等）表示图书馆需要每年向数据库商提交平台费；有 11 份（P_AIP-J、P_AIP-PT 等）表示需要图书馆本地安装；有 5 份（P_FIC、P_IOP-J、P_MHS、P_RSC-J 回溯和 P_RSC-J）表示回溯数据必须安装在 CALIS 的公共服务站点，这些方式都需要图书馆承担相关费用。有 4 份（P_EMERALD-B、P_EMER-ALD-J 回溯、P_SAGE-J、P_SAGE-B）表示用户既可以通过数据库商站点进行永久访问，也可以通过图书馆本地安装存档数据进行永久访问，对图书馆和授权用户来讲有一定灵活性。

第四，目前，数据库商在授权图书馆长期保存权利方面都比较谨慎，提出了各种限制。①在谁有权利长期保存方面，提供长期保存权利的 69 份数据库采购方案中，有 12 份如 P_CUP、P_EBSCO等方案仅授权 CALIS 存档，有 8 份如 P_ASCE-J、P_AIP-J等方案同时授权 CALIS 和成员馆存档；有 48 份如 P_CSA、P_MUSE 等方案仅授权成员馆存档，还有 1 份即 P_PQDT，是由集团来存档各成员馆全部购买的数据，而成员馆仅存档自己购买的 PDF 数据。从比例来看，CALIS/DRAA 可获得集团存档的数据库采购方案为 21 份，分别占全部 146 份内容

数据库采购方案和 69 份可获得存档权利的数据库采购方案的
14.4% 和 30.4%。另外，还有 4 份采购方案规定提供 CALIS 集团
一套纸本作为存档数据使用，这显然与数字资源的存档不同。集
团存档是解决图书馆有长期保存需要但同时又缺乏存档经费的一
种措施，从目前的比例来看并不令人满意。②在长期保存数据获
取费用方面，CALIS 集团存档的那些数据都是免费获取的，有 36
份数据库的采购方案如 P_AGRICOLA、P_ASCE-J 和 P_CELL 等允
许成员馆免费获得相应存档数据，但仍然有 21 份数据库采购方
案如 P_AIP-J、P_SIAM-J 等要求成员馆以购买的方式获得存档数
据，存档数据的费用与当年数据库价格的比值在 1.2%—21.5%
之间。③在存档数据传输介质方面，有 9 份数据库采购方案（如
P_BP、P_IGROUP-B 等）表示同时提供存档数据和检索软件，这
种方式节省了图书馆研发检索系统的成本。但这种方式如果不能
同时给图书馆提供通用格式的裸数据的话，不便于图书馆将各个
数据库的存档数据进行整合。其他的基本上都是提供裸数据存档
光盘或磁带。另外，PROQUEST 公司针对其下的几个数据库
（*ABI*，*ARL*，*PQDT-A*，*PML/PHMC*）采取的方式为：在订购期
间向图书馆有偿提供数据备份盘，一旦图书馆不再订购，则必须
销毁或向 PROQUEST 公司返还这些备份盘。这种做法，并不属
于长期保存，仅是为了解决订购期间网络中断问题的暂时措施。

第五，永久访问权利和长期保存权利有很大关联，但毕竟是
两种不同的权利。69 份许可图书馆长期保存权利的数据库采购
方案有 40 份（如 P_CJO、P_IOP-J 等）授权相应的永久访问权利
但附有一定的使用限制。这一结果显示，数据库商对永久访问权
利控制相当严格。69 份许可图书馆长期保存权利的采购方案，
仅有 28 份明确表示许可图书馆将长期保存数据向用户开放的，

显示出数据库商对存档数据使用的过分限制。28 份采购方案都表示存档数据仅向原图书馆订户的当前用户开放，这一要求图书馆还好接受，但对国家级图书馆来讲，有时需要获得更多服务广大用户的授权。

第六，数据库商通常都会对永久访问和长期保存的运用提出一定的使用条件。28 份允许图书馆向用户开放存档数据的采购方案中，有 4 份（P_CUP、P_IGROUP-B、P_OUP 和 P_WILEY）表示存档数据只有满足使用启动条件时才可以向用户开放。如，P_CUP 数据库采购方案表示需要和牵头馆签署相关的备忘录以明确相关条款，保证在必要的时候使用此数据；P_OUP数据库采购方案要求 CALIS 公共服务系统仅能在数据库商无法提供正常访问时才可向其用户开放存档数据。这个数值并不高，即表示多数情况下，图书馆可以随时启用存档数据。另外，P_AIP-J、P_APS、P_NATUR-J、P_REVIEWS、P_SCITATION 和 P_SPIE 等数据库采购方案中提出：用户对存档数据的使用必须遵守集团订购协议上规定的电子资源的使用规范。

第七，在所统计的 CALIS/DRAA 数据库采购方案中，有的明确写着"图书馆可以将存档数据上载到本地信息系统中并向用户提供"，而多数仅写着可以提供图书馆存档数据，对如何服务用户并没有写明。面对这种现状，很容易理解为什么 CALIS/DRAA 第五次调查中有成员馆提出"希望 CALIS 和数据库商能明确永久访问权、存档权的概念及赠送光盘的性质和内容"的意见。

另外，截至 2011 年 5 月，DRAA 在 2011 年谈定的数据库采购方案皆为续订方案，在永久访问和存档权利许可方面与之前采购方案没有什么变化。

上述的统计和分析主要是以我国高校 CALIS/DRAA 为实例。我国采购数字资源尤其是国外学术数字资源的大户还包括中科院系统和 NSTL。中科院国家科学图书馆早在 2002 年时就开展了采购数字资源长期保存的各项政策、理论、技术方法和实践运行等方面的研究，是我国最早参加美国斯坦福大学牵头、世界各地图书馆参与的 LOCKSS 长期保存项目的图书馆，在开展的各项采购数字资源活动中已经强烈要求数据库商提供长期保存及永久访问的权利。目前，中科院国家科学图书馆在此方面比较有影响的成果为：2009 年 9 月 3 日和 2010 年 9 月 15 日，分别与施普林格科学与商业媒体集团和英国物理学会出版社（IOP）正式签订数字资源长期保存协议，前者是施普林格与除德国、荷兰以外的国家级图书文献机构签署的第一个对施普林格现刊数据库进行长期保存的正式协议；后者是国家科学图书馆作为 IOP 出版商长期保存数据在中国大陆境内的唯一保存机构。2009 年 NSTL 制定了《国科文献中心规章制度》，其中"联合采购数据库暂行管理办法"一章规定：联合采购的数据库必须要求对相应数据的持久使用和保存权益，联合各方具有持久保存联合采购的数据库资源的权利；"网络资源采集工作管理暂行办法"一章对合同文本和有关内容要点的特别要求中包括了"长期保存和使用"内容等。

2011 年 DRAA 在数字资源长期保存方面有了很大突破。据DRAA 网站资讯动态报道：2011 年 5 月 CALIS 第 9 届引进数字资源培训周上，以 2009 年施普林格公司与中科院国家科学图书馆签署的"Springer 期刊全文数据库长期保存协议"为基础，高校图书馆数字资源采购联盟、中科院国家科学图书馆与施普林格亚洲有限公司签署了三方长期保存协议。这一行动对促进我国数字信息资源稳定发展、促进我国科技可持续发展具有深远的意义①。

（3）CALIS/DRAA 系统中使用统计数据及元数据获取实例分析

根据 CALIS 这几年的调查报告，每个数据库的使用统计项目都有评分值，同时我们与 CALIS/DRAA 工作人员进行了核实，目前，数据库的使用统计都可以通过数据库商或其网站获得，只是提供服务的质量有别。但这一特点还没有覆盖到 MARC 数据提供上面。CALIS/DRAA 的调查报告从 2007 年开始还对数据库商提供使用统计的情况进行了打分评估，具体情况如图 5 - 2 所示：

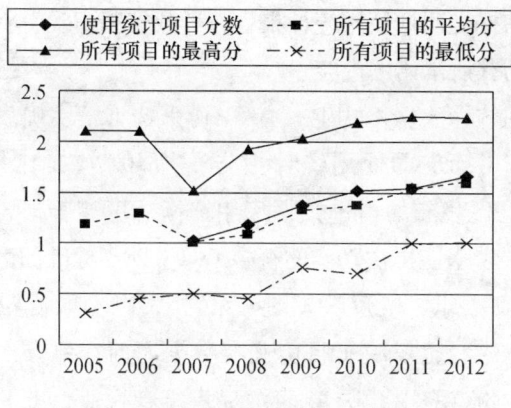

图 5 - 2　CALIS/DRAA 各年调查报告中
"使用统计"项目得分对比情况

---

① DRAA. Springer 与中国科学院国家科学图书馆、DRAA 签署数字资源长期保存协议. http://www. libconsortia. edu. cn/DRAA/news63. html，2011 - 05 - 25/2011 - 08 - 15.

图 5 - 2 显示，使用统计项目的得分和各项目的均分值相近，在 2011 年为相同值。具体到每个数据库，在使用统计项目上的得分差异很大，每年使用统计一项都有得负分数的情况：如，2007 年：IDL 为 - 1，LexisNexis 环境为 - 0.57，Taylor 百科全书为 - 1.2；2008 年：LexisNexis Academic 为 - 0.88，LexisNexis 环境为 - 2；2009 年：LexisNexis 环境为 - 0.5；2010：BIOONE 为 - 1；2011 年：IGROUP 图书为 - 1，JANE 为 - 0.5，SAFARI 为 - 0.71 等。

虽然对采购的数字资源，图书馆都可以获得相应使用统计数据，但考察 2007—2010 年间 CALIS/DRAA 的 149 份数据库采购方案以及 CALIS 所做的评估报告，仍有 28 份没有表示数据库商要向图书馆提交用户使用统计报告，即数据库商没有将这一服务项目固化为其所承诺的内容。

在使用统计数据格式上，有 61 份采购方案明确表示提供符合 COUNTER 标准的使用统计报告，占 40.9%，比例相当低。2011 年 CALIS 发布的引进数据库用户满意度调查报告指出，成员馆反映"希望能提供真实的符合 COUNTER 标准的数据库使用统计"。这一要求，既反映了图书馆对 COUNTER 标准的使用统计数据的需求，也反映了目前确有数据库商在此方面做得很不够。还有 1 份（P_WILEY）表示提供符合行业标准的使用统计数据。

在使用统计数据提供方式上，数据库商提供的方式主要有：①图书馆管理员直接在数据库商网站上利用用户名和密码查看本单位数据库使用统计信息；②数据库商直接向图书馆联系人发送（通常通过电子邮件）特定单位数据库使用统计信息；③数据库商将集团各成员馆的数据库使用统计数据集中发送给集团组织者，后者转发各图书馆；④数据库商分别向集团和成员馆发送各成员馆使用统计数据；⑤数据库商同时采用上述多种方式。从理论和现实上讲，集团组织者和成员馆都需要使用统计数据，集团组织者需要所有的统计数据，以便为进一步的组团提供依据；成员馆需要统计数据，以便为本单位续订提供依据。另外，我国NSTL资助了部分数据库，需要掌握资助采购的数据库的使用效益，受资助单位的使用统计数据是很有利的说明。上述第一种方式，非常便利图书馆，也省却数据库商传送工作。考察CALID/DRAA的现实情况，149份数据库采购方案中有73份（如P_ACS-J、P_SCIENCEDIRECT等）明确表示成员馆可以在线通过用户名和密码获取本单位使用统计情况，约59%，虽说过半，但这个比例还不是很高。在网络环境下，此项工作技术难度很小，关键是数据库商的服务态度。CALIS/DRAA实例中，一般CALIS农学文献中心牵头组团的采购活动，都特别强调了数据库商向农学文献中心提交集团所有成员的使用统计数据。IGROUP对其代理的数据库，在数据库商网站上开通成员馆使用统计查询系统的同时，其客户服务部门还向各馆发送相关的使用统计。这种服务有利于图书馆。

在元数据提供方面，149份数据库采购方案，仅有19份明确表示可以向订购的图书馆提供元数据。其中，P_JSTOR表示提供METADATA，其余18份都表示提供MARC数据。另外有2份（P_IOP、P_FIC）分别表示向CALIS提供与数据配套的数据服务。总之来讲，承诺提供元数据的数据库采购方案非常少。进一步分析，提供元数据的以图书类数据库采购方案为主，也包括少量期刊数据库采购方案。

2011年（截至2011年5月1日）DRAA新谈定的数据库采

购方案，因皆为续订方案，因此数据库商基本上都是延续以前的做法，其中 P_BIOONE 数据库采购方案有所改变，表示提供符合 COUNTER 标准的使用统计数据，之前的方案没有此承诺。

（4）其他使用与服务合作管理实例分析

考察 CALIS/DRAA 数据库采购方案及 CALIS 提供的评估报告实例，P_CREDO 采购方案指出：数据库商可提供与 *Credo* 数据库对应的 OpenURL、Metasearch、Z39.50 及管理员提醒服务；P_JSTOR 采购方案表示：数据库商提供 OpenURL、Metasearch 接口；P_CSA、P_EJS 和 P_LWW-B 采购方案或评估报告指出：数据库商可以提供可连接的跨库引用索引，并可链接至全文，提供由检索结果链接至国内联合目录等。上述内容更多是与数字资源整合有关。虽然表示提供这些服务的采购方案很少，但现实中相当多数据库商通过宣传材料和实际操作，对图书馆数字资源整合需求给予了响应，更多表现为一种提升产品竞争力的战术。如，考察采购数据库数量比较多的清华大学图书馆、北京大学图书馆等，他们都对采购的国内外数据库做了集成检索系统（元数据集成），也实现了不同数据库之间文摘与全文、引文与来源文献等各种文献关系的链接。

5.4.2 使用质量管理实证研究

（1）CALIS/DRAA 所采购数字资源网络访问现状分析

访问方式方面，考察 2007—2010 年间 CALIS/DRAA 的 149 份数据库采购方案，有 125 份都表示提供专线访问方式，且基本上都是通过 CERNET，属于绝对的主流方式。这对用户来讲是非常庆幸的事情，是图书馆采购集团的努力结果。另外，有 12 份（P_EI、P_SPRINGERLINK-J、P_BIOONE 和 P_SIAM-J 等）表示提供国内镜像方式，多数建立在 CALIS 的几个全国中心，个别由数据库商建立在其他地方；有 9 份（P_CROSSFIRE、P_DIALOG、P_GBIP、P_IMF、P_JSTOR、P_SAGE-B、P_SOURCEOECD 统计、P_SOURCEOECD-IEA 和 P_WORLDBANK）表示采取国际网方式访问；有 3 份（P_ACM、P_SOURCEOECD-J 和 P_SOURCEOECD-B）表示同时提供国际网方式和国内镜像方式。我国 CALIS/DRAA 在其工作规范中指出："所购数据库一般能够以专线、镜像或本地的方式提供服务，以使用户不支付网络费并能够方便快捷地访问资源为目标"。2011 年（截至 2011 年 5 月 1 日）DRAA 新谈定的数据库采购方案，皆为续订方案，基本上延续之前的方式，但也有改变的。如，P_BIOONE 和 P_REAXYS（P_CROSSFIRE 的升级版）分别将其原来的国内镜像或国际网方式改为 CERNET 专线访问方式。这种改动符合我国图书馆和用户的需求。

在所统计的 CALIS/DRAA 采购的数据库实例中，国内镜像方式位居第二，显示出国内镜像方式对图书馆也有一定吸引力；同时在实例中，没有采用馆镜像方式，这一现状足以显示"建设和维护成本"对图书馆的影响。P_AIAA-J 提到，如果成员馆的数量超过 5 家，数据库商则考虑在我国境内建立镜像站点。这一前提条件的提出也反映了数据库商对建设成本的顾虑。CALIS 采购集团负责人曾著文指出：若参加特定集团采购的图书馆比较多，数据库商通常愿意在我国境内建立镜像站点或本地服务站点的方式，反之，从检索平台建设成本考虑，数据库商仅提供表中的国际网方式。集团要根据资源的情况，以及各种访问方式的特点分析确定。对于某些核心资源，产生一定的成本投入是必要的，但对于某些非核心资源，若要消耗大量软件、硬件，则可以采用租用专线的方式[67]。国内镜像如果安置于图书馆采购集团，则需要图书馆采购集团提供安放位置和相应的维护力量。在图书馆安置镜像站点，图书馆需要督促和监督数据库商检索平台的升级和数据的更新，这样才能较好地保障用户的利益。有些学校如清华大学对 *ACM* 等数据库采取了同时提供国内镜像站点和国际网两种访问方式，为那些愿意支付一定费用以换取检索质量的用户提供了一个机会。

访问速度方面，2007 年、2008 年、2009 年 CALIS 发布的引进数据库用户满意度调查报告显示，这些年都有图书馆反映 CERNET 网速太慢、接口容量不足等问题，表示："希望 CER-NET 加大国际出口容量和与国内主要骨干网的接口容量"、"CERNET 专线访问速度慢，电信或网通速度较快，希望能提高专线访问速度"等。我国高校主要采用 CERNET 专线，CERNET 网络问题影响面非常广。

浏览方式方面，考察 2007—2010 年间 CALIS/DRAA 采购数据库的实例，仅有 *SciFinder Scholar* 和 *Crossfire Beilstein/Gmelin* 还采取客户端方式。2011 年爱思唯尔公司在原有 *Crossfire Beilstein/ Gmelin* 数据库基础上新增了专利化学数据库，组成了新的产品 *Reaxys* 数据库，并将访问模式改变为 WEB 访问方式，且通过专线访问，做出了非常有利于用户使用的改进。*SciFinder Scholar* 在 2010 年也推出 WEB 浏览模式，但需要授权用户个人注册并通过账号密码使用。应该说数据库商将客户端方式改为 WEB 方式，与用户和图书馆的需求相吻合。另外，目前用户手机上网发展速度非常快，部分有实力的图书馆已经开始投资移动图书馆的建设，DRAA 在 2010 年年底谈妥的 P_HWWilson-J 和 P_HWWIL-SON-A 数据库采购方案，明确指出 HWWilson 数据库商已经推出手持终端移动上网接入功能，可让最终用户在校园无线网内随时使用手机登录。这是一个非常好的开始。

校外访问方面，中科院早在 2004 年就开始采用 IP 地址外授权用户认证系统（名为"随易通"），通过向数据库商重申 IP 地址外授权用户的权利以及讲明一些研究所从事野外科研活动的性质，积极争取数据库商的许可和配合。考察清华大学图书馆网站上列出的电子数据库，截至 2011 年 5 月底，非开放获取数据库有 160 种，授权用户可以在校外通过校外访问控制系统访问到其中的 131 种数据库，占 81.9%。这个比例相当高。这个比例显示，目前多数数据库商认可了用户通过身份认证系统进行校外访问的权利。不过，或许相关用户身份认证系统太昂贵或其他原因，我国很多图书馆还没有开展这方面的工作。

其他方面，用户身份认证方面，考察 2007—2010 年间 CALIS/DRAA 采购数据库的实例，在校内访问，除 *SciFinder Scholar* 的 WEB 版还采取 IP 地址 + 账号方式外，其余的都是采用简单的 IP 地址控制即可，给用户的使用带来了方便。代理服务器方面，目前，数据库商基本上都许可我国高校图书馆采用校内代理服务器，但需向数据库商报备。

（2）CALIS/DRAA 数据库检索平台质量管理现状研究

CALIS/DRAA 历年发布的引进数据库用户满意度调查报告，都罗列有图书馆提出的书面意见，表 5-4 是对其中关于检索平台质量方面的意见和建议的归纳总结。这些意见虽是图书馆个体的意见，无法代表普遍性，但因不受封闭性问题的制约，比较能反映提意见人的观念和想法，也能反映出检索平台质量现状。

表 5 – 4　CALIS 历年调查报告中图书馆对
"检索系统" 的意见与建议

年代	意见和建议
2007	SpringerLink 检索功能有待改进；Ebrary 二次检索结果不佳；建议数据库检索界面不要频繁变换。希望优化检索功能，以便用户更好地使用，例如 WOK 平台、EV2 平台，用起来比较得心应手。
2008	LexisNexis 公司的数据库曾多次出现无法访问情况且没有得到及时解决；OSA 数据库系统非常不稳定，经常出现无法下载全文的情况；Beilstein/Gmelin CrossFire 数据库多次出现无法连接的情况；2007 年年底 JSTOR 近 20 天不能通过国内 IP 地址访问，近期又出现同样问题；CSA 数据库系统的一些本来很好的检索功能如学者查询和基金查询，不知为何被取消等。
2009	PQDT 的检索系统不太稳定，Springer 检索界面太简单。
2010	Westlaw 用起来不太方便，Springer 需要改进检索界面和功能，使用统计太简单；提高平台的稳定性；完善检索功能，检索界面不要太复杂，更友好一些。
2011	部分数据库平台不太稳定，响应速度较慢；系统升级不要过于频繁；Springer 平台二次检索功能一直存在问题没有解决，EI 检索功能不完善，PQDD 有时无法下载全文，IGROUP 的检索界面有待进一步改进，Reaxys 访问速度非常慢，且画图功能有问题等。
2012	一些全文库的检索功能较弱，连二次检索都不可以，望加强；有的商家不提供使用统计；希望提供的统计数据做到标准化；外文资源的访问往往遇到学校网络环境瓶颈，希望数据库商提供详细的网络环境要求等。

　　分析历年 CALIS 引进数据库用户满意度调查结果，相对来讲，成员馆对检索系统功能效果方面总体上还算满意。每年对检索系统功能效果各项的打分都在 1.2—1.7 之间，排列第二，仅次于数据库内容质量，但都与满分 3 分相差较远。表 5 – 4 数据显示，2008 年和 2011 年，图书馆反映的意见较多。无法链接、

无法使用等现象集中在几个数据库商的产品上。相比较 CALIS/DRAA 采购的上百个数据库产品，表中提到的数据库数量并不多，但对一个具体的图书馆来讲，每个数据库访问出现问题，影响都很大。数据库商不断改进系统的性能和功能。对检索系统平台商家来讲，竞争的机会比较大。

（3）CALIS/DRAA 采购数据库活动中数据库商售后服务现状

具体考察 CALIS/DRAA 数据库采购方案，一般都没有对主动通报、问题反馈解决和走访等提出具体的责任规定，显示出数据库商不愿意利用许可合同来将这些"责任"规定下来，避免约束自己。采购方案中都列有数据库商售后服务联系人员的联系方式，包括联系人姓名、电话、电子邮件等，这种做法非常方便数据库商、图书馆之间的沟通。不过，用户还主要是向图书馆反映问题。

149 份数据库采购方案中，有 43 份（如 P_EMERALD、P_EMIS等）给出了数据库商将对成员馆或用户提供帮助或培训的承诺，占 28.9%；有 31 份（如 P_BP、P_EJS 等）给出了数据库商向成员馆提供技术支持服务的承诺，占 20.8%；有 42 份（如 P_AGU-J、P_ACM 等）给出了数据库商向用户提供试用的承诺，占 28.2%。这些比例值非常低，不利于图书馆及其用户。

考察数据库商现实中的行为。目前，几乎所有的数据库检索平台都设置了在线帮助功能，有的还将在线帮助分散嵌入各个检索环节，即构成了检索功能的一部分，说明现实中数据库商还是非常积极地开展这种吸引客户的帮助活动。有部分数据库检索平台如 EV2、MUSE、OVIDSP、SAGE、SCIENCEDIRECT 和 WOK 等给出了中文语种的用户使用帮助或指南，其中有的是数据库商与我国图书馆合作提供的。如 2010 年 8 月，WOK 平台上出现了

"我们重新开放由清华大学图书馆设计并制作的在线网络教程——电子资源实用手册。主要用于 *ISI Web of Knowledge* 平台用户的教学、培训与自学等。培训的产品包括 *Web of Science*®，*Biosis reviews. com*，*INSPEC*，*Journal Citation Reports*®，*Current Content Connect*，*Derwent Innovation Index*®。请您点击下面链接分别浏览"。这些方式既有利于用户和图书馆员的入门学习，也有利于数据库商争取用户。不过能够提供完整的培训资料的数据库商并不多。

对其他方面，CALIS/DRAA 的历年调查报告给出了成员馆的打分，汇总这些分值，结果如图 5 - 3 所示：

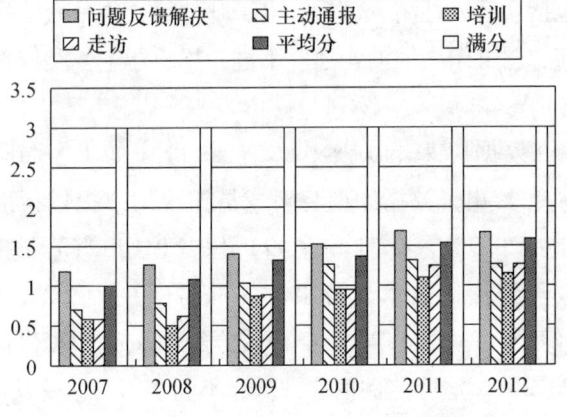

图 5 - 3　CALIS/DRAA 售后服务历年打分情况

图 5 - 3 显示，相比较而言，大家对数据库商的问题反馈解决工作满意度稍高些，各年的分值都在平均分之上，但远不及满分 3 分。图书馆许可政策对数据库商主动通报的要求比较强烈，但现实中图书馆对数据库商主动通报的满意程度很低，历年的分值都远低于各项打分的平均值。

　　图5 – 3显示，图书馆在培训方面对数据库商非常不满。根据本课题组对部分图书馆工作人员的采访，图书馆工作人员提出的具体意见，主要还是集中在数据库商到馆培训次数太少。但也有的图书馆表示，更希望数据库商积极培训图书馆工作人员，再由图书馆工作人员培训用户。如，香港浸会大学图书馆资源采访人员表示，他们并不希望数据库商直接培训用户，而是由图书馆工作人员对用户进行培训。CALIS每年召开引进数据库培训周活动，从理论上讲，这种方式对数据库商和图书馆双方来讲都是比较经济实用，但现实中却存在不少问题。分析CALIS历年调查报告中归纳的图书馆意见，以及本课题组成员亲自参与培训周时对部分图书馆员的访谈，图书馆员对这种集中培训的意见主要为：培训量太大，年纪大点的有点不适应；有些数据库商培训员讲解的内容和方式明显在推销产品等。总之，在培训上，各图书馆的要求可能不尽相同，还需要数据库商和图书馆积极合作，探索出更好的方式。

　　图5 – 3显示，图书馆对数据库商的走访打分也很低。考察CALIS的各年调查报告，2007年、2008年、2010年和2012年都有图书馆人员提出数据库商应加强售后走访服务，表明图书馆希望数据库商加强这方面工作的。不过图书馆在书面意见中，对此的指责有但不多，言语也不激烈，或许这种活动本身的重要性略低。

　　对于试用，目前，我国高校在CALIS/DRAA积极的争取下，试用基本上都避开假期。CALIS/DRAA在其工作规范中提出试用期不少于3个月，考察2007—2010年间CALIS/DRAA的149份数据库采购方案，表示试用期可达3个月的不足10份，多数表示试用的时间长度为1个月，如P_ACM、P_ACS等。这个时间长度并不能满足我国图书馆的要求。

5.4.3 我国高校用户数字资源使用管理实证研究

这里主要以我国"211"大学为例进行研究。目前，我国现有 119 所"211"大学（注：多个校区按多个院校计算，同时本书没有包括部队院校）。本书的统计数据以这些高校图书馆网站提供的信息为基础。调查时间段为 2011. 1. 1 - 2012. 1. 10；数据源时间段为 2001. 1. 1 - 2011. 12. 30。在此期间，有些图书馆对数字资源使用管理的政策和做法有所变更，同时各网站给出的信息不甚完整，本书的统计数据以最近更新的信息为准。

（1）IP 被封情况的大概统计

根据被调研图书馆网站上公开发布的信息，2001 年至 2011 年，因用户违规使用而被暂停访问权的数据库类型至少有 33 种，其中，引进的外文数据库有 28 种，分别为：*ACS*，*AIP*，*Annual Reviews. com*，*APS*，*ASME*，*ASCE*，*BlackWell*，*Ebrary*，*EPS*，*ESA*，*HeinOnline*，*IEL*，*JSTOR*，*KARGER*，*Kluwer*、*MAIK*，*Mathsci*，*Nature*，*OSA*，*PQDD*、*SAE*，*Safari*，*ScienceDirect*，*SciFinder Scholar*，*Scitation*，*SPE*，*SPIE*，*SpringerLink*；购置的中文数据库有 5 种，分别为：瀚堂典藏，中国期刊网 CNKI，中宏教研支持系统与中宏产业数据库，万方数字化期刊和月旦法学知识库等。涉及的图书馆至少有 77 个，占全部 119 个图书馆的 64.7%，即超过半数的图书馆都有过被数据库商关闭 IP 的经历。据统计，被暂停使用最多的数据库是美国化学学会出品的全文期刊库 *ACS*，其次是美国物理联合会出品的全文期刊库 *AIP* 和美国物理学会出品的全文期刊库 *APS*，数据库商皆为学会或协会。如，2001 年至 2011 年，统计的 119 个图书馆中有 75 个购买了 *ACS*，最少有 55 个图书馆都经历过被美国化学学会关闭 IP 的情况，比例超过 73.3%；被封次数至少有 214 次。其中 2010 年最多，至少有 65 次。IP 被封超过 10 次以上的数据库还有 *AIP*、*APS*、*JS-TOR*、*ScienceDirect*、*OSA*、*Annual Reviews.com* 等。

（2）数据库使用管理政策发布情况

目前图书馆颁布的有关数据库使用行为管理的政策称呼不一，如"版权声明"、"版权公告"、"合理使用规定"、"电子版权政策"、"电子资源使用规定"等。本书统一用"数字资源使用管理政策"称之。考察本书所统计的 119 个"211"大学图书馆网站信息，各学校图书馆设置数字资源使用管理政策的总体情况如表 5-5 所示（统计数据截至 2011 年 12 月 30 日）：

表 5-5 "211"大学图书馆数字资源使用管理政策发布统计表

数字资源使用管理政策类型	发布使用管理政策的图书馆数量，及占全部 119 个图书馆总数的百分比	图书馆实例	有被封 IP 实例的图书馆数量，及占对应类型图书馆数量的百分比
面向全部数据库使用的	78，65.5%	北京大学图书馆，清华大学图书馆	59，75.6%
仅面向个别数据库如 *ACS*、*IEL* 使用的	5，3.4%	海南大学图书馆，湖南师范大学图书馆，中国药科大学图书馆，西北大学图书馆，华北电力大学图书馆	4，80.0%
单在新闻中发布的	3，2.5%	南京师范大学图书馆，南京理工大学图书馆，华南师范大学图书馆	3，100.0%

数字资源使用管理政策类型	发布使用管理政策的图书馆数量，及占全部119个图书馆总数的百分比	图书馆实例	有被封IP实例的图书馆数量，及占对应类型图书馆数量的百分比
同时在新闻、校外访问入口处和电子阅览室规章制度中设置	1，0.8%	南京理工大学图书馆	1，100.0%
在新闻中有"ACS下载注意事项"	2，1.7%	内蒙古大学图书馆，中国石油大学（华东）图书馆	2，100.0%
没有任何使用管理政策信息的	29，24.4%	河海大学图书馆，天津大学图书馆	9，31.0%

（注：一个馆发布的政策计算为一份政策）

表5－5数据显示，设置了面向所有数据库的使用管理政策的图书馆为78个，超过了半数，但比例还不是很高。我们曾经在2010年对"211"大学图书馆数字资源使用管理政策进行过网站调研，当时不足半数。比较两段时期的数据，可看出越来越多的图书馆开始重视发布数字资源使用管理政策。截至2011年12月底，74个购买数据库ACS的"211"大学图书馆中有56个发布了正式的使用管理政策，有4个图书馆仅针对ACS发布了使用管理政策，有2个在新闻中针对ACS发布了"ACS下载注意事项"，合计约占购买ACS数据库的74个图书馆的83.8%。这个比值比较高，显示出美国化学学会强硬的使用管理态度对图书馆界的影响。表5－5第4列的数据显示，数字资源使用管理政策的出台与图书馆出现过IP地址被封情况有很大关系。

　　数字资源使用管理政策的正式程度，可以从两个角度说明，一个是发布级别，一个是内容详尽程度。上述 78 个图书馆网站上发布的共 78 份数字资源使用管理政策中，有 7 个是由图书馆所在学校（如北京大学、北京大学医学部、北京师范大学、华中科技大学、浙江大学、东北师范大学和武汉理工大学等）颁布的，其余的都是由图书馆自行制定。以学校正式文件的形式颁布政策，说明学校对数字资源使用的规范化、合理化的高度重视，同时其影响力更大。约有 24 个图书馆发布的数字资源使用管理政策非常简单，通常只有 100 至 200 字，简要说明"用户要遵守版权法，不能批量下载，不能私设代理服务器，不能用于营利目的等"，绝大多数图书馆都较为全面地提出了具体要求。发布简单政策内容的 24 个图书馆，14 个有过被封 IP 的经历，比例为 58.3%；发布比较正式政策的 54 个图书馆，44 个有过被封 IP 的经历，比例为 81.5%。分析这两个比值，被封 IP 情况很有可能更加促使图书馆重视数字资源使用管理政策的出台和执行。同时表中数据也表明，简单的政策内容也能产生明显的效果。

　　数字资源使用管理政策的显示位置，对用户了解和遵守这些政策有一定的影响，在一定程度上可以体现出图书馆的执行力度。上述 78 个发布了数字资源使用管理政策的图书馆中，有 12 个将政策内容纳入到图书馆的规章制度，表明政策制度建设比较规范。其他的基本上都是在数据库页面上设置政策内容链接和简单内容，容易引起用户的注意。有的图书馆如北京大学图书馆、清华大学图书馆、中国农业大学图书馆等同时在规章制度和数据库入口处发布数字资源使用管理政策内容，综合了上述提到的两种方式的优势。有的图书馆如苏州大学图书馆、中国科学技术大学图书馆、暨南大学图书馆、广西大学图书馆、华中师范大学图书馆等不仅在数据库页面有相关的政策内容链接，还特别在 *ACS* 入口处发布了版权使用说明的内容，对一些读者使用量大，又容易违规使用的数据库，增加了"提醒"功能。

（3）过量下载的界定及违规处理的措施

本书所统计的数据库使用管理政策，内容相似度很高，主要包括以下几个方面：

• 100% 的政策都规定：不得连续、系统、集中、批量、整卷或整本地进行下载、浏览、检索数据库等操作。

• 86.3% 的政策都规定：不得使用网络下载工具批量下载图书馆购买的电子资源。

• 61.6% 的政策都规定：校内任何个人不得私自设置代理服务器阅读或下载电子资源等。

• 54.8% 的政策都规定：不得将个人网络账号提供给校外人员，不得向校外人员提供本校电子资源。

另外，有的明确规定不可利用下载的资源进行商业牟利。因这种商业牟利行为本身就触犯了版权法的有关规定，即使数字资源使用管理政策没有涉及此内容，用户也不能有此类行为。因此本书没有对此内容进行统计。从我们所统计的数据库违规实例来看，用户违规的行为主要是短时期内大量下载某一数据库的论文。对此行为，数据库商多称之为"滥用"或"恶意下载"。在所统计的数据库使用管理政策中，近半数政策表明："由于各数据库商对'滥用'的界定并不一致，因此图书馆无法制订统一标准。一般数据库商认为，如果超出正常阅读速度下载文献就视为滥用，通常正常阅读一篇文献的速度至少需要几分钟"。有的图书馆自行确定了一些下载上限，如，北京大学图书馆和复旦大学图书馆等表示对每个数据库每小时下载不能超过 100 篇；哈尔滨工业大学图书馆表示对每个数据库每天下载次数不能超过 60 次；北京交通大学图书馆规定对每个数据库不能集中下载 50 篇；上海交通大学、吉林大学和浙江大学的图书馆都规定对每个数据库每次下载不能超过 30 篇等。这些规定差异较大，显示出各图书馆对数据库商要求的不同领会和对策。

各图书馆处理违规用户的方式和力度不尽相同。通过对上述 78 个大学图书馆网站上发布的"用户使用规范管理政策"内容的分析，处理的措施可以分为以下方面：

1. 法律责任：由此而引起的法律上的一切后果由违规者自负。

2. 纪律性处分：情节严重者，图书馆将报请学校予以纪律处分。

3. 纪律性全校通报：在图书馆网站或学校网站进行全校通报批评。

4. 纪律性院系通报：图书馆将通告责任人所在单位。

5. 书面检查：图书馆要求违规者在规定时间内提交书面检查，有的学校在网站上公开这些书面检查。

6. 经济赔偿责任：因违规行为对学校造成的经济损失，如，因过量下载产生的大量国际流量费，由违规者负担。

7. 删除下载资源：要求违规者将违规下载的所有资料全部删除。

8. 服务性处罚：主要是针对使用图书馆服务进行一定程度的限制，如停止违规者借阅图书馆图书某段时间，如 2—6 个月时间；或停止违规者网络访问某段时间，或停止违规 IP 某段访问时间，如 2—6 个月时间等。

上述处理措施中，"法律责任"比较重，现实中较少发生。

"纪律性处分"对用户尤其是学生的今后工作影响非常大，威慑力特别强，因此是数据库商希望的处理措施，一般学校都是对情节特别严重的才会采取这种处罚形式。目前，清华大学图书馆、北京大学图书馆等 38 个图书馆的数字资源使用管理政策规定了"情节严重者，将报请学校予以纪律处分"。从收集的公开实例信息来看，还未见到这种处罚实例。上述从第 3 条到第 5 条措施都是通报评判的形式，在具体实施中，有的点名批评，有的仅点出违规 IP 地址。显然点名批评力度较大，但也容易伤害到用户。"经济赔偿"较难计算，从收集的具体实例来看，还没有见到这方面的处罚实例，但这种要求有威慑力。"删除违规下载的资源"，更多是数据库商的要求。服务性处罚，主要是图书馆从自身权利和能力角度采取的处罚措施，对用户的行政威慑力并不强，但对常用图书馆服务的用户来讲还是有一定的影响。

2011 年 6 月我们到中科院国家科学图书馆走访，据数字资源采购负责人之一介绍，每年中科院都要发生十多起过量下载事件，集中在 ACS、AIP 和 APS 等数据库使用上，这点与高校情况相似。目前，中科院还没有对用户采取较为严厉的措施，更多的是向数据库商说明情况，力争理解和及早开通。

6 权益分享保障机制内容改进的建议

第 3—5 章我们对数字资源贸易中存在的各种权益分享问题分别进行了分析。这些问题既不可能一次全部解决，也不可能自动解决，而是需要采取多种合理、合法且可行的权益分享保障机制，来解决这些问题或者降低这些问题带来的不良后果。根据数字资源贸易的内容和特点，以及目前存在的权益问题，权益分享保障机制内容包括采购集团自身的团体组织管理、数字资源采购业务管理，许可政策体系以及有利的外部环境等。以下主要讨论对这些内容的具体改进建议。其中，6.4 和 6.5 提出的改进建议，是基于图书馆及用户的需求和要求，因此，改进建议的合理性和可行性的分析，主要是从不降低数据库商的商业利益的角度进行。

6.1 改进的基本原则

改进权益分享保障机制的目标是：促进数字资源许可活动科学、合理、规范的发展，力争实现数字资源合作各方利益的平衡和最大化。基于上述目标，改进权益分享保障机制的基本原则是：

第一，促进社会整体发展。对数字资源贸易活动的管理应当与整个社会的发展相吻合。图书馆采购国外数字资源是一种国际贸易活动，所采取的权益分享措施应尊重各国国情，特别要注意对发展中国家的支持。如，数据库商应当对发展中国家制定更为优惠和更为灵活的价格方案，对互联网普及程度较低地区，应当提供免支付国际流量费的访问方式等。图书馆采购数字资源是为了用户的个人学习和教学科研活动，数据库商向图书馆销售数字资源是为了发展其数字出版赚取经济收益，因此所采取的权益分享措施应能同时促进这些领域的发展。

第二，维护权益、平衡利益、承担社会责任。目前，数字资源贸易活动中主要的利益相关者包括买方（图书馆所服务的机构、图书馆、授权用户等）、卖方（出版商、集成商、销售代理商、平台商等，统称数据库商）、版权所有者以及买卖双方所属国家。权益分享保障机制就是要合理保障各方的权益。买方国家的权益是其科研教育活动的有效发展，卖方国家的权益是其出版活动的有效发展。版权所有者的权益是其知识产权得到保护。图书馆及其用户的权益是其可以通过合理的价格获得更多的数字资源以及更多的数字资源使用权利。数据库商的权益是其经济利益得到保护。各方权益之间存在着相互促进和相互制约的关系，利益平衡是保证各方权益得到最大保护的基础。同时，作为社会机构的图书馆和数据库商，以及作为社会人的用户，都需要在保障自身权益的同时承担一定社会责任。如，数据库商和图书馆要对属于人类文化遗产的数字资源进行合理、科学的长期保存安排，用户应当尊重版权所有者的知识产权等。

第三，遵守法律法规。法律法规是指引人们行为的社会规范。数字资源贸易活动本身涉及的法律法规主要包括版权法、合同法以及隐私保护、安全保密条例等。数据库商与图书馆签订数字资源许可合同的行为，是遵守上述相关法律法规的主要表现形式，许可合同的内容是以上述相关法律法规为基础。另外，法律法规是需要不断调整和完善的，因此我们在分析权益问题和完善权益分享保障机制时，还要注意发现问题、总结经验教训，为相关法律法规今后的改进提供建议和依据。

第四，权益分享保障机制要全面、经济、合理、科学和具有可持续性。图书馆采购数字资源这一行为涉及价格、集团组织、权利诉求等多方面问题，权益分享保障机制应当对各方面问题进行全面考虑。权益分享保障机制要具有现实的合理性和科学性，如，解决法律纠纷时，当事方需要支付的相关费用会因适用法律选择的不同而有较大差异；在许可合同执行管理方面，若让图书馆负担太多的使用管理责任，图书馆需要支付的技术和人力成本会超出其承受能力，等等。另外，法律、技术、经济、人文等环境是在不断变化，如，各国版权法因互联网的出现而增加了对信息网络传播权保护的规定；信息技术的发展降低了数字资源制作成本；金融危机导致图书馆采购能力下降等。这些变化要求权益分享保障机制具有开放性与发展性，适应环境的变化。

第五，加强理论指导与实践经验的借鉴。多方合作，共同管理图书馆采购数字资源活动，涉及经济活动、组织管理活动、项目管理活动、政策和法律活动等，这些活动领域目前都有相当多的理论，对这些理论的应用要注意结合具体情况，分析它们的适用性和可行性。

6.2 集团采购中团体组织管理的改进

组织团体是为了达到个人目标和共同目标而一起工作的人的集合。组织团体之所以存在，是因为它能够满足人们在社会活动和日常生活中的种种需要[68]。图书馆在数字资源采购中形成的采购集团是一种组织团体形态，这种形态可以使各图书馆通过"规模采购"节省采购费用、获取优质的资源和服务。然而，一个组织团体功能和作用的大小，与其组织管理形式和质量有密切关联。对图书馆采购集团来讲，组织管理的改进，就是要让更广泛范围的图书馆及用户享受到集团采购的更多实惠。在本节，我们先探讨一般团体的组织管理改进的措施，然后对我国图书馆完善采购集团组织管理的改进提出建议。

6.2.1 采购集团组织形态的类型与特点

图书馆采购集团（Group）是以特定数字资源为标的的动态图书馆集团。有些采购集团是独立形成和开展工作的，如，台湾地区的 ConWIS 采购集团和中国期刊网采购集团分别是以 *Wiley* 数据库和《中国期刊网》为采购对象的独立采购集团。相当多的采购集团是在相对稳定的图书馆联盟（Consortium）组织下形成和开展工作的，如，高校图书馆数字资源采购联盟 DRAA 组织了许多以特定数据库为标的的采购集团。因此，采购集团的许多组织管理工作，实际上是图书馆联盟的组织管理工作。目前，图书馆联盟组织形式有多种，如，共建共享式、会员制、联合办馆制、单一功能式、复合功能式[69]；集中型、松散型、紧密组合型[70]；公司型、非公司型[71]；去中心化型、中心化型[72]；俱乐部模式、中央资金模式、合作购买模式[73]等。这些组织形式往往也是采购集团的组织形式。从采购集团角度划分，我国图书馆建立的采购集团包括地区集团、行业集团、复合模式和全国集团等。借鉴上述图书馆联盟或采购集团组织模式的划分，本书从保障用户和图书馆权益的角度，将采购集团组织形态按照以下几种方式进行划分并分析。

（1）根据采购集团法律地位划分的组织形态

根据收集的资料，图书馆采购集团按照其社会法律地位可分为虚拟机构、独立法人机构和受托法人机构等类型。

虚拟机构的提法来自于企业管理中的虚拟企业。主要形式有：面向特定数据库的采购集团，如 *ProQuest* 博硕士学位论文全文数据库中国集团、*EI* 集团等；以项目活动形式出现的图书馆联盟，如我国的 CALIS、NSTL、CSDL，以及美国东北研究图书馆联盟 NERL 等；地区或行业的图书馆集团采购联合体，如上海市文献资源共建共享协作、英国哥伦比亚电子图书馆网络BCELN 等。各虚拟机构都是依靠某个法人实体开展具体业务的。如果政府是投资者和行政管理者，被依托单位通常由政府指定；若虚拟机构是基于合作信任关系的自主引动型，则被依托单位的选择要考虑具体工作的便利性和被依托单位的号召力。虚拟机构还存在管理者和工作人员的选聘问题。一般工作人员的聘用通常采取项目聘用方式，但管理者的任用就存在选举制和任命制两类。对于政府主导型的采购集团，任命制是主要方式，政府的权利和责任都很大，这种情况下，管理者需要完成上级政府交给的任务，以及整个采购集团的任务。选举制下的管理者，是由成员馆自主选举产生，通常是拥有较高威望的图书馆人员当选，有时也与当选者所在图书馆的地位和性质有关，在成员馆中具有较高的认可度，但选举本身较为复杂。

独立法人机构（相对于虚拟机构的实体机构），本研究是指具有法人资格并专门服务于包括集团采购数字资源在内的图书馆活动的组织机构。如，新西兰图书馆联盟 LCONZ 等。独立法人机构形式，从机构性质上讲，可分为非营利组织和营利组织两大类型。具体运作时，往往与企业型管理机制相结合，管理机制和业务活动受到外界的干涉比较少，特别是营利性组织，受到营利驱动而容易提高工作效率。当采购数字资源活动渐成常态性工作和大范围开展的工作后，从社会分工角度讲这种方式可能会有发展。

受托法人机构，本研究是指接受图书馆采购集团的委托全权负责集团采购的组织和管理活动的法人机构。如，我国农业科学院图书馆受中国农学会农业图书馆分会委托，组织农业林业领域的数字资源集团采购。相对来讲，受托法人机构形式管理成本比较低，业务活动比较好组织，但需要处理好成员馆与受托法人机构之间的工作关系。如，受托法人机构与其他成员馆在集团中的话语权问题，受托法人机构管理成本的分担问题，受托法人机构的工作能力和效率问题等。

根据收集的资料，国内外图书馆采购集团多采用虚拟机构形式，但往往与受托法人机构管理形式结合。

（2）根据成员馆范围划分的采购集团组织形态

对于成员来源范围，各图书馆采购集团组织都有明确的规定。目前主要包括：

国际范围。典型的有 eIFL 组织，其成员包括许多发展中国家和东欧一些国家；澳大利亚大学图书馆理事会 CAUL 的电子资源委员会（CEIRC），其成员资格对新西兰大学开放。这种方式利于国际交流与协作，但操作复杂，受国家政府因素影响较大。

国家范围。包括国家采购和全国组团两种模式。开展国家采购活动，全国图书馆的用户都能获益，但所采购的资源不同，就意味着各图书馆及其用户享受的国家优惠待遇不同。全国组团模式，"规模经济"效果明显，但对数据库商来讲，采取让各方都满意的价格模式和销售模式是个高难课题；对集团组织者来讲，采取的采购策略可能很难满足不同图书馆的个性化需求。

行业或地区范围。行业内组团，成员馆的需求相近，组团比较容易，也便于获得主管部门的补贴。如，我国的 CALIS、澳大利亚的 CAUL、英国的信息系统联合体 JISC、美国的 CIC、加拿大的 CRKN 等教育系统的图书馆联盟，在资源采购上偏重教学和学术研究，并都不同程度地获得了本国或本地区教育部门的资助。地区内组团，经济条件相近，图书馆之间近距离的沟通交流和具体操作比较方便。

考察现实中上述几种组织形式，其特点主要包括：①根据对 ICOLC 的图书馆联盟成员网站信息的调研，国际性合作并不多。操作复杂、工作效率低是其比较明显的阻碍因素。因此，理论界有必要深入探索克服这些障碍的理论和方法，以便未来有效开展国际合作。②对于国家范围的合作，国外开展国家范围组团采购的国家比较多，如，韩国的 KERIS 联盟、新西兰的 EPIC 联盟、南非的 SASLI/COSALC 联盟、澳大利亚的 ERA 计划等，都开展了国家采购和全国范围的组团活动。具体考察我国图书馆的情况，开展国家采购活动的主要是 NSTL，现在国家图书馆也在逐步开展这类活动。③对于行业或地区的组团，本课题组对 ICOLC 成员的网站进行了查阅，开展组团采购的大约有 138 个，其中基于地域性（美国主要为以州为主）开展组团采购的联盟有 96 个，比例约为 69.6%。由此可见，目前地区范围的组团采购为集团采购的主要形式，尤其是在美国。

（3）根据依存关系划分的采购集团组织形态

根据我们对 ICOLC 图书馆联盟成员网站信息的调研，目前，图书馆采购集团所依托的社会关系主要有契约关系、行政关系以及合作信任关系。

契约关系是指当事方因签订具有法律效力的协议而形成的一种社会关系。图书馆数字资源集团采购中的契约关系通常通过两种形式建立：①成员馆之间、成员馆与联盟组织之间签署的长期合作协议。如，CALIS 以及现在的 DRAA 要求参加高校集团采购的图书馆，都必须与 CALIS 管理中心或 DRAA 秘书处签署委托协议。②成员馆与牵头机构签署购买特定数据库的合作协议，如，CALIS/DRAA 在组织具体数据库集团采购时，往往以成员馆的回执或协议（在我国要有单位公章）为依据。以契约关系为依托的组织管理，借助了法律效力，对当事方约束力非常强。

行政关系是指成员馆与联盟或集团之间具有的一定的行政隶属关系。现实中，并不是联盟或集团管理中心与成员馆之间具有直接的行政隶属关系，而是委托联盟或集团管理中心的政府机构与成员馆之间具有某种行政隶属关系。如，CALIS 直接受教育部的管理，其运作借助了教育部对全国高校的行政管理关系；中科院国家科学图书馆开展的集团采购借助于中科院对全院的行政管理关系；美国马萨诸塞州公共高等教育协会图书馆馆长联席会议

MCCLPHEI，属于受政府委托管理的联盟，为各成员采购和管理
电子资源服务并组织集团采购①等。以行政关系为依托的集团组
织，往往能从上级行政管理机构获得经费资助或优惠政策，如，
CALIS 获得教育部的经费支持，中科院国家科学图书馆获得中科
院支持，美国 MCCLPHEI 大部分采购经费由政府提供等。以行
政关系而建立起来的采购集团基本上都是属于政府主导型的，即
政府直接介入，是政府对图书馆管理在新的管理机制下和市场经
济环境中的延伸。以行政关系为依托的组织管理，具有一定的约
束力，操作相对比较容易。

相当多的图书馆自主合作进行组团采购。有些自主合作采取
了签订合作协议的形式，如，接续 CALIS 组团工作的 DRAA 联
盟，是以我国高校图书馆自愿参与并签署合作协议为基础建立起
来的。也有的主要依靠合作信任关系，如，根据苏州图书馆馆长
的介绍，2006 年起，苏州图书馆发起与周边县级市图书馆合作
采购电子资源，合作没有正式协议，在时间上也没有限制[74]。
以合作信任关系为主导的组织管理，管理成本非常低，合作者之
间自由度很大，但缺乏必要约束。这种合作对合作者之间的相互
信任度要求很高，一般适用于小型合作形式。

（4）根据运作模式划分的采购集团组织形态

作业活动是指机构的日常重复性业务活动，而项目则是特定
目标下的一组任务或活动。从作业与项目关系的角度来划分，集
团采购的组织形态有三种：第一种，在作业活动基础上开展集团
采购项目。如，中科院国家科学图书馆目前已经将组织集团采购
数字资源活动作为单位的一项日常业务工作，而每个数据库的组

---

① MCCLPHEI. Constitution and By-Laws. http://www.mcclphei.org/Bylaws.php，
2008 – 07 – 15/2011 – 08 – 15.

团采购又都是单独的一个项目。第二种，在大项目基础上开展集团采购项目。如，CALIS 是一个项目周期较长的大项目，2010 年之前，开展了数字资源采购子项目，目前 CALIS 已经将组团采购工作移交给图书馆联盟 DRAA。第三种，单一集团采购项目，即单就特定数据库集团采购而采取的组织管理，如，台湾地区的 ConWIS 联盟是以 Wiley 电子期刊为合作目标的集团。

许多规范性的内容都可以通过作业活动形式完成，如需求调研、使用统计、流程管理等，这样不仅可以节省大量时间和精力，而且便于利用之前的经验教训建立运行规范，使每次的集团采购有章可循。第二种方式存在的问题是集团采购项目的生命期依赖于政府对母项目的规划和投资，但初期的项目驱动非常重要。另外，由于项目都有生命周期，因此，后两种方式存在日后数字资源长期保存、镜像站点维护等难题。

（5）根据费用支付来源划分的采购集团组织形态

这里的费用包括两方面，一个是数字资源采购经费，一个是集团采购的管理费用。根据费用支付来源，可以将集团采购的组织管理划分为政府包办或协办、市场运作、成员馆自主管理三种模式。

政府包办或协办模式，是指由相关政府对集团采购所需费用全额支付或资助部分经费方式。在我国，图书馆的业务经费主要来自政府的财政拨款。因此，为了讨论方便，这里的政府包办或协办模式，特指图书馆业务经费之外的由相关政府机构单独划拨专项经费支付的方式。如，我国科技部通过 NSTL 支付部分数字资源的"国家采购"经费；CALIS 用"211"工程项目经费补贴了部分图书馆采购经费以及支付 CALIS 采购活动管理成本等。对图书馆来讲，这种方式节省了采购经费，降低了采购难度。但是，政府的专项经费毕竟有限，可持续性无法得到保证，同时也无法兼顾每个图书馆的个性化需求。

市场运作模式，是指采购集团按照企业运作的模式进行组织管理。这种模式摆脱了对政府的过度依赖，但对于带有公益性质的图书馆来讲，按照市场运作并不是件容易的事情，涉及很多政策问题，采购代理商参与组团和谈判具有一定的市场运作性质，但是目前我国大陆图书馆还没有出现纯粹的市场运作模式。我国台湾地区的"台湾电子书供给合作社"采用了这种模式，社员需要交纳股金和常年服务费，同时年终享有合作社营利分配。有的集团采用会员制模式，会员馆缴纳的会员费用以支付管理成本①。

成员馆自主管理模式，是以成员馆之间合作关系为基础，自行解决采购经费并共同解决组织管理资金。但因政府资金和管理的有限性，成员馆自主管理模式会随着各种地方性集团采购的增多而发展。成员馆自主管理模式，便于成员馆认真对待每项活动的成本效应，促使集团顾及各类成员馆的需求，但也正因为顾及的事项比较多，同时管理经费相对紧张，因此容易产生内部矛盾和效率低等问题。

6.2.2 采购集团组织管理制度的特点

制度是实现某种功能和特定目标的社会组织乃至整个社会的一系列规范体系。采购集团的组织管理制度，具体包括采购集团的组织管理体制，组织管理结构和组织管理规范。

---

① TEBSCO. 台湾电子书供给合作社章程. http://www.tebsco.org.tw/intro/rules.htm, 2008 - 04 - 11/2011 - 08 - 15.

（1）组织管理体制

组织管理体制包括平行民主管理制和集中管理制两大类，前者属于去中心化制，后者属于中心化制。

平行民主管理制下，整个集团的决策不是由哪个或哪几个图书馆决定的，而是由所有成员馆共同商定。合作的各个成员馆之间关系平等也比较松散，所作的决策都是经过各成员馆的商讨决定的。在较为正规、大型且受政府行政干预较少的图书馆联盟中，主要表现为建立具有决策权的成员大会或社员大会或股东大会等。成员大会的成员是由联盟各个成员机构选派的代表组成，社员大会和股东大会的人员分别是由企业法人制下各社员或股东组成。这些大会是联盟的最高权力组织，联盟的重要方针政策都需要大会讨论和批准。如，澳大利亚大学 CAUL 联盟的成员大会、新西兰 LCONZ 联盟的股东大会等。

集中管理制下，整个集团的决策是由集团的组织者，或者由选举或/和任命产生的管理委员会掌控。在以契约关系为依托或以行政关系为依托的图书馆联盟中，或者以项目组织形式存在的采购集团，一般设有理事会或董事会或管理委员会等来对整个联盟和集团采购进行全面管理，其成员主要由集团成员馆负责人组成，负责联盟和集团的整体运作。如美国华盛顿研究图书馆联盟 WRLC 的理事会、我国 DRAA 联盟理事会等。被我国图书馆界多次介绍和学习的美国 OhioLINK 图书馆联盟，通过其管理委员会制定方针政策、审批经费，主导集团采购的业务活动。

具体考察 ICOLC 所列图书馆联盟的组织管理，目前采取平行民主管理制的并不多，图书馆合作组成采购集团的目的是为了高效率低成本地开展采购活动，如果过于强调平行民主，效率很难得到保证。只有在数字资源市场非常成熟，图书馆采购集团管理经验极为丰富，集团中成员馆的权益分享比较清晰和稳定的前提下，平行民主管理制才能很好地保证采购活动的效率。

但是，集中管理制自身所存在的弊病也不容忽视，主要是在沟通和决策人代表性上容易出现分歧。如，CALIS 设有 1 个管理中心，4 个全国中心，8 个地区中心，15 个省级中心。尽管 CALIS 管理中心和 4 个全国中心倾尽全力开展集团采购工作，每年 CALIS 的引进数据库用户满意度调查报告都显示，仍有部分成员馆认为 CALIS 管理中心与各成员馆之间沟通并不完善，有部分则提出让一些中小型图书馆参加团购谈判的建议，表现出对现有谈判队伍代表性的质疑。

（2）集团组织结构

归纳国内外图书馆数字资源采购集团的组织结构，目前主要包括：①决策者，包括成员大会、社员大会、股东大会、理事会、董事会、管理委员会等，还包括合作信任关系下的馆长会议等。②管理办公室。是组织较为严密的采购集团的常设机构，协调联盟中的各项工作，并负责集团采购的经费管理、文件管理等事务性工作。如 CALIS 管理中心、中科院数字图书馆 CSDL 管理办公室、澳大利亚 CAUL 办公室等。③协调工作组。一般由各成员馆的电子资源采购负责人或代表组成，主要负责实现各成员馆的沟通。如，美国 CIC 联盟的协调工作组，称为馆藏发展与电子资源工作部，由各成员馆电子资源主管组成，协调工作组的职能主要是负责实现各成员馆间的沟通与交流，发起并组织采购活动，并对采购的具体细节进行一定的掌控[75]。④牵头机构。指具体承担组团活动的一个或多个成员馆。牵头机构的产生也有多种形式，有的是集团建立的倡议机构，如台湾地区医学电子馆藏资源共享联盟中的台湾大学医学图书馆；有的是由集团管理层指派，如 CALIS 分派牵头工作给各管理中心和地区中心。⑤各种业务活动组。如，台湾学术电子书联盟成立了征集小组、汇整小组、推广小组、行政小组和采购小组等①。⑥成员馆。通常情况下，参加图书馆联盟的成员馆相对固定，而参加具体数据库采购集团的成员馆多为临时性的。⑦专家顾问。较为大型的图书馆联盟一般都设置有专家顾问委员会，通常由集团的主管部门或决策者邀请组成的。

包括上述所有组织单元的采购集团并不多，依此可划分为全面型和简单型两种方式：①全面型组织结构的组织管理方式。一般来讲，如果一个采购集团的组织结构中包括了上述各个组织部门，可将其归入全面型组织结构之列。如，CALIS 的采购组织是由管理中心引进资源工作组、专家委员会、各中心、牵头机构、成员馆、管理办公室等组成。②简单型组织结构的组织管理方式。在具体操作时，往往是选择其中主要的组织单元。在一个较为正规的图书馆联盟中，一般会设有决策机构、管理办公室、牵头馆、成员馆等。非图书馆联盟的采购集团中，通常由馆长会议作为决策层，其下包括牵头馆和成员馆，其他组织单元多数情况下都省略了。

（3）组织管理规章制度

一般组织机构的规章制度包括行政法规、章程、制度、公约等几类。对于数字资源采购集团，主要包括：对集团组织者、成员馆以及具体工作责任人等的权责规定，业务工作规范流程和要求等。另外，大多数的采购集团都是以项目形式存在的，因此规范的内容还包括项目合同管理、项目质量管理等。如，澳大利亚

---

① 台湾学术电子书联盟. 联盟推动小组. http://taebc. lib. ntnu. edu. tw/？q = node/3，2010 - 07 - 19/2011 - 08 - 15.

CAUL 制定了其电子资源委员会 CEIRC 的"权利与责任规范"、"成员馆所派协调员以及成员馆的角色和责任",以及制定有 CE-RIC 策略指南、运作计划、风险评估以及各类角色的权利和责任等①。

并不是所有采购集团都建立了完善的规章制度,也不是每个采购集团一开始就建立了完善的规章制度。由此可将组织管理方式划分为规范型、逐渐规范型和相对自由型三大类。规范型主要是指采购集团在创建初始或很短时间内就建立了较为完善的规章制度。规范型的组织管理方式有利于集团内部权责分明,减少内耗。逐渐规范型主要是指采购集团在运作过程中逐步建立各种规章制度。逐渐规范型,记录了集团采购从不成熟逐步走向成熟的探索历程。相对自由型主要是指采购集团基本没有建立什么规范的工作制度,集团成员之间的活动主要是利用平时形成的合作信任关系和各自的管理经验。这种方式增加了集团成员之间的活动的灵活性,但提高集团效率的前提是集团成员之间具有非常好的合作信任关系,同时集团成员具有比较好的管理经验。

6.2.3 我国图书馆采购团体组织管理实证分析

我国在数字资源集团采购方面一直在不断探索和改进,逐渐形成了自己的发展特点。

(1) 以虚拟机构与受托法人机构相结合的组织形态为主

我国 CALIS/DRAA 联盟或各地区高校图书馆联盟,以各个数据库为标的组建了多个虚拟采购集团,具体谈判工作由联盟委托的牵头单位和联盟谈判组共同完成。科学院系统内,主要以委

---

① CAUL. CEIRC Working Documents. http://www.caul.edu.au/caul-programs/ceirc/ceirc-resources,2011-05-11/2011-08-05.

托法人机构管理形式为主，在此基础上建立虚拟机构。如，中科院国家科学图书馆作为中科院的受托法人机构，组建多个虚拟采购集团；2005 年农业科学院图书馆受中国农学会农业图书馆分会的委托，开始联合农业科学院各研究所、省农业科学院系统和林业科学院的图书馆组建多个虚拟采购集团。在公共图书馆系统内，出现了同地区内公共图书馆之间依据合作关系形成的虚拟采购集团。

目前，我国大陆还没有出现由图书馆构成的独立法人机构形式。这或许与我国图书馆经费来源和行政管理体制有关。2010 年，DRAA 根据我国招投标的有关规定，采用了采购代理商机制。从采购代理商角度，可以看成是采购代理商独立法人在开展采购数字资源活动。

（2）以行业集团为主兼顾其他类型集团团体组织

我国是以行业内组团为主，突出的就是高校采购集团和科学院系统采购集团，以及在市级单位出现的公共图书馆采购集团。在大的行业范围内，目前也出现了针对不同范围领域的组团形式。典型的如 CALIS/DRAA 出现了行业内全国范围、地区范围、省范围的各种组团模式。CALIS 的地区组团工作是从 2002 年 3 月的 SpingerLINK 集团采购开始的；2001 年 9 月江苏省高等教育文献保障系统 JALIS 启动"数字化工程"，开始以集团方式组织全省高校联合采购数字资源。

我国国家范围的组团形式相对比较少，目前主要有三种方式：第一，NSTL、CALIS 以及国家图书馆等所进行的国家采购；第二，NSTL 以资助形式驱动高校和科研系统联合购买形成国家范围采购集团；第三，数据库商协助各行业的集团联合组团。将来是否可以通过中国图书馆学会将各行业各类型图书馆联合起来，还是未知数。

在我国，虽然刚开始以行业性服务范围为主，但随着专业性、专门性资源采购的不断增多以及更多类型的图书馆加入，地区范围的集团采购可能会越来越多，更能满足地区特性要求和个性化服务的需求。但一个地区内不同馆的需求差异和经费差异远远大于同一个行业内图书馆之间的，这是地区组团不得不面对的挑战。

（3）团体管理以行政关系与契约关系结合为主兼有合作信任关系

我国图书馆数字资源采购集团以行业组团形式为主，这与组团活动更多依赖于行政关系有关。如，CALIS 组织的采购集团，是在教育部直接领导下由隶属教育部的各高校组成的，各省高校图书馆组成的采购集团通常是在其图书馆工作委员会领导下形成的；中科院的采购集团，是在中科院直接领导下由中科院国家科学图书馆组织各研究所图书馆形成的。但这种行政关系并不是紧密而是松散的，因此我国的采购集团同时还强化了法律关系和合作关系。如，CALIS 以及后续的 DRAA，目前要求图书馆在参与集团采购之前签署采购委托协议，对于一些事务性工作如联合谈判等，依赖于合作信任关系。目前，在我国以合作信任关系为主要联系纽带的主要是范围比较小的某些区域公共图书馆采购集团。

国际上还存在国际范围的组团形式、公司制的集团采购等，这些我国大陆目前都还没有采用，我国台湾地区出现了一家公司制的集团采购：有限责任台湾电子书供给合作社。

（4）跨行业组团一直存在但非主流

这里所说的跨行业组团是指不同行业的图书馆组成一个采购

集团。高校行业 CALIS 启动引进数据库子项目时，就开始与中科院图书馆和国家图书馆等合作，联合购买了 *EI*、*PQDT-A*、*Web of Science*、*ScienceDirect* 等数据库。目前，高校系统图书馆、中科院图书馆、国家图书馆、中国社会科学院图书馆等在许多时候还进行联合采购，如联合购买 *ProQuest* 博硕士学位论文全文数据库等。2002 年 OCLC 开始在我国大陆推广联合采购 *Netlibrary* 电子图书的计划。由上海图书馆牵头组成的上海图书馆联盟（SLC）在 2002 年采购了 1000 多种 *Netlibrary* 电子图书。2003 年 12 月 11 日为了扩大资源共享的范围，促进在全国范围内联合采购 *Netlibrary* 电子图书，CALIS 管理中心和 SLC（上海图书馆联盟）决定联合组织中国集团采购 *Netlibrary* 电子图书，并分别负责组织高校图书馆和非高校图书馆的联合采购工作，形成了高校系统与地方的合作。2003 年年底，为了促进科技、教育界广大读者和用户更快捷、更便利地利用互联网获取国外科技文献，及时了解掌握国外科技发展动态和成果的目标，NSTL 开始对我国大陆的科研院所、高等院校、专业文献信息机构和学术机构等以集团方式订购国外部分重要的科技类网络版文献资源给予特别资助。首先被资助的是 CALIS 和 CSDL 集团。2008 年 NSTL 开始资助农科院图书馆与其他农林图书馆数字资源的联合采购。

不同行业图书馆之间的合作，壮大了集团队伍，赢得了集团价格优势。除了开展联合采购活动外，这些图书馆之间还加强交流，共商谈判对策。如，CALIS、中科院图书馆、农科院图书馆、中国医学院图书馆以及 NSTL 等，分别针对 *BP*、*Science Online*、*ScienceDirect* 等数据库的采购交换过意见，以期形成一致的观点，增强对数据库商谈判的话语权。

然而，上述的跨行业合作并非主流，通常都是在某些数字资源采购时根据需要而出现的，甚至有些组团因为采购经费补贴原因或数据库商的阻挠而终止。如，农科院图书馆原来参与了很多中科院的集团采购，后因多种问题，农科院开始自己组团采购。数据库商的阻挠，主要是由于部分数据库商采取按图书馆类型定价策略，如，许多数据库商给 CALIS/DRAA 的采购方案中都明确写明该方案仅限于高校图书馆等。

（5）存在多种组团驱动力量

采购集团形成的本质是降低采购成本，提升服务质量，但采购集团的形成需要外界的力量来驱动。

资助力量的驱动。许多数据库采购集团的形成都借助了各种资助力量。如，CALIS 最初组团时对"211"大学提供了一定的采购经费资助。随着组团范围的不断扩大，以往的采购补贴逐渐取消，代之为在牵头单位建立各种镜像站点、开展保存服务等。中科院的集团采购，最早是在 CSDL 项目驱动下，由 CSDL 项目拿出部分经费补贴到参与馆中。经费补贴，对集团采购活动有着非常重要的意义，尤其在人们刚刚认识数字资源、认识集团采购事物时，许多工作需要获得推动，经费资助是一重要驱动力。

数据库商及代理商利益的驱动。数据库商及采购代理商的营销策略和市场开拓能力直接影响着图书馆对特定数字资源的集团采购。如，工程索引公司主动地向清华大学图书馆建议集团采购模式；爱思唯尔、威利和汤森路透等公司在我国国内聘用营销人员，积极开拓我国市场；飞资得销售代理商推动了 *Karger-B*（电子图书）的我国两岸三地（大陆、香港和台湾）的联合采购等。具有典型意义的是北京中科公司促进的几个全国性的共建共享集团采购。2003 年 1 月 31 日，CALIS 管理中心和文理中心、美国 PROQUEST 公司、*ProQuest* 博硕士学位论文全文库中国独家代理中科—亚信公司三方正式签署了《关于组织 ProQuest 国外博士论文数据库 CALIS 集团采购协议书》。协议规定由 CALIS 负责组织高校集团采购；中科—亚信公司负责为集团提供相关服务；PROQUEST 公司为集团提供博士论文全文。在此基础上，北京中科公司积极推动中科院采购集团、其他专业图书馆或公共图书馆的参与。按照此模式，北京中科公司又推动组织了由部分高校图书馆、公共图书馆和中科院系统内图书馆参加的 *Netlibrary* 电子图书和 *Safari* 电子图书的全国性的集团采购。这几个数据库的集团采购被认为是真正意义的全国性共享模式：各家根据各自的需求出资购买一定份额的数字资源，在满足自身的需求的前提条件下，还提供给整个集团共享这些资源。这里作为商业机构的北京中科公司功不可没。

行政力量和馆际互利的驱动。虽然我国集团采购形式多样，但从组织管理角度来看，主要以系统或行业主管部门、或者地方政府主管部门为主要推动力，如，CALIS 的集团采购得益于教育部的支持和领导，中科院集团采购得益于中科院的支持和领导，NSTL 开展国家采购以及资助其他集团采购离不开科技部的支持，等等。另外，馆际间互利也是驱动各个图书馆参与集团采购的重要动力，如，上面提到的全国共建共享模式，都是借助其他图书馆的力量，扩大可用资源范围的一种选择。

（6）多采取了集中与分散相结合、逐渐规范管理的模式

另外在组织管理制度方面，我国图书馆多采取了以集中业务管理为主、兼顾分散业务管理的综合组织管理形式，采取了组织管理逐渐规范的模式。

根据 CALIS 网站上的新闻和简报所提供的信息，自 2003 年起，CALIS 通过经验共享和职能分解将各种数据库的全国组团采

购工作分派给各个中心和地区中心。2004 年 10 月 CALIS 启动了省中心建设，开展本省组团采购工作。中科院最初开展集团采购时主要以 CSDL 项目管理中心为主，很快就邀请上海文献情报中心、武汉文献情报中心等参与到牵头组团或数据库镜像站点建设和管理中。据中科院国家科学图书馆数字资源采购有关工作人员介绍，目前他们的具体组团工作分派给了各个分馆的多名工作人员。这对各图书馆起到很好的激励作用。

在规章制度方面，我国图书馆基本上都是采取逐渐规范模式。如，CALIS 于 1997 年着手组建引进工作小组，制定了一些简单的工作要求；2002 年 10 月成立了引进资源工作组，确定了 CALIS 组团采购数据库的基本程序；2006 年 8 月 CALIS 制定了"CALIS 引进资源集团采购管理办法"并报教育部高教司获得批准；2006 年 10 月 CALIS 管理中心正式发布"CALIS 引进资源工作规范"，并于同年 11 月发布了"CALIS 集团采购委托协议"，明确引进资源集团采购的目的、意义，以及有关方面的责任和义务；2007 年 1 月 CALIS 实行集团采购工作备案制度。到 2010 年 CALIS 向 DRAA 转交组团工作之前，CALIS 在引进流程管理上已经建立委托服务机制、集体谈判制度、谈判结果审核备案制度以及集团采购工作流程。中科院 2003 年初成立了院文献资源建设协调小组及其建设工作小组，负责全院文献资源建设的调研、计划、协调、谈判和组团等工作。CSDL 项目管理中心 2003 年制定了电子资源使用中保护知识产权的说明并纳入用户培训之内容，2004 年提出了国家科学数字图书馆数字资源采购的技术要求[76]，2005 年编制了"中科院国家科学数字图书馆电子资源管理手册"，规定电子资源采购与续订的流程、电子资源使用管理以及镜像站点管理等。目前，中科院国家科学图书馆仍将建立和健全各种工作流程规范作为重点工作内容之一。

6.2.4　图书馆采购团体组织管理模式的改进与路径选择

改进团体组织管理的目的是为了让更多的图书馆参与到图书馆数字资源集团采购活动中，并由此获得更大的收益。具体目标包括：惠及更多的图书馆，提高采购活动效率，形成多样化组织管理机制，最大限度地实现数字资源的共建共享，最大程度地保护用户及其他利益相关者的权益等。

（1）发展多元化组织管理模式并适应组织环境变化

积极发展多种可自由选择参加的多元化组织管理模式的采购集团组织形态，是为了适应更多的不同类型图书馆的需求，扩大参与数据库采购的图书馆总体规模，其最终目的是为了让更多的用户有机会使用更多的数据库产品。

网络版学术数字资源主要是从1990年代中期开始大量进入市场。由于数字资源价格昂贵，所以，最初的采购集团成员馆基本上都是资金比较雄厚的图书馆。随着经济的发展，越来越多的一般性研究机构、非重点大学图书馆、高职院校图书馆和市区县图书馆等，不仅有需求也有能力采购数字资源。根据长尾理论，数据库商对这些图书馆的需求也非常感兴趣。因此，原有图书馆数字资源采购集团内成员馆的覆盖范围明显不足。其改进的方法，一是扩大原有采购集团成员馆的覆盖范围，二是建立新的采购集团，三是在采购集团中执行多种组织管理模式。这三种方式，各有利弊。第一种方式，规模经济效果明显，但其灵活性、适应性和效率很难得以保证。第二种方式，需要有合适的牵头组织者，构建成本比较高。第三种方式，规模经济效果明显，利于更多图书馆加入，但组织管理相对复杂，管理成本较高。对我国来讲，这三种方式都有其生存的基础和必要性，应当注意几种方式的结合。如，由已有采购集团帮带新集团，已有采购集团在组团及谈判时，邀请专业性图书馆参加，然后再由这些专业图书馆在自己专业领域组建新的采购集团。

从合理性角度讲，我国图书馆数量非常大，多种组织管理模式的并存，有利于每个图书馆针对不同的需求做不同的选择。学科的发展、网络环境的改善，驱使图书馆及其用户需求更加多样化和个性化，图书馆在满足其所服务机构普适性和基础性数字资源需求的基础上，采购专业化、个性化的数字资源的压力越来越大，因此，为了让更多图书馆有能力、有机会采购更多的数据库产品，图书馆应当与数据库商加强合作，积极探索更加多样化的采购集团组织管理模式，包括改进现有的组织管理模式、借鉴其他图书馆已经采用的组织管理模式、发展新型的组织管理模式，以更加灵活多样的组织方式来适应图书馆多层次的采购需求。

从可行性角度讲，我国已有了集团采购历史十多年，期间出现了运作比较成熟的 CALIS 采购集团、中科院采购集团等，同时也出现过集团之间的相互学习和借鉴。如，中科院参与过 CALIS 采购集团，后发展自己的集团采购活动；农科院参与过中科院和 CALIS 的采购集团，后发展自己的集团采购活动等。这些例子表明了多样化集团存在的可能性和现实性。当然，发展新的集团，仍然需要已有采购集团的热心扶持。同时，集团之间应当注意在更高层方面进行合作。

组织环境是指所有潜在影响组织运行和组织绩效的因素或力量，以组织界线可分为内部环境和外部环境。内部环境是指图书馆界内部的心理环境和文化环境，包括图书馆上级机构的投资环境；外部环境是指采购集团所处的社会环境，对采购集团具有直接影响的社会环境因素包括整个社会经济发展的变化、网络环境的变化、数字资源市场环境的变化等。"组织是人们在资源约束下为有效实现既定目标所选择的活动方式。组织与环境在本质上是共同演进的关系，在共同演进的过程中，组织对环境的适应是前提，在适应的基础上推动环境的变迁是组织得以存续的关键。人们选择活动方式（也即组织形式的选择）的依据是在实践中知识与经验的积累，而人们在共同实践中所积累的知识与经验集中表现为技术和制度环境"[77]。根据组织与环境的关系理论，图书馆采购集团的组织方式应当也能够根据内外环境的变化而不断做出调整和改革。

（2）改进各种类型组织管理模式

我们在前面归纳总结了目前已有的各种图书馆数字资源采购集团组织管理模式，并分析了各自的特点和存在的问题。这些模式都有其自身存在的价值。因此对这些组织管理模式下的集团工作进行改进显得非常重要。

以行政关系、管理委员会、项目、以及政府包办或协办管理成本等为基础的组织管理，基本上都是政府主导型的。政府的介入，有利于采购集团汇集大量的人力和技术资源，尤其是财力资源，因此这类采购集团对图书馆有着极强的吸引力。从组织管理角度上讲，这类采购集团，一般都是由政府或政府委托的机构对采购集团的组织体制进行构建。因此，作为相应的政府部门以及被政府委托的集团管理部门，如管理委员会、引进工作领导小组等，在集团组织管理制度建设上，应当充分考虑各成员馆的特点和需求特点；在管理委员会和领导小组构建上，要注意成员馆代表的广泛性和典型性，以保证各类成员馆的权益都能得到关注和保障。自主推动型采购集团的构建，或是基于契约关系，或是基于合作信任关系。有的自主推动型采购集团是从政府投资项目转化过来，如我国 CALIS 采购集团转化为 DRAA 等。这类采购集团，可以借鉴已有图书馆联盟的经验，如 DRAA 继承和发展了CALIS 原来的工作规范和多年形成的管理机制。在我国，政府推动型的图书馆采购集团具有开创性的开展采购资源的实践经验，可以成为各种图书馆自主推动型集团学习的实例。这些改进建议，都有助于推动更多图书馆加入到集团采购活动中，且操作难度很小，因此在合理性和可行性上不存在什么问题，关键是是否去做以及如何做得更好的问题。

（3）逐步加强组织管理制度

加强契约关系、完善组织结构、规范组织行为等都是组织管理规范性的体现。这种借助法律、利用完备的组织管理制度的管理方式，约束力很强，容易将管理问题简单化，利于将权益纠纷减少到最低程度。对于以图书馆联盟为基础建立的采购集团，这是非常有效的方式。但"规范性"本身有可能带来机构臃肿、灵活性差、效率低下、运行成本过高等问题。特别是在采购集团构建初期，人们不可能将所有问题都估计到，在构建组织管理规章制度时，或签订合作契约时，很有可能会遗漏一些权、责、利的分配，或附加了一些不该有的条条框框。因此，从合理性和可行性角度讲，并不是任何采购集团从一开始或者必须采取上述那些完备的管理方式，可以采取谨慎暂缓方式，逐步完善各项制度和规范。选择什么程度的规范性，应当考虑采购集团在采购活动方面的成熟性、成员馆对采购活动成效时间性的要求等。一般情况下，以联盟或政府项目为基础的集团采购，比较有能力、有必要采用相对完整的组织管理方式；而小型的、自主引导型的采购集团，可以通过减少管理层次而达到机动灵活地开展采购活动的目的。

（4）弘扬图书馆之间的合作精神

无论通过什么方式组成的采购集团，集团内部各成员馆之间都没有绝对的上下级行政领导关系，合作精神是整个采购集团存在的根本。以下本研究分别提出改进思想，然后论证其合理性和可行性。

首先，图书馆采购集团在开展工作时必须要牢牢记住：合作的前提是每个参与馆都能有收益。从合理性和可行性角度讲，图书馆采购集团，属于非营利组织中的互益型组织，即该组织以图书馆成员馆为服务对象，使每个成员馆都能最大限度地获得优质、快捷、高效的服务。这里可以应用微观经济学中的帕累托改进理论和帕累托最优理论进行说明。帕累托改进是指一项政策能够至少有利于一个人，而不会对其他任何人造成损害。帕累托最优是指一切帕累托改进的机会都用尽了，再要对任何一个人有所改善，就不得不损害另外一些人，达到这样的状态就是帕累托最优。如果采购集团的采购政策（如集团价格分配方案），让一个成员馆的利益因参加采购集团而受到损害，这个成员馆完全有可能单独采购而拒绝加入集团。

其次，成员馆个体应当顾全大局。分析其合理性和可行性，在一个集团组织中，无论是组织者还是成员单位都希望从自身角度出发，从中获得最大的利益，但这一愿望必须要面对现实。现实中，各图书馆获得国家资助和承担的国家任务不尽相同，文献采购能力和需求也各异，因此对数字资源价格、数字资源采购方式等，存在不同想法。在合作中，如果每个成员馆都强调实现自身利益最大化的必要性，将很难产生合作的结果。因此，作为一个成员馆，在考虑自身利益的同时，还必须考虑整个集团的利益，以保证合作的开展。应用帕累托改进和最优理论，就是整个集团成员馆之间要提倡合作精神，并尽可能在每个图书馆都能获利（大小不一）情况下尽快完成集团采购工作。从组织管理角度，集团应当注意协调各成员馆的需求。另外，"也不应该排斥集团内的个别成员如规模较小的学校或学科面比较窄的学校或西部高校从外商处争得价格或其他方面的额外优惠。但是这种个别行为的前提是不能损害集团的整体利益，必须透明，及时在集团内通报"[78]。

第三，大馆或称经济条件相对比较好的图书馆，应当积极扶持小馆或称经济条件相对薄弱的图书馆。分析其合理性和可行性，目前有的数据库商采取订购时间差别策略，即早期加入采购集团的获得更多优惠。这种价格策略是许多商品的促销策略，本无可非议，但在我国，由于晚加入采购集团的大多是经济条件相对弱的图书馆，从馆际合作精神出发，早加入的图书馆应尽可能帮助晚加入的图书馆争取获得更多优惠。如，本课题采访西南交通大学图书馆馆长获知，四川省图书馆在组织维普数据库产品集团采购时，就积极为小馆争取利益，向数据库商表达了大馆在全省图书馆发展中的使命和责任，取得了良好的效果。

第四，进一步开展全国范围的合作，逐步发展国际合作。全国范围合作在这里有两层含义：①尽可能避免重复。NSTL 组织开展国家采购活动时，特别注意避免与我国其他图书馆采购集团重复采购某种数据库，这是一个很好的实例。具体来讲，就是一个图书馆联盟内部不重复组团采购同一种数据库产品；采购的数据库产品之间出版物尽可能不重复，如有重复，则要求数据库商给出减费定价模式；在经费不充足情况下，对专业性较强、覆盖用户面较小的数据库产品，同一地区尽可能少重复，尽可能覆盖更多数据库产品，通过原文传递或馆际互借、到馆查阅方式解决IP 地址控制问题。需要特别说明的是，对于覆盖学科面比较广、使用用户比较多的数据库，各图书馆只要有条件尽可能购买，毕竟馆际互借或原文传递对用户来讲并不是很便利的方式，是不得已而选择的替代方式。②无论在什么情况下，都要从国家发展角度考虑，要保证具有国家战略意义的数据库能够被引进来。国外许多领域的科技发展远超我国是不争事实，有些国家限制科技信息资源出口也是众所周知。在这种背景下，我国政府重点支持部分高校和科研系统是必然的路径选择。因此，采购集团要尽可能将重要的数字资源产品引进我国，同时采购的图书馆要积极开展馆际互借或原文传递，帮助解决其他图书馆用户的使用问题。目前，我国国家科技图书文献中心 NSTL 和中国高校人文社会科学文献中心 CASHL 都开展了不同程度的文献传递或馆际互借活动，今后的发展则是要让这种活动更深入到用户，让用户了解和掌握。国际间的集团采购，从图书馆角度来讲实施比较困难，我们可以先从采购方法和理念上进行合作，如，共同研制数字资源许可原则和采购规范程序，交流谈判和组团经验等。

第五，进一步强调"合作应当是自愿的和慎重的"的原则。根据系统论思想，系统的整体功能大于系统各组成部分的功能之和，但不等于系统整体功能扩大了，系统的各个组成部分的功能也会扩大。具体到图书馆数字资源采购集团，即是指采购集团的整体利益扩大不等于每个成员馆的利益都扩大。从合理性和可行性角度讲，由于采购集团中的成员馆分属于不同的行政机构，因此，任何采购集团，无论是采取哪种组织管理方式，都不能用集团整体利益扩大的结果来强求每个成员馆都必须为此作出贡献或牺牲。从个体图书馆的角度，加入了特定数字资源采购集团就意味着要承担对集团组织者的承诺，因此，是否参与某个特定数字资源采购集团要慎重。同时，对个体图书馆来讲，若单馆能以更快的速度、更低廉的价格，付出更小的努力就可以为其用户提供同样的产品和服务，那么他就没有了参与合作的动机。当然这里面有个前提，就是采购集团不应要求数据库商仅与自己组织的集团进行交易活动。

（5）继续促进多种驱动力的并存并加强多方面的合作

无可置疑，经费资助是各项活动开展的巨大推动力之一。目前尽管我国高校系统CALIS项目对数字资源采购经费资助逐渐减少，但还出现了其他方面的资助，如，CASHL数字资源的采购是通过教育部对人文社科文献资源的专项资助得以实现的；通过"985"项目，"985"高校可以申请文献资源采购项目经费的支持。在公共图书馆系统，"文化共享工程项目"经费目前已成为许多公共图书馆网络环境建设以及数字资源采购的主要经费来源。在我国，行政力量的作用不可忽视，尤其是目前各省图工委在组织省际图书馆集团采购方面起了很大作用。很多时候，行政力量与经费资助力量相结合，如CALIS的教育部行政作用和项目经费作用的并举。

进一步加强采购代理商与数据库商的组团驱动作用。目前，我国高校图书馆在采购数字资源方面引进了"采购代理商"。之前有北京中科公司推动了几个数据库的全国集团形成，当前这类"采购代理商"被DRAA正式纳入谈判、组团、售后服务的活动中，采购代理商驱动组团有了更多更大的机会，增强了这种方式的可行性。这些代理商可以促进集团活动特别是不同行业、不同领域、不同地区图书馆之间的联合。

在不同行业图书馆间合作方面，2010 年下半年我国图书馆有一个比较大的举动，即 NSTL、DRAA、中科院国家科学图书馆、国家图书馆和上海图书馆等合作组建了联合谈判小组，与爱思唯尔公司谈判 *ScienceDirect* 数据库的价格，以加强全国图书馆界的话语权。以后图书馆间还应继续加强这方面的合作。浙江大学图书馆在采购数字资源时还采用了与企业联合采购的方式，如，浙江大学图书馆在采购 *BVD* 全球金融分析与各国宏观经济指标库时，在数据库商的配合下，与浙商银行联合采购，价格为浙江大学单独购买时的 1.5 倍，浙商银行出资 70%，浙江大学出资 30%[79]。这是一个值得学习的实例。这些实例本身说明了不同行业图书馆间合作的合理性和可行性。

目前，图书馆采购集团多是开放性组织机构，符合加入资格的图书馆的进入或退出都是自由的。在这种机制下，因经费或其他原因，加入某个采购集团的成员馆，很有可能在采购过程中或者多年采购协议执行中退出。另外，有的成员馆因多种原因拖欠数据库商采购款。从理论上讲，上述现象都会给采购集团带来一定风险。如，因某成员馆的退出或拖欠采购款，原来采购集团获得的优惠价格很有可能失效，或由于成员馆数量减少而使其他馆采购费用上涨等。据我们对部分高校图书馆如河北大学图书馆、西南交通大学图书馆以及中科院国家科学图书馆的调研，现实中还没有出现因某个成员馆退出或拖欠采购费而影响其他成员馆的现象。这是一个比较好的现象。但从防患于未然的角度考虑，图书馆开展集团采购活动也需要采取一定的风险管理机制。对于成员馆退出这个问题，按照一般项目风险管理措施准备一定风险基金是一个办法，不过这个风险基金的资金来源是个问题，毕竟我国图书馆采购数字资源属于政府采购，在经费预算和支付程序方面都有比较严格的控制和程序。所以，比较切合实际的做法是从数据库商方面积极寻找解决方案，如，谈判时要求数据库商提供允许成员馆半途退出且不影响现有成员馆的采购方案。

集团采购是一复杂事物，经历 10 多年的发展，成效显著，但也存在很多问题，如，大型集团采购管理成本高，谈判时间长；小型和多元化集团采购，难以获得更好的优惠价格，话语权减弱；由项目支持的集团采购，可持续性服务受项目周期影响；数据库商强强合并，直接巩固了其对数字资源的垄断等。这些问题的解决还需要图书馆不断努力，需要图书馆领域在更高层次上加强合作和协调。

6.3　图书馆数字资源采购业务管理的改进

采购数字资源业务组织管理，包括规划采购活动中的各项任务以及这些任务之间的关系和流程，以及组织和实施各项具体任务的内容。这种业务组织管理应当遵循规范化、科学化、便利化和合作化要求。规范化是指采购活动是按照既定的规划有步骤有计划地进行，并且符合社会上各种制约条件如政策法规等；科学化是指采购活动的各个环节和步骤的安排应依据它们之间的逻辑关系和组织关系；便利化是指采购活动的整个安排尽可能将带给各方的麻烦减少到最低，尽可能不给各方增添不必要的繁琐事务和活动；合作化是指在开展各项管理活动中，各方要积极与相关权益主体合作，体现各方的需求和能力。

目前，已有不少学者总结了数字资源集团采购的步骤。如，美国学者彼得森认为：数据库资源的集团采购可以按下列步骤进行：制定计划；分析用户需求；分析资源对图书馆的潜在利益；

利用网络获取产品信息和加入图书馆联盟；比较数据库产品；比较出版商；数据库试用；购买谈判；资源的宣传和利用和数据库使用评价[80]。我国国家社科基金项目"数字资源采购的规范管理与控制"课题组成员研究后认为：图书馆数字资源采购流程为：需求分析、确定订购清单、供应商询价、经费审核、采购公开招标、确定中标供应商并签约、交货、验收、采购结束等[81]；数字资源集团采购任务及流程为：收集数字资源相关信息、征求采购建议并审查相关信息、提供试用、试用、填写试用回执并组织试用、试用分析报告、数据库评价、合同签署、付款等[82]。考察具体实践领域，北京邮电大学图书馆由采访人员进行信息收集与使用联系，然后由采访人员、参考咨询人员和技术人员合作组织试用并撰写试用评价报告及决定是否订购，由采访人员进行合同谈判和签署合同，由参考咨询人员和采访人员进行使用跟踪分析和服务支持[83]。我国高校全国集团采购原来主要是 CALIS，现在为 DRAA，它们各自都规范了采购的任务和流程。如，2006年 10 月 CALIS 发布的引进资源工作规范中规定采购工作流程为：前期联络工作（包括选择集团采购可能性大的数据库组织试用和确定牵头单位）、组团准备工作（包括开展评估工作并提交 CA-LIS 管理中心备案）、相关谈判（包括数据库前期后期评估、数据库谈判和签字、引进资源工作组审核、组织集团采购、集团采购服务、向监察小组和高教司通报和汇报有关情况等）、集团采购方案审核、组团采购、成员馆确认、组团通报、签署合同、办理付款、数据库续订（其中包括了整个集团的数据库后评估）、组织培训、集团采购售后服务、CALIS 管理中心与成员馆一次性签署集团采购委托协议、牵头单位负责文档管理等。目前的 DRAA 主要是延续 CALIS 的组团工作，其采购任务和流程稍有变

动，主要是增加了采购代理商，取消了行政管理内部作用而增加
了联盟理事会或联盟秘书处的作用。总体上讲，在采购流程方
面，目前的实践和理论研究都有很大成就，本书主要针对采购过
程中一些具体任务提出改进意见。

6.3.1　加强用户需求调研、试用及资源产品信息采集的组织管理

用户需求管理、试用管理和资源产品信息管理是采购数字资
源活动开展的前期准备工作。

（1）用户需求调研合作管理

用户需求管理目的是为了找出用户需求规律、掌握用户需求
现状和未来发展趋势，为图书馆采购数字资源提供依据。其内容
主要包括组织调研、试用与使用数据统计分析等。试用活动本身
也是采集用户需求的一种重要方式，因为特殊且需要讨论内容比
较多，这里分开来讨论。

调研的方式分为问卷调查、访谈、实地观察等。这里有两个
关键问题需要解决，一个是调研内容及方式，一个是合作内容及
方式。

调研内容设计质量的高低，直接关系到调研者能否获得所需
的内容；调研方式是否科学合理，直接关系到调研获得的信息是
否准确有用。因此，调查用户需求时，选择调查对象要注意与特
定产品的内容相对应。从合理性和可行性角度讲，若计划采购的
产品是英文语种且内容比较专深，所调查的用户应侧重于科研人
员（包括研究生）；如果计划采购的产品内容偏向理工科，调查
的对象偏向研究生尤其是博士生以及中青年科研人员；对于文科
内容产品，调查的对象应当包括各类研究人员，因文科研究人员

较少依赖学生帮助检索资料。另外，图书馆的查新人员也是重要用户，不仅他们的查阅需求和行为有很大研究价值，同时他们直接面对用户，能够了解更多用户的需求和信息行为。电子阅览室的图书馆工作人员在日常服务工作中也可以了解很多用户的需求和信息行为信息。

合作内容及方式设计质量的高低，直接关系到调研者能否更广泛地获取所需用户信息。如，假如图书馆采访人员要了解本校用户的信息需求和信息行为，仅咨询某部分用户而不与本馆服务部门合作，则调研结果可能会很片面；数据库商若仅与某类图书馆合作进行调研，就不能全面掌握多种类型图书馆的用户的需求。这里的合作，包括图书馆馆内不同部门之间的合作、图书馆与所服务机构其他部门的合作、图书馆之间的合作、图书馆与数据库商的合作以及图书馆与用户的合作等。从合理性和可行性角度讲：①图书馆与所服务部门的合作主要是为了能更大范围和更深入地了解用户信息需求和信息行为，如，高校图书馆与学校各院系行政人员合作，更容易进行更大范围的用户调研；②用户需求管理调研的对象是用户，因此需要用户的密切配合，而图书馆直接服务于用户，可以通过服务过程接触到用户；③图书馆和数据库商都是用户需求管理者，可以合作开展调研，而图书馆联盟对两者来讲都是非常好的组织者，但联盟本身开展用户需求调研不现实，且容易造成对成员馆关注的不平衡。如果在订购过程中图书馆或联盟委托了采购代理人采购，采购代理人也应当配合图书馆和用户将问题和改进期望向数据库商转达。

掌握用户需求特点的另一个途径是运用试用或使用统计数据。这里要注意两个问题：第一，试用数据的借鉴要考虑全面。试用是为了用户了解数字资源以及图书馆了解用户需求特点，帮助图书馆决策是否采购特定数字资源。目前，除了个别数字资源如《KUKE音乐数字图书馆》、《英国外交部档案：北美，1824 - 1961》等不提供下载功能和权利外，其他数字资源基本上都提供这些功能和权利，而这正是试用统计数据的主要来源，也是图书馆据以分析用户喜好程度的来源。不过，在分析这些数据时要考虑到可能存在的误差。如，数字资源的下载量，试用期时可能很高，而合约期时可能低了很多。其原因，既有用户顾虑图书馆虽试用但可能不订购而采取狂下载的行为，也有某些数据库商意识到使用统计数据在图书馆采购抉择中的重要性而有意操纵，实践中不乏其例。图书馆应做不同数字资源产品试用数据的横向对比，有助于减小这种误差的影响。第二，使用数据的借鉴要注意规范和变化。对使用数据的应用要特别注意两个关键问题，一是要合理设计使用数据统计结构，即要设计好统计什么以及如何统计，一是要注意用户的需求和行为是变化的等。前一个问题目前图书馆界已有比较好的解决方法，如，ICOLC推荐使用统计标准COUNTER，图书馆需要努力促使数据库商运用这个COUNTER标准。对于第二个问题，解决起来稍有难度，需要充分研究网络环境下用户需求和行为的变化规律。

（2）试用任务合作管理

试用任务管理是指图书馆联盟和图书馆确定试用什么、什么时候试用、试用多长时间以及如何试用等并具体实施。

试用什么？很多数据库商可能都有过这样的经历，无论数据库商多么努力强调"免费"，仍然会有部分图书馆拒绝组织用户试用某些数字资源产品。据对部分图书馆如四川大学、西南交大、河北大学等高校的图书馆的调研，图书馆一般都会对数字资源产品进行选择性的试用。这种做法有其合理性。信息管理就是要解决因信息爆炸带来的信息过载问题，信息选择是信息管理的重要内容之一。从实践角度来讲，数字资源增长速度非常快，如果数据库商推销什么图书馆就试用什么，无疑会对用户和图书馆造成很大信息困扰。试用数字资源的选择，很大程度上依赖于图书馆或图书馆联盟选择的能力和取向，容易产生忽视某些用户或某些成员馆个性化需求的问题。因此，为了弥补这种不足，图书馆联盟和图书馆需要制定配套措施。如，在图书馆或图书馆联盟网站上开辟专栏，提供数据库商网站上个人账户试用服务的信息和链接，以满足某些用户了解非试用产品的需求。这些是切实可行的方法。

什么时候试用以及试用多长时间？对此方面的组织管理为试用时间管理。如果时间选择不当，则很难达到开通试用的目的。另外，如上所述，若试用时间过短，容易引起用户在试用期间大量下载，无法代表用户的真实需求。因此，试用时间越长，试用期使用统计数据越能接近用户的真实需求。有研究人员对高校用户登录 *ScienceDirect* 数据库的情况进行过统计，结果显示：在秋季学期，登录时间通常集中在 11 月、12 月，以及次年的 1 月；春季学期通常集中在 2 月、3 月、4 月和 5 月[84]。这主要是因为，对教师来讲，1 月和 2 月为寒假期间，教师暂时告别教学任务和压力，可以有相对集中的时间进行教学和科研资料的检索、下载，同时这一时期也是我国教学科研人员申报国家、教育部、省级等各类科研课题的准备时间；对研究生来讲，11 月、12 月及 1 月至 5 月是研究生开题、提交论文初稿、中期考核、预答辩和答辩的阶段，需要集中查阅各种文献。CALIS/DRAA 组织的高校试用基本上都避开了暑假，且要求数据库商提供 2—3 个月的试用期。这种设计是在基本上掌握了我国高校图书馆服务时间和用户信息行为特点而完成的。不过现实中多数数据库商仅给了1个月的试用期，未能满足我国图书馆及用户的需求。各类型图书馆所服务机构及用户的特点不同，以及资源本身的使用特点不同，如，科研院所没有寒暑假，公共图书馆服务的用户类型复杂等，因此需要通过资源评估管理和用户需求管理确定最佳的试用时机。

（3）数字资源产品信息的采集管理

图书馆或图书馆联盟在评估和选择采购特定数字资源之前，需要广泛采集市场上存在的各种数字资源产品信息。如，CALIS/DRAA管理中心或秘书处，每年会通过引进数据库用户满意度调查表，征求成员馆预组团引进的数据库清单；新西兰的EPIC联盟提出，为照顾小型图书馆的需求，可以由小型馆对资源进行推荐申请；美国OhioLINK信息资源合作管理委员会，每年向各成员馆征集一次采选目标等。概括来讲，数字资源产品信息的采集方式除了图书馆或图书馆联盟工作人员自行收集外，还可以采取成员馆推荐、专家组推荐、联盟管理中心或秘书处收集、用户推荐、数据库商推荐等方式。以下分析这些方式的具体内容以及其合理性和可行性。

在集团采购中，成员馆处于读者服务一线，直接面对用户，更容易真实掌握用户的信息需求。因此，成员馆推荐方式可以让采购集团组织者更好地采集到质量较高、更有需求意愿采购的数字资源。另外，这种推荐方式，能体现出采购集团组织者对成员馆的尊重，更好地满足成员馆个性化需求，更好地调动成员馆工作的积极性。

专家组推荐方式，主要是利用专家们的学术权威和声望来判断哪些数字资源的内容更符合特定学科用户的需求，是图书馆和图书馆联盟获取用户信息需求的高效率方式，是一种特殊的用户推荐方式。目前我国很多高校图书馆与学校各学科专家建立合作关系，成立专家组，推荐各学科专业的文献，包括印本和数字资源。

用户推荐方式，从理论上讲这种方式可以让图书馆或联盟得到最专业、最准确的资源信息。我国早期开展采购数字资源活动时，许多海外归来的学者根据其海外数字资源使用经历积极向图书馆推荐。对图书馆来讲，积极收集用户推荐信息，不仅可以作为自己的采购依据，而且也是其向图书馆联盟荐购资源的重要来源。用户推荐方式，虽然从选择资源质量方面和利益保障方面来讲都是首选方式，但是由于存在沟通不畅等问题，实际中这种方式实施起来困难较大。据调研，很多图书馆工作人员反映，有些用户在资源推荐方面的积极性并不高，尤其在电子图书选择方面，往往需要多次催促。因此，用户推荐方式，通常与图书馆自荐方式结合。

数据库商推荐也是常用方式，我国图书馆在开展数字资源采购活动的早期，主要依赖于数据库商推荐。从市场营销角度来看，数据库商推荐方式仍将一直存在，并可能越来越趋向成熟。这种方式的发展主要取决于数据库商，但图书馆联盟可以在其中发挥合作作用。如，CALIS 每年举办的引进数据库培训周，都会邀请数据库商通过会议来推介其产品，让更多的图书馆有机会了解数据库商的产品信息。这种做法既有利于数据库商，也有利于图书馆和图书馆联盟。不过，这种方式容易造成数据库商之间的恶性竞争，即数据库商过分夸大其数字资源产品的价值，容易误导用户、图书馆或图书馆联盟，这一点图书馆及图书馆联盟必须要警惕。

联盟管理中心或秘书处收集资源信息，非常有利于提高工作效率。如果这项工作做得好，相当于代替成员馆、用户和数据库商做了很大部分工作。不过要适度，即，不能因此而取代成员馆、用户和数据库商的推荐，否则很容易出现官僚作风，不能真正代表成员馆和用户的意愿。另外，这项工作需要一定的工作成本，如，人员聘用。解决这些问题，有赖于联盟的组织管理制度和必要的经费支持。

集团采购或单馆采购应避免与国家采购重复采购同一数字资源产品，因此，图书馆采购集团或图书馆个体不仅应该了解数字资源市场信息，而且还应注意与现有国家采购组织机构建立合作关系，加强沟通与协调。

公开招标方式，即图书馆向社会公布其数字资源需求，所有符合条件的数据库商都可以平等参加投标竞争。这种方式汇合了资源市场信息采集、资源选择和签订合同等步骤。目前我国图书馆在采购电子图书、中文期刊全文数据库时常采用这种方式。由于这种方式同时要完成资源选择、谈判、签订合同等任务，因此不能仅依靠此方法来获取资源市场信息，还要在公开招标前尽可能多地掌握资源市场信息，以便顺利完成招标程序。

上述几种方式各有利弊，现实中需要多种方式同时并用，尤其是成员馆推荐方式是集团采购活动不应忽视的。

6.3.2 加强资源评估组织管理

图书馆或图书馆联盟在决定采购什么数字资源之前，都需要对该数字资源的基本情况进行评估，了解数字资源的内容范围、收录年限、语种情况和收录出版物范围等。

资源评估活动并不是一次性任务。根据任务流程来划分，资源评估可分为使用前评估和使用后评估，前者通常为图书馆决定是否订购提供参考依据，后者主要为图书馆决定是否续订提供参考依据；根据任务执行主体来划分，资源评估可分为集团资源评估和图书馆资源评估，前者偏向对资源本身的介绍和面向整个联盟的评估，后者则从本单位服务需要面向本单位进行评估，因此评估的指标不同。图书馆的评估应包括与其所服务机构情况有关的信息，如，数字资源产品覆盖本校学科面、支持本机构重点学科程度、与本馆订购的对应纸本重复率、与本馆已订购的其他数字资源产品重复率、价格和使用模式适应于本机构程度等。因为联盟使用前评估涉及的权益干系人最多，问题最复杂，所以这里主要讨论此类评估的组织管理内容改进及其合理性和可行性。

（1）选择合适的资源评估活动实施主体及成本负担主体

图书馆联盟开展的资源评估，实施主体可包括三类：图书馆联盟专门组建的资源评估组，组团牵头馆，以及联盟专门委托的指定馆。

资源评估组，因评估人员来自不同成员馆且经过选举，评估结果容易让成员馆信服，且容易达到标准化和专业化。但也正因评估人员分属不同机构，时间成本和人力管理成本比较高，需要评估工作组有较强的协调性和计划性。组团牵头馆和指定馆开展评估，容易出现评估单位的自我偏向问题，或者说容易出现成员馆对负责资源评估图书馆的信任危机，但这两种方式具有工作效率高、工作成本低的优点。因此采用这两种方式时，要注意选择经验、能力和热情都比较高且工作认真和规范的图书馆进行资源评估。

（2）加强资源评估活动各方的合作

目前，有关资源评估内容方面的论述比较多，归纳起来评估内容主要包括：特定数字资源产品本身质量、数量、性能等的评估；特定数字资源产品与市场同类或类似产品的比较；特定数字资源在本联盟或本图书馆或其他图书馆使用情况的分析等。这些内容的评估是以评估者掌握相关信息为基础。了解待评估的数字资源，一种方法是图书馆工作人员花时间和精力对数据库商网站或其他相关资料查询；一种方法是图书馆要求数据库商提供比较全面和准确的数字资源产品信息和使用统计信息。后一种方法是解决信息不对称问题的有效方法，但需要图书馆规范数据库商提供信息的范围。目前 DRAA 向成员馆发送试用通知时，同时附带了由数据库商提供的数字资源产品信息；elFL 以集团名义直接向数据库商索要每个会员国家图书馆的数字资源使用统计数据，从而全面监控 elFL 所有通过谈判获得的数字资源的使用情况[1]。图书馆在进行资源评估时，要注意使用统计结果可能并不符合实际情况。如，使用统计结果显示某个图书馆用户使用量偏低，这时候要注意与其他同类机构的使用情况进行比较，分析是否存在用户不太清楚或不太会用该数字资源的问题。

目前，在数字资源评估方面，数据库商逐渐加强了与图书馆界的合作，典型的就是美国研究图书馆协会 ARL 同数据库商合作开展研究资源计量统计项目 *E-Metrics*：ARL 在开展 *E-Metrics* 项目过程中，组建了包括 Academic Press/IDEAL、Bell & Howell、JSTOR、OCLC/FirstSearch、EBSCO、Ovid 等 12 家数据库商参加的"数据库商统计数据工作组"，负责提供集团各馆的测试数据，工作组进行比较和审核，作为研究分析的基础。此外工作组

---

[1] EIFL. How is your consortium faring? Usage statistics 2008 available on the web. http://www.eifl.net/cps/sections/services/negotiations/news, 2009 – 03 – 12/2011 – 08 – 15.

还定期举行会议，使图书馆集团可以和供应商进行有效的磋商，数据库商也就其向用户提供何种数据、怎样解释各种数据的定义、软件系统如何生成报告等与图书馆集团交换意见[85]。

6.3.3 加强资源选择组织管理

资源选择涉及两方面问题，一是谁来选择，二是选择什么。谁来选择，实际上就是谁来做订购决策。这里包括对某种数字资源产品的选择，也包括对某种数字资源产品中数据的选择，后者最突出的表现就是单个电子出版物如电子图书、学位论文、电子期刊等的挑选。以下讨论各种数字资源产品选择改进方式，以及其合理性和可行性。

（1）改进数字资源产品选择方式

对数字资源产品进行选择，包括图书馆开展的选择活动和图书馆联盟开展的选择活动。

在图书馆层面，根据我们的调研，主要有三种方式：一是由主管资源采购的馆长直接定夺；二是由专门的用户专家组讨论决定；三是由图书馆在听取用户意见后独立决策。第一种方式简单、效率高，受馆长能力和取向影响大。我们在参加各类图书馆工作会议或学术会议期间，对多名馆长或资源采购负责人进行了访谈，了解到目前我国许多图书馆尤其是公共图书馆，多采用这种方式。不过，这种方式容易受馆长其他想法的影响。如，在访谈中，有几个公共图书馆员反映：个别馆长，因经费太少而又希望有可表现的业绩，故每年都决定采购两三个新数据库且都不续订，累积起来就可以对上级和用户表示这几年采购了很多数据库。不仅用户使用数字资源非常不便，图书馆工作人员在解答用户咨询时还要查阅哪年买了哪种数据库。第二种方式需要用户的大力合作，一般用于具有较为规范采购流程的图书馆。如，四川大学图书馆主管资源采购的馆长介绍，他们采取了用户专家决策方法，即图书馆将预备采购的资源的各种资料包括价格方案提交到用户专家会上，由用户专家讨论决定是否采购。这种方式更注重了用户的意见，程序上也比较规范。这种方式要特别注意用户专家的代表性问题，尽可能覆盖图书馆所服务的各个学科领域和各个层面的用户，图书馆也要尽可能提供比较全面的信息来帮助用户专家做出决策。另外，为了保证工作效率，对于很明显是大多数用户所需要资源，图书馆可以采取直接决定的方式，不过这需要有制度的保障，如有比较详细的馆藏计划或资源采购原则。第三种方式是前两种方式的综合。从合理性和可行性来讲，各专业的用户对本专业的重要信息资源产品多少有所掌握，不少用户对选择数字资源也比较积极，他们往往是根据自己在国内外其他机构使用电子资源的经历进行选择的，选择的专业数字资源比较准确。不过，据调研，有图书馆员表示，发给用户的资源选择咨询表有时很难被顺利回收。这里面有一个沟通问题。为了加强与用户的合作，图书馆应建立用户推荐资源渠道并收集用户的意见，包括建立网上资源推荐通道、定期召开不同层面用户座谈会、亲自征求专家意见等，同时要注意发挥学科馆员的作用。图书馆还需要注意宣传工作，否则图书馆即使在其网站上建立了用户推荐入口，可能很多用户还是不知道。我们曾遇到一个实例：一个报考图书馆学研究生的其他专业本科生，在面试时侃侃而谈，表示他们同学曾议论过图书馆应当让学生推荐购买什么资源。而现实中她所在院校图书馆网站上就有用户荐购资源入口，但他们并不知道。由此可见，图书馆大力宣传各种服务项目是非常必要的。另外，图书馆内部的采购人员也需要与其他岗位工作人员合作，如，与学科馆员合作、与印本采购人员合作等。这种合作从合理性来讲，学科馆员平时需要收集所服务学科领域的资源，因此能够掌握特定学科更多更准确的资源产品信息；印本期刊和图书的采购人员，对权威性期刊和工具书信息了解得很多，这些资源的网络产品自然是图书馆选购的重点。从可行性来讲，这种合作仅依赖工作人员个人关系是很难保持长久性，需依赖图书馆内部规范化的合作机制。如，建立学科馆员、印本采购人员、信息咨询服务人员的定期资源产品信息通报制度，或定期召开上述人员与数字资源采购人员以及馆长的交流会议、或搭建待购数字资源推荐平台等。

在图书馆联盟层面，一般都是联盟组织者根据所制定的资源采购政策，结合成员馆推荐结果、与数据库商的谈判结果等情况，经联盟组织者的审核后决定是否组团。这里需要注意：一要建立常态性的推荐渠道，二要限定图书馆推荐者为数字资源采购相关人员。从合理性和可行性来讲，图书馆与联盟之间的联系都有固定人员和固定的联系方式，主要是电子邮件、联盟网站、交流会议等，CALIS 每年在召开"数据库培训周"前都要求成员馆填写他们的网上调查表，其中就包括"新库推荐"一项。因此建立常态性推荐渠道从技术上和管理上都合理可行。限定图书馆推荐者身份，主要是为了避免太多的干扰信息。限定的方式可以采取由日常与联盟联系的数字资源采访人员负责调查表数据的登录，对推荐的新库进行总体控制。图书馆联盟向图书馆提供资源产品信息，通常都是图书馆联盟有初步组团采购意向的资源，以通过电子邮件的方式直接发送给日常的联系人员，或者发布在联盟网站上。基于目前的技术和管理水平，这两种方式都比较切实可行。图书馆联盟提供的数字资源产品信息，尽可能不要仅包括数据库商的产品宣传资源，而应包括对数字资源产品信息比较客观的描述和初步的分析。这就需要联盟建立一个资源初评机制。

（2）改进单本选购模式

许多数据库商对图书馆提供单本选购模式。如，在 *Safari*、*Ebrary* 等电子图书购买中，图书馆与数据库商谈判确定好购买电子图书的数量，具体购买什么电子图书，由图书馆员向数据库商提供清单。也有的数字资源采购是与印本捆绑，对印本的选择也是数字资源采购的一项任务。这里，从选择主体角度划分可分为以下几种方式：

- A：图书馆员选择方式。
- B：图书馆员＋用户选择方式。
- C：面向图书馆的用户选择方式。
- D：面向图书馆集团选择方式。
- E：面向数据库商的用户驱动选择方式。

A、B 两种方式都有图书馆员参与。图书馆员能够比较全面地考虑各类用户的需求，以及考虑所服务机构如高校或科学院的整体发展与重点发展战略部署。A 方式，是指在图书馆与数据库商谈判签约之后，图书馆员在规定的时间内挑选采购合同规定的订购数量或订购费用额度的出版物。这种方式操作简单、效率高。但其不足之处也显而易见：馆员挑选的出版物未必符合用户需求。目前，有些图书馆是由采访馆员和学科馆员（包括院系资料室馆员）共同完成挑选任务，充分利用学科馆员对特定学科领域文献知识和用户需求的深入了解，在一定程度上提高了资源选择的准确性。A 和 B 两种方式中，图书馆员的一个主要任务就是规划不同学科可选择出版物的数量或价格总数，以平衡各类用户的需求，并在此基础上由采访馆员自己，或学科馆员（包括院系资料室馆员），或用户来选择自己所需要的电子出版物或捆绑的印本出版物。

B、C 和 E 方式都有用户参与选择。用户选择最能满足参与选择的用户的需求，但未必能反映出图书馆所服务全体用户的需求。因此，需要图书馆员与用户相互配合。目前有不少高校图书馆在采用 B 和 C 两种方式。如，郑州大学图书馆 2004 年在订购 *Netlibrary* 电子图书数据库时，规定了"每个院系不超过 10 本，国家级重点学科不超过 20 本，省级重点学科不超过 15 本"，在此基础上让各学院用户选订①；石家庄学院在订购超星电子图书时，提出了一个选书的基本原则，并没有限定各个学科的选书上限，仅有一个总选书上限，邀请全校师生积极参加选书活动②。数据库商一般都规定了选订最后期限，因图书馆馆员无法控制用户的参与时间和参与程度，因此需要图书馆同时采取一些防止拖沓的措施，如对学院提出要求或对选择出版物的用户进行挑选等。如，重庆交通大学图书馆在挑选 *ScienceDirect* 对应的印本期刊时，期望各学院通过召开学术委员会会议形式广泛征集师生的需求并组织人员选定③。只要有用户参与，用户的积极性、道德素养、责任感、专业水平和选购能力都直接左右着选购质量和选购效率。为此这三种方式更适合于所服务用户数量和类型较少、专业性较强的图书馆如高校图书馆、科学院所图书馆等，以及学术性电子图书较多的电子图书数据库，而且图书馆还必须要实施

---

① 郑州大学图书馆．关于选定外文电子书的通知．http：//www. zzu. edu. cn/notice/040603. htm，2004 - 05 - 31/2011 - 08 - 15.

② 石家庄学院图书馆．超星电子书选书通知．http：//www. sjzc. edu. cn/col/1270779338375/1293095265251. html，2010 - 12 - 23/2011 - 08 - 15.

③ 重庆交通大学图书馆．Elsevier SDOL 选刊通知．http：//news. cqjtu. edu. cn/show. aspx？id = 2081&cid = 13，2008 - 03 - 17/2011 - 08 - 15.

管理措施，如，若选购效率低，图书馆需要组织专人参与选购。

E 方式是一种比较特殊的方式，图书馆员主要是规定采购费用上限，选择什么出版物完全由用户驱动。这种方式目前被称为用户驱动采购（Patron-Driven Acquisition，简称 PDA），如 *Ebrary* 电子图书的 PDA 销售模式；也被称为需求驱动采购（Demand-driven Acquisition，简称 DDA），如电子图书公司 EBL 的 DDA 销售模式。这种方式这两年开始在美国兴起，目前 NetLibrary、Ingram Digital、EBL 和 Ebrary 等数据库商向图书馆提供这种服务；世界上约有 150 个图书馆使用了 EBL 的 DDA 模式。各数据库商具体采取的模式不尽相同，且同一数据库商针对不同图书馆采用的方式也有差异。归纳起来为：数据库商提供电子图书的书目记录，图书馆选择符合其馆藏计划的电子图书的书目记录并导入其自动化系统，读者通过 OPAC 查到后，可以点击链接直接阅读原文。如果链接时间没有超过规定时间如 5 分钟则不收取费用；如果链接时间在规定时间范围内如 5 分钟到 24 小时则按较少比例，如书价的 5% 收取费用；如果超过了链接时间上限，如 24 小时，则自动断开；如果链接时间超过规定时间如 5 分钟的用户数达到 3 个人，则视为图书馆购买此书，对高价书（如超过 MYM200）和选购图书的总费用，图书馆可设置需人工审核步骤[86-89]。很显然，这种方式在一定程度上借鉴了实体书店销售模式，即读者在书店先翻阅图书，如果觉得有价值才决定购买；同时也引入了用户人气指标，以防拟采购电子图书零使用量或极低使用量现象的出现。这种方式的应用需要数据库商、图书馆和用户三方的密切合作。图书馆需要与数据库商合作，确定各种选书控制条件并在选购电子图书系统进行设置，包括上述提到的开通时间上限、收费时间起止点、费用上限、自动购买启动条件等。但如何确定这些临界值或启动条件是个难点，需要图书馆借鉴本馆或其他图书馆所购电子图书使用情况，或者利用选书系统一段时间后根据使用情况再开始正式采用这种方式。这种方式对用户参与性依赖比较大，因此存在难以控制用户选择取向和参与积极性平衡问题，容易冲击图书馆的馆藏政策，造成选购文献在学科和类型方面的不平衡。另外，图书馆还需要研究如何防止个别用户的乱点、乱链接、乱打开，防止数据库商暗中参与点击或改变点击数值，避免虚假需求的干扰。针对选购中出现的不良行为或作弊行为，仅用道德或合同是难以约束的，还需要提升技术防范水平。因此，从可行性角度来看，在目前技术条件下，这种方式更适合专业性比较强的数字资源产品以及服务对象专业性比较强的图书馆。如，向 EBL 提出 DDA 模式的欧洲原子能研究组织 CERN 图书馆的服务对象都是世界顶级物理学家，图书馆绝对相信读者最想要什么。

D 方式并不是独立的一种方式，通常与前面几种方式结合运用。如，目前我国大陆图书馆联合购买 *ProQuest* 博硕士学位论文全文数据库，通过访问共同的全文数据库系统，用户可共享各个图书馆订购的博硕士论文全文。数据库商对每个图书馆都有最低订购量要求，但具体选择什么是由各图书馆自己决定的，并建立了订购平台的查重系统，避免不同图书馆之间的重复订购。很多图书馆都将挑选博硕士论文的权利交给了用户，如同电子图书的选择。这种方式，如果有用户直接参与，则同样具有 B 和 C 方式中发挥用户作用的属性；如果有图书馆员参与，或是直接提交或是负责制定分配方案，则同样具有 A 和 B 方式中发挥图书馆员作用的属性。运用这种方式，关键是要协调好不同图书馆之间的关系，如，挑选出版物的时间安排要适合各成员馆的需求。

（3）加强资源内容的选择

从资源内容方面考虑，每个图书馆都有自己的馆藏和资源采购政策，每个图书馆联盟通常也制定有数字资源采购原则，国家采购机构往往也有相应的采购政策。如，DRAA 工作规范指出："引进数据库以教学科研服务的学术资源为主，保障重点学科需要，兼顾其他学科分布情况，不允许集团重复和内容重复等"。图书馆与数据库商之间在资源选择方面开展合作而产生的问题主要表现在资源内容质量表述的准确性方面。这里将表示数字资源质量的真实性、完整性、有效性和安全性分别定义为：

- 真实性是指数字资源的内容、结构与采购许可合同规定的状况一致。
- 完整性是指数字资源在内容、结构、背景信息、元数据等方面无缺损。
- 有效性是指数字资源应具备可读性和可利用性。
- 安全性是指数字资源无病毒、不易受攻击和篡改。

面对收录大量内容的数据库，图书馆和用户在购买时是很难鉴别数据库内容范围是否与采购许可合同上的表述一致。因此，图书馆应向数据库商提出具体要求，以保证尽可能准确了解和掌握数字资源产品信息。

表 6－1　图书馆按内容选择数字资源的要求

图书馆方对自己的要求	图书馆方对数据库商的要求
- 学术机构以学术资源为主 - 保障重点学科需要，兼顾其他学科分布情况 - 资源不重复 - 符合用户需求	- 产品涵盖了特定学科领域的重要文献 - 真实准确地介绍数字资源内容质量信息 - 以方便和科学的方式发布表征数字资源内容质量的指标和说明

表6-1左边内容涉及到图书馆（包括图书馆联盟）满足用户需求的问题，具体表现为：一是重点保障和兼顾程度问题，一是满足用户需求的准确性问题。①对具体的一个图书馆或图书馆联盟，尤其是高校系统来讲，"保障重点学科需求"的提法本身没有问题，关键是目前我国的重点学科通常都有国家专项经费资助，如果图书馆联盟或图书馆仍将更多的经费用于这些重点学科，其他仅能依赖图书馆获取资源的学科领域的用户则更难获得符合需要的资源，这就需要图书馆处理好两者（即保障重点与兼顾一般）之间的关系，掌握好保障和兼顾的度。目前，清华大学图书馆对专业性很强、需求面窄的数字资源，采取由相关学院全额购买或与图书馆分摊部分费用的方法，在一定程度上缓解了图书馆采购经费紧张的局面，是可借鉴的经验。②图书馆购买的资源是否符合用户的需求，仅依靠图书馆员的主观判断是非常不科学的，容易导致错误判断。目前，图书馆界开始注重采购效益的评估，重视各种使用数据的定量分析，在一定程度上提高了资源选择的准确性和科学性。不过，由于用户需求是变化的，用户需求的收集和分析也存在很多难点，所以这方面工作还需加强。

在选择数字资源产品时，数据库商应当提供准确的、有效说明其产品内容质量的信息。对于期刊论文数据库，衡量内容质量相对比较简单。由于多年来科研领域和出版界已经研发和采用了核心期刊和影响因素等概念和指标，因此，采用这些指标来说明数字资源知识内容质量，无论对图书馆还是用户来讲都是比较好理解的。对于普通图书数据库，目前还缺乏统一有效的衡量方法，可以考虑的因素包括作者声望、图书获奖信息、出版商声望等。对于数值与事实数据库，其内容质量衡量的因素主要包括编著者与出版商的权威性、数据收录范围、内容的准确性、客观性与及时性等。由于现在的许多数字资源对应有原来的印本出版物，原有印本出版物的权威性无疑可以成为表征现有数字资源内容质量的一个指标。如，世界上著名的印本检索刊物 *SCI*、*CA*、*EI* 等，著名的百科全书《新不列颠百科全书》等。

目前，数据库商基本上都在其网站、培训课件、宣传材料等载体上大力宣传其产品。

另外，尽管有的图书馆存在某年或年末获得某项目的大量资助且必须在规定时间内将采购费用花完的状况，但在选购数字资源产品时，仍然要考虑其订购的连续性问题。同时，为了削弱数字资源产品的锁定效应，图书馆也要注意不能只选择某一家或少数几家数据库商的产品，尽量减少用户对极少数数字资源产品的依赖。

6.3.4 加强采购组织管理和沟通组织管理

（1）加强采购组织的管理

这里采购组织的管理主要包括确定采购方式、确定签约与付款时间等并加以实施管理。

采购的方式分为招标采购和非招标采购两大类。采用哪种方式并非可以随意，需要遵守相关的规定。如，我国图书馆采购数字资源的经费基本上来自于政府，因此必须遵守我国的《政府采购法》，同时采购国外数字资源时还要遵守我国有关进出口管理的规定。目前，我国图书馆采取的一些措施正是为了更好地符合上述要求，如，我国各图书馆通过各类进出口公司支付采购数字资源费用以及采购配套的光盘和印本出版物；CALIS/DRAA 以谈判后的数字资源采购方案作为各图书馆的招标文件；DRAA 招采购代理商资格标；图书馆对国外数字资源主要采取单一来源采购方式；各地方图书馆对国内中文数字资源采取政府公开招标方式等。

谈判可分为图书馆单馆谈判和图书馆集团谈判两大类。图书馆单馆谈判又分为图书馆单馆采购谈判和图书馆参加集团采购后针对自己的个性化需求进行的谈判，后者是在集团谈判结果基础上进行的，一般不能改动价格，但可以针对服务项目和服务深度进行个性化定制。每个图书馆应该充分利用这一权利。相比较图书馆单馆谈判，集团谈判因涉及整个集团的利益，操作上比较复杂。根据对我国图书馆集团采购以及国外部分图书馆联盟（如，CIC、CAUL 等）采购实例的调研，目前，按照谈判队伍组成结构划分，图书馆谈判方式主要有：集团中心谈判、受托馆谈判、联合谈判、行政参与谈判、第三方受托谈判、第三方合作谈判等。①集团中心谈判方式是指谈判工作由联盟或集团管理中心专人负责。如，早期我国 CALIS 采购数字资源时分别由其四个全国中心进行谈判；澳大利亚 CAUL 联盟由 CAUL 执行官办公室负责谈判。②联合谈判方式是指若干图书馆代表联合组成谈判组与数据库商进行谈判。如，DRAA 采购每个数据库时都是先由牵头馆与数据库商进行初步交流，再由包含若干来自不同成员馆的代表进行最后的谈判。③受托馆谈判方式是指图书馆联盟或集团委托其中一个成员馆代表整个联盟负责全程的谈判工作。如，农科院图书馆受农学会的委托，在农林行业内组团采购且负责具体的谈判工作；台湾地区的学术资源倍增行动方案联盟委托逢甲大学组团采购包括谈判等。④第三方受托谈判方式是指图书馆联盟或图书馆将谈判工作委托给第三方，有的为专门的谈判公司。这种方式实际上是一种外包形式，由专业谈判公司负责招标、谈判等活动。⑤行政参与谈判方式具体是指图书馆所属机构的相关行政部门人员参与图书馆组织的谈判活动。如，河南 HALIS 管理中心和河南省高校图工委秘书处共同组织价格谈判活动，且自 2007 年起，还特意邀请郑州大学纪委和监察审计处等部门派代表参加，对整个谈判活动进行全程监督[90]。上述几种方式中，相比较而言，行政参与谈判方式较为规范，联合谈判方式较有利于满足和平衡各成员馆及其用户的需求，集团中心谈判方式、受托馆谈判方式及第三方谈判方式效率较高。同时，集团中心谈判方式较有利于整体把握，受托馆谈判方式较为经济，第三方谈判方式较为专业。

从保障关键权益干系人即用户、图书馆和数据库商权益的角度来讲，采购组织管理应既能满足和平衡各成员馆及其用户的需求，又应符合规范和提高工作效率。因此，可以综合使用上述几种谈判方式。如，新西兰电子合作采购图书馆联盟 EPIC 采取了"集团中心＋联合"谈判方式，专门成立有谈判小组负责与数据库商谈判，成员在 3—5 人之间，均来自由联盟各类图书馆的代表组成的 EPIC 管理小组。我国 DRAA 采取了"集团中心＋委托馆＋联合＋第三方"谈判方式，即由联盟指定的成员馆做组团牵头馆，负责谈判准备工作并开展初期谈判活动，然后由联盟组织的由成员馆主管馆长构成的谈判小组联合谈判，并邀请通过了资格标的采购代理商参与谈判。具体操作中应当注意以下几个方面：

第一，规划好谈判组数量和类型。我国图书馆数量大、类型多、需求多样化。在这种情况下，不仅如 6.2.5 所提出的要建立多种图书馆采购集团，同时对一个较大图书馆联盟来讲，也需要成立多个面向不同类型数据库采购的谈判队伍，既便于提高谈判效率，也便于让更多成员馆参与到谈判活动中来，其目的是为了谈判组能更好地掌握和满足更多成员馆的需求。但一个谈判队伍如果成员馆代表过多，会影响谈判效率。谈判组要协调谈判代表的时间和不同意见，涉及成员馆越多，协调就越复杂和困难，与数据库商谈判代表在谈判时间和谈判内容上的协调难度也越大。因此，应根据所采购数字资源的学科特点，根据成员馆之间需求相似度，建立多种各具特色的谈判队伍。

第二，建立谈判队伍帮扶机制。对一个较大图书馆联盟来讲，建议组建多种谈判队伍。这就涉及到一个帮助与扶持的问题。较早开展采购数字资源谈判的图书馆和人员积累了一定的经验，可对后来参与者有很大帮助。如，中科院国家科学数字图书馆项目 CSDL 最初开展组团采购数字资源活动时，虚心向 CALIS 请教，少走了很多弯路。因此一个较大图书馆联盟如 DRAA 的各种规章制度、采购政策和规范的采购流程，对于新谈判队伍来说，具有重要的借鉴意义。除了像 DRAA 在制度建设上的指导和帮助之外，新的谈判队伍还需要富有经验的谈判队伍如北京大学图书馆牵头的谈判队伍、清华大学图书馆牵头的谈判队伍等在实践中的传帮带。如，在采购综合性数字资源时可让一些专科性院校图书馆代表参加，在他们掌握了一定组织和谈判经验后，再由他们牵头组织专科性数字资源的采购活动。

第三，行政参与谈判方式要与其他谈判方式结合运用。行政人员可能来自受托馆所在单位，也可能来自图书馆所在单位的上级主管部门，主要是代表提供采购经费的行政部门对整个采购过程进行监管，在一定程度上可保证谈判程序的规范。但据调研，很多图书馆对一些行政部门的参与能力多有微词，主要认为部分行政人员不太顾及图书馆资源采购的专业性，过于强调低价标而忽视数据库商服务质量等。在我国，行政参与与《政府采购法》有关，因此图书馆应当注意充分发挥好行政参与的积极作用，同时为了避免行政参与带来的各种弊端，建议将数据采购与服务采购分别表述，在对各数字资源产品的进行比较时，要分别对其数据和服务进行比较。

第四，注意规划合理的签约与付款时间。本课题组成员在参与组团采购工作时，一个非常苦恼的事情即是由于不能准确掌握谈判成功的时间，无法提前告知成员馆什么时候可以参团订购，不少成员馆抱怨无法做预算，无法事先规划到底采购哪种数据库等。现在多数数字资源产品都进入了续订阶段，除了个别的价格方案变动较大，大多数数字资源产品的续订已不需太长时间的谈判，将同类数字资源产品安排在同一时期组团采购，并提前规划好组团时间，能更好地帮助成员馆做预算，选择更想购买的资源。另外，据调研，有的图书馆是将某些项目经费如985项目经费用于引进数字资源，这里就存在一个时间问题。想买某种数字资源产品时经费还没有申请下来，等经费申请下来，组团引进时间已过；有的图书馆甚至为了在规定的时间内将下拨经费花完，不得已而仓促购买并不是最需要的资源，或者不能更多地顾及其他馆的砍价需求。作为图书馆联盟，应当考虑这一现实问题以及其他类似问题，积极要求数据库商提供多阶段组团采购，并采取某种模式，将不同阶段的采购结合成一个大的采购集团。这些措施，可能会提高数据库商的一些管理成本，但可以有效解决图书馆预算与经费不足的问题，而管理成本难以和数字资源产品的经济利润相提并论，因此具有一定合理性和可行性。

另外，各图书馆以及图书馆联盟都应当及时总结以往采购谈判的经验和问题，为以后以及其他谈判活动提供借鉴。

（2）加强沟通组织管理

很多误解和矛盾的产生与扩大都是由于沟通不当引起的。如，图书馆的需求和现状千差万别，数据库商的政策和态度各不相同等。图书馆采购集团谈判组如果不能及时有效和成员馆沟通，就不能将成员馆的需求有效地传达给数据库商，也不能有效地将数据库商的态度和要求传达给成员馆。2010 年在 CALIS 的引进数字资源培训周上，部分图书馆员对 CALIS 管理中心有些议论，个别馆员表示 CALIS 为什么要为数据库商说话，而 CALIS 谈判组在谈判时已经尽了很大努力。沟通组织管理需要明确沟通的主体、内容和方式。现实中各图书馆数字资源采购活动中都开展了一定程度沟通，考察我国高校系统、科学院系统图书馆以及美国 CIC 联盟、英国 JISC 联盟、澳大利亚 CAUL 联盟等采购数字资源活动，主要采取的沟通组织管理方式包括：

● 建立联系人机制：即各方指定一个具体的人员负责与其他方进行业务联系和信息通报，并规定联系人的责任和义务，发布联系人联系方式。

● 建立电子邮件列表和信息发布平台，供图书馆联盟、成员馆及数据库商之间的信息沟通。

● 建立定期会议制度。即每年召开成员馆大会或专题工作会，同时邀请众多数据库商，集中交流信息和意见。

● 建立汇报制度。这里主要是指采购集团谈判队伍向图书馆联盟管理者汇报，图书馆联盟或成员馆向资助者汇报等。

"沟通"是一个非常复杂的问题。我们根据调研中获知的一些主要沟通问题，提出一些改进建议：

第一，逐步改进整个沟通交流机制。我们在图 2 - 3 基础上给出如下沟通模型：

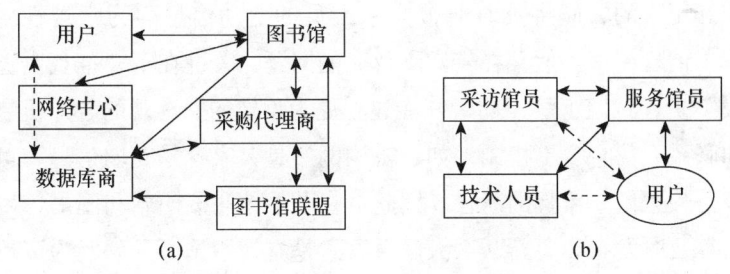

图 6-1　数字资源贸易相关方沟通模型

　　图 6-1 中的实线表示箭头所指双方的沟通以直接沟通为主；虚线表示箭头所指双方的沟通以间接沟通为主，即主要通过其他主体做中介进行交流。图 6-1（a）是描述采购活动中相关各方沟通的示意图。其中用户与图书馆之间的沟通是基本的沟通，沟通内容包括用户的需求、图书馆的要求、用户疑难问题解答、数字资源状况和网络状况通报等。通常在一个机构内，用户较少与网络中心联系，都是将问题反馈给图书馆，如果和网络中心有关，多由图书馆与网络中心沟通。数据库商与用户的沟通，主要是数据库商期望掌握用户的信息需求特点和信息行为规律。数据库商在集团谈判时主要与图书馆联盟沟通，在图书馆个体化谈判时再与图书馆个体沟通，采购代理商目前还主要是起辅助作用。图书馆与联盟之间的沟通内容主要有各成员馆的采购需求和要求，以及联盟的总体要求，数据库商谈判情况等。图 6-1（b）描述的是一个具体图书馆或机构内部及用户之间的沟通，其中技术人员既包括图书馆技术部门馆员，也包括所在单位如学校的网络中心。

　　第二，建立联系人变动信息的告知和变更机制。各方设置

"联系人"是实现各方之间有效沟通的基本条件。人员变动是现实和正常的，应将及时通报联系人员的变动信息列为常规性工作，但现实中仍然存在告知不及时的问题，关键在于"谁负责通报"责任认定上。因此最好能建立更为稳定的、客观的告知机制和联系人信息变更机制。如，机构网站是大家容易获取信息、可以信赖也便于监督的途径。因此，在图书馆联盟网站和图书馆网站等及时发布和更新联系人联系方式是有效措施。另外，为了增强这些网站信息的准确性和权威性，可以建立第三责任方更改联系人信息的机制，由所在图书馆联盟或成员馆指定人员进行修改。

第三，建立馆内相关部门的沟通机制，如图6－1（b）所示。目前，在我国图书馆中，数字资源采购、揭示、服务与技术支持等工作分属于不同的业务部门。例如：河北大学图书馆是将数字资源的采购、服务和技术支持都放在信息技术部；首都师范大学图书馆将数字资源的采购和服务都放在信息服务部；中科院国家科学图书馆将负责数字资源的采购、服务和技术支持工作分别放在采编部，信息服务部和信息技术部等。无论归属于哪个部门，采访馆员、服务馆员、技术馆员等都是数字资源采购与服务的核心人员。因此应建立馆员之间规范的、适应网络环境的沟通机制，避免仅依赖人际关系的私人沟通的不稳定和不全面。采访前，采访人员与信息服务人员（包括咨询馆员、查新人员和学科馆员等）对用户一般信息需求和信息行为习惯进行交流，与技术人员对技术支持诉求进行交流；采访后，采访人员与信息服务人员和技术人员对数字资源使用情况和新的要求进行交流等。沟通的方式可包括网站、会议、邮件、电话、面谈等，最好能制订定期会议沟通机制。

第四，加强用户与图书馆的沟通机制。这里需要注意以下三点：首先，要让用户方便地获取图书馆联系人的联系方式并能方便地联系到联系人，这是用户向图书馆表达需求和咨询问题的重要途径。其次，图书馆应根据新情况调研用户需求。这些年很多图书馆工作人员以及图书馆学方面的研究人员，甚至数据库商等都在研究用户的信息需求特点和信息行为规律。并且已经有了一些比较一致的结果。在这种情况下图书馆与用户的沟通，应根据环境的变化收集用户的新需求。再者，图书馆应注意请用户帮助发现数字资源的问题。数字资源中的一些问题往往是在使用中突显出来。如，"用户在使用中科院国家科学图书馆网站上电子期刊时发现有的无法正常使用，经用户反映，中科院国家科学图书馆资源建设人员与技术人员进行沟通和分析，找出了原因并加以修正"[91]。

6.3.5 积极争取用户和决策者的相应支持

在数字资源采购活动中，组织机构中的图书馆如高校图书馆，事实上是代替本单位用户和决策者进行采购的操作者，其活动受到本单位的制约，这是由图书馆的服务性质所决定。这一点也往往让图书馆在采购活动中容易处于被动地位。如，据中国青年报报道，2008 年爱思唯尔公司对我国图书馆采购 *ScienceDirect* 数据库实施大幅度涨价，年度涨幅平均为 16.7%，尽管我国高校图书馆携手抵抗，原来组团牵头单位清华大学图书馆（也是 CALIS 的工程中心）放弃牵头组织工作，但在该数据库商的"你们没钱可以不订"的强硬态度下，大多数高校图书馆最后还是勉强接受了对方的提价方案，甚至东北一所重点大学的代表在谈判时当场拍案而起抗议数据库商，但最后仍然接受了 3 年涨价 25%

的要求；某大学师生面对图书馆可能停订 *ScienceDirect* 数据库，也强烈要求校长们重视起这件事情，表示搞研究的宁可学校伙食涨价或其他什么的受委屈，也不愿意没有资料来源等等[92]。之所以会出现这种状况，一是因为核心期刊马太效应和网络产品锁定效应，有些数字资源在学术交流上的重要性在短时期内很难被其他数字资源所取代；二是因为真正使用数字资源的用户无需为使用付费，无需参加采购过程，甚至不知道采购价格，也没有义务和能力去平衡不同数字资源的采购，若图书馆停订了原来订购且用户喜欢的数字资源，用户能够做的就是向学校或图书馆强烈反映他们的需求，而这种"强烈反应"很容易被数据库商所利用。正是在这种压力下，2008 年爱思唯尔掀起的那场涨价风波中，我国高校组团中，虽有 20 多家因经费困难等原因停订，但新加入的图书馆比退出的还多 2 家，达到 193 家，是 CALIS 组团采购数据库中参加馆最多的一个团。

图书馆要解除这种困境，除了与数据库商继续进行艰苦谈判外，还需要获得用户和本单位决策者的支持。2010 年 9 月 2 日，面对爱思唯尔针对 *ScienceDirect* 数据库新一轮的高涨价风，国内高校、科学院、公共图书馆等几大行业图书馆联合起来发布"致中国科技文献读者的公开信"，这正是获得用户支持的一个比较好的开始和形式。不过这种形式要想获得预期的效果，还需要做更大力度的宣传。目前，据 DRAA 首页报道，《光明日报》、《科技日报》和《科技时报》对此都做了相应的报道和访谈。报道媒体的级别比较高，体现了社会的重视，但报道的媒体和新闻稿的数量都还非常少，效果如何，很难预料。对公开信上签名的100 个图书馆的网站进行了考察，能够反映出图书馆与决策部门沟通的主要有以下几种形式：

● 浙江大学图书馆在其网页上发布上述的公开信时，还向全校师生说明全国图书馆联合抵制爱思唯尔高涨价的精神，说明本校参加这一全国性活动的重要性和具体做法，并与学校领导及时沟通以获得理解和支持。

● 在浙江省高校图工委的组织下，浙江省有 13 家高校图书馆借鉴浙江大学图书馆抵制爱思唯尔高涨价的经验，在抵制爱思唯尔高涨价行动方面达成了共识，其中包括向各自学校主管领导汇报全国相关精神和联合行动情况，争取领导和师生的支持①。

● 有些图书馆将对科技文献读者的信放在图书馆首页。

上述做法相对来讲是比较积极地争取用户和决策者支持的措施。遗憾的是，这样的公开报道或者清楚地向本单位用户说明情况的并不是很多。据 DRAA 主页上的数据显示，目前，参加上述公开信签名的图书馆已经由最初的 33 家发展到 2010 年年底的 100 家。这些图书馆签署这样的公开信，应当是得到了本单位领导层的理解和支持，但要得到广大用户的理解和支持，还需要图书馆进行艰苦的工作。

另外，图书馆以及图书馆采购集团或联盟应当注意一个数字资源产品采购项目结束后的评估管理。虽然采购工作是图书馆联盟和图书馆的日常工作的一部分，但具体到每个数字资源的采购，都具有"项目"的属性，即唯一性和有始有终。项目评估管理的评估时段可以从试用开始到许可合同终止、也可以从试用开始到付款活动结束。这项活动主要是针对本次采购活动的经验和教训进行总结，为以后的采购活动提供借鉴。显然这项活动也需要利用资源评估管理和用户需求管理成果。开展这项活动的主

---

① 浙江高校图情工委. 浙江省高校图书馆联合抵制行动情况通报. http://210. 32. 137. 90:8080/commlib/03/20101018. htm, 2010 - 10 - 15/2011 - 08 - 15.

体包括图书馆联盟和图书馆，采购代理商和数据库商自己为了改进自己的工作也可能进行这项活动。用户的合作主要在于向评估者提供自己在使用过程中的感受和意见。

6.4 价格方案及其运用的改进

价格是直接影响数字资源贸易中权益干系人的重要因素。上面分析了图书馆方的要求和实践中取得的成绩、存在的问题，以及一些解决问题的意见。这里将进一步给出改进价格管理的综合建议。

6.4.1 降低价格，扩大图书馆采购规模

对图书馆及其用户来讲，数字资源产品单价低或增长幅度小就可以让其直接受惠。而对数据库商来讲，获得实惠，并不是仅由数字资源产品单价决定的，更多情况下是来自于规模经济，即购买的图书馆和使用的用户越多，其收益越大。因此，数据库商采用较低价格占据市场有利于数据库商、图书馆和用户三方。

（1）实施低定价策略的必要性

为什么大多数图书馆没有能力购买更多的数字资源？为什么数据库商的数字资源产品不能占据更多的市场？不是不需要，不是没市场，而是价格在起决定性的阻碍作用。低定价可以让更多图书馆和更多用户获得实惠，这点是无可置疑的，妨碍低定价策略实施的是掌握价格决定权的数据库商。在谈判中图书馆需要努力向数据库商阐明低定价的合理性和可行性。

公司采取的定价模式是以公司的目标为导向，如，为了增加品牌效应而采用高定价策略；为了迅速收回投资并获得丰厚营利

而采用撇脂定价策略；为了扩大公司企业市场占有率采取低定价策略和差别定价策略；为了维持行业和谐而采取比照同行定价策略等。上述前两种方式是公司企业将产品定位于高端收入客户群，第三种方式中的低价策略是将产品定位于中低收入客户群，差别定价策略则将产品定位于各类收入的客户群。第四种方式往往是业内竞争与合作的需要和结果。图书馆的馆藏建设通常具有较强的规划性和连续性，即要多年连续采购某种连续出版物（期刊、报纸、某些工具书）、某类会议论文集、某些出版商出版的图书等，因此高定价的撇脂定价策略不应是数据库商的主要营销策略。目前，我国采购的国外印本文献，其价格一般都很贵，可以说，对于印本产品，出版商还是采取了面向高收入的高价策略，这种高定价策略并不会受到同行的很大冲击，即出版商有能力维持长时间的高价策略且不失去市场。但在网络环境下，越来越多的科研人员借助互联网获取信息，高端收入的客户也会随着低价数字资源产品的出现而转向和流失，因此，数据库商想要保住图书馆客户，就要保住图书馆的用户。而图书馆采购的数字资源产品，既具有一般商品的属性同时也具有网络经济的特点，即数据库产品具有很强的消费锁定效应。因此，数据库商要保住图书馆用户，就应尽早形成庞大的用户群，作为长期占领市场的基础，而低定价策略是实现这一措施的较好选择。目前，百度、腾讯、360 等公司采取以开放部分免费服务产品聚集庞大用户群体、以开发基于这庞大用户群体的收费增值服务而获取高额利润的战略，就是利用了网络产品的这种消费锁定效应。爱斯唯尔之前以低价向我国图书馆输入 *ScienceDirect* 数据库产品，正是利用了网络产品的这种消费锁定效应，培养用户对该产品的依赖性。

（2）运用长尾理论扩大采购集团规模，实现低价格

这里主要是从网络经济规律和长尾理论来阐明组织更多图书

馆采购数字资源的经济价值。

长尾理论（The Long Tail）是近几年新兴起来的一种经济理论，由美国《连线》杂志主编克里斯·安德森在 2004 年 10 月提出，用来描述诸如亚马逊和 Netflix 之类网站的商业和经济模式。其内涵是指在市场上那些处于需求和销售量长长尾部的产品，其集合所占的共同市场份额可以和主流产品市场份额相比甚至更多，如图 6-2 所示。安德森认为，网络时代是关注"长尾"、发挥"长尾"效益的时代。"长尾理论"被认为是对传统的"二八定律"的彻底叛逆。

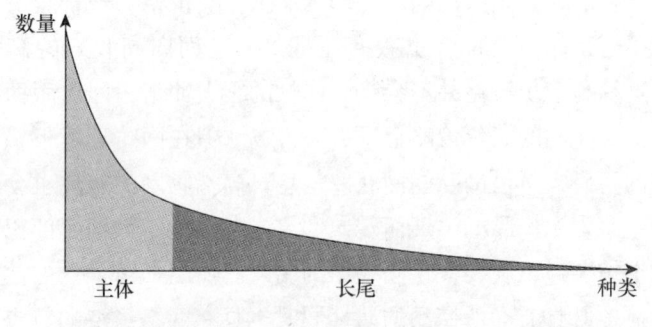

图 6-2　长尾理论的图示

在数字资源贸易中运用长尾理论，主要是要让数据库商和图书馆采购集团认识到，还有相当多的图书馆因经济条件差而无法参与更多的数字资源采购活动，在信息化时代，他们对数字资源的渴求会越来越大，而他们的加入无论对哪一方都是非常有利的：将有更多的用户使用上这些资源，图书馆支付的采购费用会降低，数据库商会因增加更多购买客户而获得更多的利润。

对图书馆集团来讲，在买断方式下，数据库商往往是根据该地区或该系统所有可能有需求的图书馆及用户数量来考虑总价格，即无论某个图书馆是否参加采购集团，数据库商都已经将其考虑了进来。因此对图书馆集团来讲，参加采购的图书馆越多，每个图书馆的采购费用越少。而对图书馆所在的地方政府来讲，参加采购的图书馆越多，能够使用数字资源的用户越多，越能支持本地的学术和科研发展。在非买断方式下，再加入少量图书馆成员对其他图书馆可能没有什么明显的贡献，但集团成员数量的增多，集团谈判的话语权就会扩大，总体价格上总会有机会得到优惠。

对数据库商来讲，在数字资源市场上，中小型图书馆和处于经济条件不富裕地区的图书馆，就像图 6-2 中的长长尾巴，虽然每个图书馆给数据库商提供的利润很小，但这类图书馆数量大，所带来的经济利益累积起来就会很大。前面我们已经分析过，由于数字产品的低边际成本特性，扩大市场，扩大图书馆客户可以帮助数据库商获取更多经济利润。

用户应该是长尾理论产生效应后的最终受益者。让更多的用户使用上更多的数字资源，有效的方法就是让更多图书馆能够买得起更多的数字资源。

另外，由于许多数据库商都是在签订新一轮合约时大幅提高价格，图书馆不仅仅要警惕各种数据库年度涨幅的提高趋向，也特别要注意续约涨幅的提高趋向。在许可合同中增加最低价格优惠保证。

6.4.2　争取多元化灵活定价模式

我们在第三章，分析了各种定价模式的特点。分析结果显示，每种定价模式各具特色，且在具体应用中都还需要根据图书馆的具体情况进行调整。

（1）数据库商与图书馆合作研制多元化灵活定价模式

在研制和选择定价模式方面，数据库商应当积极与图书馆合作，针对不同图书馆的不同需求，提出多种可灵活定制的定价模式。从组团角度来讲，可有两种实现方式：一是在数字资源采购集团内部采用多元化灵活定价模式，一是根据图书馆定价模式需求特点分别组团。第一种方式，有利于图书馆通过集团规模的扩大增强其采购数字资源谈判时的话语权，也有利于图书馆和数据库商双方减少整体组团管理成本和商务谈判成本。第二种方式有利于减轻组团复杂度，便于图书馆根据需求类型的不同采用不同的定价模式。因此，当各图书馆定价模式需求特点差异不是很大时采用第一种方式比较好，反之更适合采用第二种方式。也可以将第一种方式与第二种方式结合起来使用，即原则性谈判和组团管理工作主要以第一种方式，而具体的组团和谈判工作采用第二种方式。这样的结合可取长补短，但需要图书馆之间有较高凝聚力。另外，在集团采购方案基础上，图书馆集团以及数据库商应当允许各图书馆根据个性化需求，争取不影响整个集团的个性化服务项目。

由于在商务谈判中，更多时候是数据库商掌控着定价模式，因此图书馆方在谈判时应当注意积极要求数据库商提供多种定价模式供图书馆选择。

（2）争取分级定价模式的运用及善待新成员

本书第三章 CALIS/DRAA 实例分析结果显示，采用分级定价的数据库采购方案目前还不足一半。需要图书馆和数据库商积极改进。分级定价模式照顾了各图书馆经济条件和需求强度的不同，虽然操作较为复杂，管理成本较高，但可以减轻对弱势图书馆的冲击。同时，分级定价模式，有助于吸引更多图书馆进入采购市场，也有利于数据库商扩大市场而获利。

多年度合约执行过程中应当允许新成员馆加入，且新成员馆负担的价格涨幅不应高于老成员馆。如前面分析，新成员中途加入会增加采购集团及数据库商的管理工作成本，但这种模式所带来的优越性，即扩大采购集团规模及加强数据库商的"规模经济"，足以弥补这个缺憾。从我国现实考虑，通常早加入采购行列的多是经费相对比较多的重点院校或科学院图书馆，且多对特定数据库产品的使用需求更为强烈，而后加入的通常为一般院校或对特定数据库产品的使用需求相对弱一些。因此，按照一般商品的优惠老顾客的方式，并不利于吸引更多图书馆的加入。

（3）要注意各种定价模式的适用性

各种定价模式在具体应用中存在一个适应性问题。如，使用量方式的使用并不适合第一次购买特定数据库的图书馆；科研实力方式的使用更适合专业性较强的数据库，并在计算科研实力时应仅统计与数据库内容专业相关的数据；经济实力在买断环境下使用要格外注意计算方式；单本选购适用于专业性较强文献量较少的数字资源；对同时存在印本版的期刊全文数据库的采购，取消印本捆绑是图书馆应坚持的原则，但同时也应反对数据库商不顾及图书馆同时购买部分印本的需求等。另外各种定价模式都有一定局限性，几种方式结合使用具有相互弥补作用。如，将西部地区优惠与是否为"985"或"211"学校两因素结合起来考虑，科研实力、使用量等因素与FTE因素结合起来考虑等。

（4）一些具体定价模式运用的改进

印本捆绑定价模式早已被图书馆界所痛斥，印本费用转为电子费方式并没有改变其印本捆绑的本质。在目前数字资源市场依然是由数据库商主导环境下，图书馆还无法奢望一下子解决这个问题。从实例分析中可以看出，数据库商在此方面还是有所让步，这也说明图书馆方的努力没有白费。图书馆也可以采取循序渐进的方式来解决问题，如，要求数据库商允许调整期刊品种并尽可能取消调整限制；印本费用转化为电子费用的比例不应超过 L_ICOLC 提出的 80% 的比例等。同时，图书馆联盟应考察成员馆对印本订购的需求，若有一定需求，则需要向数据库商强调 e-first 模式的应用，即在支付电子费基础上，对印本订购给予优惠，完全采取电子版订购与印本订购毫不相关的方式并非可取。同时，若采取集团印本捆绑方式，在分摊费用计算方式上，并非"印本订购多电子费支付就少"为最佳模式，要考察各成员馆以往的使用量，如果各馆使用量普遍较高，可以采取上述定价模式，否则，则不适合采用。

使用量定价方式对支付费用的图书馆和用户都有一定压力。目前，各种上网方式多采用了广受用户欢迎的包月方式，其原因就是这种方式可以让用户没有"超量"精神负担地使用互联网。目前，图书馆采购数字资源并不需用户付费，但采用使用量方式给图书馆带来了控制使用量的压力，最终会通过限制用户的使用而将负担转嫁给用户。如，河北大学图书馆对购买的 *Dialog* 数据库，限定只能在图书馆馆内使用且由图书馆员代用户查找。另外，随着网络环境、终端设备以及用户信息素养的不断进步，用户查阅和下载数字资源将更为方便和快捷，使用量有可能会急剧增长。因此，运用使用量定价模式时要注意：第一，使用量主要是用于横向比较，而不适合纵向比较，即在图书馆之间比较各馆的使用量，而不是比较一个图书馆不同年度的使用量。第二，数据库商应提供最高价格上限，避免因使用量的迅速增长而超出图书馆的预算；第三，使用量定价模式主要还是用于使用量较少的专业数字资源或真正使用的用户较少的图书馆。

另外，有些数据库商根据更新数据改变价格或测算数字资源价格涨幅。数据库商应当给予图书馆一定的选择权利，即可同时给出包含新出版物的采购价格或价格涨幅以及原有数据库数据的目前采购价格，图书馆应有机会对两种价格进行比较而进行有效选择。

6.4.3　合理、科学和公平地确定定价模式中的参数类型和参数值

各种定价模式应用中有许多参数需要确定，如，分级定价模式中的级数和分级依据，FTE 定价模式中用户类型的划分层数和类型等。这些参数直接决定了一个图书馆需要支付的数字资源价格，所以直接影响到各方的利益。

（1）利用公平理论正确对待分级定价方法

差别定价的一个适用条件就是"差别价格不会引起顾客反感，以至放弃购买"[93]。这一现象可以用公平理论来解释和指导。公平理论又称为社会比较理论，基本观点是：当一个人做出成绩并获得报酬以后，他不仅关心自己所得报酬的绝对量，而且关心自己所得报酬的相对量。因此他要进行比较来确定自己所获报酬是否合理，这种比较包括横向比较和纵向比较，其中横向比较是将自己所获得的"报偿"与自己的投入的比值与组织内其他人作社会比较，只有相等时，他才认为公平[94]。分级定价是这种分配公平理论的应用和体现。在应用分配公平理论指导分级定价模式时，需要注意，作为区别对待的分级定价模式，如果各级需支付的费用差别太大或太小，或者分级结果与集团成员馆的实际情况不甚相符，会引起图书馆的分配不公平感，其后果可能会使本来有希望参与集团采购的成员馆放弃。

（2）运用 FTE 定价模式应注意本科生问题和专业人员类型

根据前面的理论分析和实例研究，FTE 方式的应用存在相当

多问题，所得出的 FTE 数量水分太大。典型的就是本科生在整体 FTE 人数统计中占据了主流。本科生正处于专业基础知识学习阶段，对研究性特别是外文学术数字资源利用极少，甚至相当多的学生直到毕业也没有使用过外文学术数字资源。另外有些数字资源专业性很强，按全校师生计算用户数极为不合理。因此，图书馆和数据库商在采用 FTE 定价方法时，第一，要努力降低本科生人数计算比例；第二，采购专业性较强数字资源时仅统计相关学科专业的用户；第三，对内容较为专深的数字资源，仅统计相关学科的研究生及教研人员。

（3）多方合作确定定价模式中的各种参数类型及其具体值

规划定价模式中的各种参数类型要合理、科学和公平是原则性的要求，具体实施时必然要涉及谁来规划、谁来确认的问题。同时对于参数值的确定也要明确由谁提供、由谁确认等。如，计算 FTE 时，需要确定 ai、m 和 Fi 的值；计算经济实力和科研实力时，需要获得图书馆的经济条件信息、图书馆所属机构科研水平信息等。这些数值和信息的确定性和准确性直接关系到数据库商、图书馆采购集团和各个图书馆的利益，因此显得非常重要。从目前实践来看，许多参数是由数据库商确定，因此能否准确认定各类授权用户的类型和数量依赖于数据库商收集相关信息的能力，图书馆方面承受的价格风险显然大于数据库商的。如，在本章所统计的 CALIS/DRAA 数字资源采购方案中，目前，仅有汤森路透科技集团在其 P_DII 和 P_WOS 数据库采购方案中明确写出，这些参数值是和我国高校图书馆集团采购的组织者 CALIS 共同确定。从理论上讲，最基本的参数值是关于成员馆及其所在机构，因此成员馆对各种参数值的统计最为方便和准确。图书馆联盟主要是汇集各成员馆提交的各种统计数据并进行确认。这里就存在一个相互沟通、理解和信任的问题。

在分包定价模式中，各分包内出版物的范围对图书馆及其用户来讲非常重要。如，河北大学图书馆曾放弃过整库购买清华同方中国期刊网的做法，改为购买部分清华同方中国期刊网主题包、部分维普中国科学期刊数据库主题包和万方系统。对用户来讲，这种方式可谓有利有弊。有利之处是这三个数据库的收录范围不同，可互补；不利之处就是有些学科专业的期刊没有列在所买三个库中任何包内。其原因是数据库商分包标准与高校学科专业设置不相吻合。目前，多数数据库商都是自行规定分包的分类标准，图书馆在选择时或是容易出现多个包内出版物的重复，或是出现某些出版物没有列在想购买的包内。这种情况对图书馆及其用户来讲是非常不利的。所以，数据库商应当和图书馆合作共同商定分包的分类标准，进一步还可以将单本选购模式借用过来，即由图书馆选择出版物构成每个包。

另外，数据库商通过集团采购的规模经济获得更多收益，图书馆通过集团采购的优惠价格增长采购能力，因此图书馆要求联盟优惠是必然的。具体使用中，数据库商和图书馆联盟提出集团成员馆数最低要求是可以理解的，尤其对图书馆联盟来讲是必要的。但这个最低要求应顾及实际情况，近百成员馆数的要求太高。

6.4.4　减弱数字资源消费锁定效应和市场垄断效应

从网络经济学角度来分析，数字资源产品的消费锁定效应和市场垄断现状，是数字资源价格居高不下以及价格涨幅甚高的主要原因。对于图书馆方来讲，外部环境不是其能左右的，但可以通过自己的工作来减弱上述两种因素的影响。

（1）与数据库商合作改进检索系统易用性以减弱消费锁定效应影响

数字资源产品的消费锁定效应主要是来自用户对某种检索系统使用习惯的依赖性和对产品内容的信赖性。

针对检索系统使用习惯问题，可以采取多种方式减弱这种习惯：①图书馆建立跨库检索系统，用户主要熟悉和掌握跨库检索系统，就能很好地查询各种数字资源产品信息而不必专门学习各种不同检索系统使用方法。这种方式需要数据库商提供必要的技术支持，从我国一些重点大学图书馆已经建立本地跨库检索系统实际情况来看，大多数数据库商还是给予了支持。同时也要求图书馆有一定技术能力。随机浏览了我国部分大学和公共图书馆网站，多数都没有建立跨库检索系统。因此这种方法只能是图书馆和数据库商的一种选择。②图书馆与数据库商合作改进数字资源检索系统易用性，鼓励更多数据库商参与到竞争中。图书馆接触用户的机会远比数据库商多，同时图书馆查新人员也是重要的数字资源使用者，因此图书馆比较容易了解用户的使用习惯和需求。这些信息有利于从用户使用便利性角度改进检索系统，以减弱用户对特定检索系统因熟悉而产生的依赖。百度和谷歌界面和使用方法的相似性，方便了许多人从百度转换到谷歌或从谷歌转换到百度。

（2）采购多种不同数据库商的数字资源产品以减弱垄断效应

在理财领域，"不要将所有鸡蛋放在一个篮子里"是被普遍引用的一个理论。这个理论也可借用到图书馆采购数字资源的活动中。在这里，该理论可以理解为图书馆不要将所有采购经费砸在一个数据库商的产品上，以免在定价模式、价格或服务质量等方面受该数据库商的过度制约。该理论的应用，也是打破数据库商市场垄断的一条途径。数据库商对某出版物的垄断，垄断的是某种出版物的出版发行，但并不能垄断出版物的信息内容。信息内容完全有可能以其他出版物形式出现。文献的这种特性以及前面提到了数据库商分包定价模式，为图书馆运用"不要将所有鸡蛋放在一个篮子里"的理论提供了可能，也即能够减弱数据库商垄断的负面影响。另外，采购多种数字资源而非集中在一个数字资源产品，也可以使各数字资源产品的使用量下降，面对运用使用量定价模式的数字资源产品，图书馆可以降低采购费用。

（3）图书馆应有效利用开放发表机制

采取了开放发表机制的数据库商，应主动向图书馆提供开放发表期刊的数量和折扣价格，图书馆应当注意向数据库商要求提供这部分期刊的清单。目前，有些研究者在做某些数字资源产品的这方面统计工作，如，有研究者对爱思唯尔的 *ScienceDirect* 平台上开放获取期刊情况进行了统计分析[95]，也有不少图书馆工作者指出图书馆工作人员应当了解和掌握各种开放获取资源。对商业性电子期刊，出版商对其网站上开放发表的信息有很好的掌握，不应当非得等图书馆耗费大量人力和时间来收集和统计有关信息后才肯为此降低其数字资源产品价格。

图书馆应当要求数据库商改进检索平台，在检索平台上提供更好的揭示和查询开放内容的性能，以便用户和图书馆都能方便地获取所需要的内容。对数据库商来讲，这种方式也可以更好地宣传其产品，更为重要的是根据数字产品的特性可以更好的留住用户。因此这种方式可以为数据库商将来与图书馆的再度合作、再次达成产品贸易打下基础，为开发新的图书馆市场提供帮助。开放内容本身就是为了用户使用的，如果不能提供非常便利的揭示手段，开放行为就不能发挥其最大的效用。

6.5 许可内容及其实施的改进

许可内容及其实施直接左右了数字资源贸易中各方的利益与权利。

6.5.1 建立开放性的许可政策体系结构

各个采购数字资源活动及其合作管理既有共性也有特性，应进一步加强各方合作，针对共性的问题进行标准化研究，针对个性的问题强调问题解决的环境适应性。

（1）许可政策的体系结构

本书所提出的许可政策体系结构既包括指导性的许可原则和许可模型，也包括了具有法律效力的具体许可合同。

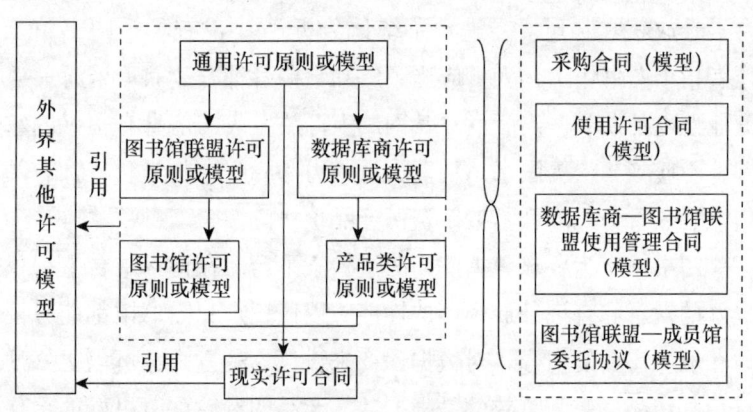

图 6-3　数字资源贸易活动中的许可政策体系结构

图 6-3 中，"外界其他许可模型"指的是如 *Creative Commons licensing* 协议的知识产权授权协议模型，如，L_COPPUL 和

L_BCELN指出要遵循 *Creative Commons licensing* 中有关使用的规定。

通用许可原则或模型，是指图书馆和数据库商在研制自己的许可原则或模型以及在签订具体许可合同时可直接引用的形式。由于图书馆、数据库商都可以直接引用，因此其内容是图书馆界及其用户、数据库商界都能够接受的基本权利和内容，也因此在研制时一定要相关权益干系人的代表共同参与。

各图书馆联盟、各图书馆以及各数据库商都有自己的许可需求和要求，因此也可以研制自己所需的许可原则或模型，其中许多基本内容可以直接引用通用许可原则或模型。不过，在充分体现自己的需求时，还要认识到所研制的许可原则或模型是用来指导具体的许可合同，而许可合同是双方签订，不是仅仅满足一方的需求和要求，因此要注意其许可原则或模型的适用性。

现实许可合同是图书馆与数据库商签订的具有法律效力的具体合同。其内容类型和各方的权利与义务以前面提到的各种许可原则或模型为基础。

（2）合理性与可行性分析及应用中应注意问题的提出

以下主要分析上述提出的许可政策体系结构改进的合理性以及实现与应用的可行性，并提出在应用中需要注意的问题。

第一，外部许可协议模型的运用。版权许可并不仅仅发生在数字资源贸易活动中，互联网信息资源使用许可关注的范围更为广泛。目前出现了像 *Creative Commons licensing* 许可协议框架，将来还有可能出现其他类似的许可协议模型或建议等。这些协议模型的生存，依赖于满足用户需求的程度，因此基本上都是依据使用者即用户的普遍需求订立的，权利许可方面一致性比较强。为此，在研制数字资源许可原则或模型，或者签署正式许可合同时，完全可以借鉴这些外部已有的作品使用许可协议模型。不过，运用时要注意，在具有法律效力的数字资源许可合同中，不能仅仅写引用外界现有哪种许可协议的名称，应当将所引用的具体权利和责任的条款写下来。这样做的目的是为了避免外界许可协议的变化对数字资源许可合同内容的冲击，避免许可合同中内容的不稳定和不确定。

第二，通用许可原则或模型的构建和运用。通用许可原则或模型的构建是为了减轻图书馆和数据库商双方谈判的负担，选择双方共同关心且目前意见比较一致的关键权益要求进行约定。它的出现和存在有利于各方，因此具有很好的社会需求。美国国家信息标准组织 NISO 于 2007 年试行、2008 年正式发布的"共享电子资源谅解录"（SERU：11A Shared Electronic Resource Understanding（NISO RP-7-2008），以下简称 SERU），可以说是一种通用许可模型。我们统计过两次，2010 年 7 月 14 日统计时，有 43 个出版商、2 个内容供应商、140 所大学图书馆、8 个图书馆联盟在 SERU 网站上登记认可和引用 SERU；2011 年 7 月 5 日统计时，登记认可和引用 SERU 的出版商增至 62 个，图书馆增至 164 个，增长幅度不小。图书馆或数据库商任何一方提出对 SERU 的遵守或采用，表明了一种态度，类似于要约，用于不进行谈判的交易中。不过正如 SERU 网站上所言，SERU 并不一定适用于所有产品①，所以还需要各方共同努力发展和完善通用许可原则或模型。

第三，由于各图书馆之间在需求上可能存在差异，图书馆与数据库商之间在一些权利与责任约定上观点有分歧，因此必定

---

① NISO. Guidelines for Implementing SERU. http://www.niso.org/workrooms/seru/logo, 2008-07/2011-08-15.

在很长一段时期内存在多种许可原则或模型。但也要认识到，随着数字资源贸易活动日益成熟，大家对许多权益问题的认识可能会越来越趋向一致。如，对于联机原文传递这一事物，刚开始数据库商基本上都是禁止的，但随着图书馆管理能力的提高和一些类似 Ariel 工具的出现和采用，允许联机原文传递的许可合同越来越多，将来很有可能成为通用许可原则或模型中的内容。

第四，应用许可原则和模型时要注意它们的可持续性。实践中许可原则或模型是在不断修订变化的。因此，①许可原则或许可模型这两种形式都应是开放和可持续发展的，与当前采购环境相适应。同时，用以指导许可合同签订的许可原则和许可模型整体上应有相对稳定性，以充分发挥其政策导向作用。个别内容随环境的变化相对要频繁些，如，开放获取运动的影响在近几年许可原则和许可模型的体现。②许可模型的研制最好能邀请各方参与。许可模型的制定是为了许可双方能够按照这种模型的要求签订许可合同，有的数据库商或图书馆（联盟）甚至表示必须按照其发布的许可模型签订许可合同。可想而知，不能体现各方权益保障的许可模型定会阻碍许可合同的达成。许可模型的内容，除了价格和其他当事方意向外，使用权利和限制、各方的权利和义务等都是固定的内容，这也给各方提供了共同商议的基础。另外，由于许可模型是用来指导具有法律效力的许可合同，因此还需要相关法律界人士参与和指导。

我国也需要研制自己的许可原则和许可模型。研制过程中，图书馆界要注意在基本权利等普遍性项目上与国际保持一致，并关注外界环境的发展和变化，注意及时更新。同时应结合我国国情如"许可合同语种"等问题给予高度关注。还要注意行业或地域的差异，在编制许可原则时注意在我国内部的统一性和差异性。

6.5.2　改进许可合同的具体内容和条款

本书第 4 章和第 5 章分析了用户及图书馆对某些许可合同实施项目以及"使用权利"的需求和要求，分析了数据库商目前的态度和做法。这里将对其中一些主要问题提出改进建议并分析其合理性和可行性。

（1）改进许可合同实施的项目

许可合同应有关键术语的定义。归纳总结本书所统计的图书馆许可模型和数据库商许可模型所列出的关键术语，应主要包括授权用户、到场用户、课程包、电子教参、长期保存、存档权、学术共享、数据挖掘、原文传递、馆际互借、资源整合等。

许可合同中应有"本许可合同应当具有执行优先权"方面的表述，这主要是应对"点击合同"给用户和图书馆带来的风险。双方签订的订购许可合同是数据库商和图书馆双方经过谈判并共同认可的，是各方经过博弈且平衡了各方利益所得出的结果，从合理性角度讲，基本上可以平衡各方利益；从合法性角度讲，是双方签字认可的；从可执行角度讲，通过"订购许可合同优先执行"的声明，既可以尊重已经存在的订购许可合同，也可以让站点协议内容全部适用于没有签约的图书馆及其用户。

在遵守知识产权方面，许可合同应标明采用图书馆及其用户所在国家或地区的知识产权法律法规。在现实中，印本文献的版权保护都是以其传播地方即读者所在地方的法律法规为依据。对数字资源的版权保护，依据图书馆及其用户所在国家或地区的法律法规，与印本文献版权保护方式达成了一致。另外，国际上有一些国际条约，许多国家都已加入，因此也可以在许可合同中增加上订购图书馆所在国家参加的国际条约，如保护工业产权巴黎公约、保护文学艺术作品伯尔尼公约、世界版权公约等。

数据库商应在许可合同中给出授权权利保证的表述，以及承担因数据库商授权权利问题给用户和图书馆带来损害的责任的表述。如，"许可者保证拥有许可该协议中许可资源的版权或者被版权所有者授予了许可该协议中许可资源的权利，被许可者及其授权用户（图书馆及其读者）按照该协议中许可的权利使用许可资源不会侵犯任何人的知识产权，如，出现知识产权纠纷，责任完全由许可者承担"。概括来讲，许可合同中最好能够有类似"每一方都应保护其他方的知识产权权利、隐私权和秘密"的概括性表述。这样可以规避用户和图书馆无法自己解决的知识产权风险，也可以督促数据库商合法采集、销售和传播作品。

许可合同应当增加允许图书馆提前终止协议的条款。如果图书馆需要提前终止许可合同，比较合理的原因主要有经费紧张、所服务机构研究或教学方向改变等。终止时间最好能按照支付费用时间来终止，如，我国图书馆通常都是按照年度支付费用。为了避免因提前终止而出现优惠价格争议问题，数据库商应在订购合同中说明"提前终止"时所应采用的价格。从合理性和可行性角度讲，这种方式即可免除图书馆方购买时的担心以及签订许可合同后执行的困难，同时也促使图书馆放心签订许可合同，扩大数据库商的市场规模，数据库商远可以弥补因图书馆提前终止而带来的利润缩减的损失。

在多年许可合同中增加允许图书馆更改价格方案和权利的内容。①商务谈判时，图书馆与数据库商双方可能商谈了多种价格方案，但最终签署协议时仅采用了其中一种。在执行多年许可合同过程中，因条件和需求的变化，图书馆有更改价格方案的需求并不足为奇，如，从并发用户价格方案改为无并发用户价格方案，从印本捆绑方案改为 e-only 方案等。从合理性和可行性角度来讲，这种更改并不会损害数据库商的利益，同时按照年度更改也具有可操作性。②更改许可权利、限制和责任。这个更改的需求可能并不多但不等于没有。如，图书馆改善了数字权益管理技术，希望增加远程注册访问方式；提高了经济能力和技术水平，希望增加长期保存权利、数据挖掘权利等。有些权利在签订许可合同时并没有包括在内，从图书馆（联盟）一方来讲，存在经济问题、认识问题、技术问题等多种原因，但当这种问题得到解决后，允许更改许可权利，既提高了图书馆的服务水平，也不会降低数据库商的经济利益。当然有权利，就必然有对应的限制和双方的管理责任。

许可合同应当取消许可合同内容整体保密要求的条款。无论是从图书馆事业发展角度还是从实践考虑，IFLA、ICOLC、ARL等组织机构提出的拒绝"非公开"条款的要求都很有意义。整体协议内容保密要求的取消，并不等于协议内容都不需要保密，协议中涉及的一些机构信息或许需要保密，在协议中可以单独指出。对数据库商来讲，授权的使用权利和各方责任的规定，本来就是公开的。对于价格，现实中图书馆之间对此的交流从来就没有停止过。

对于许可合同继承问题，许可合同应当有类似"如果许可资源的全部或部分的权利转让给其他出版商，出版商应该采取最大的努力来保证许可合同的条款和条件继续维持"的表述。尽管如4.2.2 小节所分析的，目前，图书馆和数据库商双方对此问题都没有太关注，现实中也没有发生相应的问题，但从签订合同角度来讲，还是应当将各方面的事情考虑周全。

许可合同应当明确写明有关赔偿的事项。可以根据双方协商结果，具体写明非正常服务如断网超过多长时间，应当给予图书馆及用户什么样的赔偿，或按比例退款，或延长服务期等。

另外，图书馆要加大力度要求数据库商提供图书馆所在国家或地区的主要文种撰写的合同。法律语言是非常晦涩的，如果仅仅提供英文文种的许可合同，我国图书馆馆长和数据库采购人员若要非常准确、全面地理解数据库许可合同的内容，对其英语水平的要求可想而知。提供中文文种的许可合同是保证签约双方准确理解和掌握许可合同内容的重要保证，对双方合作管理和合同执行都是非常有利的事情，对数据库商来讲，进行专业翻译并不难。

（2）合理使用要求的陈述

许可合同应约束双方共同遵守合理使用这一要求。可在许可合同中增加"许可合同应该维护知识产权法赋予的合理使用权利，不能排除和忽视知识产权法赋予的合理使用权利"等内容的表述。为了平衡数据库商的利益，也可以在许可合同中增加数据库商普遍要求的"用户要遵守知识产权法中的合理使用"的内容描述。

合理使用的规定本来就是知识产权法为了平衡各方权益而赋予用户的特殊权利，如果这些权利被剥夺，一方面是授权用户的权益受到很大损害，另一方面数据库商虽然在价格上占了一点小便宜，但也在给自己作茧自缚。

（3）用户的部分使用权利的要求

图书馆和数据库商应积极商讨有助于用户学习和科研的各种权利。除了检索、浏览、下载、打印等几种用户常用且数据库商多同意授权的权利外，图书馆还应当力争数据库商目前尚未完全认可的几种用户使用权利，如，课程包、电子教参、学术共享、数据挖掘和永久访问等，以及与这些权利相关的其他要求，如要求提供适合的数据格式等。

从现实环境来讲，用户和图书馆建立和使用课程包和电子教参，并没有超出规定的用户使用范围，只不过是为了更好地教学，减轻学生利用数据库的负担而采取的信息筛选和组织的措施。在具体操作中一般都限制在许可合同规定的 IP 地址范围内，因此不存在影响数据库商获取经济收益的问题。另外，从平衡双方利益角度讲，我们比较赞赏在课程结束到课程包内容删除之间应该有个缓冲时间。学术共享是在合理使用约束下进行的，用于个人学习，共享的文献极为有限，毕竟用户获取成本较高，如，麻烦同行，拖的时间比较长等。因此，学术共享并不会影响图书馆的采购决策，不会妨碍个人用户对某种数字资源使用权的购买，即不会影响数据库商的经济收益。其他方面的不利影响则更谈不上了。为防范个别用户大量散发采购的数字资源的数据，可限定学术共享时传递文献的数量。

从数据库商的实践来看，根据 5.1.3 小节和 5.1.4 小节的统计数据，目前，数据库商许可政策对课程包、电子教参和学术共享三项权利的认可比例分别为 37%、37% 和 44%，虽不及半数，但比例都超过了 30% 这一现象也说明了授权这三项权利的可行性。

数据库商应实事求是地分析用户利用数字资源开展数据挖掘到底会妨碍他们获取哪些利益，是否可以通过一些使用限制有条件地许可用户的数据挖掘权利，而不是一概否决。

永久访问是一种使用权利，也是一种定价模式。从定价模式角度讲，如果永久访问定价远高于订购期使用权模式，则数据库商应同时提供这两种方案供图书馆选择，因为每个图书馆对永久访问价格的支付会有不同的需求和选择。作为一种使用权利，图书馆方应积极和数据库商商定这种使用权利的许可，可以通过交纳合理的平台费弥补数据库商的付出，同时数据库商可以在协议中写明授权用户永久访问的途径。具体实施永久访问权利时，在用户使用约束方面，应当写明未来数据库商和图书馆可以根据社会环境的变化扩展现有使用权利和更改特定的使用限制，而不是永久严格执行现有许可合同中的使用权利和使用约束。另外，许可合同应当写明数据库商如何永久保证用户永久访问权利的有效性，如，可以写明：如果因自身原因不能继续提供永久访问数据的服务时，数据库商应保证将这些数据转交给可靠的第三方继续提供服务，或者转交给用户所在的图书馆，由图书馆继续提供服务。

（4）图书馆的部分使用权利的要求

图书馆并不是简单的数字资源购买者，同时还需要利用购买的数字资源向用户开展多种信息服务。ICOLC 网站对各国图书馆联盟的介绍中，设置了"保存"、"馆际互借"、"电子内容上载"、"馆藏共享"、"目录服务"、"存储设施"、"培训"、"联机共享"、"其他"等内容项目。浏览每个图书馆联盟情况介绍页面，绝大多数图书馆联盟都开展了这些服务项目。利用数字资源开展这些服务，有时候会涉及一些知识产权保护问题，需要数据库商的特别授权，或者需要数据库商停止通过许可合同限制图书馆及用户的合理使用等；有时候需要数据库商提供必要的数据和支持等。

原文传递或馆际互借，本是图书馆的合理使用权利，改进的重点是防止数据库商利用许可合同对图书馆的这种合理使用权利进行过多限制。针对 2011 年 6 月 STM 发表的《STM 关于原文传递的声明》，ICOLC 及时发布声明进行回应，强调了图书馆原文传递符合伯尔尼公约关于合理使用的三部检验法①。由于在用词上目前图书馆和数据库商有很大差异。许多数据库商本身也开展原文传递项目，属于商业性行为。为了区别数据库商的原文传递，建议将图书馆的原文传递改称"馆际传递"或其他有区别的叫法，或仍使用"馆际互借"，将其作为"馆际互借"的一种操作方式，以体现图书馆非商业性活动的性质。在具体操作上，尽可能通过技术，如 Ariel 软件，防止个别用户进行多份电子拷贝或者利用原文传递的免费活动恶意囤积文献。在原文传递数量限制方面，由于文献量增长相当快，再加上用户借助网络和计算机获取和阅读，因此用户阅读的速度和每年阅读的文献远远快于和多于 30 多年前，即 CONTU 颁布的 1978 年。在这种环境下，有些数据库商还固守 CONTU 规定的最多为 5 件/刊/年或更少，显然没有理会现实社会的发展。具体限制为多少，图书馆和数据库商可以联合测算和对比一下 2000 年以前和现在的文献引文数量、图书馆到馆阅读期刊和期刊数据下载的数量等，并根据比较结果进行修改。图书馆开展这种服务，一般都对用户有一定约束，如身份认证、交纳一部分成本费用等。因此实际上用户通过这种方式获取的文献总和极为有限，只能是作为图书馆根本无力购买某些数字资源的补偿服务措施。这一点同学术共享。

图书馆开展长期保存活动的重要性已不容置疑。对数据库商

---

① ICOLC. ICOLC Response to the International Association of Scientific Technical and Medical（STM）Statement. http://www. library. yale. edu/consortia/2011-stm-ill. htm, 2011 - 06 - 22/2011 - 08 - 20.

来讲，主要是考虑经济收益是否受影响。目前，各国图书馆开展数字资源长期保存都是在一定使用约束条件下进行的，特别是在数据库商正常提供服务情况下，图书馆不利用保存数据提供传播服务。因此，图书馆开展长期保存活动，不会减少和损害数据库商的任何经济收益。另外，长期保存不仅仅涉及存档权的许可问题，还包括数据处理权、服务权、合作保存权等许可问题，以及长期保存具体实施过程中的流程管理等。因此图书馆不仅需要向数据库商积极争取相应的授权，还需要与数据库商签订专门的长期保存协议，不是目前采购许可合同所能替代的。"长期保存专门协议内容应当包括对保存资源的规定、对保存摄入的规定、对保存数据处理的规定、对资源服务的规定、对备份保存与转移保存的规定、对保存过程管理及纠纷解决机制的规定等。"[96]

图书馆对数字资源元数据的需求主要是为了实现其电子资源目录服务，该服务不仅方便了用户，同时也很好地揭示了数据库商的数据。图书馆不但要从图书馆服务需求以及有利于揭示数据库商产品的角度说服数据库商给予配合，而且还应积极要求数据库商提供更为适合我国图书馆馆情的元数据格式。对于使用统计数据，目前大多数数据库商都还是比较积极地提供，通过网站随时查阅的方式比较有利于图书馆员，同时数据库商应提供图书馆联盟整体的使用统计，以方便图书馆联盟以及各类资助者的审查和使用。

另外，图书馆及用户对数据格式提出要求，是与上述各种权利有关的一种权利要求。标准的或开放的数据格式，也能便于用户使用，便于图书馆开展数字资源长期保存工作。目前数据库商基本上都提供符合市场标准的 PDF 格式的数据，比较符合用户和图书馆的需求。不过，从实现"数据挖掘"功能的角度来讲，图书馆应当积极与数据库商商榷，要求数据库商同时提供 PDF 格式和 XML（或 HTML）格式的文献。

6.5.3 改进数据库商服务质量

图书馆、数据库商及 ISP 商等多方合作保证使用与服务质量。

（1）改进访问方式及访问途径

在网络访问方式方面，专线访问模式保证了检索平台质量也保证了数据更新及时，是非常有利于用户的一种方式。但这种方式需要有良好的网络环境支持，包括专线提供商的支持、用户所在机构网络中心的支持，以及数据库商购置更多的带宽等。如果参与购买的成员馆有相当一批所处网络环境较差，最好能提供图书馆和用户建立本地服务站点的选择。

对于访问途径如校外访问、移动访问等，可以改进的空间非常大。本书 2.5.3 小节已经总结了用户对馆外和校外访问的需求。从技术和成本来讲，根据我们的统计，截至 2011 年 5 月 10 日，所统计的 117 所"211"大学图书馆中有 81 所提供了校外访问功能，比例为 69%，表明了技术和成本问题正在逐步得到解决。对数据库商来讲，关键是要给予图书馆这方面的授权，同时配合技术支持。建议许可合同增加相应条款，允许图书馆采用各种数字权益管理技术为机构 IP 地址外的授权用户开通许可资源。对图书馆来讲，提供这种服务需要支付更多劳动和成本，但为了更好地服务用户，尽可能建立和完善校外访问机制。除了手机，其他形式的移动上网也非常普遍，因此需要图书馆在馆内提供上网接口或无线上网条件。

（2）改进数据质量

对于数据质量管理方面，首先，数据库商应客观如实地介绍数字资源产品；其次，数据库商对现刊应尽可能保证电子版与印本的一致性，如果因技术等原因出现不一致，应当向图书馆说明并在数据库检索系统中明示用户；第三，数据库商自身要努力减小数据时滞，如果是内容出版商授权的问题，集成商应尽可能与内容出版商之间达成合理的经济分成，以缩小数据时滞。第四，在数据格式方面，尽可能提供符合市场标准的，且数据格式最好能便于用户浏览、检索和下载，即不要太大。对专业性要求较强的图片，应提供清晰度比较高的格式。第五，许可合同不能仅对图书馆提出责任要求，应当包含双方的责任和免责内容。上述要求都是数据库商可以做到的。

（3）改进检索平台质量

首先，希望数据库商不断改进数据库检索性能，提供更多的使用功能。但前提是：这些性能的改变，不应带给图书馆难以接受的价格涨幅，不应对用户计算机性能要求太高；同时要考虑到用户认知习惯，不应对使用界面改动太大或者与其他数据库检索系统界面差别太大，不易频繁改动，要注意行业标准的运用等。数据库商在取消某些使用功能前应先征求一下图书馆或用户的意见，检索平台的更新应当以利于用户和图书馆客户使用为原则，如果将用户本来很喜欢的功能删除，这种改进和升级对用户和图书馆客户都是一种伤害。上述要求并没有增加数据库商的负担，同时还可以增强特定数据库商的市场竞争力。

其次，影响数据库检索平台速度的因素很多，即涉及数据库所在服务器的配置和质量，也涉及数据库商租用访问网络的质量和带宽大小，也涉及图书馆及其用户所在单位租用网络的质量和带宽情况。所以，图书馆的责任比较重大，既要督促数据库商改进，也要和本单位网管中心积极沟通。在保证访问时间可持续性问题上，数据库商应对检索系统可持续服务作出承诺，并针对受损失的部分提供赔偿办法，例如：延长合约时间或按一定比例退款的方式等。

（4）改进主动通报和问题反馈解决

真正使用数字资源产品的是用户，需要被主动告知访问问题的是用户，能够及时发现数据库问题并希望能及时得到反馈和解决问题的也是用户。因此，这里存在一个面向用户的主动通报和问题反馈解决的责任问题，承担这两种责任的既包括数据库商也包括图书馆。在主动通报方面，既需要数据库商及时主动通报图书馆，也需要图书馆及时主动告知用户，数据库商可通过电子邮件等方式通知图书馆，通过数据库检索系统首页发布通告等方式通知用户，而图书馆则需要在图书馆网站首页或对应数据库入口处放置相关通知。在问题反馈解决上，图书馆是用户与数据库商之间沟通的桥梁。另外，在主动通报方面，数据库商应当与图书馆联盟协商好由谁来主动通报图书馆，以免造成恼人的垃圾邮件。CALIS 在历年召开的引进数据库培训周上，将成员馆调查结果包括对数据库商的评价予以公布，是对数据库商改进工作质量的一种督促。其他方面，如帮助与培训、走访、技术支持等方面，目前各图书馆的需求差异比较大。数据库商应意识到这些活动是宣传其产品的最好方式，应多调研图书馆的需求并在此基础上具体安排这些活动。

6.5.4 改进许可合同实施中数字资源使用的管理

目前我国已有部分研究者提出图书馆应有管理电子资源违规使用行为的措施，如，制定有关规章制度并进行读者教育，重视授权许可协议并告知授权用户其中的重要内容，采用校外访问技术，严肃处理违规使用行为以及建立图书馆用户信用体系等。本书在此基础上着重从服务用户角度提出改进建议。

（1）用户使用权限知情权保障的必要性

用户对数字资源的使用必须要遵守知识产权法、遵守许可合同的约定。但这些遵守是以用户知情为前提。用户首先要知道应该遵守哪些知识产权法，知道许可合同授予了自己哪些权利，使用数字资源受哪些约束等。

遵守用户所在国家知识产权保护法律法规，的确属于用户自己遵法守法的范畴，用户应为自己的行为负责。但数据库商和图书馆的"提醒"，更能显现出信息服务者的服务诚意和服务质量。目前，各国知识产权法律法规内容不尽相同，许多数字资源使用许可合同明确指出要遵守的知识产权法律法规。对用户来讲，遵守本国法律法规理所应当，但还要用户遵守其他国家或国际的有关知识产权法规，就必须明确地告知用户。

对于许可合同中图书馆与数据库商约定的使用条款，如果没有人明确告知用户，用户则无从得知。无知，容易导致盲目的无畏，进而导致无法。在没有采取适当的告知措施下，仅对用户因出现违规行为而进行处罚显然有失公允。进一步来讲，告知用户有关使用权限，是为了尽可能规避和防范违规使用行为的出现，以维护我国高校的声誉，保护更多用户的使用权益。

目前，我国"211"大学图书馆中已有 65.5% 的馆在其网站上发布了比较正式的数字资源使用管理政策（见表 5 – 5），这个比例并不是很高，可见在此方面图书馆还需要进一步改进。

（2）数据库商与图书馆应合作共同行使"告知"义务

在使用权限告知主体方面，数据库商和图书馆同样有着不可推卸的责任。

从必要性和合理性来讲，图书馆是服务用户的信息管理者，其职责本身就包括教育和引导用户如何使用图书馆以及图书馆的信息资源。从可行性来讲，图书馆是数字资源采购活动的执行者，非常清楚数据库商对授权用户使用权限的规定，因此图书馆可将自己的网站以及对用户开展的各种形式数字资源使用培训活动，作为告知用户使用权限的有效媒介和途径。

据我们的调研，有些图书馆员认为"使用权限和责任"的告知是数据库商的责任。这个观点有一定道理但不全面。作为数据库用户使用权限的规定者，数据库商有义务向用户清楚地表达他们规定的使用要求，而图书馆作为服务用户的信息管理者，也有义务教育和引导用户正确和有效使用图书馆信息资源。从便利角度讲，用户使用数据库的路径是：进入图书馆网站——再进入数据库网站，这两个网站分别由图书馆和数据库商管理，因此图书馆和数据库商在这两个网站发布有关使用权限的告知，可谓是举手之劳，同时也便于用户获知。但要特别注意的是：数据库商在其检索平台上行使"告知"义务时，告知的内容不应当与数据库商和图书馆之间签订的许可合同内容有冲突。

（3）应告知的许可使用权限内容和处罚规定

第5章中，我们分析了图书馆界和数据库商界在使用管理方面的一些看法和要求。根据双方的意见，告知用户的内容应当包括授权用户范围、使用约束、违规使用后的处罚办法等。前两项内容是用户使用数字资源所必须知道的具体规定，第三项内容是告知用户如果出现了违规使用行为可能带来的后果，起威慑作用。

违规处罚方面，数据库商需要在许可合同中明确对违规用户的处罚。图书馆更应该在数据库访问入口处或其他明显的地方公布处罚方式。但必须强调的是，处罚用户不是目的，而是为了让用户更清楚地知道自己能做什么和不能做什么。另外，处罚力度方面，目前没有统一的标准，各馆差别很大。图书馆和数据库商还是应当以教育为主。无论如何，让用户所在基层单位所有用户都来承担责任如停止某个基层单位所有 IP 的访问权是非常不合理的，容易伤害其他合法使用用户的权益，也影响图书馆所服务机构的声誉。

（4）图书馆应向用户解释违规下载规定的缘由

图书馆应通过用户培训、参考咨询、读者手册等形式向用户解释为什么会对下载做出约束。如果不解释清楚，很多用户尤其是学生会对图书馆工作有抵触。如，在一些学校的论坛上，有学生抱怨，"那东西不就是要下下来才能看的吗"，"没标准谁能保证自己以后不触线"（安青在线）、"没天理啊，做个镜像吧"（诺贝尔学术资源网—水上乐园）。用迅雷、ENDNOTE 等下载软件下载文献速度快，有利于用户；短时间内系统大量下载便于用户事后集中使用甚至进行数据挖掘，有利于用户，为什么这两种有利于用户的使用方式被数据库商禁止？深究其原因，一是这两种行为容易被误认为是为了商业牟利，二是这两种行为容易导致数据库数据被转给非授权用户。虽然，存在上述所说的"容易"，但用户不一定就会采取商业牟利或非法传播等行为。如，据人民网报道，清华大学一副馆长认为虽然可能存在因利益驱使而有学生侵权的现象，但她认为更多的还是非故意性的："我们能发现的，抓到的都是非故意性造成过量下载的。我想学校里是有个别学生用这些资源牟取经济利益的，但这种情况我们至今还没有发现过，因为他想要这么做就不会在一个时间段下载超出规定的范围，其实很简单，只要分开时间段下载，同样可以达到全部获取的目的。出现过量下载情况比较集中的大多是在考试前期或放假前，因为时间紧，所以……。"[97] 然而，区别用户大量下载之后是进行商业牟利还是用于个人学习研究的成本太高，数据库商并不愿意为此付出，因此，对上述两种"容易"的顾虑足以让他们采用"禁止"规定。另外，短时间内过量下载行为也容易给数据库服务器带来不必要的负荷，有时会造成多线下载占用并发用户名额，有时造成的下载量虚高现象，或增加当年数据库价格，或给有些数据库商机会在下个合同期抬高价格等[98]。将上述种种原因向用户说明，可消除不必要的抵触。

（5）改进对违规下载的"称呼"

有些数据库商，对用户违反数据库使用许可合同的下载规定的行为，采用"恶意下载"表述。"恶意"一词的含义是指不良的居心、坏的用意，带有强烈的贬义感情色彩。其实，授权用户进行违规下载除了可能的商业牟利或不怀好意外，也有其客观原因。如，很多老师和学生在住所撰写论文，为此，会利用在图书馆、教学楼、办公室或实验室等 IP 地址范围内下载大量资源以备拿回住所详读。有的学校虽然网络环境非常好，但尚未提供校外访问服务，很多老师和学生会在学校提前下载大量资料，以备放假回家阅读，甚至没有时间仔细分析哪篇是真正需要的，而是按照专题等方式集中下载。上述情形下的过量下载行为，只能说是违反了数据库使用许可合同，但很难定性为不良居心，尤其是在没有于明显地方粘贴有关用户使用约束规定的情况下。考察2011 年我们收集的 78 份 "211" 院校图书馆发布的数字资源使用政策，用"恶意下载"的有 21 份，不足三分之一但也不少，不过相比我们 2010 年时统计的 31 份已经减少很多。多数都表述为"过量下载"、"批量下载"或"不合理使用"等。

(6) 完善下载上限的设置及计算机自动控制过量下载技术的应用

多年来，尽管许多图书馆工作人员一直询问过量下载的定量标准是什么，但数据库商方一直没有明确答复。2010 年 5 月在广州召开的 CALIS 引进数字资源培训会议中，又有图书馆工作人员向 CALIS 几位负责人询问到底一次下载的上限是多少，几位负责人依然表示数据库商一直没有给出具体的标准。课题组成员在从事数字资源采购活动中曾与数据库销售人员探讨过上限值的问题，显然每个数据库商都在其服务器端设置了过量下载的上限值，但一直不愿意告知客户和用户，担心有人利用这一点而进行大量的系统下载。数据库商的担心不能说没有道理，但不给出一个具体的定量值对用户来讲也不公平。

对用户来讲，没有精神负担，不用担心违规的方法之一，是能在违规发生之前有系统自动提醒或自动阻止。据人民网报道，ACS 首席信息官 John Sullivan 曾表示："我们确实有自动化系统来监测使用模式，检查是否有不适当地使用我们版权内容的情形。……为了确保信息安全，我们必须依靠以上监测系统。但我们期望客户能够根据信息技术的最佳做法来配置和管理他们的系统"[99]。据中国知识产权报资讯网报道，清华大学图书馆联合其学校网络中心研制相关的"电子资源访问控制系统，对在授权范围内的电子资源进行管理和控制，对有可能被数据资源提供商视为违规下载的用户行为给予提醒和及时制止"[100]。经调研，清华大学图书馆信息技术部门有关负责人表示，他们与学校网络中心合作，将清华图书馆的访问控制模式与网络接入模式结合，有很大成效。但因成本高，技术复杂，还不易广泛推广。目前，北京师范大学图书馆购买了这类产品。另外，还有运行问题，如，控制设备临时当机时，还会出现一些过量下载现象，清华大学图书馆称之为"漏球"。从清华大学图书馆的实例来看，图书馆采用一些技术措施可以有效控制用户的过量下载行为。这里存在一个问题，即图书馆自行设计的上限值是否合理。2007年北京工业大学图书馆曾采取技术措施控制用户下载行为，即如果下载速度超过50M/小时，系统自动中断用户的访问，6个小时之后再自动恢复访问[1]。但到2009年，该图书馆表示鉴于部分师生要求最大限度方便读者的使用，图书馆决定取消电子资源访问流量限制[2]。上述情况反映了技术措施面临许多复杂问题，需要图书馆联合数据库商提出更好的技术解决方案。

（7）改进数据库使用环境并加强国家对数据库采购的补贴

图书馆和数据库商应当积极促进改善用户的使用环境。有时候用户的软件下载行为或过量下载行为是因网络环境不佳。下载软件本身就是为了解决网络下载速度慢，如果要杜绝使用下载软件，应该设法解决正常使用网络的下载速度问题。有些用户在短时间内系统下载大量文献，是由于能够下载的时间不够，如前面所提到的客观原因。目前，有些学校对本校师生提供多种网络访问途径以及提供校外访问功能，在一定程度上可以缓解师生集中下载文献的压力。

建议国家对学会协会的数据库采取更多补贴，或者采取国家许可方式。从目前收集的资料来看，被封IP实例主要集中在一些学会协会发行的数据库产品，如 *ACS*、*AIP* 等。从另外一个角

---

① 北京工业大学图书馆.关于合理利用图书馆电子资源的通告. http://lib. bjut. edu. cn/tongzhi/tonggao. html，2007 – 03 – 14/2012 – 02 – 01.

② 北京工业大学图书馆.关于取消电子资源访问流量限制的声明. http://lib. bjut. edu. cn/tongzhi/kaiguan. htm，2009/2012 – 02 – 01.

度讲，学会协会发行的数据库专业性强，容易让用户产生集中下载的欲望。国家对学会协会发行的数据库产品进行采购补贴或采取国家采购，有助于让更多的高校和科研机构有能力购买或使用到这些数据库，让更多的用户不必有什么时候无法下载某些数据库文献的顾虑。目前，采取国家采购或对教学科研机构进行数据库采购补贴的机构主要是 NSTL，*ACS*、*AIP* 和 *APS* 是 NSTL 最早补贴购买的数据库。不过，据调查，后期加入集团采购的图书馆（主要是普通高校）并没有获得什么补贴，不利于让更多单位有能力采购。另外，这里面也可能会产生一个副作用，即某些数据库商可能认为在国家补贴下无论如何都会有较多图书馆客户采购其数据库产品，因此不担心过严的处罚会失去客户。所以，还希望国家补贴机构如 NSTL 向数据库商施加一定压力，避免数据库商不切实际的要求。

（8）改进使用权限告知的方式

在使用权限告知表现层面方面，图书馆和数据库商都具有实际操作的能力和可行性，现在更主要的是强调如何做的更好。

表 6-2　使用权限告知的方式

发布者	共性内容及其表示		特性内容及其表示	
	共性内容	显示位置	特性内容	显示位置
数据库商	面向所有用户	数据库检索平台首页	面向特定图书馆用户	面向特定图书馆的检索首页
图书馆	面向所有数字资源	图书馆电子资源首页	面向特定数字资源	特定数字资源检索入口

对特定图书馆用户来讲，每个数据库商规定的使用权限存在异同。对特定数据库商来讲，它对不同用户规定的使用权限也存在异同。它们的异同都应当通过图书馆以及数据库商各自的网站

给予明示。具体来讲，就是数据库商可以针对特定图书馆显示个性化的使用权限告知界面，既有面向所有用户的共性规定，也有面向特定图书馆用户的特殊规定。从可行性来讲，目前的技术已经可以使数据库检索因用户的不同而提供个性化的显示界面，如目前数据库检索界面出现的用户所在图书馆的 LOG 标志、根据用户所在国家不同而显示不同语种的界面等。对图书馆来讲，可以在电子资源门户首页显示使用权限共性内容，在特定数字资源检索入口显示共性＋特性内容。这里之所以在特定数字资源入口也显示共性内容，主要是由于现在的技术允许用户直接进入特定数字资源系统，为避免用户错漏共性内容而采取的措施。

从使用权限告知内容完整性来讲，图书馆告知的内容千差万别，有非常全面完整的，也有非常简明扼要的。"全面完整"可以充分保障用户的使用权限知情权，进而促进用户的合法使用。"简明扼要"可以提供用户非常方便的知情方式，容易达到"告知"和"提醒"作用。特别是对经常使用特定数据库的用户来讲，简便的告知方式既可以达到"提醒"作用，也不会给用户增加太多的阅览负担。许可合同中规定的使用权限内容很多，且作为法律文本，语言晦涩且表述严厉。从方便用户理解角度考虑，数据库商和图书馆都应当提供简化版本，将主要内容用通俗语言以列表方式罗列出来。目前，图书馆多采用了这种方式，但数据库商方面还很少这样做。

从使用权限告知入口角度来讲，实际上是要解决既要保证用户阅读到使用权限的规定，又要保证不给用户添加阅读和点击负担的问题。图书馆可以选择不同位置发布使用权限规定的内容。在图书馆规章制度或用户使用手册中提供详细电子资源使用规范内容，而在电子资源入口处发布简明扼要的内容。当然，也有的图书馆和数据库商是每进入一个数据库检索系统就先用一个使用权限告知界面拦截，这种方式的确有利于保证用户阅读有关规定，但对经常使用该数字资源的用户来讲，可谓不胜烦恼。所以这种方法最好仅用于要求比较严厉的数据库产品如 ACS 的入口处[101]。

(9) **数据库商与图书馆合作共同解决违规使用问题**

目前，解决用户违规使用问题的程序主要为：数据库商无预先通知性暂停违约 IP 地址的访问；然后向用户所在图书馆通报违约及暂停事项，向图书馆提供证据并要求图书馆速查违约用户、进行处罚和保证此类事情不再出现；图书馆借助单位网络中心查找违约用户并进行处罚，向数据库商通报处理结果；数据库商满意后再开通暂停的 IP 地址访问。共同解决用户违规问题，还需要：第一，数据库商应及时通知图书馆联系人有关违规下载的情况和封锁 IP 地址的事由，并提供证据和处理意见。图书馆联系人应及时通知图书馆负责此类事件的有关人员，并在图书馆网站明显地方说明某些 IP 暂时无法访问数据库的事情和原由。第二，本课题组所统计的数据库商许可政策中，多数没有明确暂停访问的 IP 地址范围，据调研，实际上数据库商都仅是关闭出现违规行为的 IP 地址访问权，这有利于保护大多数用户的使用权益。为了巩固这样的成果，图书馆应该注意要求在许可合同中明确。

6.6 对完善社会环境的期望

保障数字资源交易中各方的权益尤其是用户的权益，既需要数据库商和图书馆的努力外，还需要获得国家、政府和用户的支持。国家和政府的支持更多是在政策、投资倾向等社会环境完善方面。

图书馆及用户与数据库商之间最大的利益冲突在数据库价格、数据库使用限制以及数据库使用质量方面。数据库商实施高定价、高涨幅的销售策略，与数据库商在探索数字出版和发行这一事物中承担了很大利润风险和技术风险有关，同时也与他们独占了某些特定数字资源有关。在实施数据库使用限制方面，数据库商的理由主要来自对信息技术的不信任以及内容提供者的知识产权保护要求等。数据库使用质量受网络环境的影响非常大。改进社会环境的支持形式和力度，目的就是为了从社会角度尽可能解决上述问题，减少或消除这些问题带来的负面影响。

6.6.1 改善网络环境以提高数字资源使用质量

"常掉线"、"网速慢"、"下载失败"以及"上网费用贵"等是用户使用数字资源时最为恼火的问题。根据 CNNIC 历年的互联网发展状况统计报告，网民们普遍反映网速慢、费用高。我国图书馆采购数字资源时一般都不愿意采用国际网访问方式而选择专线访问方式，但在专线访问方式下又常遇到网速慢现象，甚至有些学位论文难以下载，其根本原因还在于上网成本问题。如，图书馆及用户不愿意再支付昂贵的国际流量费；图书馆所在单位要控制总流量而限制了用户所使用的网络的带宽容量；数据库商为了节省费用而购买的专线带宽容量可能不足或对检索平台性能研发不足等。我国图书馆采购国内外数据库这十几年来，时常出现所谓的"过量下载"，探究深层原因，网速、网费和上网设施等问题都是重要起因。因此，降低上网成本、改善网络环境措施是改进用户上网质量的关键。

改善网络环境最重要的是发展信息基础设施建设、提高信息技术水平。但这一切仅仅依赖市场自由发展是远远不够的，需要各国政府在政策和投资等方面给予大力支持。考察国外网络发展比较好的美国、英国和欧盟等，这些国家都实施了一系列政策促进国家信息基础设施建设和信息技术的发展。如，美国在20世纪90年代制定和推行《信息基础设施：行动计划》，先后出台了《高性能计算机法规网络案》、《电子信息自由法》、《知识产权和国家信息基础设施》、《美国个人隐私权与国家信息基础设施：白皮书》、《21世纪信息技术计划》等；英国20世纪80年代强调发展信息技术、90年代强调发展国家信息基础设施，先后发布了《信息技术规划》、《阿尔法高级信息技术规划》、《电子通信法案》、《计算机软件修改法》、《构建信息社会的国家战略》、《信息社会计划》等政策法规。欧盟受美国的影响，先后出台了《欧洲信息高速公路计划》、《欧洲信息社会行动计划》、《电子欧洲行动计划》、《建立信息社会的优先发展政策》、《促进欧洲建立信息社会的多年计划》、《跨欧洲电信网络建设指导方针》等。目前，各国互联网的发展可以说是各国政府政策支持和财政扶持的重要结果。我国1996年年底成立了国家信息化领导小组，并从20世纪90年代开始，先后出台了《国家信息化"九五"规划和2010年远景目标》、《国民经济和社会发展第十个五年计划信息化重点专项规划》、《2006—2020年国家信息化发展战略》、《电子信息产业调整和振兴规划》、《信息产业科技发展"十一五"规划和2020年中长期规划纲要》等，明确指出要加强现代信息基础设施建设和信息技术发展。根据CNNIC每年两次发布的我国互联网发展状况统计报告，1997年我国国际出口带宽仅为25.4（M），而到2010年年底则已经达到1098956（M）；IP

地址从 2002 年的 2900.2 万个发展到 2010 年年底的 27764 万个；
网民从 1997 年的 62 万发展到 2010 年年底的 45730 万等。这些
都显示出我国信息基础设施建设的影响。然而，相对于国外的发
展，相对于网民的需求，目前的发展还远远不够，还要继续通过
政策指导和实际经费投入来加强信息基础设施的建设和信息技术
水平。

6.6.2 繁荣数字出版以降低数字资源开发利用成本和市场垄断程度

数字出版的大力发展是打破数字产品被少数数据库商垄断的
关键路径，也是降低数字出版成本进而降低图书馆采购价格的举
措。相对印本出版，数字出版还处于刚刚起步阶段。坐而论道、
迟疑观望、谨慎涉入是这些年出版商对数字出版态度的一种写
照。早进入、早获利的行为往往伴随巨大的商业风险。因此，大
力发展数字出版还需要各国政府在政策和投资上给予支持，如，
提供减免税政策，提供部分研发经费支持等。考察计算机及其应
用发展历史，早在 20 世纪 60 年代 IBM 研制兼容的大型计算机
360 系统时就由美国政府承担了几千万的研制成本[102]，我国清
华同方公司在研发《中国学术期刊网络》时，其主体工程被列
为国家级火炬计划项目而获得政府经费支持。目前，我国新闻出
版总署出版产业发展司司长在"为数字出版产业争取更多政策支
持"中指出，要"加快国家数字出版重点科技工程和重大项目
建设"[103]，强调了政府在其中的重要作用。当前，市场上已有
大量的数字资源，这不能不说与各国的政策和经费支持有关。现
在和将来还需要各国在此方面加大支持力度。当然，数字出版毕
竟属于市场经济中的产物，国家政府的支持都是有一定限度的，

数据库商更主要还是依赖自己，依赖市场竞争。

发展数字出版以降低数据库商的垄断性，不仅仅表现在扩大数字资源的数量，还应当注意发展可相互竞争的数字资源类型。我国著作权法规定，图书出版商可以与作者签订专有出版合同，期刊社和报社与作者之间可以有发表约定。目前，处于强势地位的学术期刊社和报社都单方面约定作者只能 1 稿 1 发，甚至 1 稿 1 投；而同时科学技术管理领域也将 1 稿多发视为学术不良行为。这些措施对防止论文泛滥有一定作用，但其合力也强化了出版商（包括期刊社和报社）对学术作品发表和使用方面的授权的垄断。这种垄断虽然不同于其他产品的绝对垄断，但对数字资源的高定价有着重要支持作用。集成数据库的出现对减弱这种垄断性有一定作用。如，我国清华同方、重庆维普和万方等公司各自出品的期刊全文数据库，尽管在收录期刊种类上有一定差异，但重复的期刊非常多，形成了竞争局面，图书馆多了选择余地并能获得竞争价格。当然，这也给图书馆带来了重复购买某些电子出版物的问题。目前，我国图书馆在谈判时要求数据库商提供其数据库产品与其他数据库在收录出版物方面重复的统计数据，并作为压价的筹码，正是对这一问题的考虑。有的集成商与内容出版商签订了独家数字化和传播的合约，形成的集成数据库就难以具有这种减弱垄断性的作用了。集成数据库发展的一个制约因素是版权问题，在出版行业内部则演变为经济利润分成问题。集成商需要内容出版商对其数字资源网络传播的有效授权，但这种授权的前提是内容出版商与作者之间有网络传播授权转让的约定。是否制定这样的约定，主动权掌握在内容出版商手里，激励机制则是内容出版商有必要的获益，否则内容出版商没有动力来做这件事，甚至为了约束集成商可能有意回避网络传播权的授权。

另外，发展数字出版要以应用信息技术标准为基础。计算机和互联网是在非常自由化的市场环境下发展起来的，绝大多数信息技术标准都以市场认可为衡量指标。在这种环境下，各计算机软硬件厂商都在努力研制信息技术标准并力争将其发展为国际标准，以期在国际竞争中取得更大的主动权。而这种方式很有可能与用户的需求相矛盾。如，清华同方的中国知网和重庆维普的中国科技期刊网都有自己的文档浏览器和文档格式，需要用户下载专用浏览软件，在一定程度上增添了用户的负担。另外，对数据库商开发文档格式还有特殊的要求：第一，浏览质量高、浏览器免费、浏览器打开速度快等；第二，便于长期保存，便于数据挖掘等；第三，下载文件所占字节小。要求下载文件所占字节小主要是要加快下载速度和节省网络费用。特别是目前手机用户越来越多，下载速度和流量是影响使用数据库产品非常重要的因素。

6.6.3　发展开放获取政策及促进开放获取运动

发展公益性信息资源有助于减缓图书馆的采购压力。与发展学术公益性信息资源密切相关的一项活动就是开放获取运动。面对部分数据库商对我国采取高价格涨幅现象，中科院国家科学图书馆馆长张晓林在接受记者采访时表示："很多发表在期刊上的论文，作者已在各种会议等场合进行了宣传，很多直接放在了网上，只要肯花时间和工夫去找，虽然不完全一样，但差不多都能找到。"[104]可见建设、收集和组织开放获取资源是图书馆和广大信息用户应对数据库商高定价挑战的一种途径。目前，网上有一些登记全球开放获取信息的网站，据此可以了解当前全球开放获取发展概貌。如，由英国诺丁汉大学和瑞典伦德大学共同创建的开放存档库检索系统 OpenDOAR（http://www. opendoar. org/），登记全球高质量开放存档库；瑞典伦德大学创建的 DOAJ（http://www. doaj. org/），登录全球大量优质 OA 期刊及其部分文章等。截至 2011 年 7 月 12 日，OpenDOAR 上登录的开放存档库有1992 个，从 2007 年年底开始几乎每年增长 33%，已经比最初2005 年 12 月 9 日时登录的 30 个存档库增长了 66 倍；DOAJ 中登记的开放期刊有 6724 种，594782 篇文章，其中 20% 的期刊是同行评审期刊，比 2002 年创办时的 31 种期刊增长了近 217 倍。上述数据显示，开放获取资源增长情况还是非常乐观的，但具体数量值还非理想。我国在发展公益性以及开放获取资源方面近几年有一定进展。在实践中，我国政府已经投资建设了两个知识库：中国科技论文在线和中国预印本服务平台，许多科研机构和高校也建设了自己的机构知识库。据中国图书馆学会专业图书馆分会网站上 2010 年 11 月 2 日公告，2010 年 10 月 27 日中科院与施普林格出版集团签署了开放存储协议，根据协议，"施普林格出版集团允许所有在该集团出版期刊上发表论文的中科院作者都可以将论文的最终审定稿存放到研究所的机构知识库，并在论文发表 12 个月后提供开放获取。如果具体期刊的著作权转移规定与此协议不一致，本框架协议具有优先权"。该项协议对我国是一个非常好的开端。上述信息，反映出开放获取运动正在各国逐渐发展，但相比商业性信息资源，在规模和数量上还不尽如人意。

发展开放获取资源需要开放获取政策的支持。英国开放获取信息登记网站 SHERPA 发布了许多数据库商以及各国政府发布的开放获取政策。截至 2011 年 7 月 12 日，其网站上登记的 998 个出版商中，已有 64% 的出版商采取了允许一定程度的作者自存档的政策；而截至 2012 年 6 月 18 日，登记的 1116 个出版商中已有 66% 的采取了允许一定程度的作者自存档的政策，比例在增长。另据中科院和马普学会共同举办的"第八届开放获取柏林国际会议"的信息，"截至 2010 年 9 月，已经有 16 个国家 53 个研究机构和管理资助机构制定了明确的开放获取政策。美国、英国、德国、澳大利亚、欧盟、欧洲粒子研究中心、联合国教科文组织等国家和国际机构进一步强势推出促进开放获取的政策措施"[①]。这些数据显示了各国开放获取运动的发展，同时也显示了采取开放获取政策的科研管理机构还不是很多，还应当有进一步的发展。我国近些年先后发布的《国民经济和社会发展第十个五年计划信息化重点专项规划》、《2006—2020 年国家信息化发展战略》、《信息产业科技发展"十一五"规划和 2020 年中长期规划纲要》等政策，都提出了加强公益性信息资源以及科技信息资源共享咨询服务平台建设的规划和要求。在实践中还需要具体的配套政策和措施来实现。

另外，也要大力发展电子政务。信息资源根据其经济性质可划分为商业性、公益性和政务性三大类。在网络环境下政务性信息资源主要发布在各级政府网站，包括各种法律法规和政策、通告等。通常这类信息资源都是开放和免费，但鉴于电子政务发展还不成熟，跨国交流也非完全畅通无阻，因此有些数据库商将这类资源开发成商业性数据库进行销售，如 *Lexis. com*、*Westlaw*、《联合国法律文献大全》等。数据库商的这种做法弥补了电子政务发展的不足，但同时也让图书馆支付了相当的采购费用，解决

---

① 中国科学院国家科学图书馆. 中国科学院成功举办"第八届开放获取柏林会议". http://www. las. cas. cn/hzjl/xshy/201011/t20101129_3033899. html, 2010 - 11 - 29/2011 - 08 - 15.

这个问题还需要依赖各国政府大力发展电子政务。

6.6.4 完善科研评价体系并发展我国有国际影响力的学术期刊

众所周知，价格昂贵更多是表现在国外数字资源产品上。国外出版物一直都比我国出版物定价高出甚多，如，我国出版的《物理学报》，SCI 的影响因子为 2.103，2011 年其印刷版为 1380元/年；而同样入选 SCI 的由美国物理学会 APS 出版的 *Physical Review E*，SCI 影响因子为 2.418，2011 年向我国图书馆销售的印刷本价格在 3200—6100 美元之间。由于期刊电子版价格与印刷版价格成正比，因此上述价格也体现了国内外数字资源价格的差异。对我国图书馆来讲，有些国外数字资源产品是其无法不采购的信息资源，其原因就在于大量的优秀论文是发表在国外期刊上。2005 年 6 月在我国召开的"科学信息开放获取战略与政策国际研讨会"上，中国科学技术协会副主席胡启恒院士指出："发展中国家的优秀科技成果多数在国外商业性学术期刊发表，这往往使本国作者的知识产权，有时还包括网络传播权和长期保存权利等，落到国外出版商手里，使得这些绝大多数情况下由本国公共投资所产出的科研成果，成为国外出版商的私有资产，这些出版商再以很高的价格将其卖给发展中国家，赚取高额利润，同时，发展中国家的许多科研人员却因为当地图书馆经费不足而无法获取这些信息。"[105]

我国大量优秀论文外流，强化了数据库商的垄断并给图书馆造成了采购外商数字资源的压力。促使我国学者向国外投稿的因素很多，其中包括科研评价体系。如，申请博士学位授予权一级学科简况表中有一项"*SCI、EI、ISTP* 收录篇数"；通过百度检索"科研成果奖励办法",相当多学校对其论文入选 *SCI* 等检索工具及其论文发表在国外外语类学术期刊上的教师给予重奖。另外,国际影响力、版面费等也是促使我国学者向外投稿的重要因素。2008 年 6 月 3 日,针对爱思唯尔公司大幅度涨价其期刊全文数据库 *ScienceDirect* 的行为,《中国青年报》发表的"国际出版巨鳄大幅提价 部分高校面临学术断粮"新闻,其中对爱思唯尔推销商以及部分科研工作者访谈的记录非常直白地说明了这一个问题:"数据库涨价巨头也是学术期刊出版界巨头的爱思唯尔推销商表示:'在所有国际学术期刊上发表的中国科研论文的数量,爱思唯尔占 29% 左右,每年发表的中国论文有两万篇,没有外国同行可以比拟';年过 7 旬的中国工程院院士、南开大学教授李正名告诉本报记者,'搞专业的,国外的资料你不了解,就会产生好多浪费';一位长江学者也对记者说,再好的'海归',离开最新的文献'半年之内武功全废';北大博士生蓝海平说'国内没有一份有话语权的杂志,你要传播,你要交流,始终受制于人'等"[106]。由一批博硕士生和企业研发人员创建的学术站点"小木虫",2010 年 9 月登载了一篇文章:"用行动来拒绝 *elsevier* 数据库蛮横无理的涨价行为",然而下面的跟帖多未支持,更多表达了用户的实际问题:如,"关键是没有自主品牌啊"、"除非不做学问了,要不你用别家的数据库"、"抵制有难度,我们不投,别国人还是投的话,到时候查文献时还是需要人家的数据库,不少学科中的一些不错的期刊都是人家的"、"*Elsevier* 旗下刊物好像都是免版面费的,刊物水平又不错,为什么不投呢?"等①。解决上述问题,显然要改进科研评价体系以及要大力发展

①　Hnut. 用行动来拒绝 elsevier 数据库蛮横无理的涨价行为. http://emuch.net/html/201009/2410930. html,2010 – 09 – 17/2011 – 08 – 16.

我国有国际影响力的学术刊物。

对于科研评价，目前，已有许多科研管理者和学者对过于注重 *SCI* 等几大检索工具以及外刊等提出了质疑，并在探索多种科研评价体系。或许牵扯太多利益问题以及评价实施可行性等问题，目前，还没有比较成熟且有利于学者向国内期刊投稿的科研评价体系，但我们希望这种探索继续进行，并能早日建立更为科学、合理以及更有利于我国科研发展的科研管理制度。在创办我国有影响力学术刊物方面，我国已开始有所行动和改革，但现状告诉我们还需在此方面继续努力。如，高等教育出版社 2006 年创办了系列英文学术期刊 24 种，以网络版和印刷版形式出版，英文总称为 *Frontiers in China*，施普林格公司负责海外发行，目前，已有两种期刊入选 *SCIE*，还有许多分别被 *INSPEC*、*CA*、*EI* 等国际著名检索工具所收录，其质量正逐渐为国际所认可。发展高质量期刊并大力宣传才能真正促使国内学者甚至国外学者向国内期刊投稿，从根本上降低图书馆购买电子期刊的价格。同时也需要注意拓展国内期刊的国外流通和传播，满足国内学者期望学术成果国际交流的愿望。

6.6.5　完善知识产权保护制度

本书在第 2 章分析了知识产权保护制度对数字资源贸易中的权益分享的影响。其中版权保护制度的影响最为明显。对知识产权保护制度的争论一直存在，特别是近几年国外出现了知识产权怀疑论、反知识产权论和知识产权僵化论等思潮，凸现出知识产权制度的不完善。目前，包括法学界、图书馆学界在内的社会各界都在探索如何进一步完善知识产权保护制度，以应对信息技术和网络发展的挑战。由于涉及的权益问题多且复杂，权益干系人之间的博弈非常激烈，我国《信息网络传播权保护条例》出台前后的争论就是典型实例。我国新闻出版署署长 2011 年 7 月 13 日在我国《著作权法》第三次修订启动会上表示：《著作权法》第 3 次修订应坚持独立性原则、平衡性原则和国际性原则[107]。我们从数字资源贸易中权益分享角度，希望《著作权法》的修订能够在以下方面得到改进：

（1）基于权利弱化与利益分享理论，在保护版权人利益的同时，进一步维护公众利益

"利益平衡既是一项立法原则，也是一项司法原则。法律、规则和制度都建立在利益平衡的基础上"[108]。在具体实践中，如何衡量利益平衡却是难点。在互联网环境下，许多国家重构知识产权保护制度且向强势保护方向发展，如，加强对数据库的保护、对版权技术措施的保护和对信息网络传播权的保护等。这些强势保护制度对传统版权制度下的合理使用形成了某种限制，社会公共利益空间被严重挤压。目前，法学界出现了一种观点，即权利弱化与利益分享理论："除法律另有规定外，知识产权所有人有权从其受法律保护的智慧创作物中取得相应的利益；任何他人未经知识产权所有人许可，擅自以营利目的实施其智能创作物，知识产权所有人有权请求其赔偿损失，并且依法享有请求该侵权行为人以合理的条件与其签订知识产权许可使用合同；只有当该侵权行为人无正当理由拒绝以合理条件与知识产权所有人签订知识产权许可使用合同时，知识产权所有人才有权请求其停止侵害行为；但法律另有规定的或者其他特别情形除外"[109]。这种理论未来的发展趋势如何我们现在还不得而知，但该理论提出的弱化知识产权人的产权控制权、强调利益分享执行模式等都有利于社会公共利益。

（2）加强知识产权保护制度中的合理使用权利

合理使用是知识产权保护制度中约束产权所有者行为而赋予使用者的特权，是一种客观权利。这种特权属性和客观权利属性，决定了若版权人或其受让人利用合同或者技术措施妨碍使用者实现合理使用，使用者也无法获得法律的强制救济[110]。尽管合理使用有可能被数据库商通过许可合同加以限制，但知识产权法中的合理使用仍然是图书馆向数据库商诉求使用权利的重要筹码。这也正是为什么图书馆许可模型和数据库商许可模型都从不同利益取向方面特别强调了合理使用问题。目前知识产权法律法规采取"权限加禁止权"模式，因此，希望知识产权法律法规法在扩张产权人在网络环境下的权利的同时，也应当制定有相应的权利限制，以维护数字环境下用户及图书馆合理使用的权利。美国图书馆版权联盟（The Library Copyright Alliance，LCA）表示，如要修订版权法，图书馆必然要求保护力度强于现状①。这种要求正是对合理使用被挤压的担心和对抗。目前，法学界有学者利用公共信托理论探索网络环境下合理使用权利的重构，认为网络环境下对作品版权的保护不能忽视公众接近作品的需要[111]。我国图书馆学者探讨了图书馆合理使用制度的实然和应然，根据合理使用制度的法理依据，如文化的历史继承性、权利人行使权利时应承担的相应义务、限制版权以防止版权的滥用等，提出理想的合理使用制度应该有利于知识与思想的自由传播、有利于平衡公众和权利人之间的利益、有利于平衡发达国家和发展中国家之间的利益、有利于知识资源配置的社会配置等，并提出图书馆

---

① LCA. Library Copyright Alliance Statement on Copyright Reform. http://www. librarycopyrightalliance. org/bm ~ doc/lca _ copyrightreformstatement _ 16may11. pdf, 2011 – 05 – 16/2011 – 08 – 15.

应享有陈列和保存版本、电子原文传递服务、馆内提供馆藏数字化文献等合理使用权利[112]。这些观点和建议维护了社会公众利益，同时也顾及了权利人的利益。

（3）促进各国版权保护制度的国际化或趋同

采购国外数字资源活动属于典型的跨国知识产权交易。在这类交易中，当采用专线访问方式或国际网访问方式时，使用者与数字资源数据不在同一国家，数字资源数据属于名副其实的越境数据流。我们在本书的第5章分析了数字资源许可合同中的当前做法和存在的问题。促进各国版权保护制度的国际化，就是希望用户在使用国外数字资源时，不必在学习和掌握国外知识产权法律法规方面耗费太多精力和时间，希望用户不会因为缺乏国外知识产权法律法规知识而频繁出现违规使用行为，也期望图书馆和数据库商不必再为遵守哪个国家的知识产权法律法规而进行艰苦的博弈。

另外，采购数字资源的前端活动，即数字出版授权方面，虽不属于本书研究的主要内容，但该问题直接影响数字出版的健康发展，影响图书馆及其用户使用数字资源的合法性，因此，我们希望知识产权法律法规也应注意这方面的改进。目前，有人提出知识产权法中增加数字出版的法定或准法定许可权利，以解决数字出版集中授权的困境，尤其是对2001年我国《著作权法》修订前的出版物，允许采取公告出版模式的准法定许可[113]。这一建议有可取之处。

7 结 语

　　数字资源贸易活动在很大程度上异于印本文献的采购。对于这样一个新生事物，图书馆与数据库商都在实践中不断探索。期间出现过较大冲突和矛盾，也在相互不断博弈和妥协。本课题研究从权益分享角度，分析和探讨数字资源贸易中主要的权益干系人即用户、图书馆与数据库商之间的权益关系，因而此研究对象本身是一种具有创新价值的现象和形态。课题研究采取文献分析、实地调研、实例研究、比较分析、综合归纳等研究方法，从实践和理论层面上进行研究，取得了具有一定价值的研究成果，概括起来主要有：

　　根据网络经济学、信息资源管理理论、知识产权保护制度以及图书馆采购数字资源活动现状及实例等，本课题研究从理论上构建了用户、图书馆、数据库商等关键权益干系人之间的权益分享内容结构，构建了包含环境因素、经济权益、合同管理权益和使用权益等问题分析在内的权益问题分析模型，建立了比较客观、全面地探索数字资源贸易中权益问题的思路和方法。

在此基础上，本课题研究分析了数字资源贸易的关键要素和特性，分析了知识产权保护制度以及其他各种社会因素的作用和影响。

经济权益、合同管理权益和使用权益等问题，主要表现为数据库商的许可行为很多时候无法满足用户及图书馆的需求。为了提高研究结果的可靠性，本课题研究特别注重研究数据的准确性、权威性和全面性，统计数据量大，且多来自图书馆与数据库商公开发布及实际采用的许可内容，来自图书馆主管资源采购负责人提供的权威性一手资料。具体来讲，本课题研究以国际图联 IFLA、国际图书馆联盟联合会 ICOLC 及其成员联盟正式公布的许可政策共 25 个为主要依据，同时辅助于 CALIS 历年的引进数字资源用户满意度调查数据、课题组成员对几大图书馆集团采购负责人和部分图书馆主管业务馆长的访谈以及各种文献调研和用户调研数据等，分析、归纳和总结了用户和图书馆的信息需求特点和信息行为规律，并从理论上分析这些需求特点和行为规律产生的社会基础、存在的合理性及发展的趋势。同时以向我国销售绝大多数数字资源产品的 60 多个数据库商的公开许可政策（包括正在实际使用的许可模型、站点协议以及各种销售政策等）、2007 年以来 CALIS/DRAA 数据库采购方案 140 多份以及部分科学院系统图书馆及公共图书馆采购数据库实例等为基础，采用定量统计和定性分析相结合方法，比较和研究数据库商与用户和图书馆之间观点上的异同，比较和研究数据库商在满足用户信息需求和图书馆服务需求上的不足程度等。在定量统计结果基础上，从理论上定性分析这些权益问题产生的根源和引发的不良后果。

经济权益问题主要表现在数字资源产品价格方面，具体体现为包括定价模式和价格涨幅模式的价格模式的内容及其应用方面。本课题研究对我国图书馆尤其是我国高校图书馆集团的采购实例进行了实证研究，并根据定量研究与定性研究方法，总结和归纳了数字资源交易中各种定价模式和价格涨幅模式的特性及应用的规律，从理论上分析缘由、存在的问题和未来发展的趋势。研究结果显示，目前存在多种定价模式且都不占据绝对优势，反映出数字资源交易活动本身的复杂性和不成熟性。相对而言，客户分级定价模式的合理性较强且为主流模式，但在具体应用中还存在太多的利益之争问题。定量分析结果显示，以图书馆所服务机构科研能力和使用情况为分级依据的定价模式，在应用方面虽还不广泛，但已呈现快速发展趋势。理论分析结果表明，这种发展趋势有一定的社会需求基础，比较符合数字资源交易活动的本身特性，但对各方合作的密切程度及坦诚度要求很高。研究结果也显示，价格涨幅模式主要以续约涨幅和合同期内年度涨幅为表现形式，相对来讲，多数数据库商提供的价格涨幅比较稳定，但仍有不少数据库商通过续约提高价格涨幅比例，给图书馆及其用户与数据库商之间带来了更大的矛盾和冲突。另外，数据库商往往以多年合同期内年度涨幅小于续约涨幅为促销手段，但这种模式带来了合同期内图书馆能否提前终止合同以及能否修改定价模式和授权内容等合同管理权益与使用权益的问题。

合同管理权益和使用权益的问题，具体体现在许可合同的内容方面是否能满足用户及图书馆的需求，包括管理合同的内容和使用授权内容等。研究结果显示，在点击合同、合同保密条款、合同适用法律、合同文本语种、协议提前终止、数据抽出、赔偿、售后服务等合同管理方面，数据库商与图书馆之间观点差异较大，双方利益失衡；在合理使用、课程包、永久访问、长期保存、原文传递、学术共享和数据挖掘等使用权利方面，数据库商对用户和图书馆限制过大，不仅没能很好地满足用户使用数字资源的需求以及满足图书馆服务用户的需求，同时还通过许可合同限制了用户和图书馆本来应享有的合理使用权利。其根源，包括数据库商对既得利益的维护、数据库商掌握垄断价格和强势话语权、数据库商对可能的风险进行规避、数字资源交易活动还未进入较为成熟阶段、数据库商与图书馆及用户之间缺乏必要的信任等。研究结果还显示，虽然在数字资源采购活动中，用户和图书馆处于相对弱势地位，但在其艰苦努力下，已经在上述权利争取和售后服务质量方面取得了一定成绩。如，越来越多的数据库商同意采用中文文本许可合同、许可合同适用中国法律，同意授权课程包、永久访问、长期保存等权利，同意加强培训及其他售后服务等。这种现象表明，图书馆的作用越来越大，压力也越来越大，同时各方加强合作的可能性也越来越大。

在上述问题研究的基础上，本课题研究探讨了权益分享保障机制改进方案并论证了其合理性与实现的可行性。根据数字资源贸易特性，本课题研究提出权益分享保障机制内容包括采购集团团体组织管理、图书馆数字资源采购业务管理、数字资源产品价格方案、许可政策体系及社会环境保障等。在归纳和总结现有国内外集团采购团体组织管理的类型、特点和经验基础上，本课题研究对我国图书馆目前的采购集团组织管理现状进行了分析，提出了发展多元化采购集团、对组织管理制度采取逐步完善措施、加强图书馆间合作精神以及发挥多种集团采购驱动力作用等的我国图书馆采购集团组织管理的路径选择。采购数字资源业务组织管理应当遵循规范化、科学化、便利化和合作化要求。考虑到近两年已有学者通过国家立项课题对采购数字资源流程管理进行了系统研究，本课题研究根据用户研究理论、资源建设理论以及现有的实例，侧重对用户需求调研、试用管理、资源评估、资源选择、资源订购等一些关键业务管理内容提出改进建议。依据网络经济学特征，本课题研究根据公平理论和长尾理论，提出降低价格以扩大图书馆采购规模、多元化定价模式、合理和科学地确定定价模式中的各项参数值、多方合作模式以及削减产品锁定效应和市场垄断效应的措施等。根据图书馆与数据库商双方许可政策的比较结果，以及目前网络信息资源许可实例，如Creative Commons licensing，本课题研究提出了建立开放性许可政策体系的观点，特别强调了引用外界许可合同的可行性和应注意的事项。同时提出了改进许可合同、改进数据库商服务质量以及改进用户使用管理的具体内容。保障数字资源交易各方的权益尤其是用户的权益，既需要数据库商和图书馆的努力外，还需要获得政府、社会和用户的支持。本课题研究认为，网络环境、数字出版业、开放获取、科研评价管理以及知识产权保护制度的改进和完善，对保障数字资源贸易中各方的权益分享非常重要。

　　本课题研究的目的是促进数字资源贸易活动的健康发展，研究成果不仅有助于帮助图书馆采购更多更适合的数字资源，也有助于数字出版行业的发展，更主要是有助于保证用户有效获取和使用数字资源。在研究过程中，课题组在与高校图书馆、科学院图书馆以及公共图书馆的工作人员访谈中，相互交流观点和思想，获得认可和肯定。权益问题是数字资源贸易活动中的根本问题，本课题研究试图寻找出比较理想的保障权益分享有效实现的机制。但由于数字资源贸易这项活动发展的时间还不长，其中存在的问题又相当复杂，涉及多方面利益关系和多行业的发展走向，同时我们的自身能力也非常有限，因此，研究成果还有许多不足，许多问题还有待我们进行深入的剖析。特别是对权益分享方案以及保障权益分享的机制还有待于深化，对一些争议比较大的使用权利分享措施问题，还需要与图书馆和出版领域大力合作，进一步从经济学角度建立数量模型，以加强其科学性和具体可操作性。

主要参考文献

［1］编目精灵.2010 美国大学图书馆馆长调查：主要发现［EB/OL］. http://catwizard.net/posts/20110408213513.html，2011 – 04 –08/2011 –06 –01.

［2］Matthew P. Long，Roger C. Schonfeld. Ithaka S + R Library Survey 2010：Insights from U. S. A cademic Library Directors［EB/OL］. www. ithaka. org/ithaka--s – r/.../ithaka-s-r-library-survey-2010/ insights-from-us-academic-library-directors. pdf，2011 –04/2011 – 06 –01.

［3］Spolanka. Library Journal Publishes Library eBook Survey Results- Sample Data Here［EB/OL］. http://www. libraries. wright. edu/noshelfrequired/？ p =1914，2011 –02 –09/2011 –06 –01.

［4］杨宗英，朱强，李晓明. 美国的图书馆自动化和文献资源共 享网络——现状与趋势［J］. 大学图书馆学报，1997（6）： 6 –10.

［5］杨毅，周迪，刘玉兰. 集团采购——购买电子资源的有效方 式［J］. 大学图书馆学报，2004（3）：6 –9.

［6］李漓. 以最小投入实现最大效益：基层公共图书馆希望实现

数据资源共享共建［EB/OL］. http://blog. sina. com. cn/s/ blog_4d5a923b0100908s. html，2008 – 04 – 21/2011 – 06 – 01.

［7］ Alex C. Klugkist. LIBER licensing principles for electronic infor- mation［J］. The Journal of Academic Librarianship，2000，26 （3）：199 – 201.

［8］ Stephen Bosch. Using Model Licenses［J］. Journal of Library Administration. 2005，42（3 – 4）：65 – 81.

［9］ Holly Yu，Scott Breivold. Electronic resource management librar- ies：research and practice［M］. New York：IGI Global Snip- pet，2008.

［10］ Janet Brennan Croft.. Model licences and interlibrary loan/docu- ment delivery from electronic resources［J］. Interlending & Document Supply，2001，29（4）：165 – 168.

［11］ 强自力. 电子资源分类方法［J］. 情报杂志，2008（10）： 127 – 128.

［12］ 马彪. 科技文献数据库网站信息用户满意研究［D］. 南 京：南京理工大学，2006.

［13］ 莫泽瑞. 台湾图书馆联盟的发展经验与借鉴［J］. 图书馆 杂志，2007（4）：61 – 64.

［14］ CALIS. CALIS 采购数据库用户满意度调查总结报告（第 七届）［EB/OL］. http://dbinfo. calis. edu. cn/repot/7. rar， 2009 – 05/2011 – 07 – 01.

［15］ 强自力. 电子资源的"国家采购"［J］. 图书情报工作， 2003（4）：91 – 94.

［16］ 王国才. 基于产品差异化理论的网络产品竞争研究［D］. 上海：复旦大学，2005.

［17］张小蒂，倪云虎．网络经济［M］．北京：高等教育出版社，2008.

［18］俞明南，鲍琳琳．数字产品的经济特征分析［J］．情报杂志，2008（7）：105－107.

［19］郑成思．知识产权论［M］．北京：社会科学文献出版社，2007：9－10，18.

［20］戈尔斯但·保罗著，王文娟译．国际版权原则、法律与惯例［M］．北京：中国劳动社会保障出版社，2002：15.

［21］陈昕．美国数字出版考察报告［M］．上海：上海人民出版社，2008.：78－80.

［22］李扬．网络知识产权法［M］．长沙：湖南大学出版社，2002：89－93.

［23］戈尔斯但·保罗著，王文娟译．国际版权原则、法律与惯例［M］．北京：中国劳动社会保障出版社，2002：284.

［24］李杨．网络知识产权法［M］．长沙：湖南大学出版社，2002：102.

［25］陈昕．美国数字出版考察报告［M］．上海：上海人民出版社，2008：5－7.

［26］颜蕴．全球 STM 出版趋势研究［EB/OL］．http://www. nais. net. cn/site/UserNormalNews_Detail. aspx? ChannelId = A108CD60－65D0－4BE8－820C－FBADCA1FE8BD&Id = 6851dcf0－0c8c－46d8－8cc8－a648b54b076a，2010－08－04/2011－07－01.

［27］肖珑，姚晓霞．高校图书馆集团采购工作统计与分析报告（2010 年）［EB/OL］．http://lib. zzu. edu. cn/calis/information2. html，2011－05－20/2011－06－01.

［28］理查德・诺曼著，范秀成，卢丽译．服务管理［M］．北京：中国人民大学出版社，2006：72－73.

［29］李晓东，刘素清，肖珑．高校研究人员学术信息资源利用及信息查询行为的调查与分析——以北京大学图书馆用户调查为例［J］．数字图书馆论坛，2009（1）：26－42.

［30］杨毅，郭依群，邵敏等．清华大学图书馆读者利用图书馆行为方式的调查［J］．数字图书馆论坛，2009（1）：2－24.

［31］陈娟，陈滨．厦门大学图书馆读者宣传月网络调查情况［J］．数字图书馆论坛，2009（1）：44－71.

［32］赵彦龙．国内公共图书馆数字资源远程访问服务调查分析［J］．数字图书馆论坛，2008（10）：46－49，50.

［33］沙勇忠，阎劲松，苏云．网络环境下科研人员的信息行为分析［J］．情报科学，2006（4）：485－490.

［34］陈兰杰，王爽，平常运等．网络环境下高校教师信息素质调查分析［J］．情报科学，2007，25（3）：404－410.

［35］张翼燕，杨玉慧．用户信息行为障碍研究［J］．图书情报知识，2008（5）：78－55，81.

［36］吕俊生，宋粤华，陈炜．科技用户信息行为变化与服务对策［J］．现代情报，2008，28（3）：31－36.

［37］吕琼芳，葛慧莉．科技信息用户信息行为分析与信息服务实践探索［J］．科技情报开发与经济，2010，20（20）：119－121.

［38］何顿．新时代学者：不断变化的信息需求_CALIS 及 ProQuest 联合调查［EB/OL］．http://library.sysu.edu.cn/calis/information1.html，2010－11－11/2011－05－05.

［39］何顿．新时代学者：不断变化的信息需求——ProQuest/汉

珍数位图书联合调查［EB/OL］. http://www. stpi. narl. org. tw/fdb/tr/2010/11/10_Boe_PQ. ppt，2010 – 11 – 11/2011 – 05 – 05.

［40］黎文. 文献检索与大学教师的工作［EB/OL］. http://library. sysu. edu. cn/calis/information/ppt/calis5. 12am/2. pdf，2010 – 05 – 14/2011 – 08 – 10.

［41］Roger C. Schonfeld. Faculty Survey 2009：Key Strategic Insights for Libraries，Publishers，and Societies［EB/OL］. www. ithaka. org/. . . /faculty-surveys. . . 2009/Faculty% 20Study% 202009. pdf，2010 – 04 – 07/2011 – 08 – 10.

［42］Matthew P. Long，Roger C. Schonfeld. Ithaka S + R Library Survey 2010：Insights from U. S. Academic Library Directors［EB/OL］. www. ithaka. org/ithaka-s-r/. . . /ithaka-s-r-library-survey-2010/insights-from-us-academic-library-directors. pdf，2011 – 04/2011 – 08 – 10.

［43］宛玲. 数字资源长期保存权益管理机制研究［D］，北京：中国科学院文献情报中心，2005.

［44］Karla Hahn. The state of the larger publisher bundle findings from an ARL members survey［EB/OL］. http://www. arl. org/bm^doc/arlbr245bundle. pdf，2006 – 04/2011 – 08 – 15.

［45］吴健安. 市场营销学（第三版）［M］. 北京：高等教育出版社，2007：323.

［46］杨毅，桂君，周迪. 电子资源建设与评估指标探讨［J］. 高校图书馆工作，2008（6）：1 – 4.

［47］Stephen Rhind-Tutt. What a tangled web we weave. . . ：A review of pricing models and the forces that drive them［EB/

OL］. http://alexanderstreet. com/articles/9902. tangled. htm, 1999 – 02/2011 – 08 – 10.

［48］Stephen Rhind-Tutt. Pricing models for electronic products-as tangled as ever？ ［EB/OL］. http://www. alexanderstreetpress. com/articles/0211. pricingmodels. htm，2002 – 11 –01/2011 – 08 – 10.

［49］强自力. 电子资源的价格模型及其对 CALIS 的启示 ［J］. 大学图书馆学报，2002（3）：43 – 45.

［50］王昉，吴玉霞，宛玲. 数据库分级定价模式及其应用中的权益保障问题 ［J］. 图书情报工作，2010（15）：31 – 34，85.

［51］郑建成. 国外学术电子资源采集模式 ［EB/OL］. http:// www. nais. net. cn/site/UserNormalNews_Detail. aspx？ ChannelId = A108CD60 – 65D0 – 4BE8 – 820C – FBADCA1FE8BD&Id = cec27721 – a19b – 4167 – 9aa7 – 53331489f4a6，2007 – 07 – 10/ 2011 – 08 – 10.

［52］Worlock，Kate. 探查 STM 出版市场：数字环境下的学术出版 ［M］. 北京：中国科学技术出版社，2007：249 – 255.

［53］Moskovkin V. M. Open Access Hybrid Journal ［J］. Scientific and Technical Information Processing，2008，35（6）： 260 – 262.

［54］Karla Hahn. The state of the larger publisher bundle findings from an ARL members survey ［EB/OL］. http:// www. arl. org/bm^doc/arlbr245bundle. pdf，2006 – 04/2011 – 08 – 15.

［55］赵乃瑄，金洁琴. 区域性集团采购电子资源的评估机制研

究——以江苏省高等教育文献保障系统 JALIS 为例［J］.
图书馆建设，2009（6）：12－14，16.

［56］任真. 开放获取环境下的图书馆［J］. 大学图书馆学报，
2005（5）：44－47.

［57］Moskovkin V. M.. Open access hybrid journal［J］. Scientific
and Technical Information Processing, 2008, 35（6）：
260－262.

［58］黄国彬. 蓬勃发展的数字图书馆事业与窄小模糊的著作权
例外空间［J］. 图书馆杂志，2008（10）：9－13.

［59］程焕文. 行走在平衡木商的数据库商与图书馆的合作
［DB/OL］. http://library. sysu. edu. cn/calis/information1.
html，2010－05－11/2011－05－15.

［60］陈传夫，吴刚，刘杰等. 国际上文献传递版权实践及其启
示［J］. 数字图书馆论坛，2008（1）：5－10，14.

［61］Emanuella Giavarra. Publishers Position Paper［EB/OL］. ht-
tp://archive. ifla. org/documents/infopol/copyright/ipa. txt,
1996－07－02/2011－05－15.

［62］翟建雄. 图书馆馆际互借和文献提供中的版权问题——美
国的立法和司法判例介绍［J］. 法律文献信息与研究，
2006（3）：1－11.

［63］CONTU. CONTU Guidelines on Photocopying under Interlibrary
Loan Arrangements［EB/OL］. http://www. cni. org/docs/in-
fopols/CONTU. html，1978－07－31/2011－08－15.

［64］RLG. Trusted Digital Repositories：Attributes and Responsibili-
ties［EB/OL］. http://www. rlg. org/longterm/repositories.
pdf，2002－05/2011－08－15.

[65] 董斌，阮立. CERNET 用户接入国外数据库的问题及对策 [J]. 现代图书情报技术，2004（4）：93－96.

[66] 贾苹，皮介郑，袁晓鹏等. 国外图书文献机构的文献传递与馆际互借服务 [J]. 中国信息导报，2007（12）：7－16，24.

[67] 肖珑，姚晓霞. 我国图书馆电子资源集团采购模式 [J]. 中国图书馆学报，2004（5）：31－34.

[68] 张德. 组织行为学（第二版）[M]. 北京：高等教育出版社，2004：3.

[69] 燕今伟. 图书馆联盟的构建模式和发展机制研究 [J]. 中国图书馆学报，2005（4）：24－29.

[70] 高凡. 图书馆联盟实现机制和策略研究 [D]. 北京：中国科学院文献情报中心，2005.

[71] 张学福. 图书馆联盟共建共享机制研究 [J]. 中国图书馆学报，2008（1）：33－37.

[72] Alisa Martek, Sonja Avalor, Vesna Golubovic. Consortia Culture [EB/OL]. http://www.ffos.hr/lida/datoteke/LIDA2007－Martek_Avalon_Golubovic. ppt, 2007－05－30/2011－08－15.

[73] Hirshon, Arnold. Collection management of electronic resources in a consortial environment [EB/OL]. http://www.csdl.ac.cn/meeting/ISCMERBeijing/cn/data/Arnold/hirshon-overview-distrib. ppt, 2003－10－09/2011－08－15.

[74] 余向前. 我国图书馆电子资源采购联盟组织方式问题研究 [D]. 保定：河北大学，2009.

[75] 刑明旻. CIC 图书馆联盟的电子资源集团采购及其启示 [J]. 图书情报工作，2008（4）：119－121.

［76］张晓林，宛玲，宋小冬等．国家科学数字图书馆数字资源
采购的技术要求［J］．中国图书馆学报，2004（5）：
14－19．

［77］白景坤．创新、效率与惰性：一个组织存续的分析框架
［J］．财政问题研究，2008（5）：112－118．

［78］李晓明．关于引进国外电子文献资源的几个问题［J］．大
学图书馆学报，2003（4）：40－42．

［79］刘军，张军，王雷等．探讨一种新的数字资源采购模式
［J］．图书馆工作与研究，2008（12）：88－91．

［80］Peterson JW. Stretch your budget how to select web-based sub-
scription resources［J/OL］. Computers in Libraries, 2003（2）:
20－24. http://www. allbusiness. com/technology/925673－1. ht-
ml, 2003－02－01/2011－08－15.

［81］黄胜国，徐文贤．图书馆数字资源采购步骤及策略研究
［J］．新世纪图书馆，2009（4）：21－23．

［82］黄胜国，徐文贤．图书馆数字资源集团采购模式研究［J］．
图书馆学研究，2009（9）：31－33

［83］周婕．北京邮电大学高校图书馆电子资源建设实践与研究
［J］．情报理论与实践，2006，29（6）：715－718

［84］焦燕平等．中国农业大学研究型用户使用 Elsevier 全文数据
库的行为特征分析［J］．农业图书情报学刊，2010（2）：
5－7，15．

［85］ARL. Measures for Electronic（E-Metrics）Complete Set［EB/
OL］. http:/www. arl. org/bm～doc/e-metries. pdf. zip, 2002－
06/2011－08－15.

［86］张甲，胡小菁．读者决策的图书馆藏书采购——藏书建设

2.0 版［J］. 中国图书馆学报，2011（2）：36 – 39.

［87］EBRARY. Patron Driven Acquisition for Libraries［EB/OL］. http://www. ebrary. com/corp/librariesPatron. jsp，/2011 – 08 – 15.

［88］EBL. Demand-Driven Acquisition［EB/OL］. http://www. eblib. com，/2011 – 08 – 15.

［89］编目精灵. PDA：电子书的用户驱动采购［EB/OL］. http://catwizard. net/posts/20101214193559. html，2010 – 12 – 14/2011 – 08 – 15.

［90］王槐深. 河南高校图书馆电子资源集团采购时间与发展对策研究［J］. 现代情报，2008（5）：158 – 161.

［91］韩新月. 图书馆数字资源引进中的互馈机制研究［D］. 北京：中国科学院研究生院，2007.

［92］张国. 国际出版巨鳄大幅提价 部分高校面临学术断粮［N］. 中国青年报，2008 – 6 – 4.

［93］吴健安. 市场营销学［M］. 北京，高等教育出版社，2007：324.

［94］张德. 组织行为学（第二版）［M］. 北京，高等教育出版社，2004：209.

［95］黄如花，张静. Elsevier 收录期刊可开放存取情况的调查与分析［J］. 中国图书馆学报，2009（5）：35 – 42.

［96］张晓林，郑建程，李欣. 数字文献资源长期保存协议框架［J］. 现代图书情报技术，2008（11）：1 – 6.

［97］李雪. 数据资源过量下载——侵权"没商量"［EB/OL］. http://ip. people. com. cn/GB/9640752. html，2009 – 07 – 13/2011 – 08 – 15.

［98］张静，强自力，邵晶. 电子资源违规使用行为分析及图书

馆的应对措施［J］. 大学图书馆学报，2008（2）：64 –67

［99］李雪. ACS 回应封闭国图 IP 地址事件［EB/OL］. http://ip. people. com. cn/GB/9067698. html，2009 – 04 – 02/2011 – 08 –15.

［100］姜旭. 公共文化资源利用与服务遭遇尴尬［EB/OL］. http：//www. cipnews. com. cn/showArticle. asp？ Articleid = 11816，2009 – 05 – 15/2011 – 08 –15.

［101］杜坤，宛玲. 我国"211"大学图书馆网站数据库使用规范设置现状调查与分析［J］. 山东图书馆季刊，2011（1）：75 –77.

［102］乔为国. 美国信息技术产业成长中政府政策及启示［J］. 中国科技论坛，2007（8）：136 –139，144.

［103］范卫平. 为数字出版产业争取更多政策支持［EB/OL］. http：//www. qikan. org/dynamic2792. html，2010 – 10 – 15/2011 –08 –15.

［104］张明伟. 33 家图书馆联合对国际出版商大幅涨价说不［N］. 科学时报，2010 –9 –6（1）.

［105］方晨. 开放获取：学术期刊出版的新模式［J］. 科学通报，50（15）：1675 –1677.

［106］张国. 国际出版巨鳄大幅提价 部分高校面临学术断粮［N］. 中国青年报，2008 –6 –4.

［107］柳斌杰.《著作权法》修订要面向时代面向世界面向未来［N］. 光明日报，2011 –07 –25（2）.

［108］冯晓青. 论利益平衡原理及其在知识产权中的适用［J］. 江海学刊，2007（1）：141 –146.

［109］曹新明. 关于权利弱化与利益分享理论之研究［EB/OL］.

http://www.civillaw.com.cn/article/default.asp? id = 35477,
2007 - 10 - 05/2011 - 08 - 15.

[110] 朱理. 合理使用的法律属性——使用者的权利、著作权的
限制还是其他 [J]. 电子知识产权, 2010 (3): 11 -
16, 42.

[111] 冯晓青. 网络环境下的著作权保护_限制及其利益平衡
[J]. 社会科学, 2006 (11): 96 - 103.

[112] 陈传夫, 肖冬梅, 冉从敬. 图书馆合理使用制度的实然与
应然 [J]. 图书馆建设, 2005 (3): 1 - 5.

[113] 李孝霖. 数字出版产业版权困境解析 [J]. 电子知识产
权, 2010 (1): 69 - 73.

附录1 CALIS/DRAA 数据库采购方案及数据库清单

序号	本书用数据库采购方案名称	本书用数据库名称	文献类型
1	P_ABI	*ABI*	全文：期刊
2	P_ACM	*ACM*	全文：期刊＋会议
3	P_ACS-B	*ACS-B*	全文：图书
4	P_ACS-J	*ACS*	全文：期刊＋会议
5	P_ACS 教参	*ACS*	综合资料
6	P_ACS 快报	*ACS*	全文：期刊快报
7	P_AGRICOLA	*Agricola*	文摘索引书目
8	P_AGRIS	*Agris*	文摘索引书目
9	P_AGU-EOS	*AGU*	全文：期刊会员通讯
10	P_AGU-J	*AGU*	全文：期刊
11	P_AGU-J 回溯	*AGU*	全文：期刊回溯
12	P_AIAA-IAS/ARS	*AIAA*	全文：期刊回溯
13	P_AIAA-J	*AIAA*	全文：期刊
14	P_AIAA-J 回溯	*AIAA*	全文：期刊回溯
15	P_AIAA-M	*AIAA*	全文：会议
16	P_AIAA-M 回溯	*AIAA*	全文：会议论文回溯
17	P_AIP-J	*AIP*	全文：期刊
18	P_AIP-M	*AIP*	全文：会议
19	P_AIP-PT	*AIP*	全文：期刊
20	P_AJBJ	*ProQuest Agriculture/ Biology Journals*	全文：期刊
21	P_ALIC	*ALIC*	全文：期刊
22	P_APS	*APS*	全文：期刊
23	P_ARL	*ARL*	全文：期刊

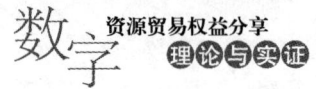

序号	本书用数据库采购方案名称	本书用数据库名称	文献类型
24	P_ASCE-J	*ASCE*	全文：期刊
25	P_ASCE-M	*ASCE*	全文：会议
26	P_ASME-B	*ASME*	全文：电子书
27	P_ASME-J	*ASME*	全文：期刊
28	P_ASME-J 回溯	*ASME*	全文：期刊回溯
29	P_ASME-M	*ASME*	全文：会议
30	P_ASPBSP	*EBSCOhost Research Database*	全文：期刊
31	P_ASTM	*ASTM*	全文：期刊＋图书＋报告
32	P_BEGELL	*Begell House*	全文：期刊＋综合
33	P_BMJ-DTB	*BMJ*	综合资料
34	P_BMJ-J	*BMJ*	全文：期刊
35	P_BMJ 临床证据	*BMJ*	文摘索引书目
36	P_BOOONE	*BioOne*	全文：期刊＋图书
37	P_BP	*BP*	文摘索引书目
38	P_BP 回溯	*BP*	文摘索引书目
39	P_CABI	*CABI*	文摘索引书目
40	P_CAMIO	*CAMIO* 艺术博物馆在线	其他：多媒体
41	P_CELL	*Cell Press*	全文：期刊
42	P_CJO	*Cambridge Journals Online*	全文：期刊
43	P_CREDO	*Credo*	参考工具：工具书
44	P_CROSSFIRE	*Crossfire Beilstein/ Gmelin*	参考工具：数据事实
45	P_CSA	*CSA*	文摘索引书目

续表

序号	本书用数据库采购方案名称	本书用数据库名称	文献类型
46	P_CSCD	*CSCD*	文摘索引书目
47	P_DIALOG	*Dialo*	文摘索引书目
48	P_DII	*DII*	全文：专利
49	P_DII 回溯	*DII*	全文：专利回溯
50	P_EB	*Encyclopedia Britannica Online*	参考工具：百科全书
51	P_EBRARY	*Ebrary*	全文：图书
52	P_EBSCO-EC	*EBSCOhost Environment*	全文：期刊 + 图书 + 会议 +
53	P_EBSCO-GLHI	*EBSCOhost Environment*	文摘索引书目
54	P_EDUCLID	*educlid*	全文：期刊 + 会议
55	P_EI	*EI*	文摘索引书目
56	P_EJS	*EBSCOhost Electronic Journals Service*	其他：书目系统
57	P_EMBASE	*Embase*	文摘索引书目
58	P_EMERALD-B	*Emerald-B*	全文：图书
59	P_EMERALD-J	*Emerald-J*	全文：期刊
60	P_EMERALD-J 回溯	*Emerald-J 回溯*	全文：期刊回溯
61	P_EMIS	*EMIS*	全文：研究报告
62	P_ESI	*ESI*	文摘索引书目
63	P_FIC	*FIC*	全文：期刊
64	P_FIRSTSEARCH	*FirstSearch*	综合资料
65	P_FSTD	*FSTD*	文摘索引书目
66	P_GALE	*Gale*	参考工具：数据事实
67	P_GBIP	*GBIP*	文摘索引书目

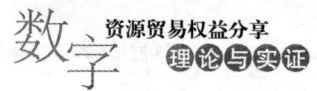
续表

序号	本书用数据库采购方案名称	本书用数据库名称	文献类型
68	P_GMID	*GMID*	参考工具：统计 + 报告
69	P_GREEN	*GREEN*	综合资料
70	P_HWWILSON-A	*HWWilson*	其他：多媒体影像
71	P_HWWILSON-J	*HWWilson*	全文：期刊综合现
72	P_IEL	*IEL*	全文：期刊 + 会议
73	P_IEL-IBM-J	*IEL*	全文：期刊
74	P_IET	*IDL*	全文：期刊 + 会议
75	P_IGROUP-B	*iGroup-B*	全文：图书
76	P_IMECHE	*IMechE*	全文：期刊 + 会议
77	P_IMF	*IMF*	综合资料
78	P_INFOBANK	*Infobank*	参考工具：数据事实
79	P_INSPEC	*Inspec*	文摘索引书目
80	P_IOP	*IOP*	全文：期刊
81	P_IOP 回溯	*IOP*	全文：期刊回溯
82	P_ISTP/CPCI	*ISTP/CPCI*	文摘索引书目
83	P_ISTP/CPCI 回溯	*ISTP/CPCI*	文摘索引书目回溯
84	P_IWA	*IWA*	全文：期刊 + 报纸
85	P_JANE	*JANE*	全文：研究报告
86	P_JCR	*JCR*	参考工具：数据事实
87	P_JSTOR	*JSTOR*	全文：期刊
88	P_KARGER-B	*Karger-B*	全文：图书
89	P_KARGER-B 回溯	*Karger-B*	全文：图书回溯
90	P_KARGER-J	*Karger-J*	全文：期刊
91	P_KARGER-J 回溯	*Karger-J*	全文：期刊回溯
92	P_LEXIS AU	*Lexisnexis Academic*	综合资料
93	P_LEXIS EU	*Lexisnexis Enviromental*	文摘索引书目

续表

序号	本书用数据库采购方案名称	本书用数据库名称	文献类型
94	P_LEXIS. COM	Lexis. com	综合资料
95	P_LWW-B	*LWW-B*	全文：图书
96	P_LWW-J	*LWW-J*	全文：期刊
97	P_MC	*MC*	全文：研究报告
98	P_MD	*MD*	综合资料
99	P_MHS	*Micromedex HealthCare Series*	参考工具：数据事实
100	P_MHS 系统	*Micromedex HealthCare Series*	其他：软件系统
101	P_MUSE	*Muse*	全文：期刊
102	P_NATURE-EMBO	*Nature*	全文：期刊
103	P_NATURE-J	*Nature*	全文：期刊
104	P_NATURE-J 回溯	*Nature*	全文：期刊回溯
105	P_NOTEEXPRESS	*Noteexpress*	其他：软件系统
106	P_OSA	*OSA*	全文：期刊＋会议
107	P_OUP	*OUP*	全文：期刊
108	P_PHMC/PML	*PHMC/PML*	全文：期刊
109	P_PQDD_A	*PQDT-A*	文摘索引书目
110	P_PQDT_F	*ProQuest 博硕士学位论文全文*	全文：学位论文
111	P_PRESSDISPLAY	*PressDisplay*	全文：报纸
112	P_PSJ	*ProQuest Science Journals*	全文：期刊
113	P_REFWORKS	*RefWorks*	其他：软件系统
114	P_REVIEWS	*Reviews. com*	全文：期刊
115	P_RSC	*RSC*	全文：期刊

序号	本书用数据库采购方案名称	本书用数据库名称	文献类型
116	P_RSC 回溯	*RSC*	全文：期刊回溯
117	P_SAFARI	*Safari*	全文：图书
118	P_SAGE-B	*SAGE-B*	参考工具：百科全书
119	P_SAGE-J	*SAGE-J*	全文：期刊
120	P_SAGE-J 回溯	*SAGE-J* 回溯	全文：期刊回溯
121	P_SCIENCE	*Science Online*	全文：期刊
122	P_SCIENCE 快报	*Science Online*	全文：期刊
123	P_SCIENCEDIRECT	*ScienceDirect*	全文：期刊
124	P_SCIENCEDIRECT 回溯	*ScienceDirect*	全文：期刊回溯
125	P_SCIENCE-STKR	*Science Online*	全文：期刊
126	P_SCITATION	*Scitation Collections*	全文：期刊
127	P_SCOPUS	*Scopus*	文摘索引书目
128	P_SFS	*SciFinder Scholar*	文摘索引书目
129	P_SIAM-J	*SIAM*	全文：期刊
130	P_SIAM-LOCUS 回溯	*SIAM*	全文：期刊回溯
131	P_SOURCEOECD-IEA	*SourceOECD*	综合资料
132	P_SOURCEOECD-J	*SourceOECD*	全文：期刊
133	P_SOURCEOECE-B	*SourceOECD*	全文：图书
134	P_SOURCEOECE-统计	*SourceOECD*	参考工具：数值事实
135	P_SPIE-B	*SPIE*	全文：图书
136	P_SPIE-J	*SPIE*	全文：期刊＋会议
137	P_SPRINGERLINK-B	*SpringerLink-B*	全文：图书
138	P_SPRINGERLINK-J	*SpringerLink-J*	全文：期刊
139	P_T&F-B	*T&F-B*	全文：图书
140	P_T&F-J	*T&F-ST*	全文：期刊
141	P_T&F 农业百科	*T&F* 农业百科	参考工具：百科全书

续表

序号	本书用数据库采购方案名称	本书用数据库名称	文献类型
142	P_THIEME-B	*Thieme-B*	全文：图书
143	P_THIEME-J	*Thieme-J*	全文：期刊
144	P_ULRICH	*Ulrich*	文摘索引书目
145	P_WESTLAW	*Westlaw*	综合资料
146	P_WILEY	*Wiley*	全文：期刊
147	P_WORLDBANK	*World Bank*	综合资料
148	P_WOS	*Web of Science*	文摘索引书目
149	P_WSN	*WorldSciNet*	全文：期刊

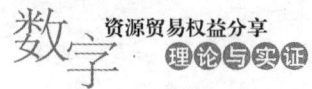
附录2　数据库商许可政策网址清单

序号	许可政策代称	主要网址
1	L_ACS	http：//pubs. acs. org/page/4librarians/licensing/terms-conditions. html
2	L_AGU	http：//www. agu. org/pubs/librarians/institutional _ sub. shtml
3	L_AIP	http：//scitation. aip. org/jhtml/scitation/licenses. jsp
4	L_ALJC	http：//aljc. swets. com/Academic/academic. html
5	L_APS	librarians. aps. org/sitelicense. pdf
6	L_ASCE	www. asce. org/uploadedFiles/News/CE. . . /LicenseAgreementMultiSite. pdf
7	L_ASME	files. asme. org/asmeorg/Publications/Journals/Subscriptions/17699. pdf
8	L_ASTM	http：//journalsip. astm. org/EDU_LICENSE. htm
9	L_BEGELL	http：//dl. begellhouse. com/products_get_access/
10	L_BIOONE	http：//md1. csa. com/csaillumina/BioOneSubLic9 － 1 － 06CSA. doc
11	L_BMJ	http：//group. bmj. com/group/about/legal/bmj-group-on-line-licence-single-institution-licence
12	L_CABI	http：//www. cabi. org/default. aspx? site ＝ 170&page ＝ 1520
13	L_EBSCO	http：//ejournals. ebsco. com/disclaimer. asp
14	L_HWWILSON-J	http：//www. hwwilson. com/abouthw/HWW_agreement. cfm
15	L_HWWILSON-A	www. hwwilson. com/abouthw/ARTIG_agreement. pdf

序号	许可政策代称	主要网址
16	L_IEL	http：//www. ieee. org/documents/academic_license_agrmt_april2011. doc
17	L_IET	http：//www. ietdl. org/journals/doc/IEEDRL-home/info/subscriptions/licence. jsp
18	L_MC	http：//www. morganclaypool. com/page/Synthesis_License
19	L_NATURE	http：//www. nature. com/info/tandc. html
20	L_OSA	http：//www. opticsinfobase. org/library/default. cfm
21	L_OUP	http：//www. oxfordjournals. org/for_librarians/；www. oxfordjournals. org/help/instsitelicence. pdf
22	L_EUCLID	http：//www. dukeupress. edu/Libraries/sitelicenses. php
23	L_MUSE	http：//muse. jhu. edu/about/subscriptions/license_review. html
24	L_SCIENCEDRECT	http：//www. info. sciverse. com/sciencedirect/buying/primary_license_options/samplelicenses；http：//www. info. sciverse. com/sciencedirect/buying/primary_license_options
25	L_SCOPUS	http：//www. info. sciverse. com/scopus/access
26	L_SIAM	http：//www. siam. org/journals/pdf/ojsa. pdf；
27	L_SPIE	www. cdlib. org/services/collections/docs/redactions/SPIE. pdf
28	L_SWETSWISE	http：//www. swets. com/swetswise-license-terms-conditions
29	L_THIEME	www. thieme. de/SID. . . /local. . . /sample_attachement_license_agreement. pdf
30	L_IOP	http：//iopscience. iop. org/page/terms_institutions
31	L_JANE	http：//www2. janes. com/public/license. html
32	L_JSTOR	http：//www. jstor. org/page/info/about/policies/terms. jsp
33	L_KARGER	http：//content. karger. com/services/

续表

序号	许可政策代称	主要网址
34	L_LEXISNEXIS	http：//www. lexisnexis. com/terms/general. aspx
35	L_PROQUEST	http：//www. proquest. asia/zh-CN/site/terms＿conditions. shtml
36	L_SAGE	http：//ifl. sagepub. com/site/misc/terms. xhtml
37	L_SAFARI	http：//my. safaribooksonline. com/files/6. 0/v6RCterms. html
38	L_SCIENCE	http：//www. sciencemag. org/site/subscriptions/inst＿terms＿unlimited. xhtml
39	L_SOURCEOECD	www. statsbiblioteket. dk/databaseliste/licenskopier/Source-oecd. pdf http：//figaro. sourceoecd. org/upload/TandC15jun09. pdf
40	L_T&F	http：//www. taylorandfrancisgroup. com/
41	L_WILEY	http：//onlinelibrary. wiley. com/termsAndConditions
42	L_ULRICHS	http：//www. ulrichs. com/site_terms_of_use. asp?
43	L_ACM	http：//www. acm. org/publications/policies/copyright_policy
44	L_AIAA	http：//www. aiaa. org/content. cfm？ pageid＝561
45	L_CJO	http：//journals. cambridge. org/action/terms
46	L_GALE	http：//www. cengage. com/terms/
47	L_CREDO	http：//corp. credoreference. com/index. php？ option＝com＿content&view＝article&id＝58&Itemid＝186
48	L_DIALOG	http：//support. dialog. com/terms/dialog. shtml
49	L_EB	http：//corporate. britannica. com/termsofuse. html
50	L_EBRARY	http：//www. ebrary. com/corp/legal. jsp
51	L_ELSEVIER	http：//www. elsevier. com/wps/find/termsconditions. cws＿home/termsconditions

序号	许可政策代称	主要网址
52	L_EMERALD	http：//www. emeraldinsight. com/about/policies/copyright. htm？PHPSESSID = ponhjr8 sm1 s8 uuplofitj1 km06
53	L_FIRSTSEARCH	www. oclc. org/support/forms/pdf/selord_terms. pdf
54	L_GBIP	http：//www. bowkersupport. com/library/termsofuse. htm
55	L_IMF	http：//www. imf. org/external/terms. htm
56	L_LWW	http：//journals. lww. com/_layouts/oaks. journals/terms. aspx
57	L_TRHC	https：//www. thomsonhc. com/register/librarian/PFAction-Id/pf. ShowPage/PageId/register. Terms/ssl/true
58	L_CAMIO	http：//www. oclc. org/camio/about/terms/default. htm
59	L_PRESSDISPLAY	http：//www. pressdisplay. com/pressdisplay/viewer. aspx
60	L_REFWORKS	http：//refworks. com/RefWorks/help/refworks. htm#Terms_and_Conditions. htm
61	L_REVIEWS	http：//www. reviews. com/terms/terms_termsofuse. cfm
62	L_RSC	http：//www. rsc. org/help/termsconditions. asp
63	L_OVIDSP	http：//www. ovid. com/site/about/terms. jsp？top = 42
64	L_WOK	http：//thomsonreuters. com/terms_of_use/
65	L_WORLDBANK	http：//web. worldbank. org/WBSITE/EXTERNAL/0,，contentMDK：20130471 ~ menuPK：1041850 ~ pagePK：50016803 ~ piPK：50016805 ~ theSitePK：13 ,00. html

后 记

　　互联网、数字出版、移动通讯等现代新技术、新事物的产生和迅猛发展，进一步强化和提高了数字资源在整个社会中的地位和作用。目前，以图书馆为采购方、图书馆用户为使用方、数据库商为销售方的数字资源贸易活动，已成为图书馆和数据库商的重要工作领域，成为广大用户享用数字资源的重要途径。然而，数字资源贸易活动并非一帆风顺，用户、图书馆、数据库商之间存在各种冲突，集团采购模式下图书馆之间也存在不少矛盾，非常需要人们对此进行深入研究。

　　本书是以国家社会科学基金课题的结项成果《引进数字资源合作管理权益分享理论与实证研究》为基础完成的。作者宛玲，求学期间，参与过中国科学院内图书馆数字资源集团采购组织管理工作。三年的实践活动以及各位领导和老师的指导，让宛玲对数字资源采购中所存在的大量复杂问题有了深入的认识和了解，为这次课题研究和书稿完成奠定了扎实的理论基础和实践基础。作者李晓娟，常年从事高校图书馆的业务及其管理工作，并直接参与 CALIS 和 CASHL 的具体事务工作，特别是主抓馆际互借和原文传递业务活动，并重点研究网络环境下图书馆文献建设与用户行为、图书馆文献资源发展政策、高校图书馆文献经费预算与分配等，加强了本课题的实证研究。为此，在这里我们向给予了我们很大帮助的 CSDL 项目管理中心和中国科学院各图书馆的领导和老师，以及 CALIS、CASHL 和 NSTL 的各位领导和老师表示深深的敬意和谢意！

在课题研究和本书的撰写中，孟连生先生给予了非常大的帮助，审阅和修改研究提纲和部分章节内容，介绍 NSTL 关于数据库采购的政策和发展动态，为本书的完稿提出了很多有建设性的意见。硕士生余向前、魏蕊、董伟、邹琳、孟祥蕊、杜坤等同学以及课题组的其他成员帮助进行了很多调查和资料收集。姚晓霞、张长安、宋小冬、林平、高凡、任瑞娟、郑建程、赵艳、闫军、颜蕴、张学福、李春明、钟宇、顾玉清、孔敬、刘华、赵凡、于会萍、张成昱、王昉等分别来自高校图书馆、科学院图书馆、公共图书馆、NSTL 等的老师为我们提供了大量资料和建议。在此我们向上述各位老师和同学表示特别的感谢！同时感谢所有本书所参考的资料的作者和提供者！

对于本书的出版，人民出版社及编审孙兴民先生给予了大力支持，并付出了辛勤的劳动，在此我们向人民出版社及孙兴民先生表示深深的谢意！

现代信息新技术、新方法和新设备的出现和广泛运用，在促进数字资源贸易活动发展的同时也让其变得更为复杂，同时限于作者的水平和时间，书中难免存在不妥之处，还望各位专家和广大读者批评指正。